# 螺旋式升级

## ——企业成长落地系统

邓成华
丁成举
著

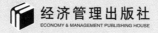
经济管理出版社
ECONOMY & MANAGEMENT PUBLISHING HOUSE

图书在版编目（CIP）数据

螺旋式升级——企业成长落地系统/邓成华，丁成举著 . —北京：经济管理出版社，2018.11
ISBN 978-7-5096-5840-6

Ⅰ.①企… Ⅱ.①邓…②丁… Ⅲ.①企业管理—运营管理 Ⅳ.①F273

中国版本图书馆 CIP 数据核字（2018）第 133354 号

组稿编辑：林　晶
责任编辑：林　晶　刘　宏
责任印制：黄章平
责任校对：董杉珊

出版发行：经济管理出版社
　　　　　（北京市海淀区北蜂窝 8 号中雅大厦 A 座 11 层　　100038）
网　　址：www. E-mp. com. cn
电　　话：（010）51915602
印　　刷：三河市延风印装有限公司
经　　销：新华书店
开　　本：720mm×1000mm/16
印　　张：24.5
字　　数：414 千字
版　　次：2018 年 12 月第 1 版　2018 年 12 月第 1 次印刷
书　　号：ISBN 978-7-5096-5840-6
定　　价：58.00 元

# 序

作为企业管理咨询顾问，我们常常问自己一个问题：凭什么说自己给客户提供的方案是最好的？而且作为职业追求，我们也总是希望为客户提供最优的咨询服务方案。但什么是最优呢？怎样来衡量呢？在和多位企业家交流、沟通之后，他们也都认可我的这种观点，并觉得这种思考和探究对于企业的实际运营和管理是有很大的理论价值和现实意义的，可以帮助企业更好地构建自身的运营与管理系统，以便最好地达到经营目的与发展目标。

在企业日常的经营管理工作中，会看到很多南辕北辙、适得其反的事情，比如涨了工资后职工却更不满意了，精细化管理做得很好了，但是整体效率却降低了等。另外，由于企业是不断成长的、环境是不断变化的，我们会发现往往今天最优的管理模式和方法，到明天反而就成了企业发展成长的制约和累赘了。

首先，由于资源的有限性以及效益追求的最大化目标，企业没有能力把各个方面的事情都做得最好；其次，就算企业有足够的资源和条件，但从效益的角度讲，也没有必要把各个方面都做得最好；最后，企业为了应对环境的变化和自身成长的变化，是要保持住在各种情况下的"最好"的。

因此我们的定位：企业需要的是整个运营管理系统的最优，而不仅仅是局部的最优，更不是所有局部的最好。局部是否最优，要看其是否满足了系统整体最优的需要，如果满足了，局部就是最优的，如果没能满足，那就不是最优的。并且按照"适合匹配"的原则，企业运营管理系统的最优状态在不同的外部环境和不同的企业发展阶段也是不一样的，其变化过程符合事物的螺旋式成长规律，随着环境和企业发展的变化也在不断地调整、升级和提高，因此我们把企业运营管理系统的最优称为"螺旋式整体最优"，简称"螺旋式最优"。

在这样的定位之下，我们整理、收集了众多的资料、案例和研究的成果，希望整理出一套企业运营管理系统螺旋式最优的分析、判断、建设的方法，一方面可用于对现实中企业运营管理系统的状态进行认识与评价，另一方面更能够对于如何把企业的运营管理系统优化、调整、改造成为相应的最优状态提供一些方法和工具。

和我们即将出版的另一本书《插件式升级》一样，本书的基本立足点也是把企业的运营管理当作一个系统来看待的，因此这本书有关企业运营管理系统框架和结构的基本论述和《插件式升级》也是一样的。

这两本书研究和探讨的都是有关企业运营管理系统的问题，这本书研究的方向是"对于一个从小微企业成长为大型集团公司的企业来讲，在各个不同的经营环境和发展阶段下，其运营管理系统的最优状态分别是什么样的，是以什么样的方式进行调整和改造的"。而《插件式升级》研究的方向是"使企业运营管理系统变得最优的策略、方法和技巧"。它们是同一个问题的两个方面。而我们正在研究撰写的《生态式进化》研究的方向，则是"企业运营管理系统最优的自我纠偏机制"。

在这套方法研究的过程中，得到了家人、众多朋友和同仁的帮助与指导。由于篇幅有限在此不能一一列举，我们向他们表示真诚的感谢！

螺旋式升级——企业成长落地系统

# 前　言

　　对于企业运营管理升级的成败得失已经考虑很久了，在二十多年的企业管理咨询服务过程中，见证过、听到过很多企业领导者、管理咨询顾问、企业管理培训师在企业管理升级方面的观点、做法和得失，也一直希望在这方面能够有所提炼和总结，以给出一定的思考模式和基准。

　　在我国的市场经济改革初期，咨询业和培训业对国内企业的运营管理升级的确起到了很大的作用，帮助国内企业快速地掌握了市场经济下企业管理所需要的理念、知识和方法。但是时至今日，咨询业和培训业在这方面的作用却大大降低了，甚至是起到了很多的反面作用，为了经济利益出现了很多混淆视听，甚至是颠倒黑白的声音和做法。

　　在泥沙俱下的状况下，有极少一部分的咨询、培训人员忙于树大旗、造名牌，用大量的市场宣传方法和包装手段去博取市场的关注和客户的眼球。在这样的做法下，"追求真理和事实"成了只有傻瓜才会做的事情；不切实际的许诺、不顾事实的判断、不负责任的吹捧比比皆是，乱用、乱套、乱接现象也处处可见。为了证明自己的"正确"，违背基本规律、赚一票就跑也成为普遍的现象；而认真研究方法、严谨治学求真的人越来越少。

　　对于企业运营管理升级工作，应该用什么样的视角、立场和原则来开展呢？对于企业运营管理的不足，应当用什么标准去评判其问题的性质呢？对于企业运营管理的问题，应当用什么原理去寻找解决方案呢？我们研究了大量的企业管理诊断和升级案例，大部分企业管理诊断和升级方案的出发点——不管是企业自己还是咨询公司，一般是按照以下三个方面来做的：一是理论标准，比如马斯洛理论、双因素理论等；二是行业标杆企业的做法，比如学习海尔、华为等；三是流行的时尚方法，比如精细化管理、学习型组织等。而且是不分企业的类别和大小一律如此。常见的结论包括：不严格按照职责分工就不对、不搞战略就不对、不搞绩效考核就不对、不搞品牌就不对、不把上市作为目标就不对、不做精细化管理就不对，等等。那我们的问题是，按照"适合的就是最好的原则"，用什么样的方法来验证这些方法本身的正确性？

其实答案也不难寻找，我们都知道，军队的根本目的是保护国家，医院的根本目的是治病救人、提高人们的健康水平。而企业的根本目的是盈利和发展，创造经济价值和社会价值。由于外部环境的不断变化，也因为企业自身的不断发展和变化，任何一种观点、方法和做法都不可能好到要每个企业、企业的每个发展阶段都要去使用。而且在不同的环境、不同的资源和条件、不同的企业发展状态下，为了实现盈利和发展的根本目标，企业应当采取不同的措施和方法。再者，由于人性的限制、组织边际效用递减的存在以及约束理论的存在，任何企业也不可能不顾其他的职能而只是把所有的希望都寄托在将一种职能做到极致上。

所以我们认为，任何一种企业运营管理的观点和方法，都有其适用的空间和范围。而任何一个坚持和掌握某种企业运营管理观点和方法的管理者、培训师和咨询师，对于该观点与方法也要必须把其适用的情况、范围和阶段说清楚，以避免对企业和其他人员造成不必要的误导。

"适合的就是最好的。"这句话不能成为空洞的口头禅，也不能成为敷衍的言辞，更不能成为为了维护个人利益的一种借口，而是要去实践。

基于这样的认识，我们在评价一种企业运营管理方法是否正确、分析企业应该采取什么样的管理模式时，基本的原则和依据就是在既定的经济环境、可控资源和人员状态下，能否使企业的整体达到最优，能够达到最优的就是最好的，也就肯定是适合的；不能达到最优的就不是最好的，但有可能是适合的。适合与最好的区别就在于，最好的管理可以使企业的整体运营状态最优，而适合的管理只是保持企业的正常运转，而未必是最优管理。

企业的经营要创造价值，包括经济价值和社会价值，而投入产出最大化对于企业来讲更加是重要的和必要的。

投入产出最大化，不仅是企业的问题，更是整个社会的问题，如何耗费最少的资源产出最大的成果，是保护地球和保持人类社会永久发展的主要方法之一。在当前的社会中，企业作为我们社会运行和人们生活所需物质产出的主体，也是消耗资源的主体，其系统最优的意义不仅在于帮助企业自身的发展和盈利，而且在于使企业的系统最优转变成为社会系统最优的一部分，并最终推动社会系统的最优。

企业运营管理是一个系统，推动着企业整个系统的运行，进而推动企业的产出。我们的立足点在于，应当建立什么样的企业运营管理系统，可以推动企业整个系统能够以最优的方式运行。也就是我们应当如何对企业这个系统进行管理，让它按照最好的方式运行，是我们每个管理者都期望的。

按照我们前面的观点，最优的企业运营管理系统，不是指有统一的标准、所有企业都适用的企业运营管理系统，而是要根据环境、发展阶段、资源条件、经营策略等内容，以最大投入产出状态实现企业目标的企业运营管理系统。在这个基本的定位下，按照事前谋划而不做"事后诸葛"的原则，就要通晓和透析企业运营管理系统的内在规律，以"前置性的指标要求"来指导企业最优运营管理系统的构建。从最优的要求讲，企业的运营管理系统一要和企业的规模相匹配，不同规模的企业需要不同的运营管理系统；二要和企业的经营策略相匹配，不同的经营策略需要不同的运行模式来实现；三要和企业的资源条件相匹配，不同的资源条件下需要不同的运行模式来搭建企业的组织机构。

作为事物发展的一般规律，螺旋不仅是一种成长的结构模式，更是人们心目当中最为理想的"阶梯式"成长结构。因为螺旋式的成长模式是一种继承性的成长模式，它不同于革命式的成长模式，螺旋式的成长模式是累积式、积淀式的成长模式。对于企业来讲，这种成长模式不是败局下的涅槃，也不是被颠覆后的易主，而是继承、延续、发扬、蜕变式的成长。

螺旋式最优，构成了企业螺旋式成长一个个的阶段目标、阶段成果和阶段巅峰，是企业螺旋式成长的进步阶梯。

# 目　录

螺旋式升级——企业成长落地系统

目
录

·3·

# 第一章

## 企业运营管理是一个基础系统

"如果没有了月球，太阳系会怎么样运转？如果想让地球离太阳远一些，那么可以怎么办？"这些问题不是为了探讨太阳系，而是为了研究系统。太阳系作为一个系统，各个星球（包括行星和卫星）之间的变化都会引起整个太阳系的变化。如果地球离太阳远一点而到达人们希望的那个位置，那么也必然会导致其他行星位置的调整和变化，这些行星位置的变化反过来又影响地球位置的变化。这就是系统中各个单元互相影响的方式，也是系统内部演变的特点。

企业的运营管理是一个系统，互动、运动和非线性演变是其基本的运行和变化特点，其任何一个组成部分的变动都将引起其他方面相关内容的连锁型变动。既然是一个系统，那么对其进行系统化的动态分析就是了解、认知和掌握企业运营与管理规律最重要的原则了。

现在有关企业运营管理的各种材料、书籍多到汗牛充栋，各种观点和方法也是百家争鸣。但是，目前有关这方面的观点和方法大多是从某个局部或者专业的角度去谈的，而且很多对企业运营管理进行的改进和调整也都是为了满足局部的需要或者单一的要求而进行的，这必然会出现"解决了一个问题，却产生另一个问题"的现象，甚至是出现根本无法解决所存在问题的现象。有的企业希望全面降低成本，却导致了新产品开发与投入不足、后续市场开源不足的情况；有的企业希望提高执行力，最终却因为过于追求"行动第一、正确第二"而产生了朝令夕改的结果。

研究企业运营管理系统，主要目的是剖析各类企业运营管理系统在企业价值创造、经营目标实现和企业成长发展过程中的协同作用和演变逻辑，并依此研究企业运营管理系统在各种经营状态下的运行方式、运行规律、运行特点以及最优模式。另外，为了让企业的成长发展更加可控，在遵循企业成长发展的演进路径和规律前提下，我们也希望按照组织行为学的基本规律，研究企业运营管理系统对企业成长发展过程发挥主观能动性的模式、过程和方法，以便企业经营管理者能够掌握企业运营管理系统的演变规律和优化技巧，进而掌握构建企业最优成长发展进程的策略和方法，以支撑和推动企业的成长、发展和进化。

## 第一节　企业运营管理的系统化认知方法

系统泛指由一群有关联的个体或者单元组成，根据预先设定好的规则与方式互相作用与协作，共同完成一项或者几项功能（人为系统的功能就是完成和实现人们预先设定的目标）的群体。系统是能完成个别个体或者单元单独无法完成的工作群体，系统也是为实现预设功能以达到某一目标而构成的相互关联的一个集合体或装置（部件），就像物联网、自动化、互联网以及信息终端的普及共同实现了"工业4.0"。

系统的运行是为了完成预设的或者希望的功能和目标。当一个系统的外部环境、组成单元、运行规则中的任何一项发生变化时，系统所能产生的功能和目标都会发生变化。然而，当多项外部环境、组成单元、运行规则发生变化时，由于抵消作用，系统的功能和目标却可能不发生变化。同理，当系统需要实现的功能和目标发生变化时，也同样需要调整系统的环境、组成单元和运行规则来实现和完成这种变化。就像移动互联网的发展使企业的生态系统发生很大的变化，很多提供中介服务和信息服务的行业就消失了一样。

系统的运行是一个动态的过程。一是指系统运行本身就是各个单元之间根据一定的规则和方法互相的作用与协作完成相应的功能与目标的过程。这是系统运行规则不变、系统组成单元也不变，但是各单元间互动作用而产生效果的状况。二是指系统在运行过程中，各单元自身要发生"耗损"，各单元之间的运行规则执行不到位，运行的功能和目标因而要发生偏离，系统存在的外部环境会发生变化，而这其中的任何一项发生变化，都会引起系统其他方面的变化。这是运行规则、系统组成单元，单元之间的互动关系都发生变化的情况。因此，我们选择"动态分析"作为分析系统的主要方法，要从系统的静态运行和动态演变两个角度来分析和研究系统。

从以上对系统的定义和界定来看，对系统的分析要从以下六个方面进行：一是功能；二是组成单元；三是运行模式；四是运行规则；五是运行动力；六是系统的演变与演化。

功能就是系统运行所需要完成和实现的作用、目标和结果，就如生态链系统完成生态系统的循环和生存，呼吸系统就要完成人体与外界的氧气交换等。对于系统的功能，必须弄清楚的是功能的组成层次和形成形式，就是指整个系统有一个终极的功能，但是这个终极的功能又是由一些低层级的功能组合、协同完成的，而这些低层级的功能又是由更低层级的功能组合、协同完成的。这样，在一个系统中，低级的功能共同支持完成高级的功能，而高级的功能共同支持完成更高级的功能，其示意图如图1-1所示。

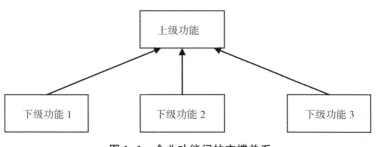

图1-1 企业功能间的支撑关系

系统的组成单元就是组成系统的各个部分，而系统组成单元的划分也是依据系统功能的构成方式来进行的。系统最基本的构成单位是元件，也就是其功能不能再由其他功能组成的那一级构成单元。比如，相对于企业运营管理系统来讲，人（或者岗位）就是元件，虽然人体的运行本身也是个系统，但是相对于企业运营管理系统来讲，人（或者岗位）作为一个整体所完成的工作及其实现的功能，就是一个最基本的功能单元，也就是企业运营管理系统的功能元件。一台复杂的设备，虽然其自身的运转也是个系统，但是相对于企业运营管理系统来讲。设备作为一个整体完成其具备的功能，就是一个最基本的功能单元，也就是企业运营管理系统的功能原件。

两个或者多个元件功能的组合，就形成了更高一级的功能，而这些元件及其功能，就构成了整个系统的一个子功能系统。多个子功能系统组合而成更高一级的功能系统。这些子功能系统及其实现的更高一级的功能系统，就构成了整个系统更高一级的子功能系统。如一个国家的整体功能由经济、政治、军事、文化、外交等方面共同完成，而经济功能包括企业、行政管理、消费、基础建设等方面。如果从系统功能的角度来划分系统的组成单元，那么完成低层次功能的单元组合，就是其支持和完成的上层次功能系统的一个组成单元。

在图1-1中，三个下级功能可能是由一个元件完成的，也可能是由一个子系统完成的，它们的运行共同实现了上级功能，因此，三个下级功能系统（元件）就是上级功能系统的子系统（元件），也是其组成单元。当然，整个系统最终都是由基本的元件构成，比如人体都是由细胞组成的，食物链系统都是由一个个的生物组成，企业的运行管理系统都是由一个个的岗位和设备组成。但是，如果仅仅从基本元件的角度来看待系统，就无法认清楚系统的整体结构与运行规律。

系统的运行模式是指系统各级功能之间的实现关系。也就是说，每一级功能需要有哪些下一级的功能支持来实现和完成。同时也是指系统各个组成单元的变化对整个系统功能变化的影响方式和模式。比如，人的消化系统功能，由口腔的咀嚼、食道、胃的糜化、肠的吸收、胆汁的分泌等共同完成的，其每一组成单元在整个消化系统的功能中都发挥着自己的功能和作用。其中的任何一个组成单元的功能发生变化时，对整个消化系统的功能都会产生相应的影响。这种先口腔咀嚼、再胃的糜化、再进行肠的吸收等功能实现过程，就构成了消化系统的运行模式。

系统的运行规则是指为实现系统的功能，各个基本元件的运行作业方法以及各元件之间以何种方法互相作用和协作。系统的运行模式是指各级功能单元之间的匹配、协同关系，而运行规则是指系统基本组成元件的运行方法和其之间的匹配关系。系统的功能和运行最终都是以元件按照运行规则的运行来实现的。比如，咀嚼功能要靠牙齿的咬合实现，而对于不同的食物，牙齿的咬合方法与力度却不同，同时舌头的配合方法也不同。牙齿的咬合方法和力度以及舌头的配合方法就是咀嚼系统的运行规则。企业运营管理系统中，每个岗位、设备的作业方式和标准就是企业运营管理系统的运行规则。

系统的运行动力是指维持和支持系统运行动力来源与动力形成的方式。对于系统，需要有动力推动其能够按照功能需要的模式和规则来运行。而且系统在运行过程中，会发生动力消耗和衰减的情况，因此有必要不断地为系统提供持续的动力供应，以维持系统能够持续运行。在系统中，对于系统的动力，首先要构建动力源，以使系统的动力能够得到不断的补充；其次要做好动力在系统各个组成部分间的传输与配置，以保证系统各个组成部分能够得到足够的动力运行；最后要对动力的方向性进行把控，避免动力方向产生偏离，进而造成系统运行规则和功能都出现偏离的现象。

系统的演变与演化是指系统自身的变化。系统在运行中会受到外部的干扰、动力供应不足、部分单元发生变化、部分元件发生"耗损"、部分规则没有被有效运行等的干扰现象，这些都会使系统自身及其运行发生变化，从而不能按照原有设定的状态和目标运行。系统的演变有时会导致系统的实际功能出现偏差，有时会导致系统的崩溃，有时甚至是演变成另外一种功能的系统。在企业运营管理升级工作中，要掌握系统的演变与变化规律，使企业运营系统的变化能够按照人们希望的方式进行演变与变化。

作为一个有规则、有目标的整体，系统的功能、组成单元、运行模式、运行规则、动力方式等因素是有其相应的匹配关系的。虽然各个要素间的形成关系不是一一对应的，但组成单元、运行模式、运行规则、动力方式等也必须是在一个既定协同关系下才能实现相应的系统功能。这其中组成单元、运行模式和运行规则是实现功能的方法和路径，而动力模式是保证组成单元按照预定的模式和规则运行的保障。

系统化分析方法，就是按照系统的运行模式和演变模式来分析系统并根据需要去构建系统。首先是要分析系统需要完成的功能，以及各级功能之间的协同关系，下一级功能对上一级功能的实现方式；其次是分析为了完成各级功能而需要配置的组成单元、运行模式；再次是分析最基本的构成单元——元件的组成方式以及元件的运行规则；最后是要分析为了保证系统的运行，需要配置何种动力系统。

系统化分析方法就是以系统功能的组成与实现关系为框架，确定各级系统功能间的关系，最终以此来逐步确定系统中各组成元件的运行规则和标准，同时确定系统动力子系统的形成方式与组成结构。在此基础上，以实现我们的主观目标为立足点，研究并设计改造系统、调整系统的方式和方法，以确保系统能够按照我们需要的方式和目标进行演变与变化。

系统化分析方法要求对系统自身的规律有比较深刻的认识，对系统各单元之间的功能构成关系和各元件间的运行规则关系要有深入的了解和掌握，对系统的演变与变化关系也要有深入的了解和掌握。

用系统化的方法研究企业的运营管理系统，就是以企业运营管理系统功能的组成与实现关系为框架，确定企业运营管理系统中生产、营销、服务、设备维护、资金调度、物资供应等各个方面功能间的关系，最终以此来确定各个班组、部门、岗位、人员、设备的作业规则和标准，同时确定各级职工的整体工作动力结构和变化方式。在此基础上，以实现企业最佳的经营效果和收益为目标，研究并设计调整、优化、变革企业运营管理系统的方式和方法，以确保企业运营管理系统能够按照我们预期的最快、最好方式进行演变和进化。

## 第二节　企业运营管理系统是个
## 变形虫式的互动系统

系统的基本定义是由一些相互联系、相互协同的若干组成部分结合而成的、具有特定功能的一个有机整体（集合）。系统有一定的功能，或者说系统要有一定的目的性。系统由元件及其互动规则组成，元件按照规则处于运动之中。虽然几乎每个人都在说"企业运营管理是个系统"，但是却很少有人认真研究过企业运营管理是个什么样的系统，构成要素是什么，各个要素之间的关系是什么，更很少有人知道它们之间的互动与联动关系。

人们看待系统可以有不同的视角和出发点，比如对人体来讲，有循环系统、消化系统、神经系统，这都是从功能的角度来说的。而对于企业来讲，管理系统从职能内容上可以分为生产系统、人力资源系统、采购系统、财务系统、营销系统等。从结果上讲企业管理系统又可以分为成本控制系统、客户满意系统、服务（产品）保证系统等。

系统构成要素之间连锁式的互相影响模式导致了系统的复杂性。就像胃病可以是由饮食不规律造成的，也可以是由神经紧张造成的；而消化不好反过来也会让人萎靡不振、精神不佳。同样，人员积极性不高会导致企业效率降低，而效益不好也会让职工士气受损；而人员积极性不高的原因既可能是管理太松，也可能是管理太苛刻。就是这种复杂性导致了对企业人力资源问题根源的判断困难。

对于同样一件事物，人们会因视角与出发点的不同而得出不同的结论和看法，而不同的结论和看法又会使事物的发展产生不同的结局。企业运营管理系统最优的方法体系在看待企业运营管理系统的视角和出发点上就是组织价值理论和组织演变理论，即企业的运营管理作为一个系统，应该以什么样的系统关系、以什么样的方式去实现什么样的功能来达到企业价值创造的最大化。同时，又怎样通过自身的发展演变来实现价值创造最大化的持久化。企业运营管理系统存在的根本意义就是通过实现一定的功能，进而实现企业价值创造的最大化。而当企业所需要的功能和价值创造方法发生变化时，为了继续实现企业价值创造的最大化，企业运营管理系统也应当进行相应的调整和变动。这就是企业运营管理通过一系列迭代式的最优功能，实现企业可持续化的价值最大化。

从这个角度出发，企业的运营管理系统就像一个变形虫，它的各个构成部分以不同的规则、方法和模式组合并联结起来，目的只有一个，即实现企业产出效益与生存发展的功能。同时可以随时通过自身整体形状的变化实现企业机体功能的变化，来应对外部环境的变化以求得更好的生存。

之所以说企业运营管理系统类似于变形虫，就是因为根据企业不同的功能需要，其各个组成部分会以不同的状态和不同的方式组合联系起来，目标就是通过实现所需的企业功能来适应环境以求得更好的生存与发展。传统企业在向互联网化转型的过程中，以销售系统的变化为前提，整个企业的运营管理系统都会随之有相应程度上的变化。而且由于互联网的作用，企业的运营模式以及与人才的合作方式也会发生一定的变化。

大企业有大企业最优的运营管理系统，小企业有小企业最优的运营管理系统，而初创企业有初创企业最优的运营管理系统。企业在成长的过程中，其运营管理系统也会随着企业的发展而变化。人们常常用一句话来形容企业——无论大小都会有同样复杂的、同样多的事情去做，就是"麻雀虽小五脏俱全"。但是，我们认为对于企业来讲这样的说法并不是特别准确，因为麻雀的五脏显然不能和大象的五脏对比，因为大小不一样，而且所具备的功能也不一样。另外，为了保持正常的运转，小企业所需要具备的功能和大企业是无法相提并论的，比如企业管控。企业管控就是从企业领导者的角度讲，如何保证企业按照预期的模式运转和经营。虽然大企业和小企业都要实现管控的功能，也就是确保企业在预定的模式内运转的功能，但是小企业管控所需要的管控范围内容、管控方法就简单得多，而大企业就复杂、麻烦得多，它们的内容和方法都有很大的区别。

大企业和小企业在管控内容方面的区别主要包含以下三个方面：

一是管控的范围不同，小企业人少，需要管控的人就少，人际关系也就简单，业务的事项也少，因此需要协调的关系也就少，领导者自己用眼睛就能看得过来。而大企业却与此相反，人员多、业务内容也多，需要协调处理的内容和关系就都多，需要考虑的事情和需要解决的问题也就多，单凭领导者自己是看管不过来的。

二是管控的链条长度不同，由于存在分工原则以及指挥跨度有效性的原则，企业的最高负责人往往不能管控企业的全部人员和全部事项，所以就要委托他人来做管理和指挥工作。企业越小，需要委托的人越少，按照管理跨度堆垒起来的委托人链条也就越短。而大企业往往与此相反，由于人多事杂，因此进行管控的链条也就会很长。

三是管控的方法和结构不同，不同大小的企业其管控的难度是不同的，需要采取的管控方法也是不一样的。小企业是"看管型"的管控方式多，大企业是"制度型和环境型"的管控方法多。在小企业里，管控的方法更多的是"对工作的指挥、增扣工资"为主来实现对个人的管控，其方法特征是"人对人"的管控。而大企业里，要用"文化氛围、制度规范、目标定位、作业流程、工作标准等方法来实现对系统的管控，其方法特征是"系统环境对个人的约束"。

从以上的说明可以看出，不同企业的运营管理系统存在着差别，差别有量的差别和质的差别。衡量差别是量的还是质的，就是看这种差别是系统结构的不同还是单纯内容的不同。如果是系统结构相同而具体内容不同，那就是量的差别；如果是系统结构不同，那就是质的差别。对不同企业运营管理系统之间差别的性质，我们用"态、类、级"三个概念来诠释。两个态不同的企业，其运营管理系统间的差别一定是质的差别；态相同类不同的两个企业，其运营管理系统间的差别可能是质的差别也可能是量的差别；态、类都相同，只是级不同的两个企业，其运营管理系统间的差别就是量的差别。企业运营管理系统的变化也有两种状况的变化：一是在企业规模不发生变化的前提下，为了适应环境优化功能而调整运营管理系统，这一般是量的变化；二是由于企业规模的发展变化而改变运营管理系统来支撑相应规模企业的运转，这一般是质的变化。

在企业和企业运营管理系统的研究与实践方面，对于我们来讲重要的不是去得到一个或者几个最佳的最终性状态，而是要去寻求实现企业运营管理系统最优的最佳演变进程，以及实现最佳演变进程的最佳措施和方法。因为即便是对一个企业来讲，也没有一种模式和方法可以适用于这个企业的全部发展过程，而只会在某个阶段的某种情况下适合这个企业，随着各种情况的变化，这个企业就需要其他的运营管理模式来适应自身的发展。只有掌握了实现运营管理系统最优的最佳演变进程、实现最佳演变进程的最佳措施和方法，才能实现对企业成长发展的持续指导作用。

当然，在企业成长和发展过程中的每个状态节点和具体阶段，仍然需要一个（而且只需要一个）最优的运营管理系统来与之适应和匹配。

## 第三节　对企业运营管理系统结构的剖解

为了保证企业生存发展所需要的各项功能，企业运营管理系统的各个构成单元之间既要以一定的规则和模式互相的协作，又必然互相的影响和互动。但人们往往忽略有关企业运营管理系统两个事实，并在此"忽略"的前提下探讨实践企业运营管理系统：一是企业的运营管理系统是一个需要而且必定是不断演变的动态系统；二是企业运营管理系统的运转需要一个推动其运转的动力。

按照通常的方法，企业运营管理系统可以从工作内容上分为生产系统、财务系统、市场系统等职能系统。但为了更好地分析清楚企业运营管理系统中各个方面间关联的方式、相互作用的方式以及整个运营管理系统的演变规律，进而能够突破"按职能划分"的局限性，找到构建最优企业运营管理系统并不断升级企业最优运营管理系统的策略和方法，从系统功能最优、系统动态演化、系统控制性本质出发，我们将企业运营管理系统分为四个独立但互相作用和影响的系统，即功能系统、动力系统、作业协作系统和管理控制系统。而生产系统、财务系统等则都是作业协作系统的构成部分，而其中班组设置、岗位设置又是管控系统的组成内容。

图 1-2 是基于"系统功能最优与可控性演变"思维下对企业运营管理系统结构的划分方法与彼此间关系的界定，其中箭头代表了各部分之间的实现关系。

### 一、功能系统

功能系统是指为了实现盈利、成长和发展的目标，企业需要具备各种专业性的功能，如融资功能、仓储功能、质量保障功能、运输递送功能、服务

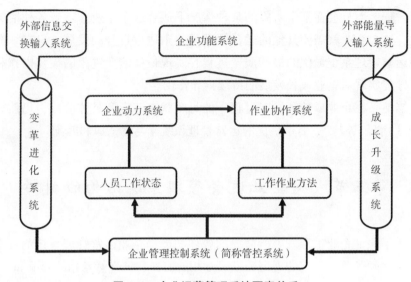

**图1-2 企业运营管理系统要素关系**

功能、销售功能等。一个或多个专业性（如质量保证、广告宣传、成本控制、移动互联网传播）的功能联合协同起来就实现了更高级别的职能性功能（符合质量标准、成本可控、及时供货等）功能，职能性功能又组合构成了企业经营性功能。无论是专业性功能还是职能性功能，企业的一项功能可以有很多种功能状态，如质量功能可以有高质量、低质量等多种状态，运输功能可以有少频次多批量、多频次小批量等多种状态。而每种功能状态都是实现企业整体经营性功能的一种策略选择。在以市场为导向的企业经营模式下，企业往往会根据市场竞争的需要先确定经营性功能的标准，然后再通过自身的努力使企业的各项职能性功能和专业性功能满足经营性功能的要求。

### 二、动力系统

企业的运转需要人的主观动力来推动。企业动力系统是由企业各类人员的工作能力、工作积极性所决定并构成的推动企业整体运转的动力总和。企业中的各类人员（高层、中层、基层或者平台层、技术专责层、小微层），他们在企业的运行动力系统中扮演着不同的角色。虽然每个层面职工的工作动力大小不一、形式不同，但所有职工的共同努力形成了企业运转的动力系统。企业的动力系统推动企业克服竞争压力、内部阻力和环境阻碍而高效地运行起来。

根据企业组织的熵理论，由于外部竞争的阻力和内部职工工作时矛盾的摩擦力，组织中人的工作积极性是自然衰减的，如果不持续地强化激励，人的工作积极性就会逐渐消失，就会使企业整体的运转逐渐走向停滞。因而如何确保有持续、足够的动力来推动企业的运转就显得极为重要。

企业动力系统的塑造可以由多个方面的方法与内容来协同实现，其中包括选择有事业心的领导者、规划构建企业的美好愿景、进行完善的目标分解与考核、合理的激励体系、优秀的文化氛围、良好的劳资关系、恰当的领导方式、清晰流畅的协作关系等。这些方法与内容涉及人力资源、业务组织模式、组织布局、企业文化塑造、工作管理方法等，并不是只在传统的人力资源管理方面。在为企业构建最优运营管理系统和进行运营管理升级服务的过程中，我们碰到很多人强调自身企业与其他企业的不同，对运营管理升级咨询服务的要求也强调要量身定做。但事实上我们发现，很多人并不知道如何、从哪个角度来看待企业之间的不同。我们认为，企业最根本的不同在于动力系统的不同，不仅不同规模、不同行业企业的动力系统不同，就算同行业、同规模企业的动力系统也不相同。在信息化快速发展的今天，同行业、同规模的企业或许在产品、市场等方面没有太多本质的不同，就算有暂时的不同，也会很快地被模仿和复制。但一方面是在企业不同的发展阶段和对应于不同的经营策略，需要与之对应的领导者思维、职工素质和工作行为来实现；另一方面，即便在企业的同一发展阶段和对应于相同的经营策略，不同企业的领导者风格、文化氛围和人员构成也往往有很大的不同。这就导致了不同企业间会普遍地在职工心理、工作习惯和职工关系上有很大的差异。而这种差异又直接导致了不同企业间职工的工作状态和工作表现的不同。因此，企业动力系统是企业的业务结构、组织发展阶段、领导人特色、文化氛围、人员素质等各种特点的综合体现，而不同企业间每一个要素的不同都会导致其动力系统的不同。

企业开展任何一项工作都必须考虑如何形成足够的动力推动该项工作的进展，特别是开展一项全新的工作，就像爬坡一样，如果没有足够的动力支持，就很容易失败。而现实的情况是，很多企业在推动一项新的工作任务时，往往都忽视动力系统的巩固、重建与完善，而仅仅是在原有的动力系统下，单纯地从业务和技术上着手新工作的开展与实施。而在我们的《插件式升级》中，把动力系统的巩固、重建与完善作为企业开展任何新工作任务的主要前提之一。

而就职工个人来讲，由于受到个人情况、组织安排、社会环境等因素的影响，其工作的动力状态在表现上可以分为自主型、强制型、跟随型、合作型、抵触型；从工作的动因可以分为利益型、情感型、观念认可型、盲从型等几种方式。

### 三、作业协作系统

企业经营不是由一个人和一项工作就可以完成的。为实现企业的系统功能，企业各方面的工作要以一定的方式和方法联合起来协同运作，作业协作系统就是指各种工作的作业方法以及它们之间的配合关系与协同方式，如广告、促销、电商、微商等工作协同起来实现全网整合营销的主体；如供应商审查、采购检验、生产过程检验、成品检验、质量技能培训协同起来实现质量控制功能的主体；如定制模式设计、定制选择、定制生产与配送协同起来形成了产品供应功能的主体。

作业协作系统的内容既包括企业各职能内部的工作通过作业协作实现职能上的专业性功能，如设备的点检维护、年度大修和规范的操作规程等共同实现设备正常运转的功能，也包括各不同职能间的作业协作实现更高一级的功能，如广告宣传、成本控制、质量控制、互联网营销建设等共同实现了客户愿意买、买得到、买得起的功能。

由于企业是一个由很多人、很多设备、很多机构、很多工作在一起共同完成经营目标的组织过程，因此作业协作系统是保证企业将众多的人与工作协调起来顺畅、高效、持续运作的根本保证。

企业作业协作系统最终需要实现三个方面的协同：

第一个方面是实现经营性功能系统的协同。即企业各项功能之间互相配合，实现企业的盈利与发展目标，如仓储功能、运输功能共同实现物流功能，而物流功能与促销功能又是实现产品销售功能不可或缺的，有了销售功能，才会最终实现利润和盈利。

第二个方面是实现职能性功能和专业性功能的协同。即各种专业职能内具体的工作与作业方法匹配起来共同完成一项或者几项专业性功能，如仓库安全方法、物资存放技术、物资统计共同形成了完整的仓储功能，车辆管理、运输中途监控、物资交接、装货方法共同形成了完整的运输功能。而这两个方面都是物流这一职能性功能不可缺少的构成部分。

第三个方面是与动力系统的协同。在企业的组织管理中，将企业的多个具体工作（如市场调查、市场方案策划、市场推广计划制订、电商小微的运作）按照一定的规则组合起来并由一些人负责开展和完成，就形成了工作岗位或者工作角色（如自媒体 ZMO 管理岗）。企业的各个岗位与任职人之间，只有通过作业协作系统清晰、通畅、简洁、有效的方法和规则，才有可能积极主动地开展工作。如果作业协作系统混乱不堪的话，工作人员就会无所适从或者忙乱一团，工作积极性也会严重受挫。因此，良好的作业协作系统是企业动力系统的重要保证。

### 四、管理控制系统

管理控制系统是指企业管理者为了确保上述系统和目标的实现而采取的一系列管理控制技术、方法、措施及其应用组合的方式。管理者通过采用和实施这些技术、方法、措施，直接、间接地影响掌控着企业的运行与职工的行为，并达到自己的各项预期目标。

由于目前企业资本化所有制形式和雇佣关系的存在，被雇用者往往不会以所有者的心态来开展工作。为了实现自己的要求和目标，企业管理者需要一套方法和措施来进行掌握和控制企业的运营，以确保企业按照要求来运转，这套方法和措施就是企业管理控制系统。目前，企业管理控制系统主要由以下方面的具体方法和措施构成：经营战略、价值观和企业文化体系、组织结构设置与人员任命、绩效管理、职责与职权、业务流程、作业规程、标准与行为规范、利益分配、工作计划、信息沟通与交流、汇报—指挥、硬件设置与安排等。以上方法和措施的具体形式会依据企业情况和目标的不同而有所不同。

企业管理控制的方法是伴随着社会文明的进步、技术的不断发展和企业形式的不断演化而逐步衍生出来的。最开始的管控方法是行政指挥、暴力监督，就像将军指挥部下打仗、监工拿着鞭子监管劳工那样。随着文明的进步和企业的发展，逐步衍生出作业规程、标准、行为规范、流程等多种方法，进而形成一个更加完整有效的企业管理控制系统。

如果从企业管理者的角度看，面对着众多的人员和各式各样的工作，又不能每件事都自己亲自去做、每个人都自己亲自去盯，还要保证企业系统按照所需要的方式运转，进而实现企业生存发展所需的各种功能和目标，就必须要有一系列相应的管理控制方法和措施，这就形成了企业管理控制系统。

企业管理者通过由一系列管理方法和措施构成的企业管理控制系统，既要确保企业动力系统能够为企业的运转提供足够的动力，又要确保企业作业协作系统中的各项工作和作业彼此间匹配和易行。而企业动力系统和作业协作系统又确保企业各项工作有效地协作运转，最终实现企业的各项专业性、职能性和经营性的功能，达到盈利和发展的目的。其中，作业协作系统的设计与规划更多地需要依靠技术与科学方法，而动力系统的设计与规划因为涉及人的管理，所以更需要艺术与科学的有效结合。

### 五、成长升级系统与变革进化系统

由于企业的经营环境不断发生变化，所以企业的运营管理系统也不是一成不变的，而是要根据环境变化的需要进行不断的变革。另外，企业也是在不断的成长发展的，发展过程中其运营管理系统也需要相应的成长升级。企业运营管理系统的变革进化和成长升级不是自然而然发生的，而是需要企业经营管理者进行策划、组织、推动的，因此要自成体系。但由于企业的变革进化和成长升级发生频次比较少，而且具体形式也是通过其他四个系统作为载体来实现的，只是在具体的组织推动方法上完全有别于四个主体系统，因此我们在后面的讨论中主要以功能系统、动力系统、作业协作系统、管控系统四个方面为主。

### 六、企业运营管理系统需要及时调整

企业之所以能够正常运转，首先是因为各种具体工作与作业的协同运作，共同实现了企业的专业性职能功能，如果没有各种工作与作业的协同就无法完成这一目标。同时企业各种专业性和职能性功能的协同作用（包括具体做法的协同和执行过程的协同）又是实现各种企业经营性功能的基本保证。如果各种专业性和职能性功能不按一定的要求统一发挥作用而各行各法的话，也就无法实现企业所需要的经营性功能。由于实现了企业的经营性功能，也就实现了企业的盈利与发展目标。

企业无时无刻不在面临着各种变化，这些变化需要企业的运营和管理也做出相应的调整。根据市场导向与客户导向的原则，为了在不同环境和条件下生存发展，对企业来讲，首先重要的是要有能力形成与所处环境相对应的、能够满足客户需要并赢得行业竞争优势的功能系统，如提供产品（质量、款式）、吸引客户和消费者（宣传、产品）、控制成本、保证质量、获取资金等。这些专业性功能的协同、匹配与不断升级使企业成为一个在市场中发展、

生存、不断壮大的有机体，最终实现了企业盈利和持续发展的目标与功能。为了确保运营管理系统的最优，任何一种企业经营要素发生变化，都要调整其运营管理系统使其回归本位，如果这种调整被长期搁置，必然导致积重难返，最终使企业无法适应环境而自行消亡。企业运营管理系统的调整主要是针对动力系统和作业协作系统开展的，具体措施是通过企业管控系统的变化和调整实现的。

透彻分析和把握企业运营管理系统各个部分之间的互动逻辑关系，是构建企业最优运营管理系统并不断演化升级的前提。

企业运营管理的各种管控方法、工作作业和功能之间形成一个互相作用和影响的系统，任何一种管控方法的变化都会带来运营管理系统的变化。但由于企业条件、实施时机和实施控制过程的差异，同一种企业管控方法会因不同的实施方式而产生多种不同的结果。我们在实施一种企业管控方法时，不能只看其带来的好处，也要看其带来的坏处。在军事战役中的逃跑与战略退却和游击战与游而不击，这两个策略在本质上有很大区别，但是在做法上微小的一个偏差、失误和变化，就会使结果走向完全相反的方向。战略退却中一个"失败了"的谣言，就可以使战略退却变成逃跑甚至是溃败，游击战中对敌人强大的恐惧心理也很容易导致游而不击结果的出现。

上述军事中方法与结果之间的关系和原理，在企业当中也是适用的。企业运营管理系统调整的过程中，每个管控方法的选择与实施都会对整个企业运营管理系统产生多种可能的影响。

## 第四节　企业运营管理系统的价值效用

在人类的主观意识里，任何事情都要有其核心的价值追求，人们做各种事情都有一个价值的诉求和目标，而且在做事情的方法上还希望达到价值最大化。我们花大量的时间和精力去研究企业运营管理系统，其核心的价值追求与目标说到底也是希望企业运营管理系统的设置能够真正地实现"投入产出效益持续最大"。

### 一、企业运营管理系统的几个核心问题

在任何人类社会的组织里，都必然会涉及如何保证该组织正常有效运转

的问题。"人无头不走，鸟无头不飞。"这句古语深刻说明了人类组织最核心的一个特点，那就是无论如何，组织必须要有一个领导者，在很多小型的组织里，只要有一个好的领头人就可以了，也不需要什么复杂的运营机制和管理方法。

另外，在领导与管理之间差别的探究上，人们也付出了很多的努力。还有就是管理的人治化与法治化这个问题上，更是人们津津乐道的话题。这些都充分说明了一点，即企业中领导者的领导作用和管理系统的规范作用是主导企业运行的两个主要模式，而企业运营管理系统研究与建设的本质也是在企业领导者自身"局限性"的前提下提出并开展的。

组织小的时候，往往都是领导者自己进行人治化的管理，而且还非常有成效。但当这个组织发展到足够大的时候，由于领导者时间、精力、能力的局限性，其原有的领导作用或者人治化的管理就必须要分类、分级、分层地委托他人开展和进行。那么这就出现了一个问题，而且是非常重要的问题，那些分类、分级、分层后的领导者和人治化的管理者，在多大限度上能和最顶端的领导者和管理者保持一致，这种一致首先是利益上的一致，其次还有观念、理念、目标、方法上的一致，确保组织整体利益得到最大限度的实现。

在物资缺乏的时代，物资的制造者是整个产业链中的主导者。谁掌握了物资的制造方法，谁就控制了产业链的"七寸"，谁就有最大的话语权。在物资丰富、渠道为王的时代，谁最能掌握消费者，谁就成为产业链的主导者，就像曾经的国美电器一样，通过巨大的诱惑吸引了消费者的青睐，就在整个产业链中确立了话语权和利益权。而在互联网的时代，谁掌握了互联网的技术、平台和体系，谁就是整个产业链的主导者，就像谷歌进入汽车领域，虽然对谷歌来讲汽车是个完全陌生的领域，但是在互联网时代以及自动驾驶时代，谷歌因其庞大的网络系统而对汽车行业有了很大的影响力，而各个汽车制造厂商也乐于搭上自动驾驶汽车的发展通道。这体现出了在各种经营环境下企业价值创造要素的不同。

在人类主观世界里，是讲求价值与价值创造的，人们总是希望在最短的时间内、花费最少的投入去创造和得到更多的价值和收获。对于企业来讲，价值就是企业在经营中持久发展得最好、盈利最多，这就要求企业要有很强的发展能力、盈利能力和竞争能力。企业能够得以发展的原因有很多，有的是跟上整个社会经济的快速发展实现了快速的积累，有的是把握了行业的发展趋势随之顺势而为，有的是抓住难得的机遇快速发展起来，有的是靠个人技巧整合资源得以快速发展，有的是依靠政治经济学的有利环境发展起来，也有的靠良好的运营管理系统提高自身竞争力得以发展。在企业整体的发展过程中，以上各种成长方式可能会穿插交替地出现在企业当中。但由于前五种的成长机遇和方式对于企业来讲都不能持久存在，只是启动了企业发展的马达，因此不能维持企业的长久发展，能够持续发展或者能够不断发展壮大的企业，一定是要有良好的运营管理系统作为基础支撑的，这样才能实现企业的效益最大与发展最好。

　　无论在哪种环境下，企业的核心领导者都是主导企业发展的最核心因素，核心领导者有足够的权力来左右企业各个方面的事务和工作的开展。但是核心领导者的效用在不同的企业情况中也体现在不同的方面。在小企业里，核心领导者的效用包括了企业的战略决策、运营决策和运行实现等多个方面。但是在大型的企业里，核心领导者的效用更多地集中于影响范围大、动用资源多、作用发挥久的重大战略决策上，而对于运营决策和运行实现的参与和作用却会很小。因此越小的企业领导者越重要，越大的企业运营管理系统越重要。而且，如果一个企业的领导者不能根据企业的发展"适时"地建立起来有效的运营管理系统，那么这个企业的发展规模与空间也就止步于这个领导者自身的精力、时间与知识范围了。

　　企业运营管理系统设计与运行的优劣，直接决定了企业的可控性、价值创造能力、创新能力、成本控制能力、企业的运行效率、企业资源效能的发挥、企业资金与物资的周转率、企业的投入产出比（包括资金的投入与人力的投入）、突出有效的竞争优势、应变能力与自我优化能力等。当然企业运营管理系统也有决定不了的内容，比如战略的取向、业务的方向、产品的定位、竞争的策略等，这些都是通过核心领导者的决策确定的，当然决策运行机制是产生正确决策的前提。但在相同的战略和业务取向下，运营管理系统的优劣直接决定了企业的发展能力、盈利能力和竞争能力。因此，当领导者的指挥能力（知识、精力、时间）越来越难以维护企业的高效、正确运转时，一个有效的运营管理系统就变得越来越重要。而建立企业运营管理系统本身的目标也在于保证企业的持久发展和健康成长受益于领导者的能力而不束缚于领导者的局限。

　　当然，随着企业的不断发展和壮大，企业本身需要处理的事务、工作和关系也就越来越多，这种情况下运营管理系统的作用也就越来越大。如何随着企业的发展壮大，设计一个逐渐变得复杂、又能可控、又能实现企业效益目标的运营管理系统就显得尤为重要。运营管理系统只是界定了企业运营管理的模式、框架和标准，但是其运行仍然要靠人的推动，而像战略方向、业务走向、价值定位、竞争定位这样的企业决策，更多的是靠人的智慧而不是靠运营管理系统来实现的，所以人的作用与运营管理系统的作用是相辅相成的。相辅的方式就是如何根据企业工作事务的创造性和规则性，通过运营管理系统让人的智慧在界定的范围内发挥最大的价值空间。

总结起来，企业运营管理系统的研究与探讨就有三个核心的价值使命：一是如何保证企业各个方面业务与工作的开展能够与核心领导者以及企业发展的意图保持一致；二是如何保证实现企业核心业务运行的价值要求；三是随着企业的不断发展，如何使企业的运营管理系统能够保持前两个价值作用。

## 二、各组成部分的作用

在实现企业的价值方面，企业运营管理系统的各个组成部分所发挥的作用各不相同，又有关联。同时，各个部分价值作用的发挥也会有不同的深度和层次。

### 1. 功能系统

功能系统其实就是企业战略方向、业务走向、价值定位、竞争定位、价值创造模式、成长升级的具体体现，表现为企业的可控性、价值创造能力、创新能力、成本控制能力、企业的运行效率、企业资源效能的发挥、企业资金与物资的周转率、企业的投入产出比（包括资金的投入与人力的投入）、突出有效的竞争优势、应变能力与自我优化能力。功能系统是企业核心领导者企业经营与管理意志的直接体现。

由于企业的功能系统本身不是一个可操作的系统，因此在具体的工作中，企业功能系统更多的是一个分析、决策与衡量的工具。通过功能系统的分析与决策，可以界定企业各个职能之间的标准要求和匹配关系。同时通过对实际的功能系统和预期的功能系统之间的对比，可以检查企业作业协作系统、动力系统和管控系统所存在的不足与问题，并进而找到改进的方向。

在对功能系统进行规划和设计时，外部生存环境是一个很关键的因素，而且是一个很硬性的关键因素。比如当前某类产品的市场价格是 500 元/件的话，就可以依据这个指标对企业的运营管理系统进行设计，也可以对企业现有的运营管理系统进行改善，并以此来依次设计各个层次的运行功能，这就成了对企业功能的一个硬性的要求。再有就是在互联网环境下，由于信息传递和交流沟通方式的便利性，企业的沟通功能和数据处理功能得以很大的提高，因此这个局部功能的变化会使企业整个功能系统的结构有所调整。

2. 动力系统

动力是一个组织系统必须具备的，是维持企业组织运转的动力来源，其作用在于推动企业各项工作的运转。动力系统本身也是一个分析、规划和决策的工具。比如高层、中层和基层人员各自应该发挥什么样的能动性，是以上层推动下层为主还是以各层级分别主动开展工作为主。很多人认为，就是应该各层级分别主动开展工作为主是最好的，但现实的情况是，由于产业模式和业务的特点，往往不能由下级人员有很大的自主权，这种情况下，就算下级人员很想自主地开展工作那都是不允许的。

很多企业的班组长，在对设备和工具的改造、对生产现场的布局、决定班组人员的进出等方面都是没有什么权限的，这就很大程度上制约了班组长的工作积极性。

3. 作业协作系统

作业协作系统是完成企业功能系统的根本。企业就是通过各种协同、协作的执行操作，才完成了大量的工作，最终实现了企业的各项功能。

企业作业协作系统规划设计得好，一方面可以实现企业需要的各种功能，另一方面还可以精益地实现企业的各种功能，提高企业的运营效能和经营水平。

互联网技术的发展，会使企业的作业协作系统和传统方式相比发生全新的调整，特别是移动互联网平台的兴起以及作业自动化的发展壮大，使企业的作业方式可以借助充分、便捷的信息传递方式和交流沟通方式，在超视距和跨时段的状态下完成，这样就可以充分利用那些传统专业模式下被浪费的零散时间。

4. 管控系统

管控系统就是实现上述各种意图的具体管理手段，也就是领导者通过一系列的措施，保证员工按照领导者自身预想的方式或者要求开展工作。

管控系统的最大作用是保证各项工作的开展按照领导者预想的方式或者要求进行。当然这其中涉及的问题就是，可以保证多大程度上按照领导者预想的方式或者要求进行。因为领导者的"预想"分为各种情况，当然最根本的设想是为企业创造最大的价值，但是这又会涉及在具体的做法上细到什么程度的问题。如果领导者的"预想"细到了"每个人""每天"甚至是"每时"的要求，那就非常不现实了。

自动化设备的使用极大地减少了日常生产中人为因素的影响，也极大地减少了因为人的生理因素限制导致的一些不利情况，比如晚间加班会因为瞌睡而容易出错。互联网的使用更是提高了工作的透明度，使信息可以随时、随地进行交流与传递，也就使管控变得更加简单了。

### 三、运营管理系统优劣对企业价值的影响

如果企业的运营管理系统规划、设计、运行得不好，那就会极大地影响企业价值的创造和发展潜能的发挥。

#### 1. 松垮无制，无法与领导者保持一致

第一种常见的情况是企业的运营管理系统松垮无制，企业对其控制力过弱，在业务运营模式和管理模式上常常会发生偏差甚至变形。这种情况下企业的运营和管理不仅无法和企业领导者的意图保持一致，而且对企业本身的运营也是很大的伤害。

如某集团企业，虽然集团公司牢牢地把握着资金管理权和集中采购权，但是下面某个子公司外聘的总经理却在没有任何管控手续的情况下把外协件的供应交给了熟人办的企业。先不说这其中是否有违规的事情发生，本身这种管理失控的结果，就是集团公司运营管理松垮无制的表现。

某集团性公司，花百万年薪聘请一位负责外贸销售的总经理，一年的时间百万年薪拿走了，但是销售却没见起色，明显是用人考察不足。这也是在高级人才使用的管理上松垮无制所致。

#### 2. 控制太死，为核心领导者"分忧"的功能发挥不出来

随着企业的做大，需要将核心领导者的权、利、责下放，以便于实现大规模组织的高效运转。有的企业领导者不敢放权放责（利倒是次要的），很多事情紧紧地掌握在"自己"手里，使其他管理人员为领导者"分忧"的作用发挥不出来。

如某集团性企业已经达到了年销售额 70 亿元的规模，而且各个子公司涉及的产业与行业差别都很大。集团公司为了防止采购中出现违法事件和灰色事件，把所有的采购权限都收归到集团公司来执行。自然是采购中没有了

"虚高"价格的出现，但是却带来了其他严重的问题：一个下属子公司的设备 8 个月没有买到位，影响了近 1000 万元的利润；图便宜给子公司买的扳手，用了一次扳手就脱扣作废了等。

这就是控制得太死，就算是有再多、再高级的人才，也必然会导致"分忧"作用无法发挥出来。

### 3. 粗放不精，无法达到资源效益的最大化

有些企业的运营管理系统虽然模式上不会走形，但是在具体的操作实施上却粗放不精，导致了很多的浪费，特别是在工作过程中的协调、配合与合作中，冲突、推诿、老好人现象不断，使企业没有达到最佳的运营管理状态，使该得到的企业利益和收益没有得到。

这种情况在中小型企业和初创的集团性公司里很常见。在具有中等规模的单一业务企业里，职责不清、流程不明就是这种情况最现实的写照。

### 4. 刻板守旧，不能与时俱进地实现上述的三个目标

有些企业的运营管理系统不能随着企业的发展而进行相应的调整和变化，在经历了一个阶段的成长与成功之后，便进入了徘徊与纠结当中。具体的表现就是内部的问题越来越多，其根本原因是企业内部需要核心领导者进行决策和处理的事情越来越多，这样就占据了核心领导者大量的时间甚至是绝大部分时间。企业的核心领导者从开始的"创业者"变成了今天的"救火队员"。

可想而知的是，如果企业核心领导者的创业创新意识、战略思考时间和关注重大事项的精力都没有了，那企业又怎么成长和发展呢？我们认为，企业核心领导者必须有 30% 以上的时间是闲置用于思考的，而不能用在处理企业的运营管理问题上，否则这个企业是很难成长发展的。

这也就是为什么很多企业都是风风火火一阵子、销声匿迹一下子的主要原因。它们靠的是机遇型发展，而不是经营型发展。

## 第五节  企业运营管理系统的类型

为了能够在有限的资源和精力内更好地认识和管理各种不同的事务，定性、归纳、分类是我们常见的逻辑方法，按照性质、层次将相似的事物划分

为同一类，这样就很容易理解和区分它们了。

## 一、企业运营管理系统分类的目的

对企业运营管理系统分类的目的是找出决定企业运营管理系统本质的关键要素，并将具有相同关键要素的企业运营管理系统划为相同类别，进而总结出其共有的规律和方法。企业运营管理系统的分类可以从业务的特点和规模的大小两个角度进行分类。前者是由于从事不同的业务而导致的运营管理模式不同，后者是由于规模的大小导致的运营管理模式不同。一般情况下，当一个企业成长到足够大的规模的时候，就会包含多种业务类型，特别是集团型企业，往往都是由多种不同类型的业务组成的。

## 二、企业运营管理系统分类的方法

从管理管控的角度看，各个运营管理系统之间因不同业务类型导致的差别要远远低于因企业规模不同导致的差别。当然，从业务操作方式上讲，因不同业务类型导致的差别要远远高于因企业规模不同导致的差别。

从业务类型的角度分，企业可以分为产品型、实物服务型、销售型、资本运作型、中介服务型与综合型等。

从运营管理的角度讲，要正确认识不同企业之间的差别，更重要的是从企业的规模进行分类。

一个5万人的企业和一个500人的企业性质是否一样，或者说美国GE公司和一个500人的汽车配件制造企业之间，它们的不同是什么样的性质，我们应当如何认知它们之间的这种不同。就如一只10公斤的猴子和一头5吨重的大象，它们之间的不同到底是什么性质。它们都是哺乳脊椎动物，这是它们的相同点，但是从生理系统来讲，虽然基本结构一样，但是一只猴子的心脏是无法承担一头大象的身体的。所以我们说，猴子和大象的生理系统有截然本质的不同，虽然这种"不同"还不及大家、猴子与蛇之间的不同，但这种不同已经远远超过了猴子与一只大狗之间的不同。

行业有林林总总，企业有千千万万。对于这千千万万的企业，应当如何认知和分析其运营管理系统，才能更有利于指导我们的企业经营管理实践呢？企业运营管理系统有很多种类型，不同类型的企业运营管理系统有不同的规律和规则，也有不同的运行和管控方法。我们无法用一种概念和知识把所有企业的运营管理系统都细致地解释清楚，那我们就把企业分类，分别对它们进行分析和诠释，这样就能够根据各类企业运营管理系统的特点进行细致的研究了。所以，研究企业运营管理系统的最优，首先要认识清楚企业运营管理系统的分类和类别。我们对企业运营管理系统的研究和分析也是为了便于我们对企业运营管理系统的构建和改造，这就是我们认识企业运营管理系统并进行分类的原则。

就像医生一样，了解人体的系统构造以及构造之间的影响关系，目的是通过医治和保健，可以让身体更加健康。我们也总是希望企业的运营管理越来越好，而且希望通过自己具体的干预和操作来使企业运营管理越来越好。所以我们应当弄清楚，企业运营管理系统的"好"是什么；使企业运营管理变"好"的规律是什么；我们的干预和操作会使企业运营系统发生什么样的走向和变化？

为了使对企业运营管理系统的认知和剖析更科学、更清晰、更可操作，我们就需要按照一定的原则和方法，把众多的、形形色色的企业运营管理系统进行区分、辨别、归类，找出每一类的特征、特点和特有的规律。我们研究企业运营管理系统还要弄清楚的是，对于一个企业来讲，决定企业运营管理系统最优与否的因素是什么；在特定的环境下什么样的运营管理系统是最优的；如何才能以最"经济化"的方法和手段使企业运营管理系统达到最优。

如前所述，企业运营管理系统的最优并不是只有一种标准和状态，而是在根据不同的类别、不同的环境、不同的资源条件、不同的目标而有不同的最优状态。这是因为，不仅不同规模、不同行业企业的资源条件、经营环境会不一样，就算是同一规模、同一行业的企业，其战略目标、发展历史也会有很大的不同。而且企业规模和行业的不同是既有的、不可改变的，而环境、资源条件、目标却因为人为因素而不断变化。因此我们研究企业运营管理系统，第一是要研究企业的类别，第二是研究各类别企业在不同的外部环境、资源条件、目标下的运营管理系统最优（见表1-1）。

表1-1 企业运营管理系统类别划分要素

| 一级要素 | 企业运营管理系统的类别 | | |
| --- | --- | --- | --- |
| 二级要素 | 外部环境 | 企业资源条件 | 企业目标 |

不同类别的企业，其运营管理系统本身就根本不一样，当然也就谈不上

运营管理系统最优是不是一样。因此，我们首先要研究的是每个企业运营管理系统类别下的最优会有多少种可能性，因此我们也就首先需要划分出企业运营管理系统的各种类别，通过这种企业运营管理系统类别的认知，可以使企业管理工作者能够更好地把握企业运营管理系统的关键和规律。在这样的前提下，我们对企业运营管理系统类别划分的最终目的是为企业管理工作者寻找和提供一套认知、构建和优化企业运营管理系统的依据、思维、策略、方法。基于此，我们的着眼点就是从一个"企业运营管理系统构建者和管理者"的角度来划分企业运营管理系统类别的，这样的着眼点更加有利于提高我们的研究和分析对实践者具体实践的指导。而从这样的一个角度出发，所面临的首要与核心问题就是构建、管理、优化这个系统的难易程度。我们可以想象，当"企业运营管理系统构建者和管理者"面临一个企业及其运营管理系统并要对其进行调整时，他要考虑的就是这个企业运营管理系统到底有哪些内容和方面、有哪些问题要解决、有哪些陷阱要避免、有哪些工作要开展。当然不同规模和复杂程度的企业，这些考虑方面的数量和本质都是不一样的，就像一个 5 万人企业的复杂程度不是一个 500 人的企业所能可比的。所以企业运营管理系统的复杂程度、功能目标以及最优程度直接决定了企业运营管理系统调整难度的大小。

基于这样的出发点，我们认为影响一个"企业运营管理系统构建和管理者"在思考企业运营管理系统或者开展企业运营管理系统构建时的主要因素包括三个方面，即组织复杂度、经营策略、能力条件。企业组织复杂程度越高，需要考虑的问题也就越多、需要权衡的利弊也就越多、需要掌握的知识范围也就越广；不同的经营策略需要运营管理系统的构建者采用不同的运营管理布局去实现；而企业运营管理系统在不同的发展阶段、不同的经济环境、不同的人才环境下，自然就要求运营管理系统构建者要采用相应的、基于其自身条件和能力的运营管理方法，以实现企业运营管理系统最大效度的运转。因此，如果要想保障各形态、各类别企业的正常、高效度运转，需要对其核心领导者的关键定位要求、关键能力要求、关键工作内容要求等方面的异同进行区分，而这种区分本身体现的就是企业运营和管理模式的不同，因此也就需要具备不同知识能力和工作技能的负责人承担相应运营管理系统的构建和管理。

为了对企业运营管理系统进行科学分类，我们首先要明确如何界定企业运营管理系统的差别与不同，然后再把不同的企业运营管理系统分开，把相同的分成同一类别。当然，我们这里所说的差别和不同，不是指一些细节上的不同，而是指结构组成和运行模式上的不同，是"体"的不同，而不是个别点的不同。差别到什么程度就不是同一类别的运营管理系统，差别在什么范围内就属于同一类别的运营管理系统，这正是我们研究问题的核心内容之一。虽然不会有任何两个企业是完全相同的，但是站在"企业运营管理系统构建和管理者"的角度，我们将企业规模大小决定的系统复杂程度、企业经营策略决定的运作模式、运营好坏决定的运行效度三个方面作为区分企业运营管理系统差别的要素。

企业运营管理系统之间的差别以及其类别的划分，就由企业的组织复杂度、经营策略、运行效度这三个方面决定了。这三个方面之中，首先是企业复杂程度不同所带来的企业运营管理系统的不同，这是由于企业的形态不同造成的，我们称之为态的不同。不同态的企业，其运营管理系统的不同是根本的不同，也就是态的不同的企业，其运营管理系统是永远不可能相同的。其次是不同经营策略类所带来的企业运营管理系统的不同，即便同一形态的企业，由于经营策略不同，与之匹配的运营管理系统也不同，即类的不同。最后是由于运行效度带来的不同，也就是即便是态和类都相同的企业运营管理系统，但由于执行的程度不同，也会有很大的不同，即级的不同。这三个方面中，态的不同是企业之间本质的不同，是企业自然而存在的；类的不同是企业经营思路和策略上的不同，是企业不同经营定位带来的不同，是可以改变的；而级的不同是企业之间"做的"好坏的不同，也是可以改变的。这三个方面在形成企业运营管理系统差别与不同方式如图1-3所示。

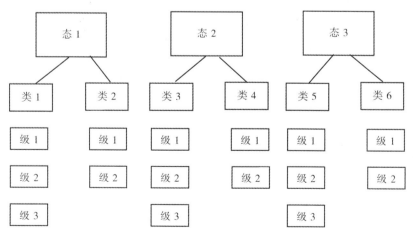

图1-3 企业运营管理类别结构示意

企业的复杂程度决定了企业运营管理系统的态，对企业复杂程度的划分，也就决定了对企业运营管理系统态的划分。

### 三、企业运营管理系统"态"的划分方法

企业运营管理系统的复杂程度主要决定于企业的规模和业务模式，组织规模越大，复杂程度也就越大，组织的业务内容越多，组织的复杂程度也就越大。规模大需要相应的人员数量、组织结构相匹配，而业务内容多，也需要相应复杂的组织方式与之相匹配。同样是2000人的企业，只是经营一个产品品种和经营多个不相关的产品品种、只是一个法人公司和是一个多元化的集团公司，其复杂程度都是不一样的。

我们从规模大小（人数）、业务类别的多少、业务区域的大小来衡量和区分企业运营管理系统的复杂程度。当然，企业这三个方面实际上并不是孤立的，企业规模的大小也直接决定了企业业务类别的多少和业务区域的大小。规模小的企业业务类别和业务区域都不会太复杂，但是规模大的企业，很有可能业务类别多或业务区域都大，但是也有可能业务类别不多或业务区域不大。

从领导能力上讲，企业规模决定了辖属人员的数量。辖属人员的数量决定了企业的复杂程度，而企业不同的复杂程度决定了需要考虑问题的不同，也决定了企业领导应当具备的领导能力（思维和实践）。在同一类的企业中，企业人数规模的大小也就决定了企业业务规模的大小和潜在盈利能力的大小，同时也决定了企业组织层次的多少和跨度的大小，同时也决定了领导者管理链条的长度和分权的程度，同时也就决定了管理的复杂程度和难度。

业务类别决定了企业领导者对业务运行方式管理的复杂程度，由于企业领导者个人专业能力的局限性，也就决定了组织的复杂程度和人员配备的复杂程度。我们在这里的划分方法不是按照企业（子）公司、事业部、经营单位的多少，而是看企业的各个业务和业务单元在技术、渠道、品牌、人员技能、生产方法、原料、客户性质等职能要素上的同质性和可共享性。同质性和共享性的本质代表了管理要求是否一致，同质性和共享性越高，管理要求的一致性就越高。我们认为，如果企业的两项业务之间只要有两个或者两个以上的职能要素上是不同质或者不共享的，就以两个不同的业务类别计。

业务区域范围的大小决定了企业经营管理者需要处理的外部环境的复杂程度，也就决定了企业领导者和经营管理者在企业经营管理工作中需要处理

的不同地区文化、不同地区市场特点、不同的企业运营体系、不同的管理链条长度和跨度，以及因此而带来的企业运营系统的复杂程度。

对于以上三个维度的衡量指标，我们根据各个指标数量的不同或者范围（代表了企业运营管理需要具备的功能层次以及经营管理者需要具备的技能层次所形成的差异），按照加权计分法来划分企业运营管理系统的复杂度。

表1-2是企业复杂度三个指标的分类与界定。

表1-2　组织复杂度要素分类

| 规模（人） | 100以内 | 101~500 | 501~2000 | 2001~10000 | 10001~30000 | 30000以上 |
|---|---|---|---|---|---|---|
| 业务类别 | 1个 | 3个 | 6个 | | 10个以上 | |
| 业务区域 | 省（区、市） | 全国 | 大中华地区 | | 国际 | |
| 备注说明 | | | | | | |

在上述要素衡量方法下，具体可以通过表1-3打分的方法来确定企业组织的分值和复杂程度。

表1-3　组织复杂度要素打分

| 规模（人） | 100以内 | 101~500 | 501~2000 | 2001~10000 | 10001~30000 | 30000以上 |
|---|---|---|---|---|---|---|
| | 20~50 | 51~100 | 101~150 | 151~300 | 301~400 | 401~500 |
| 业务类别 | 1个 | 2~5个 | 6~9个 | | 10个以上 | |
| | 5~10 | 11~60 | 61~130 | | 131~150 | |
| 业务区域 | 省（区、市） | 全国 | 大中华区 | | 国际 | |
| | 0~5 | 10~25 | 40~60 | | 70~150 | |
| 计算方法 | 将各项的打分相加，得出的分值即为最后的分值 | | | | | |

为了便于阐释、分析和归类，我们把企业组织的复杂程度分为简单、较复杂、复杂、很复杂和超复杂五个层次，具体的衡量方法如表1-4所示。

表1-4　组织复杂度分值划分

| 得分范围 | 100以下 | 100~300 | 301~500 | 501~700 | 701~800 |
|---|---|---|---|---|---|
| 组织复杂度 | 简单 | 比较复杂 | 复杂 | 很复杂 | 超复杂 |
| 备注说明 | 在以上的方法中，只有在经营上具有管控权的业务才算在其中 | | | | |

我们把因为企业组织复杂程度不同而导致的企业运营管理系统的不同叫作企业运营管理系统"态"的不同，"态"是用于描述企业运营管理系统之间区别的一个概念，诠释了因企业组织的复杂程度而导致企业运营管理系统不同的概念，体现的是企业运营管理系统之间根本性的差别和不同。根据上述的分类方法和评价方法，企业运营管理系统的"态"简化后可以分为简单、较复杂、复杂、超复杂四种。

（1）简单型企业由于规模小、资源少、行业控制力不足，其获利的方式也仅仅是出售产品或服务。所以，这类企业可以选择的经营策略往往比较少，像我国改革开放以来大部分的这类企业其实都是把低成本作为经营策略的，这是由我国改革开放初期的经济定位所决定的。但是随着我国经济转型和供给侧改革的实施，这类企业的生存空间越来越小，只有那些能够以专有技术和特有方法，为市场提供专业化和特殊化产品或服务的企业才能生存下来并得以很好的发展。

（2）较复杂的企业往往是规模大了一些，在资源拥有量、行业影响力方面都有了较大的改观，其经营策略的可选择空间也变得多了起来。虽然其获利的方式仍是以出售产品或服务为主，但是可以利用规模和资源优势，在成本竞争优势、业务创新方面和争取客户的信任度方面有更大的弹性空间。

（3）复杂的企业往往都是小型的集团化公司或者大型的单一业务企业，其获利的方式也变得多了起来。小型集团公司可以利用多元化业务的协同关系从不同的业务方面获利，也可以利用产业链的协同合作来获利。大型的单一化企业除了在同行业中参与竞争外，还可以利用自己的资源优势和规模优势，一方面通过对行业资源的控制获利，另一方面还可以通过对产业价值链的掌控去获利。

（4）超复杂的企业往往都是大型集团企业，这类公司的经营策略会有很多可选择的空间。除了在某类产品和业务上选择经营策略外，还可以把整个集团各项业务间的匹配作为经营策略的选项。这类企业可以利用自己的资源优势，在产品销售、产业链控制、行业资源控制、资源共享、产业协同效应、资金控制力、大资金投入优势等多种模式去获取自己的利益。

四、企业运营管理系统"类"的划分方法

具有相同运营管理系统"态"的企业，如果其各自的行业特点不同、经营策略定位不同、价值链布局不同，为了实现不同的经营功能和组织功能，其内部的业务策略、业务关系、组织方式和管理特点也都会有所不同。我们把因为业务策略、业务关系、组织方式和管理特点不同而导致的企业运营管理系统的不同叫作"类"的不同，即同一企业态下不同类别的企业运营管理系统。"类"也是描述企业运营管理系统之间差别与不同的概念，只是这种不同不是由企业的复杂度决定的，而是由企业的业务策略、组织方式、管理方法与行业特点所决定的。类的划分可以有三个方面：第一个方面是可以按照企业的商业模式和竞争战略作为基本的划分方法，包括差异化、区域化、"互联网+"程度、资本—业务—生态圈关联方式等模式；第二个方面可以按照组织管理模式作为划分方法，比如按照集权分权程度、业务组织形式、员工激励模式等方法来划分；第三个方面是按照行业特点来划分，包括制造类、工程类、服务类等。企业运营管理系统"类"的不同不代表优劣与高低，而是代表了不同的方向与策略选择。

按照迈克尔·波特的理论，企业获得较好竞争位置的三种一般性战略为总成本领先战略、差异化战略及专一化战略。"总成本领先战略"要求企业必须建立起高效、规模化的生产设施，全力以赴地降低成本，严格控制成本、管理费用及研发、服务、推销、广告等方面的成本费用。为了达到这些目标，企业需要在管理方面对成本给予高度的重视，确保总成本低于竞争对手。"差异化战略"是将公司提供的产品或服务差异化，树立起一些全产业范围中具有独特性的东西。实现差异化战略可以有许多方式，如设计名牌形象，保持技术、性能特点、顾客服务、商业网络及其他方面的独特性，等等。但这一战略与提高市场份额的目标不可兼顾，在建立公司的差异化战略的活动中总是伴随着很高的成本代价，有时即便全产业范围的顾客都了解公司的独特优点，也并不是所有顾客都将愿意或有能力支付公司要求的高价格。"专一化战略"是主攻某个特殊的顾客群、某产品线的一个细分区段或某一地区市场。低成本与差异化战略都是要在全产业范围内实现其目标，专一化战略的前提思想是：公司业务的专一化能够以较高的效率、更好的效果为某一狭窄的战略对象服务，从而超过在较广阔范围内竞争的对手。公司或者通过满足特殊对象的需要而实现了差异化，或者在为这一对象服务时实现了低成本，或者二者兼得。这样的公司可以使其盈利的潜力超过产业的平均水平。

虽然企业的经营策略大致上可以分为三类，但是不同形态的企业，还是会因自身的特点和特色而有所不同的。

对同一形态下的企业运营管理系统进行类的划分，目的是分析和判断企业的组织运营管理系统与企业经营策略和行业业务特点的匹配关系。我们通常见到的划分方法是把企业的组织类型进行简单的划分：如职能型、矩阵型、事业部型等，这仅仅是由企业规模的大小以及业务运行的特点所决定的。但是我们认为不同形态下企业的组织及其运营管理系统性质是不同的，它们之间的不同是内在性质不同，并且不同形态下，企业运营管理系统形成其不同类别的因素和机理也不同。所以那种简单的划分并不能够真实、透彻地分析企业运营管理系统及其之间的内在不同。为了给企业经营策略转型以及跨行业扩张时的经营管理提供一些有参考意义的研究成果，我们根据行业特点、经营策略的不同来分别对单一业务型企业和集团业务型企业运营管理系统的类别进行划分和分析。

（1）因行业和业态不同带来的运营管理系统类别。不同的行业和业态其本身的运营模式和管理方法就是不同的。比如银行业与百货超市、奶业经营与矿产经营、房地产开发与建筑施工，等等，每个行业的运营模式都是不一样的。

（2）因经营策略不同带来的运营管理系统类别。无论是企业在既有的行业内会改变自己的经营策略，还是企业进入新的业务经营领域，企业在不同的经营策略下就会要求其运营管理模式与系统进行相应的调整以实现和完成新的经营策略定位和要求。

为了更加详细地说明企业运营管理系统"类"的差别，我们将单一业务型企业和集团业务型企业分别进行说明。

单一业务性企业在各种经营策略下的运营管理类别见表1-5。

表1-5　各类行业经营策略与运营管理模式

| 经营策略<br>业态与行业 | 经营策略与运营管理模式 | | |
|---|---|---|---|
| | 低成本 | 差异化 | 专一化 |
| 工程项目类企业 | 技能齐全化 | 资质化 | 技能专一化 |
| 日用消费品类 | 品牌化 | 普通化 | 代工化 |
| 矿产类 | 跨产业链管理 | 分类筛选 | 除采掘外其他外包 |
| 原料装备企业 | 高技术化 | 多类化 | 低技术化 |
| 服务型企业 | 低端 | 多类化 | 高端 |
| 金融类企业 | 齐全化 | | 专一化 |

集团性企业在各种经营策略下的运营管理类别见表1-6。

表1-6  集团性企业经营策略与运营管理模式

| 经营策略<br>集团性质 | 经营策略与运营管理模式 | | |
|---|---|---|---|
| | 低成本 | 差异化 | 专一化 |
| 产业链协同 | 中心产业带动型 | 各自发展型 | 多中心带动型 |
| 非相关多元化 | 业务管控 | 战略管控 | 混合管控 |
| 供应链性质相同 | 各自发展型 | 资源共享型 | 集中经营型 |
| 多业态协同 | 各自发展型 | 互助促进型 | 服务于中心型 |
| 单一产品型 | 各自发展型 | 区域管理 | 集中经营型 |

以上不同类别的企业运营管理系统，都会在具体的业务运行模式和管理方式上有明显的区别体现。当然，即便在同一类的运营管理系统下，业务运行模式和管控方法仍然会有一些局部的不同。

## 五、企业运营管理系统"级"的划分

企业运营管理系统的"级"就是指在既定的"态"和"类"下，企业运营管理系统与企业态、类的匹配度以及其自身运行的精益程度，简称为匹配度和精度。

即便是同一形态、同一类别的企业运营管理系统，但是由于在具体的执行与操作中存在执行到位与否、技能水平高低以及工作水平的差异，其最终达到的结果也不尽相同，既企业运营管理系统的匹配度和精度不同。我们把因为企业运营管理系统的匹配度和精度不同而形成的企业运营管理系统的差别叫作级的不同。

企业运营管理系统和企业态的匹配以及和企业策略的匹配是指企业的运营管理系统在格局和模式上是否与企业的态和策略相吻合。而企业运营管理系统的精度是指在具体的运行操作上，企业有没有多余的、浪费的，不必要的行为动作和工作内容，各项工作的开展是否是做到了恰到好处，是否实现了既不会影响工作的开展也不会在操作细节上浪费企业的资源（职工的体力、动作、思维都是企业的资源）。

比如在2014~2015年中国大陆互联网特别是移动互联网兴起的时候，虽然很多互联网企业是非常时尚、潮流的企业，但是这些企业的运作管理却是特别粗放、混沌的。而很多传统的企业，虽然其运营管理方式有些落后于互联网时代的要求，但是其在原有模式下的运作是非常精密细致的。

企业运营管理系统在"级"的状态上可以分为以下四类：

（1）混乱随意，企业需要的或者既定的运营管理系统模式和结构均处在非常不稳定的状态，作业模式不稳定、随意变动、可控性差，这就会导致企业运营管理系统脱离于企业态和类的需要。具体的表现，比如业务流程的顺序会时常地被破坏，既定的系统绩效目标结构无法坚持，企业的运营管理模式和行事原则变化的幅度最多超过了40%。这种情况出现的原因：一是员工各自为政，既没有形成既定的工作运行模式与习惯，也没有一个有效的体系来控制和约束；二是员工没有一个既定的大致性的要求来界定，而是按照自己的条件、便利性和利益性来开展工作。

（2）粗放，企业需要的或者既定的运营管理系统模式和结构是比较稳定的，但是在具体的操作和实施上仍然会有很大的变动和不确定性，企业的运营管理模式和行事原则变化的幅度在20%以上。作业模式稳定，但具体细节浪费很多，无效的工作很多，很多事情心中无数，对工作体系没有进行科学精细的设计和规划，而且无效劳动时间处于30%以上。

（3）精细，作业模式稳定，工作细致，是主观可控的，但是规划设计得不好，有浪费存在。企业的运营管理模式和行事原则变化幅度在10%以内。但是并没有达到最精确的状态，无效劳动时间控制在25%以上。

（4）精益，没有无效果的工作，没有浪费。企业的运营管理模式和行事原则变化幅度在5%以内。无效劳动时间控制在5%以下。

# 第二章

## 最优——我们在企业运营管理上的追求

作为社会物资和经济价值创造的主体机构与组织，企业的根本作用就是优化自然资源和社会资源配置，实现产出最大化和价值最大化。也就是说，用有限的资源和条件去创造更多的价值和产出，从而让人类能够在地球有限的资源下长期享受更加美好的生存与生活，这是企业在我们这个社会当中最大的意义和作用。而作为维护企业运转和工作开展的运营管理系统，我们希望企业的运营管理系统能够实现上述的任务和使命，也就是我们希望企业的运营管理系统是最优的，这是我们在本书中的核心追求。

既然要构建最优的企业运营管理系统，我们就需要知道，什么样的运营管理系统是最优的，如何才能构建企业最优的运营管理系统，如果企业的运营管理系统不是最优的，该如何使企业的运营管理系统达到最优的状态。

根据企业的"价值产出"的性质，能够使企业实现"产出比最大和价值比最高"的运营管理系统就是最优的，其具体的意义包括以下三个方面：

一是内涵问题，即企业的"产出比最大和价值比最高"的具体内涵是什么，是资产回报率、投资回报率、利润率还是客户满意度等，不同的企业其具体内容是什么。另外，企业的运营管理系统是以什么形式、什么途径来实现"产出比最大和价值比最高"的。

二是时间问题，即企业的运营管理系统可以持续保持企业在多长的时间内的"产出比最大和价值比最高"才算是最优的。是一年、两年，还是三年？当然如果永远都能达到这个目标最好，但是由于企业是不断成长的，环境是不断变化的，运营管理模式也是在变化的，一种既定的运营管理系统是不可能永远保证企业的"产出比最大和价值比最高"的。

三是演变问题，企业是在不断成长的，面临的环境也是在不断变化的，企业所掌握的资源也不一样，为了保证能够持续实现"产出比最大和价值比最高"，在不同的企业规模、不同的外部环境、不同的经营策略下，企业需要采用不同的运营管理系统。本章将讲述企业不同运营管理系统之间是如何进行调整、演变的。

## 第一节　企业运营管理中常见的两难系统问题

我们在企业的运营与管理当中经常会遇到各种各样的两难问题，使我们难以选择和抉择。这些两难问题的出现是"我们希望各方面价值最大"与"现实条件无法实现"之间的矛盾所造成的。而这些两难问题的存在更加凸显了我们研究企业运营管理系统最优的价值和现实意义。

### 一、企业中常见的两难现象

1. 采购模式、备料配件成本与交货交期成本的最优对比

在很多企业中，常常存在采购模式、备料配件成本以及交货交期成本之间的博弈和矛盾。如果为了能够无限满足客户的订单交期要求，就必须要增加原料库存的数量以及库存成本，或者要用高价去采购原料以保证即时的供应。而如果以较少的原料库存和较低的价格采购原料，则往往容易造成无法满足客户订单交期的要求而造成客户不满以及相应的损失。

在生产制造企业中，在最低成本下尽力满足客户的需要是企业得以发展和盈利的核心原则。从客户的角度讲，能够成本最低、随要随到、质量合格那是再好不过的了。而企业希望是客户能多多容忍自己的不足，比如交期不好、质量不好、价格偏高等。在这种博弈下，就需要找到一个企业和客户都接受的平衡状态。以交期为例，交期的功能性指标包括交期时间长短和交期履约率两个方面。而这两个方面之间的关系是，交货周期越长，按期交单的比例越高，反之越低。而对于企业来讲，由于原料供应的不稳定性，为了保证为客户按期交付订单，就必须保证一定数量的原料存货，以备不时之需，这样就会过多地占用企业的资金，保存物资还需要花费成本。因此在一定的生产规模、生产能力、外部环境下，采购周期和数量、存货多少以及交单的保证情况就成了三个互相影响和制约的企业运营职能指标。

从功能上讲，这三个运营职能指标的效能标准就是实现"既定市场策略下的企业收益最大化"。也就是说，根据对客户服务的定位，为客户提供相应服务时，如何确定一个采购定位、原料库存、订单交付之间的关系，以使企业的收益最大化。这个最大化首先是要保证客户对产品与服务的接受和满意，这样才有生意做。但是应该让客户满意到什么样的程度呢？过度的客户满意会造成客户成本增加但是并不能带来相应的价值收益。合理客户满意度的基本衡量方法就是成本的接受度和同行业的参照对比。首先达到客户满意的成本应当是客户能够接受的，其次和同行相比我们产品的"性价比结构"是客户能够接受的，而性价比结构的内容包含了综合指标（价格、质量、功能比）的满足与单项指标不被否决。

在既定的市场策略下，企业在采购定位、原料库存、订单交付三者之间对企业经营收益的影响系统逻辑如下：

首先的主导变量是客户的满意度。也就是说，我们的基本原则是要尽量减少给客户造成过度满意。因为过度满意在消耗客户成本的同时并不增加客户的价值。而且由于人的满意度是在基本底线的基础上通过比较而来的感受，而不是一个绝对的感受，因此，为了实现客户满意而需要做的付出是随着行业发展以及竞争程度的变化而变化的。因此，首先要根据行业情况和客户情况找到一个适合的满意度，这个满意度要至少是能够让客户接受我们产品和服务的底线。然后再确定影响客户满意度之间的要素关系，如业务人员的工作、售后服务的程度、产品情况、订单交付四者之间的关系，以确定最优的满意实现措施组成。这方面的运营管理最优就是通过各要素的组合以最低的成本达到客户的满意，并把这个成本的降低价值让渡给客户。根据这样的逻辑，就确定了企业最合理的订单交期定位，包括交期周期和履约率两个方面的要求。

其次是在上述的系统框架下和已经确定的订单交期定位下，要依据订单交期定位的要求确定采购定位与原料库存之间的系统定位关系。就是在一定的订单交期标准下，如何根据企业的生产情况确定合理的原料库存与采购模式之间的配比。当然一般的情况下是企业希望以最低的价格和最少的库存来采购原料物资。但是，由于供应商有自己的经营盈利需要，他们一般会采取量大价低、量少价高和量大及时、量少等待这样的供货原则。所以订单交期决定的原料供货进度和采购成本之间的关系决定了企业原料采购与库存的配比关系。供应商要求的最低采购量和生产供应需要的最低供给量中的大者是采购节拍的第一决定因素。同时还要考虑非稳定因素的影响以及供货动荡性的影响，比如突发事件导致供应商无法正常的供货。根据以上的因素，企业往往设置安全库存和最低库存（低于安全库存开始按照预定价格采购，低于最低库存开始高价格采购），当原料库存量低于安全库存时，就会进行采购，这样的话采购的时间就由生产的进度来决定了。采购的数量根据供应商的供货能力情况以及近期生产量的多少来决定，一般是满足一定时间内（以发货周期确定）的用量为主。

但是企业经常存在的问题是，由于制造系统布局不好，或者订单生产的顺序性坚持得不好，经常导致制造过程的混乱和无序，进而也导致对原料需求的随机性、不稳定和难以预测，就使采购、生产和交单之间的协同关系变得混乱无序，而原料库存价值管理也变得没有规律和现实意义。

在供应商处于垄断地位的情况下，供货的时间和数量往往是由供应商所决定的，而企业是没有谈判的空间和决定权的。这种情况下供货就是一个决定性的首要变量，而库存本身也因为供应商的垄断性而成为一个不可控的事项。这样的话，企业的可调控空间就很小了。

如果企业的规模比较庞大，而且生产的产品品种很多，并且各种产品之间还有共用的材料与配件，由于各类原料和配件之间的供应状况不一样，因此处理的方式和方法都不一样，但企业却需要这些不同的原料和配件要同时在预定的时间内到达，那就要系统、综合地考虑采购定位、原料库存和订单交期之间的匹配与协同关系。

2. 企业职工之间人际和谐与工作原则之间的矛盾与协同

企业里的职工，大家之间首先是一种工作上的关系，但同时也是一种生活上的关系。而且即便是在工作中，保持亲密的同事关系和遵守严格的工作原则之间都是一对难以处理的矛盾。而且对于企业来讲，应当倡导什么样的同事关系和工作关系，也是需要以企业文化的方式认真进行权衡和推广的。

一般情况下，和睦的人际关系可以让同事们在日常的工作中彼此有更多的接纳和融合，工作中沟通和协商时都会心情愉快地开展和进行，从而减少因矛盾和冲突而带来的排斥与内斗。但是，当同事之间关系很和睦时，大家往往都不愿发生冲突，都不愿意为了工作的事影响彼此之间的和睦关系，都不愿意伤了面子，都不愿意坏了感情。一旦这种氛围形成，就会进入一种老好人主义、只顾感情不顾工作的恶性循环之中。

有的企业希望职工更多地坚持原则而不要只做老好人，这样的内在逻辑就是对他人的工作不足和错误进行监督和指正。当然从内心来讲，同事之间是不愿意这样做事情的。但是在企业的倡导下，一旦这种要求形成氛围，最终的走向就是同事之间彼此的指责、推卸责任甚至是打击报复，从而进入一种冲突、矛盾不断加大的恶性循环之中。

企业管理的初衷是希望职工做好工作，而坚持工作原则与和谐相处都是做好工作必须具备的企业氛围和从业原则。但是，由于人性自有的特点，塑造一个和谐相处与坚持工作原则共存的企业氛围、职工心态和意识是一件比较困难的事情。当然从企业所有者和高层领导者的角度讲，他们的根本追求是企业的发展和经营业绩的完成，因此他们在处理这种问题时是有原则和逻辑的。而对于基层的职工来讲，他们的诉求更多的是自己的收入和发展前途，所以他们在处理这种问题时的原则和逻辑并不是和高层保持足够的一致。

因此，企业在处理职工之间人际和谐与工作原则之间的关系时，首先要倡导的是为工作负责、为绩效负责的态度和意识，同时要严厉打击职工之间的陷害、刁难行为。不能过分地强调职工之间的和睦与无冲突，也不能过分地强调为工作而对同事的严厉无情。要强调职业化的人际关系，就是"对事不对人"。要强调平和的职业心理和规则化心态。

一般情况下，企业的规范化程度越低，这个问题就越难处理，规范化程度越高，这个问题就越容易处理。

当然在不同的企业环境下，对职工之间的工作关系和人际关系的要求也不同。在某些特殊情况下，需要职工之间以"众志成城"的意识和心理去克服困难、勇闯难关，那就要去"极端化"地倡导和睦、和谐，就像我国抗战时期的"英雄主义"一样。

3. 定制化市场效应与标准化生产成本效益间的矛盾

互联网的发展在市场销售方面为产品的定制提供了信息交流的技术手段，其中以移动终端互动选择的便利性和大量数据处理能力的提高最为显著。但是在企业产品的制造方面却没有发展得那么快，制作一件产品和制作十件产品的单件成本仍然具有很大的悬殊。所以企业一方面以定制化的诱惑进行市场化的宣传，另一方面仍然以规模化生产的方式向用户提供产品。

定制化的产品和服务提供方式当然是一件锋利无比的竞争利器，但是由于生产方式的制约，定制化生产仍然是处在初步阶段。

定制首先体现的是消费者对产品和服务需求的个性意愿选择，这样可以体现出每个消费者之间需要的不同。但是在多大程度上体现消费者个性的需求，在多大程度上体现消费者的不同是受生产制造的能力限制的。另外，消费者到底有多大的必要来体现自己深处的细微个性，也不能说是随心所欲就好。

个性化定制的市场诱惑与规模化生产的成本限制仍然是一个矛盾体，好在大众消费者的创意能力往往无法和专业性的工作团队相比，专业性工作团队的创意设计就足以满足大众消费者的心理了。

4. 采购成本与质量成本的最优对比

在一定的生产状态下，原材料质量越好，生产的产品质量也会越好，原材料质量不好，生产的产品质量也不会有很好的保证；而原材料质量越好，价格也越高，原材料质量越差，价格也越低；原材料越好质量问题越少，就越少返工和废品，原材料越差质量问题就越多，也就有越多的返工和废品。

在以上的基本逻辑下，就会有一个系统最优化的问题选择，就是应当采购高质量、高价的原材料还是该采购低质量、低价的原材料。如果从系统的角度讲，这里面有一个整体最优和系统最优的选择问题。其中一项就是采购成本与质量成本之间的整体最优组合关系，即确保采购成本和质量成本之和最低。在这样的一个逻辑系统里面，采购成本主要是指原料的采购价格及总费用，而质量成本主要是指因原料不合格导致的质量成本，质量成本包括返工、废品以及不可用原材料的费用三个方面。

返工成本包括因返工产生的消耗和丢失的销售利润两个方面；废品成本包括生产废品的成本、废品本身成本和应当获得的销售利润；不可用原材料费用就是购买原材料的花费以及丢失的销售利润。按照系统最优原理，采购成本与质量成本之和最低就是企业的原材料采购费用加上上述的质量成本最低。由于企业的采购价格和质量成本都是随着原材料的质量水平变动的，因此，合理确定原材料的质量水平是最终保证上述系统整体成本最低的关键，如表2-1所示。

表2-1　采购成本与质量成本构成

| 项目 | 采购成本 | 返工成本 | | | 废品成本 | | | | 废弃原料成本 |
|---|---|---|---|---|---|---|---|---|---|
| 构成 | 费用 | 消耗 | 人工 | 丢失利润 | 消耗 | 人工 | 丢失利润 | 原料 | 费用 |

由于原材料质量降低带来的直接正向结果是采购费用的降低，而带来的负面效果就是质量成本的增加，因此该运营系统最优的另外一层意思也就是

采购价格降低的总额减去质量成本的结果最大。

由于不合格的原材料带来的直接结果是返工或者废品，因此如果按照以下的形成与组成关系，则可以推算出每件（量）不合格原材料品带来的质量成本数额，如表2-2所示。

表2-2　每件（量）不合格原料品带来的质量成本

| 结果 | 成本构成 | 数额计算方法 | 结果 | 成本构成 | 数额计算方法 |
|------|---------|------------|------|---------|------------|
| 返工 | 消耗 | 单件分摊方法 | 废品 | 消耗 | 单件分摊方法 |
| | 人工 | 单件分摊方法 | | 人工 | 单件分摊方法 |
| | | | | 原料损失 | 采购价格即费用 |
| | 丢失利润 | 产能计算方法 | | 丢失利润 | 产能计算方法 |

通过以上的方法，可以计算出每件不合格的原材料所带来的质量成本费用，进而可以核算出原材料合格率与质量成本费用之间的数学关系。再进而就可以得出该运营系统最优的量化表述方式就是：采购价格降低总额−原材料废品率×A的结果达到最大，其中A就是废品率与质量成本之间的相关系数，即质量成本＝A×废品率。系数A是由企业自身的生产状况所决定的，比如生产效率、消耗控制、人工成本等。另外，质量控制体系的好坏还没有被包含在这个运营系统当中，而是把其作为一个常态来考虑的。

上述的运营管理系统只是生产供应链系统中的一个子系统，是探讨在其他要素不变的情况下原料质量水平与质量成本之间关系的一个模型。与以上的运营管理系统直接相关并产生互动和影响的，是产品质量造成的客户满意度、企业的经营与服务定位、为此付出的额外服务成本等，这些内容将构成一个更大的以成本为核心的运营管理系统。

5. 产业与业务布局的最优选择

在企业的发展过程中，应当如何进行产业结构布局和业务结构设置，以确保最佳的业务结构和产业结构，当然这个问题也适用于企业产品线的规划与设置。同样的问题体现在企业进行扩展与扩张的过程中：是在同一行业中无限做大，还是在产业链上不断延伸，还是在运营性质相同的行业中进行扩张。这都是企业需要认真考虑的一个问题。

对于上述的问题，波士顿矩阵的方法按照产品和行业的发展阶段属性给出了一种选择的方法，而麦肯锡的三阶段发展模型也给出了企业产业布局的基本原理（见图2-1）。

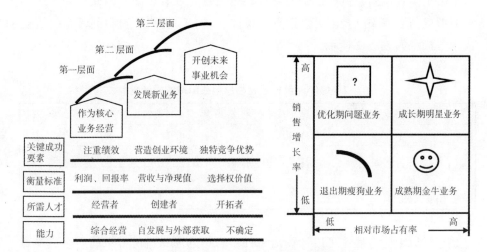

图2-1　波士顿矩阵和麦肯锡的三阶段发展模型

上述的两种方法都是从"选择具有好前景的产业"这一原则和原理出发的。而且波士顿矩阵更多的是从产品线选择的角度出发的，麦肯锡成长模型是从产业布局衔接性的角度出发的。而我们这里所探讨的问题是，如何在有限的、既定的资源下，进行产业布局可以使整体的投资和运营获得最大的发展和收益。这其中的一个很当然的选项就是找那些最赚钱的行业和行业最赚钱的发展阶段去投资，就可以获得超额的平均利润和收益。但是企业的发展和业务的开展也不能以这种不断变换产业的方式去进行，而是要相对固定在一定的产业和业务范围内进行经营和发展。

由于企业的产业选择行为和业务结构选择行为都是在当时的既定环境、目的、资源、机遇下的一种投资和经营行为，而不可能是为了十年以后的环境、目的、资源、机遇而进行的投资与经营行为。并且，我们也不能要求企业的领导者按照十年之后的情况来进行产业选择，因此，我们这个命题的本质是"在一定的时期内，企业的产业结构和业务结构应当调整为什么样的，应当以什么样的原则和方法来确定企业产业结构与业务结构"。

在企业的"产业结构布局与业务结构布局最优"上，我们应当如何分析和看待这个"最优"的内涵与意义。这个问题的剖析与分析的立足点首先应当按照如下原则界定，即进行业务结构布局选择的原则当然是整体的利益和效益最大化。这包括以下七个方面的含义：

（1）资源效益的即时最大化，就是在当时的环境、条件和资源下，通过产业的扩张和业务的扩大能够使现有的资源效益最大化，即不用太多的投入，发挥现有资源的优势就可以获得更大的收益，这就是"闲着也是闲着，有赚钱的机会为什么不赚"，如娃哈哈品牌资产效益的延展和发挥。

（2）未来发展潜力的最大化，在现有产业和业务的基础上，通过产业和业务结构的调整和扩张，使新的产业和业务集群能够在未来获得更大更好的发展空间和发展潜力，如海信进入电子智能医疗产业进一步推动互联网在医疗产业的技术和市场服务应用。

（3）机遇的难得性，就是企业获得了一个难得的投资机遇，虽然和现有的业务关联性不大，但是新产业和业务本身就有很大的发展潜力与空间，就不得不进行新的投资与业务扩张了。

（4）经营中的协同互促效应，就是通过进入新的产业和业务，使其和现有的产业和业务形成协同互促的作用，在行业与市场中形成更大的竞争力与影响力。比如新希望集团，原来的主业是养殖用饲料，但由于这几年国内生猪养殖行业集中化、规模化发展很快，因此就利用自身的资本优势、渠道优势、原料优势和管理优势，大力涉足生猪养殖行业，取得了不菲的成绩。

（5）获取、控制产业链的关键资源，在企业经营中，需要各种各样的技术、资源和条件，而且这些技术、资源和条件往往是影响企业能否获得竞争优势、避免处于被动局面的环节。很多企业为了不受制于人或者为了制约别人，进而提高自身的竞争力和获利水平，因此要进入新的产业，以提供自己的生存能力、竞争能力和发展能力。

（6）当然还有一种产业与业务的扩张方式，就是本着肥水不流外人田的想法，希望把和现有产业业务相关的事都自己做，把每一分钱都留在自己的手里，而不要流到外面去。

（7）资本性运作，对于有些资本运作的企业，其进行产业选择和进入的目的不是长期的经营，而是资本运作性的投资。即投资一个企业后，通过包装、改进优化、整合，进行上市融资或者再进行出售。这不是从实业经营的角度出发的，而是从资本运作的角度出发的。

根据专家们的总结，在企业多产业、多业务的经营方式上，一般有以下的战略方式和布局策略，如图 2-2 所示。

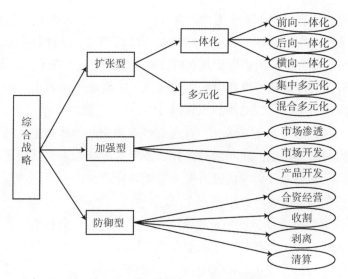

图2-2　企业战略方式和布局策略选择模式

但是企业在进行多产业、多业务布局的时候，也会遇到以下的具体问题。

企业的某项业务做到多大的时候，可以开展其他的或者更多的业务？因为当一项业务做得不够大的时候，就没有足够的市场影响力，这时如果开展新的业务，都有可能在竞争中把老的业务丢掉。在快速成长的经济环境下，只要原来业务能够正常的运转、现金流顺畅就可以了，但是在成熟的经济环境下，应当做到行业前5位、市场占有率不低于10%，并且现金流和盈利情况正常。

企业在进行新的业务选择时，应当依据什么样的原则进行选择？因为一旦选择了新的产业，就无法轻易地进行更改。如果新业务选择的不合适，就会成为企业的拖累。比如枣庄某集团公司，起家是煤炭采掘，在煤炭不好卖的时候收购了发电厂，用于消化不好卖的煤炭，在电不好卖的时候又收购了水泥厂，用于消化自己发出的电力，后来又弄了个煤化工企业。搞来搞去效果都不太好，最后这个企业最终还是回过头来去开发新的煤矿。我们对这个企业的做法要探讨的问题有两个：一个是这样的产业结构是否合理；另一个是这样的决策逻辑是否合理。首先是第一个问题，这样的产业布局是不合理的，因为新进入的行业都不是处在高盈利期，前两个处在成熟期，并且电力是国家统一控制的，没什么发展空间；水泥处于市场饱和状态，竞争激烈，而且不属于国家支持的产业。后一个虽然是国家支持的行业，但处在摸索期而前途未卜。对于该企业的规模和实力，都不是其最优的选项。第二个问题就是决策的思维逻辑，显然也是错的。因为仅仅是为了消化自己原有的产能而上一个新项目，这样的思维极其不可取。首先市场的周期性肯定是存在的，不能因为一时的产能过剩而惊慌失措；另外，这样的思维模式有悖于市场经济的原理，上产能的目的是抢占市场，要努力让市场去消化自己的产能，这样才能赚钱，而不是为了消化产能而自己新上个产业，这样的话就成了自己的闭环循环，也就没什么所谓的利润和盈利可言了。最大的忌讳是这样的产业布局，对集团公司领导的经营管理能力会造成过高的要求和极大的挑战，这是造成企业经营失败的最大威胁来源。选择新业务，要遵循三个原则，一是要选择有发展前景的，二是自己的资源（特别是资金）能够支撑的，三是能够和原有业务形成协同效用的。

所以企业在进行产业扩张和选择时，要遵循以上的原则和价值导向来进行。当然以上的每个原则和价值导向在具体的操作中还需要很多的考虑因素，比如"产业链资源与条件的控制性与获取性"原则，到底是做成原有产业的一个支持性的单元还是做成一个独立经营的业务单位，还需要根据"未来发展潜力的最大化"的原则来确定。

6. 多业务、多产业企业运营管理权限集中与下放的矛盾

对于多产业、多业务、多经营单位的企业，如集团性公司，应当如何布局其整体的运营管理体系和机制，也是这类企业必须要认真考虑与研究的问题。这个问题之所以需要认真的考虑和研究，是因为在一定环境、业务结构和资源条件下，不同的运营管理体系将带来不同的资源产出和经营效益。

对于多业务的集团性企业来讲，其最大的特点是业务种类多、经营决策类别多、工作层级多、管理链条长、工作内容类别多、协调关系多、组织规模大、组织关系多。最优的运营管理系统，就是一个能够使企业在符合战略定位和经营策略定位的前提下，实现经营的可控、高效率、资源效用最大化、贴近市场发展需要。当然，对于不同类别和类型的集团型企业，由于其内在的特点和规律是不一样的，实现最优的运营管理系统也是不一样的，但是如何合理布局其运营管理系统，才能实现"企业可控、高效率、资源效用最大化、贴近市场发展需要"的目标，是需要认真权衡的。

集团性企业运营管理系统设置需要关注的内容主要包括以下五个方面：

（1）根据企业战略和商业模式确定经营单元的划分和设定。也就是确定内部各个业务之间的供给关联关系、资源协同关系、指挥效能组合关系，以

此界定出来各个经营板块，板块独立经营、生产中心、区域运营中心、资本中心、采购中心、服务中心等。

（2）决策职责与权限。由于集团性企业规模大、涉及的业务内容多，因此企业需要决策的内容既多又复杂。在这样的情况下，如果仍然像单一企业那样，决策集中于上层个别的领导，由于时间、精力、知识层面的限制，那是既做不好，也做不完的。必须要把众多的决策工作分层次、分专业地分解与下放，才能保证决策效率、执行效率和决策的准确性。

（3）组织能力的布局。作为一个集团性企业，和单一业务型企业最大的不同就是，集团性企业的经营行为实际上是分为多个层面的，至少会分为集团公司层面的经营活动和下属各个经营单元层面的经营活动，而单一业务型企业只有一个层面的经营活动。为了有效匹配经营活动的多层次性，就需要由相应的能力布局和配置，才能支撑起相应的经营活动和运营职能。

（4）某些具体业务职能的运作。集团性企业由于业务的复杂性和某些具体职能工作"性质"的趋同性，作为同一经营权限和管理权限下的一个整体，希望其运营和管理能够达到整体效益的最大化。这时需要权衡各项具体工作开展的方式和布局。如集团集中采购与子公司自行采购、集团统一营销与各自营销、财务管理的集中与下放、人员管理的集中与下放、技术管理的集中与下放，这些都要根据集团性企业自身的特点进行最优化的设计与配置。

（5）管理与管控的方法，就是为了实现集团性企业预期的经营和运营定位，应当采取什么样的管理和管控方法。放权是为了更好地提高效率和决策、行动的准确性，但是如果缺乏控制的话，企业的运营就会脱离高层领导者的意图和期望。在既有的经营能力布局下，如果不进行妥善的管控，预期的"发挥能力，做好协同经营"就会演变为"各保山头，非合理地争夺资源"，进而最终影响企业整体的发展。

对于多业务、多产业、多经营单位的集团性企业，其运营管理系统应当实现以下四个方面的基本目标。

（1）自发经营动力点的网络化，就是要在整个集团的内部形成网络化的自发经营动力点，来推动企业的发展以及各项工作的开展，而不能仅仅靠"车头带"的方式。这种网络化的动力点包括网络化的经营能力和网络化的经营工作意愿。

（2）顺畅和清晰的内部规则，就是要在企业内部构建起清晰的协同规范和运行规则。由于权力的适度下放和经营责任的下放，当高层领导者不再通过日常的工作来指导企业各项工作的开展而下放权限时，就需要确定好企业统一的规范和规则，而不能让各方面的工作人员自行商讨和确定游戏规范和规则，那企业就必然会陷入混乱和失控。

（3）资源的共享效用与业务效率的平衡，那就是让企业的每一分钱和每一份资源都起到最大的作用。这其中的奥妙是：一份资源的使用，是让每个业务都有3份的收益，还是让一份业务得到9份的收益，这其中就需要权衡。比如说品牌的共享，品牌在一定范围内共享可以创造更多的价值，但是如果是过分的共享，就会破坏品牌的价值。

（4）可控，失控的企业运营管理将使其运营脱离领导者的意图和初衷，就没有什么"最优不最优"可言了。

为实现以上目标，在采取相应的措施时，需要和集团性企业以下四个方面的特点和情况匹配结合。

（1）业务的关联关系，集团性企业的业务关联关系基本上可以分为散乱的、产业链协同的、经营模式协同的、单一性业务几种方式，而不同业务关联方式的集团性企业运营管理系统的最优，也有很大的不同。

（2）人才的素质结构，前面提到的经营能力的布局，在有充足的人才和没有充足的人才这两种不同的情况下，也就是在不同的资源情况下，一方面可以达到的目标不一样，另一方面为达到目标所采取的措施也不一样。

（3）组织生态的进化发展阶段，就是集团性企业的组织发展阶段。由于每个集团性企业都是逐步发展而来并且会不断发展下去的，在不同的进化发展状况下，其组织内部各方面的运行和匹配状态都是不同的。我们"最优化"的作用一方面是实现在当时进化发展条件下的最优，即做一只最好的"猫"；另一方面是通过设置"提升机制"使其实现在进化发展阶段上的最优，即从一只最好的猫进化成一只"豹"。

（4）各项业务的经营发展阶段，集团性企业运营体系最优化的设计，还要根据各业务自身的发展状况开展，而不能脱离每个具体业务的实际发展情况。

7. 产品线规划和部件自制与外购的最优选择

在制造型企业中，生产产品会有很多的产品型号，也会需要很多的零配件，对于产品，是型号越多越好，还是保持在一定的范围内最好？对于零配件，自制和外部购买哪个更好？这就是企业产品线的最优问题以及产品生产中零配件制造的效率与成本问题。

产品线结构应当能够适应市场的需要并使企业获得最大效益和发展，其最优的选择原理与方法包括以下五个方面：

（1）市场的需求状况。也就是市场细分后各类别产品的需求规模，这是能形成实际销售额的内容。只有当一类产品的市场需求能够达到足够的实际需求时（在合理的价位下购买），开发、推广这种产品对企业来讲才是值得的和有价值的。市场需求量大的产品都是值得开发的，应当被列入产品线范畴当中。

（2）企业的品牌需要。对于企业来讲，保持一定规模的产品线是显示企业实力的方式之一，而技术含量高的产品更是提升企业品牌的关键，推出最新技术的产品可以对原来的旧产品的销售产生很大的拉动作用。像可口可乐这样的产品，品牌形象靠的不是技术，而是广告宣传，就不需要做太多的产品线了，那样只能过度消耗广告费资源。

（3）市场需求演变的需要。为了满足将来市场的需要，在"当下"需要有一定的产品储备。由于市场不可能永远地只卖一种产品，而是要随着时间的推移进行产品的更新换代。在每一个特定的时期内，要保持几种"当前市场前景不是很好，但是属于未来更新换代的产品"，以保持在产品的竞争中能够不失先机，不落后于市场趋势和竞争对手。

（4）产品线开发、推广、管理的成本和收益。当然，产品线规划的目的还在于能够尽量大地获取市场份额与市场利润。如果有的产品既没有形象需要，也没有市场需求演变的需要，而且这类产品的市场细分份额很小的话，那么这类产品的存在价值就很小。因为这类产品的开发、维护和管理所花费的成本远远要高于其可能的盈利，而且这类产品的所消耗的资源也影响了其他产品的发展和推广。

（5）竞争的需要。有时候虽然某类产品的盈利空间比较小，但是为了保护自身既有的市场，需要以自身的产品来阻击竞争对手，使其无法冲击自身的市场。最终的目标是实现整个产品线的收益最大。

在以上五种因素的影响下，企业产品线的规划原则是，首先按照成本收益比，在已有的产能条件下，尽可能去做那些盈利水平高的产品。其次按照盈利水平的高低，逐步地增加产品线的范围。在这个基础之上，再根据市场竞争的需要和需求演变的需要加入新的产品以扩大产品线。

通过产品线的最优设计，可以同时保障企业的短期盈利和长期的发展。

零配件是购买还是自制，其目的都是为了实现成本—收益最大化。选择原理和方法主要包括以下六个方面：

（1）自身技术和能力的保障性。如果某类零部件或者产品，按照自身的能力和技术水平无法生产出来，而且又是必需的零部件或原料，那么企业就无论如何都需要从外部来购买。

（2）投入产出比。由于制造配件或原料，需要上设备和器具，还需要花费资金和管理资源。如果企业对这类零部件或原料的需求量不够大，那么为此购买设备和器具，还要花费时间和精力进行管理，那就不划算了。对于这样投入产出比不高的零部件或原料，自制就没有意义了。

（3）市场的供给及时与否和广泛与否。有些零部件具有广泛的市场供应渠道，而且可以通过竞争降低价格，那外购比较好。但是，如果某些零部件在市场上不容易买到，常会影响自身企业的生产，那就需要自行制造了。

（4）产业结构的布局，如果某类零部件已经不仅是作为主产品的配套了，而是作为一个产业或者业务来发展的，并且不仅仅是自己使用，更多的还是要开拓更广泛的市场，那可就要作为投资来做了。

（5）竞争优势的构建。如果某类零部件在技术构成上对于自身的主产品有独特性，是核心竞争优势的来源，为了独享竞争优势，避免把自己在这种零部件上的技术优势外泄给其他企业，那就要自行生产和管理了。

（6）商业机遇。如果有人要购买产品，而自己又不能生产，那就不能放弃这个到手的商业机会，就要购买别人的产品来销售。

在以上的各种影响因素下，保证供给、构建优势和成本收益比是三大主要的决定因素。而且三个因素中的任何一个因素都可以决定要"自制"此类零部件。

通过合理规划零部件或原料的自制与外购，可以保持企业获得最大的经营优势和最大经营收益。

对于上述的两个问题，产品线的规划、零部件或原料自制—外购结构的规划之间也是相关联的。首先，产品线的规划必须是在"自制—外购"所有方法中能实现的。其次，对于能实现的产品，要先规划产品线，这是从市场需求的角度说的。再次，再规划"自制—外购"的选择，这是从自制—外购的成本收益比说的。最后，确定这个产品在产品线中的优先权顺序。这样我们就能够把产品线的规划和零部件或原料"自制—外购"的规划整合起来作为一个系统考虑。

8. 绩效考核与经理人的职业化谁重要

在人力资源的管理中，让职工努力工作一直是企业所期望的。有一个问题就是，在企业中各级领导者的管理和企业的制度化管理这两方面，各自应当起到什么样的作用。如果企业的制度规范管理过多过细，那么各级领导者的管理效用发挥空间就会受到限制；如果企业的制度规范管理过粗过少，那么各级领导者管理能力的不足又会使管理效果难以保证。

相似的问题还有企业的效率收益与工资成本付出之间的关系；薪酬结构与能力、责任布局之间的关系；情感效率与制度效率的矛盾；创新要求与岗位工作饱和度之间的矛盾等。

如何保证各级职工卓越的工作绩效，一直是企业高层领导们在不断思索和需要解决的问题。职工卓越的工作绩效，是由职工的努力尽职而来的。在企业多个层级的管理关系和工作布局中，离高层领导者越远的人员，自主工作的动力就会越弱，而且企业的规模越大，这种现象就越严重。为保持企业整体方向的一致性和可控性，是不能让每一级职工都有过大的工作自主权的。因此，企业运营管理过程中，实际上是根据各级、各类、各节点上人员的能力和职责设定相应的工作权限和激励模式，进而决定了各类工作自主性动力的大小。所以实际上企业最希望的就是让各级的管理者承担起责任来，管理好自己的下属，让每一级的下属都有很高的工作积极性和工作绩效。但是对于各级管理者来讲，他们不能在没有任何条框的环境中进行管理，而是需要在一定的管理环境中才能去行使自己的管理职能，一方面是需要用管理环境约束管理者的行为，同时在企业组织里，如果没有企业设置的管理环境，那么在职工看来，管理者的很多做法就是没有被企业认可授权，因而是违法的。但是一定的管理环境有时会限制管理者能力的发挥。这就要在企业管理环境与管理者定位要求之间寻求一个很好的平衡：既要用一定的管理环境给各级管理者的管理工作创造条件。另一方面管理环境应该是促进领导艺术的发挥而不是抑制领导艺术的发挥。比如绩效考核工作，如果企业不统一推行绩效考核工作，部门负责人如果自行开展考核，往往会遭到下属的抵制。但是，如果企业统一推行考核工作，而且规定又特别死板，那么就会使部门负责人无法根据具体的情况进行灵活化和艺术化的处理，导致部门和谐的工作环境遭到破坏。

在互联网环境下，随着流程化组织、作业协同、自主经营体、自组织、区块链价值自增值等组织运营模式的出现，科层式的组织运营模式越来越被淡化，在相应的机制和规则下，各级职工的自主工作意识越来越强，组织的运行推动也越来越不依靠各级管理者，"去中心化"和"去中间化"越来越成为组织运行的趋势。

上述新兴的组织运营模式，其运作方式和科层制完全不同，在决策机制、运营规则、权限配置、效益分配、管控方法上有自己的一套体系。

9. 企业业务流程的控制、主导权限该如何确定

企业是一个协作的系统，各方面人员共同来完成一项或者几项任务。在具体的业务协作过程当中，每个人难免会从不同的角度看问题因而产生不同的意见和看法，比如订单的管理，在销售、生产、财务和技术之间常常会出现不同看法和意见。为了使企业各项业务的运作能力产生最优、最佳的效果，应当如何布局业务流程中的职责和权限呢？

在订单管理上，由于生产能力的制约，订单的交期和订单的筛选需要有一个优化平衡的选择。从销售的角度讲，市场人员希望交期越短越好、订单越多越好。但是从生产的角度讲，却是希望交期能够给生产留出足够的时间来。当然在订单的选择上，还会出现财务的收益核算不"划算"，而建议不接收订单的。在这样的情况下，应当如何制定订单选择的决策原则、方法和程序呢？是由生产副总拍板决定呢？还是由营销副总拍板决定呢？

企业都希望选择一个最合适的人选做企业的负责人，能够带领企业创造出更好的效益。由于任何一个人都不可能具备各个方面的专业素质，而且每个人都会有自己的"意识"倾向性，因此如果有技术领导、市场领导、财务领导、行政领导等几方面的人才选择，选择哪个做一把手更适合呢？

在开发新产品时，需要综合考虑技术可行性、客户需要以及新产品收益等各方面的因素，由于市场部门、技术部门和财务部门会从不同的角度看待新产品开发的定位与要求，因此在涉及新产品开发时也必然会出现意见不一致和看法有差异的现象。那该如何优化设置新产品开发过程中各部门的定位、职能、权限和责任呢？

当然，企业还常常会遇到比如仓库归哪个部门管理最好，是财务、生产、营销（成品）或者独立的部门？这些两难的问题常常让人们不知道该如何选择，而其中根本的原因就是不知道哪个选择对企业整体来讲是最优的。

对于以上问题，一般会通过发展战略和竞争策略给出一定的范围界定，但由于太粗犷，仍然避免不了分歧的存在。很多企业往往把这类两难的决策交给上一级的领导甚至是公司的最高领导来决定，但由于涉及的因素太多，

任何一个专业职能的领导都无法从企业全局的角度来考虑和决策这个问题。而只有站在企业最高端的领导者才能给出最符合企业整体情况的决策。但是如果采用流程和部门协作方式来设定这些问题的决策机制的话，应该怎样设置呢？这其中包括的内容有职责、权限、议事机制、决策机制、工作流转过程等，通过在流程中设定这些内容，可以确保各部门的协作能够得出最利于企业整体最优的决策。

10. 企业运行与管理的网络化、信息化该做到什么程度

当今社会处于网络化和信息化的时代，网络信息已经成为一个举足轻重的大产业，第三方支付、手机导航、微信、智能化等业务开展得如火如荼。而传统产业和企业的发展也越来越离不开网络信息化，O2O、电子商务、网上商城等都成了传统产业开拓市场、发展业务的主要选择手段。而ERP、OA等内部的信息化管理更是让传统产业的企业受益匪浅。但是对于传统企业来讲，不信息化、网络化不行，过度的信息化、网络化又没有相应的投入—产出效益，到底该不该把网络化进行到底，到底要把网络化进行到什么程度，也是一个现实而困难的选择。

二、六个具体的例子

1. 浩保西服

随着供给侧结构性改革的深入、国际经济分工重组、国内人工成本的增加以及对外贸易环境的变化，我国国内以代工为主的服装企业遇到了前所未有的挑战。一方面企业的代工业务已经无法支撑企业的发展，另一方面因为企业的运营是以低成本、加工型为主的运营与管理模式，所以在新的外部经济环境下，企业的未来的新发展就需要进行全部的调整和变革。

浩保西服就是这样的一个企业。从原来办国外企业低成本代工，挣加工费，到今天原有业务的难以为继，导致企业要进行发展模式转型。

其转型的基本模式就是发展自有品牌开拓国内市场，逐步地放弃代工加工业务。而作为一个发展自有品牌的服装企业与只做代工加工的服装企业对比，是有很大的差距的。

代工企业的功能就是加工，主要的职能就是采购（辅料）、加工、仓储、物流运输，需要做的重点是成本控制、质量控制、组织生产。而作为一个品牌化的服装企业，除了上述的职能外，还要有品牌管理、渠道管理、市场价

格管理、市场需求管理、服装设计等多项职能，而且后者是品牌化服装企业很核心的职能与功能。仅仅是品牌管理这一项，就需要很专业化知识和技能的工作。而且这些职能的增加还使企业内部的协调变得更加复杂。

从代工加工服装企业转变为品牌化的服装企业，需要调整变化的内容有很多。在企业人才、资金不足的情况下，再加上同行业的高度竞争，转型成功也不是一件很容易的事情。这其中涉及企业要构建哪些方面的功能、如何构建这些功能、各个功能之间的建立顺序是什么。首先要建立的是品牌运营管理系统，其次是市场信息运营管理系统，还有就是渠道（特别是终端）运营管理系统和销售促进运营管理系统。与此相对应，企业的采购方式、生产方式和资金管理方式都需要按照品牌化服装企业的运营模式进行调整，而不能再按照原来代加工式的方式运营管理。而在当前以及未来几年的行业格局当中，浩保西服应当成为一个什么样的品牌化服装企业，仍然是需要研究、探讨并实践的。

2. 丰源仲科生态科技

丰源仲科生态科技是一家生态科技企业，主要是利用麦秸和废纸进行再利用循环发展。利用麦秸和废纸，丰源仲科生态科技在不同工段能够同时生产瓦楞纸、肥料、木糖三种醇产品。这里面的问题是，如何进行运营管理才能实现企业整体效益的最大化。

这种类型的企业，虽然使用同一种原料，但是生产了三种完全不同的产品。所谓的完全不同，是指生产技术、生产工艺、生产设备和终端市场都完全的不同。因此，这种类型的企业在经营过程中，其在生产技术、生产工艺、市场业务、成品质量检验等方面都需要配备三套完全不同的人员及相应的能力。而由于受限于原料和第一道生产工序的制约，其后面的两种产品的产能会受到很大的限制，但是又不得不配备齐全的资源和人员，这就使得投入产出无法达到理想的收益状态。因此，要很好地布局这类型企业的运营与管理，以最大限度地提高其运营收益性。

3. 稻蔥集团

稻蔥集团是一个民营企业，2014 年销售额达到 70 亿元人民币，集团公司下辖大大小小的 17 个子公司，行业涉及塑料贸易、高分子材料生产、钛白粉化工、加油站、建材生产公司、房地产公司、复垦公司、模具及注塑公司、旅游公司、酒店宾馆、航运、物流、国际贸易等产业和企业。其中，塑料贸易营业额达到了 50 亿元人民币，其他的产业企业规模都比较小。

从整体上看，其产业布局是很有问题的。

（1）投资分散，产业过多、企业过多。先不说对资金资源的分散和消耗，就是对很稀缺的领导者资源来说也是很大的分散与消耗。即便是一个再小的企业和公司，领导者和管理者都需要花时间和精力考虑其经营与发展，而不会任其自然。规模小的企业，占用领导者的时间和精力并不会同比例地减少。

（2）协同性问题，即各个产业之间彼此没有协同关系，都是各自的发展与经营，在人才上缺乏共享性，在技术缺乏可转移性，在市场上缺乏互助性。这样就极大地限制了既有资源效用与效能的最大化发挥。

（3）企业管理的难度和风险加大。因为涉及的产业多，企业领导者需要对各个企业的发展和运行进行决策，但是由于知识、时间和精力的限制，必然导致企业领导者在进行决策时缺乏足够的知识和精力，导致失败的风险加大。

因此，对于稻蒽集团来讲，其在集团企业的运营管理上有两个方面的事项需要开展。一个是进行产业的协同化优化与整合，不要再广泛地涉足产业和设立企业了。另一个就是实现企业的系统性成长，完成企业运供应管理模式的升级。

4. 畅林集团

畅林集团是国有改制的集团化企业，主要以生产农用拖拉机、压路机、挖掘机、装载机、铸造、房地产、高端液压件等产业为主。2014 年的营业额为 50 多亿元人民币，企业职工 5000 多人。公司的农用拖拉机品牌为蜀河牌、挖掘机品牌为立石德牌、压路机品牌为中传重工。

这个企业在运营管理上最大的问题是，企业资源的共享性太差，导致企业资源的效能和效用潜力没有完全被发挥出来。首先是品牌，由于其产品多为重型工程机械，所以在品牌内涵上是有很强的通用性与共享性的，而其采用不同的品牌名称，实际上是浪费了品牌资源。其次是营销体系的建设和管理，这几类产品的营销和销售，有很多相同的方面，比如渠道、维修等，但是也有不同的方面，比如使用者不同，由于营销与销售体系规划建设不好，导致其销售与营销资源也没有达到最佳的效能状态。当然有时为了借用洋品牌的优势而建立新品牌也有一定的前期效用，但是整体上和长期看还是弊大于利的。再次是生产系统的布局与建设，在其所涉足的产品当中，有些构件的生产性质是很相近的，对于那些相近的构件，是集中统一生产好呢，还是在各自独立的生产线中生产好呢，这要看效率、资源的效能来定。同时还要考虑生产的哪些环节可以共用，哪些生产环节需要独立分设。最后是采购与仓储系统的规划与建设，其所涉及的产品中有很多原料和部件的性质也是一样的，而且供应渠道也很相近，因此这块采购与仓储工作的管理也需要系统的规划。

对于畅林集团来讲，虽然其各个行业企业是以多个公司的形式存在的，但是在运营管理上，却可以作为一个整体来进行系统的规划与整合，不需要各个方面都是独立的，在很多方面是可以整合共享的，以实现资源效用与效能的最大化。

5. 胜达科技

胜达科技是一家在美国纳斯达克上市的高新技术集团企业，企业主营业务为纳米碳酸钙、压力容器、工程安装等，下辖5个子公司，2014年的营业额为25亿元人民币。公司在纳斯达克上市之后融集了大量的资金，因此便利用手中的资金进行大幅的扩张。在扩张过程中进行了跨产业并购，但由于在经营性人才、集团管控、运行制度等各个方面存在不足和欠缺，导致企业的经营管理出现问题，多个子公司处于亏损状态，最终被纳斯达克市场停牌。

胜达科技的问题就是企业在系统性成长方面出现了严重的问题，即企业没有实现系统化的成长。当企业的规模和业务结构已经成为一个非相关多元化的集团公司时，企业在集团化运营与管理上却没有做好相应的准备，还仍然用单一业务企业的经营管理方法来处理集团化企业（而且是非相关多元化）的经营和管理。

6. 蓝色科技投资

蓝色科技投资有限公司是立足于打造蓝色半岛经济的投资集团公司，其承担了引领半岛蓝色经济发展、塑造海洋经济新增长的社会使命和战略任务。作为一个推动半岛蓝色经济发展的投融资平台，蓝色科技投资有限公司需要实现以小博大、以短促长的发展态势，因此要以自身有限的资源和资金，对半岛蓝色经济的发展起到极大的引爆作用。为此，蓝色科技投资该以何种业态方式运营和运作才能达到上述的目标和效果，就是一个业态最佳布局的问题。从半岛蓝色投资基金的设立，到产业种子的孵化，再到具体实业的经营，将从各个层面上为半岛蓝色经济的发展进行探索和树标。

在这样的定位之上，就需要有与各级机构（科研机构、高校、政府）合作的社会职能、吸引资金的募资职能、寻找新项目的投资职能、投资放大后推出的发酵职能、长期经营管理的树标职能。如此的职能定位，必然是一个多业态的企业业务定位。

### 三、现象的内涵与本质

以上的案例，其实说明的问题就是一个，即企业的运营管理系统如何布局才是最优的，以及随着环境和经营方式的变化，如何让企业的运营管理系统通过调整和演变保持最优。

这种最优包括了企业经营业态组成的最优、产业结构布局的最优、集团企业运营管理的最优、企业经营模式的最优、企业作业方式的最优等。

除了在某个阶段企业运营管理系统的最优之外，企业运营管理系统最优还包括其从一种最优状态向另一种最优状态演变、转化的策略、过程和方法。

出于眼前既得效益的考虑，企业负责人也往往会忽视企业运营管理系统最优化的布局及其演变。而且企业各部门、各人员都各自忙于自己日常的工作，也不会从整体上考虑企业的布局和工作的开展。从整体和长期趋势上讲，如果没有人为的规划和干预，企业的运营管理系统自发自行的演变其最终会破坏整体最优，导致混乱乃至混沌无序。

### 四、专题研讨：企业中的协调效率与指挥效率

在企业各项工作的开展过程中，为了保持一致性和协同性，难免要沟通协调和行政指挥。指挥的下属多了，必然会出现精力与知识不济、需要下属长时间等待的现象，而指挥的下属过少必然出现人力资源的浪费而且会导致协调的事项范围太多（下属少，必然会导致部门负责人就多）。而协调的部门或者人员多了，也必然会出现意见过多而难以达成一致、最终无法决策的情况，如果协调的部门或者人员太少，又容易出现信息不足而导致决策容易失误的现象。那么在进行组织结构的设置与人员的配置时，该如何考虑指挥与协调效率的需要呢？一般来讲，需要指挥（指挥的内容也会因管理的方法不同而不同）的下属数量要控制在负责人的知识与精力的承受范围之内，并适当地有一些压力，而不能超出其知识与精力的承受范围而导致下属过多的等待。在这样的基础上，组织结构的设置就有了基础，而对于每项业务和工作，需要协调的人员也不要超过 6 人（包括起草、意见、审批、审核的人员），这样可以保证决策的快速达成。

## 第二节 我们的目标是系统最优与整体价值最大

企业整体最优与价值最大就是通过打造最优的企业运营管理系统来实现企业整体效益和价值的最大化，也就是通过企业运营管理系统的优化设计来实现企业"以最小的投入实现最大的产出"的目的。这其中的整体是指空间和时间上的整体，也就是指企业每个运营阶段的具体最优和全部运营时段的螺旋式最优。

从长远来看，由于企业一直处于成长变化当中，因此不可能永远停留在一种经营状况和运营管理状态下。而一个企业在不同的规模、不同的经营战略、不同的竞争策略、不同的外部环境下其相应匹配运营管理系统是不一样的，进而其运营管理系统的最优状态也是不一样的。比如移动互联网的兴起使企业的运作方式发生了很大的变化。为了能够更加具体明确，我们通常所说的最优状态是狭义上的系统最优，是指一定运营时间段内的最优状态。具体来讲，就是企业在一个时间段里以最小的投入实现最大的目标，我们一般把这个时间段定为 5 年的时间，即我们期望至少在 5 年内，企业以一种稳定的状态运行，并在这种状态下实现现有的条件和投入能够实现最大的产出和目标。选择 5 年的时间主要是因为企业在一次大程度的运营管理模式调整后需要保持一定时间的经营稳定期，以获得最大的收获。对于小规模的企业来讲，也可以以 3~4 年为一个时间段。而过了这个时间段，企业就需要进行新的调整。如果企业运营管理系统在太短的运营时间段内调整，则必然导致企业运营管理系统和企业运行模式频繁地大幅度变化，使企业处于混乱之中而无法正常经营。

从企业的整个发展成长过程看，也可以把企业运营管理系统的最优看成是一个不断升级、跨越的过程，这样就引申出一个广义上的企业运营管理系统最优的概念，就是企业运营管理系统螺旋式整体最优，简称螺旋式最优。就是指一个不断成长企业的运营管理系统，其最优的形式、结构和内涵随着企业的成长也有一个螺旋式演变、成长、升级的过程，是一个螺旋式成长式的最优。

企业运营管理系统螺旋式最优原理如图 2-3 所示。

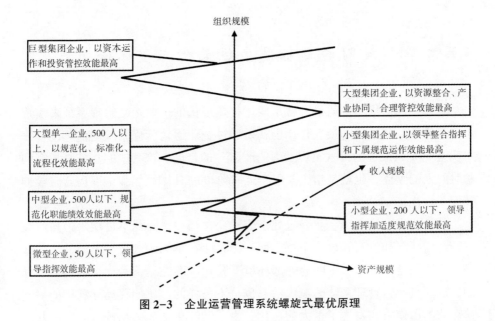

组织规模

巨型集团企业,以资本运作和投资管控效能最高

大型集团企业,以资源整合、产业协同、合理管控效能最高

大型单一企业,500人以上,以规范化、标准化、流程化效能最高

小型集团企业,以领导整合指挥和下属规范运作效能最高

收入规模

中型企业,500人以下,规范化职能绩效效能最高

小型企业,200人以下,领导指挥加适度规范效能最高

微型企业,50人以下,领导指挥效能最高

资产规模

**图2-3　企业运营管理系统螺旋式最优原理**

在这样的定位之下,我们首先要侧重于研究、探讨企业狭义上的最优,也就是企业在一定的经营模式之下、一定时间之内的运营管理系统最优。在此基础上,由于我们探讨、研究了各类别企业的运营管理系统的最优,而且是按照企业通常的成长路径来阐述的,因此,所有不同类别企业运营管理系统狭义上的最优,贯穿连接起来,就构成了广义上的企业运营管理系统最优。再次强调的是:我们这里说的系统最优指狭义上的系统最优,螺旋式整体最优指广义上的系统最优。

一、我们的目标和本意

提出企业运营管理系统整体最优和价值最大这个问题,出发点就在于:想找出一种逻辑、方法和技术,去有效贯彻企业的"产出投入最大"这个命题。当然,企业实现"产出投入最大"涉及各个方面的影响因素,并不是单纯地从企业运营管理系统这个角度能够完全解决的。

企业到底是什么?企业是指在竞争经济环境下能够提供产品或者服务的社会组织。企业的目的和本质在不同的社会状态下和不同的角度来讲是不一样的,在社会主义状态下和资本主义状态下、从职工角度和股东角度讲,其具体的意义是并不完全相同的。但总体上讲,就是提供产品和服务,支撑社会的发展和运行。如果从广义上来讲，企业是资本的物质化表现形式，特别是在商业化、资本化运作的环境下，企业可以在资本的形式、各种产品（服务）提供者（生产组织）的形式之间进行轻易的转换和变化。从这样的角度讲，价值最大既可以是资本收益的最大化，也可以是产品（服务）生产效益的最大化。而资本收益的最大化可以从资本运作的业态布局和产业形式布局这个角度进行考虑，也可以从"把企业做强做大"这个做实业的角度去考虑。而产品（服务）生产效益的最大化就是指"把企业做强做大"这个角度去考虑。

我们提出整体最优和价值最大化，主要也是包含了上述的资本收益最大化和产品（服务）生产效益的最大化。

业态布局和产业布局属于企业发展战略方面的内容，而产品（服务）生产效益提法的一部分也涉及了企业战略的相关内容，比如竞争战略、市场区域选择、产品线规划、品牌规划、技术定位等内容都是涉及企业战略方面的事项。而企业运营管理系统的内容，如果从广义上讲的话也可以包括以上方面的战略内容，但不是从技术的角度来考虑如何进行设计和规划，而是考虑各部分内容之间如何更好地匹配才能实现企业效益率的最大化。因此，企业运营管理系统最优的核心效用定位就是规划企业各部分职能之间的匹配关系，进而实现以整体最优的运营管理系统实现企业整体效益率的最大化。

### 二、整体价值最大的内涵

企业价值不能单纯地说成是企业的利润。企业价值主要包含了盈利能力、发展能力、抗风险能力等方面。而且这些方面的指标还需要从短期和长期两个方面来进行考虑和规划。当然，任何一个企业如果没有短期的盈利能力是不可能有长期的发展能力和抗风险能力的，但是仅有短期的盈利能力并不代表也有长期的发展能力和抗风险能力。

企业价值最大的内涵在于，企业能够长期地发展壮大。即企业在很长的时期内处于成长状态下，而且是以一定的速度处于成长状态之下。很多企业是短期内得到一个发展机会成长壮大起来，但是这个机会的红利用完之后就再也没有成长的空间了。有的企业是长期的存在，但是却没有什么成长，一直维系于原有的规模之下。更有的企业就没有品尝过成长的滋味。一般意义上的成长都是指企业规模的扩大和企业社会影响的增加，但是另外一种意义上的成长就是能够随着环境的变化调整自身，一直生存下去，这样的企业虽然规模没有太大的增加，但是其寿命却是很长的。当然，所有的这些都是靠企业在每个经营阶段的盈利来保证的。

企业的成长也不是一帆风顺的过程，自然会碰到各种各样的困难、曲折和危机，包括资金链断裂、社会政策转型、突发的经济危机、意料之外的灾难、成长之中的不适应、组织的衰老等。但企业更主要的经营危机是经营与管理上的失误。在遇到经营危机时，是否具备适应能力、纠偏能力和再生能力对于企业也很重要，没有这些能力的企业是不可能有可持续成长性的。

在谈到企业价值最大与成长性时，又涉及一个我们前面提到过的问题，就是企业实体、资本与所有人之间的关系。从长期来看，资本和企业实体往往并不是一致的，也就是在企业实体不变的情况下，拥有企业的资本所有者却会发生变化（特别是在资本经济体制下）。对于资本来讲，企业实体只是其实现资本收益最大化的一个工具而已。而资本、企业实体和所有者个人之间的关系就更不一致了。资本的所有权会因为继承的因素而发生变化，而企业实体经营的负责人更是会频繁地发生变化。所有社会活动的意义如果离开具体的个人的话，那都是不可能存在的。因此，当我们探讨企业价值最大化和企业的成长性问题时，一定是基于企业对某个具体的个人和某个具体的资本所有者而言的，也只有在这种现实的"当下"，企业系统最优和价值最大也才具有真实的意义。

现实中，我们是在企业实体、资本与主导人统一稳定的前提下，探讨和研究企业价值的最大化的。那么探讨企业价值最大的核心就变成了在企业实体、资本和主导人统一稳定的这个阶段内，实现盈利收益、发展壮大、可持续发展空间的整体价值最大化，比如在 5 年之内，企业能够实现最大的利润收益、企业的规模得到了最大的扩张而且为将来留下了很大的持续发展空间。

一般情况下，企业在某阶段的利润和其市场规模扩张是成正比的，但如果有战略性的投资，那么这些投资短期内对利润是没什么贡献的，但其给企业预留的发展空间是难以衡量和评估的。有时候企业为了战略性扩张和未来的发展，是需要牺牲一定的眼前既得利润的。但是该如何判断和平衡这些事项呢？一般可以用波士顿矩阵、麦肯锡三阶段战略发展模型和平衡计分卡等战略性工具进行解决。对于成熟行业的企业，要尽最大的可能获取利润，这个时候获取利润就是为新的投资发展奠定了基础，就是预留了发展空间。对于新兴的产业，要以抓住发展机会、进行战略性投资为主。在有些成熟性的行业中，要考虑行业技术的进步以及市场环境的变化，为新技术的开发和新市场的开拓投入些资金和精力，以便于为企业的更好发展奠定基础。

因此，企业在每个经营阶段其价值最大的意义在于两个方面：一是在成熟产业和市场上尽力的利润最大化，二是在新兴产业和新兴市场为企业留出足够的成长与发展空间。平衡计分卡就是为解决这方面的问题而出现的，但不是很完美，其主要是在战略决策之后对战略的实施。其和而麦肯锡三阶段战略模型和波士顿的产品（产业）分析方法的综合应用是可以解决"企业利润+实力扩张+预留发展空间的和最大"这个问题的。

### 三、系统最优的内涵

整体价值最大本质上是指企业在一定阶段内的价值状态对于其长远发展来讲价值是最大的。实现整体价值最大包括两个方面的方式：一是上面提到的产业布局和战略布局，二是通过企业内部运营管理系统的最优化设置与布局，使企业在既定的经营模式下价值最大化。

系统最优指的是企业运营管理系统的最优，包括了大大小小的各类企业，也包括了各种行业的企业。既包括小型的公司，也包括大型的产业集团。虽然各种不同类型的企业其运营管理系统式不同的，但是我们仍然希望找出一些普适性的规律和方法来，为各类企业建立最优的运营管理系统提供有益思路和借鉴。

企业运营管理系统最优的标准，在这个问题的判断上往往有结果性、专业性和现实性三种方式。结果性就是指不管如何，只要最终的结果最好就可以了，但问题是人们往往不知道最好的结果是什么，也就不知道如何根据最好的结果来设定最优的运营管理系统。专业性就是按照理论的逻辑关系来设定企业的运营管理系统，但问题是理论是人们对现实存在的高度总结，理论中忽略了很多现实中具体的影响因素。现实性就是根据现实中的条件和情况来设定企业的运营管理系统，所谓根据现实就是能做到什么样就做到什么样，但问题是由于"惰性、恐惧"等人性的存在，现实性的做法往往使人们随遇而安，而不能抓住"突破现实"而带来的成果和收益。

企业运营管理系统最优的最终目标当然是从"结果性"的角度来讲的，但对于运营管理系统与企业结果之间的逻辑关系却没说清楚，特别是对于变动中的企业和外部环境，这种逻辑关系更是难以把握。

以结果来衡量运营管理系统的最优其实是"事后诸葛"的方法，而我们需要预先就知道什么样的运营管理系统是最优的，而不能等到最后用结果来衡量，那样就算系统不最优的话我们也没有更好的办法去改变什么了。

由于存在着企业营利性需求和专业方法"没有最好只有更好"的矛盾，因此当两者不可兼得时，自然就出现了以企业价值最大为目标的最优运营管理系统的选择问题。

比如对于绝大部分企业，由于支付意愿的不足，为了保证企业的价值最大化，一定策略定位下的产品质量只要满足客户的需求即可。因为既无法让支付意愿不足的消费者购买高端的产品，也无法把高端的产品以过低的价格销售。产品的质量不能过度，因为质量水平每提高1%，花费的成本可能增加很多，比如检测设备可能会贵10倍以上。产品的质量高了虽然好，而设备投入也是必需的，但关键是价格超出了客户的需要，这是不现实的。从对整体价值的贡献度来讲，产品的质量水平不是越高越好，要考虑市场价格的承受力。所以，质量水平要管控，不能无限制地提高，更不能偏低。但做质量管理工作的人员不喜欢这样，他们喜欢高质量，甚至无限提高质量标准要求，这是他们的专业意识倾向，若质量要求总在合格标准的边缘徘徊，他们控制起来就很累。比如啤酒，原浓度大于等于7.9为合格，但质量管理人员觉得8以上最好了，那样就比较容易管控。但是从整体价值的角度讲7.9最好，产量最高，成效比最佳。虽然企业的工作要着眼企业效益的全局，但是许多人是会以自己工作安全为第一，不愿意为了公司整体利益而承担风险。所以，企业在实现系统最优和价值最大的时候，在运营管理系统层面上有很多的"定位走向和方法选项"的，且并不是每个运营管理系统的"定位走向和方法选项"都可以让企业实现价值最大，我们就是要找出那个可以让企业实现"价值最大"的运营管理系统"定位走向和方法选项"，也就是最优的运营管理系统。

由于企业要在一定的环境中、在一定的方法策略下具体地运行，以实现发展和盈利的目的，因此企业的运营管理系统最优是指：以企业管控方法系统导致的动力系统、作业协作系统的最优匹配，最终形成功能系统的最优。其要符合以下三个方面的原则：

（1）态的匹配，即企业的运营管理系统要和企业的形态相匹配，50人企业的运营管理系统和50000人企业的运营管理系统会有本质上的不同。5000人的单一产业企业和5000人的多产业集团化企业其运营管理系统也有本质上的不同。企业运营管理系统的结构和内容要和企业的形态相匹配，比如在企业互联网体系的配置上，不同态的企业其互联网结构就会完全不同。

（2）类的契合，即企业的运营管理系统要和企业的经营策略相契合。无论是什么形态的企业，采取低成本竞争策略的话，就要有与之相对应的运营管理系统；采取差异化竞争策略的企业，就要有与之相对应的运营管理系统。代工型的服装企业和品牌型的服装企业其运营管理的系统是不一样的。普通型变压器的生产企业和订单式变压器的生产企业其运营管理系统的模式也是不一样的。追求网络化与信息化竞争优势的企业必然在网络化和信息化方面有自己独特的模式。而以网络销售为主的企业其运营管理的模式与传统的区域代理销售的企业也有很大的不同。

在互联网定制状态下和"工业4.0"的趋势下，为客户提供定制产品和服务的方式会成为所有企业普遍使用的经营策略，这种策略下的运营管理系统与提供标准化产品和服务的运营管理系统截然不同。

（3）级的精益，即企业在具体的运行和作业上，要符合精益的思想和理念，这包括客户参与的网络化协同、流程再造的思想和精益管理三个方面。企业要建立网络互联的协同运营、该删减的环节就要删减、该并行的就要并行、该归并的就要归并、该捏合的就要捏合、该强化的就要强化（能力和职能）、该降位次的就要降位次（不主导，只跟随）、该共享的就要共享、该放权的就放权（该监督的就监督）、该换位的就要换位，以此达到运营管理系统的网络、精益和简约。

三者的关系如图2-4所示。

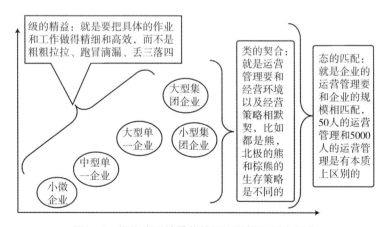

图2-4 螺旋式系统最优的原理逻辑和层次划分

## 四、整体最优与局部最优

整体最优与局部最优间的关系总体包括了两者之间共生、促进、互斥与无关之间的关系。我们最终的目标是实现整体的最优，因此整体最优与局部最优之间的关系包括两个方面：一是局部最优是否能够实现整体最优；二是整体最优是否需要局部最优。其实也就是"如何设计局部的性能状态，才能实现整体的最优"。

整体是指整个企业全部的运营管理系统，整体最优是指企业整个运营管理系统的产出效率最高，运营效能最大，也就是资源投入的产出最大。局部可以是企业的单项职能和功能，比如质量最好、成本最低、效率最高、客户最满意、职工最满意、控制最有力度、职工积极性最高、周转速度最快、利润率最高等；也可以是企业多项职能组合的功能状况，比如生产技术水平最高、采购成本最低、供货最及时、反应速度最快、为客户服务最好、品牌最响、职工学历最高、设备最先进、资金最充足、谈判能力最强等。如前所述，企业每个单项职能和功能的状态如果太低的话，将成为企业的短板，使企业无法形成有效的投入产出，因而也就无法获得相应的经营收益。而企业每个职能和功能如果太高的话，也会造成过多的成本支出但却不能创造相应的价值。因此，企业各个职能与功能应当以什么样的状态组合才能实现企业最大的投入产出效率和运营效能，就是我们进行系统最优和价值最大研究的目的。

人类是有思维的，所以人们做事情的目的性是很强的，我们应该做什么事、应该如何去做事，除了由生命体的基本本能决定外，更多地由我们的目标意识来决定。在已有的条件下，我们应该如何做，更要由我们的目标来决定，这就是战略和策略。比如田忌赛马、毛泽东的《论持久战》、几五规划等，其各个局部的定位都是为了满足整体最优和价值最大的需要，而不是单纯为了局部的最好。局部如何，应当看是否能够保证整体最好。我们不容易做到所有的局部都最好，而且所有的局部最好并不代表整体最好，某些局部的缺陷是为了整体的最好，而某些局部的最好也是为了整体的最好，局部应当是什么样，完全根据我们需要的整体最优目标来决定。

企业的整体最优是分层次、分时间的最优，是在某个时间段和某种条件下的最优，是从企业整体发展策略上来讲的最优。比如，按照平衡计分卡的思想，对于企业来讲，为了实现企业永远、持久地快速成长，就需要在每年的年度利润最大、成长最快、运营效率最高、人员成长最佳等方面进行合理的平衡选择。

这种整体最优，既有理想的愿望也有现实的可能。在有些私营企业里，还和企业所有者的人生观有关系。

通俗地讲，企业整体最优从最终的结果上来讲包括以下几个方面：最赚钱（是指在一定的时间段内）、发展速度快、抗风险能力大、寿命最长、规模最大、投资收益最高、政经一体化（经济控制政治）等。

但是如果把时间加进来，那么这种整体最优就需要进行更深层次的分析和界定。最赚钱可以是一年内、三年内、五年内，寿命最长可能是公司、品牌或者资本营利性的时间最长，规模最大可能是人员规模、资本规模和收入规模，政经一体化可能是地区的、国内的、国际的。

我们界定的整体最优是：在一个时间段的既有条件下，实现整体经营状态的最优，而这个时间段并不是纯粹指一年或者五年，而是根据企业在某个稳定的经营状态和运营的状态（内部和外部）的时间段来决定的。如果企业在某种"态"下，没有在"类"的形式上发生变化，我们就认为这个企业是处在同一个经营状态时间段里。而如果企业在"态"和"类"两个方面中的任何一个发生了变化，就等于是进入了另一个经营状态时间段。即整体最优和价值最大就是"对于同类形态和同类价值模式的企业，在相同的价值衡量指标下，其组织和管控布局能够使企业的指标得到最大限度的发挥，或者超过其他的企业，具体就是在企业运营管理系统的态和类都没有发生变化的时候，实现级的最高"。

在一个经营状态时间段内，企业整体最优和价值最大的内涵中收益最高是第一位的，第二位是组织的健康，第三位是企业资源的积累，第四位是顺应自然的成长和抗拒自然的退缩，第五位是对未来变化的预先设置。

局部最优可能会导致整体最优，但是局部最优也可能破坏整体最优。局部最优是否能带来整体最优，主要看实现局部最优后在其所形成的"成本的消耗、效率的提高、销售收益、风险性损失、机遇性收益"等方面的所造成的整体结果收益，如果整体结果收益提高了，那局部最优就导致了整体最优，如果整体结果收益下降了，那么局部最优就破坏了整体最优。当然，用不同的方法实现同一种局部的最优，上述的整体结果收益也是不一样的。发电汽轮机企业的互联网模式与手机企业的互联网模式肯定是不一样的，如果发电汽轮机企业的互联网模式做的和手机企业的互联网模式一样精美的话，就是局部的最优导致整体的不最优。

第二章 最优——我们在企业运营管理上的追求

· 63 ·

比如前面分析的订单性生产企业，客户的交单满意度和企业的整体收益关系并不是成正比的，其相互关系如图2-5所示。

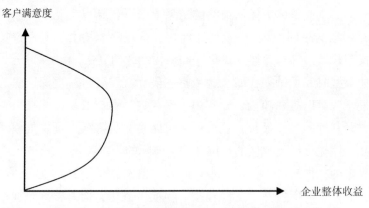

**图2-5　客户的交单满意度和企业的整体收益相互关系**

而在其他条件不变的情况下，产品或者服务的质量水平和企业收益之间的关系也是具有类似的相关方式。但是考虑到市场定位和销售价格的因素，产品或者服务的质量水平与企业整体收益之间的关系就应当是如图2-6所示的关系。

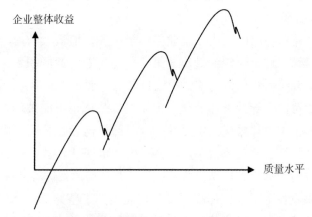

**图2-6　产品或者服务的质量水平与企业整体收益之间的关系**

在企业的物资采购工作中，也并不是价格越低，给企业带来的收益就越大。因为供应商也有自己的发展要求和盈利诉求，如果价格压得过低，供应商要么就会拒绝供货，要么就会以次充好，偷工减料。采购价格与企业效益的关系如图 2-7 所示。

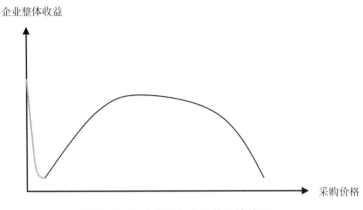

图 2-7 采购价格与企业效益的关系

当局部的功能进行调整时，要看其所带来的整体收益是大还是小，可以用以下的基本算式进行评估：

整体收益=销售收益增加−成本的增加+效率提高收益+机遇收益−风险损失

其中，销售收益增加是指该项功能变化带来的在销售收入方面效益的增加，包括价格的提高、销售量的扩大等。成本的增加是指该功能调整后所带来的成本的增加。效率提高收益是指该功能调整后因提高效率带来的收益，包括成本的降低（费用、人力、物资）、工作时间的缩短、客户支付的提高等。机遇收益与风险损失是指该功能调整后带来的新机遇和风险，概率小的机遇和风险可以忽略不计。

只有当"整体收益=销售收益增加−成本的增加+效率提高收益+机遇收益−风险损失"的结果最大时，才是真正地实现了企业的价值最大，而相关的局部状态也才是最优的（实现了整体的最优）。

五、专题研讨：职能专业化与企业运营管理系统最优的关系

企业各项职能工作是不是专业化程度越高就越好（专业化程度是指工作的细致程度、专业精准的要求程度和专业知识使用的广度与深度）。一般认

为企业的职能工作专业化程度越高越好，但是对于讲求效益的企业来讲就不是这样了。

职能工作的专业化水平，往往是由理论研究的专业程度决定的。但是在现实的工作当中，并不需要特别深入的专业知识，原因就在于不需要把工作做得那么精致。因为工作做得过于精致一方面要耗费时间和精力，另一方面精致的工作对于现实中人们对价值的需要和感受并没有特别的贡献和影响，特别是在市场细分的情况下，为了不增加支付成本，消费者对于使用价值的感受也不要求那么的全面和精致。因此从效益的角度讲，企业把各项职能工作做得非常精致是没有必要的。企业各项职能的专业化程度，也是同企业的规模与市场定位相关联的。一般来说，企业规模越大，职能工作的专业化程度就会越高；企业的市场定位越高，其职能工作的专业化程度也会越高。

## 第三节　企业系统最优与整体价值最大的形态

系统最优是实现整体价值最大的具体方式之一，当企业的运营管理系统实现了最优时，整体价值最大的必要条件之一也就实现了。价值的概念有很多不同的含义，因此企业整体价值最大也有很多不同的结果和内涵，除了利润最好和发展潜力最大的追求外，还需要更具体的如资源成效最优化、运营效率最大、成本最低、对变化的反应最快、竞争策略与价值链布局、客户最忠诚的实现。不同内涵下的企业整体价值最大也需要不同状态的企业系统最优来实现。这就是系统最优与整体价值最大的状态与关系。企业系统最优与整体价值最大是企业运营管理系统与企业的形态、类别相匹配的结果。

### 一、价值形态的匹配度

虽然买进卖出是企业盈利的基本模式，但是各形态企业由于自身的资源、运营机制、规模大小都不相同，实际上其创造价值的方式也是不一样的。虽然简单来看大家都是以买进卖出的形式获取差价来盈利，但具体的运营中并不是这样的。我们认为，在单一小型企业、单一大型企业、小型集团企业、大型集团企业等不同类别的企业中，其价值创造的内在逻辑和方式是有很大差别的。就目前所呈现的模式看，在所有的企业中其获取盈利和影响盈利弹性的来源点主要包括以下十种形式。

（1）简单地买入（生产后）卖出，辛苦耕耘挣差价。即单纯地靠买来原料通过加工生产加上一定的利润销售出去，由于竞争激烈，难以获得高额利润。

（2）（持续）掌握核心优势，唯我独尊享高利。通过掌握某项关键的技术，可以提供特别的服务和产品，由于竞争门槛高，获取的价格也比较高。

（3）品牌与引导，构建附加价值。在已有的产品和服务上，通过情感引导和认知宣传，使冷冰冰的产品赋予了情感因素，因而提高了其附加价值。

（4）把控市场走势，囤积居奇，高价暴利。即准确预测和把握产品的市场走势（包括原料和成品），按照低买高卖的原理，争取大的差价。

（5）控制产业链关键环节，过路要收买路钱。通过控制产业链上的关键环节，可以是技术，也可以是部件，也可以是流通，以获取"瓶颈"效应的盈利优势。或者以产业链的关键环节来整合、引导产业链的其他环节。

（6）控制资源，垄断利益。通过控制稀缺的资源，以获取"瓶颈"效应的盈利优势。

（7）产业协同，连锁反应与蝴蝶效应。通过围绕核心资源的产业多元化，放大企业的资源效应，获取连锁的膨胀利润。

（8）业态协同，纵横捭阖，掘势造利。通过金融、制造、流通、政经等不同业态间的协同，达到多方位盈利的目的。

（9）风险投资，送丝东风，获利斗车。通过寻找风险投资项目，在关键的时候给一些扶持和帮助，最后获得巨大收益的方式。

（10）合作联盟。比较典型的就是生产的外包以及部件的外部，对于社会上具有很大产能的部件，不需要再花费企业自身的资源和精力进行管理和经营，外包出去可以降低自身的成本，而自身专注于核心业务。还有就是生态链概念下的企业战略联盟，比如小米手机专做移动互联网，而美的专做互联网家电，二者就在互联网家电这个生态链上形成了战略联盟。

对于以上不同的价值创造模式，需要由相应的运营管理系统模式来支撑起运作和实现，至少在组织结构上能够支持这种价值创造模式的实现。

## 二、经营策略的契合度

企业的经营策略是依据外部环境、产业结构以及自身资源和条件所确定的竞争、盈利与发展模式。在一个或者几个不同的方面构建自己的特色和优势，进而形成一个系统的竞争优势和令人满意的盈利模式，以推动和促进自身的成长与发展。企业的经营策略一般有以下十种形式。

（1）最大利润。企业追求的是该阶段内的利润最大化，获取最大的可支配资金与货币资源，尽量地减少花费和支出，最大限度地回收既得利润。

（2）合理利润。企业在一定阶段内追求合理的利润，所谓的合理利润就是按照平衡计分卡的思想，寻求企业整体发展的平衡，而利润与收益只是整体发展平衡中的一项，除此之外还有客户关系、员工发展等。

（3）成本最低。企业追求以最低的成本来构建自己的市场优势，也就是可以让客户花费更少的费用支出来获得所希望的功能和服务。

（4）速度最快。企业以最快的配送速度、产品更新速度、服务反应速度来构建自己的市场优势，也就是客户可以根据自己的需要，从提出需要到得到产品和服务，只需要花费很短的时间，这样其实是提高了自己与客户应对市场变化的能力。

（5）服务最好。除了提供产品和主体服务之外，更重要的是在一些客户关心的细节上和对客户体验影响较大的突发事件上给予客户最好的服务和支持，形成亲密的客户关系。

（6）创新领先。企业总是以创新推出更好的、更有效的产品和服务来构建自己的市场优势，这样实际上就是在功能、价格、实效方面不断地给客户以惊喜。

（7）资源控制。谋求对某类资源的控制是企业形成垄断性竞争力的主要方法，这种资源包括自然资源、技术资源、人才资源、上游资源等。

（8）业务多元化。业务多元化是企业业务发展的一种方式，是企业占据更多市场空间和谋求更多的收益的手段。多元化分为产业链多元化、核心资源多元化和市场机遇多元化等多种方式。

（9）业务单一化。业务单一化是一种企业集中精力构建自身发展优势的方式，其目的在于通过在某一专业方面的精、专，形成自己的运营管理优势和客户的服务优势，也降低了盲目扩张的成本。

（10）构建系统化竞争优势。通过技术、服务、成本等几个方面的状态组合达到最佳的客户满意、企业付出与企业收益间的有效平衡，实现了整体价值最大，即企业获得了合理的长期利润。

三、运行作业与管控方法的精益度

企业运作过程中，会产生很多的消耗和成本，如果运营粗放的话会造成很大的浪费。但是运营过于精细的话又会导致运营系统作业成本的无价值性增加，使企业趋于亏损。另外，企业如果管控不好的话就会产生很多的资产损失和流失，但是控制太严的话又会很大地影响效率。所以不同的作业与管控精细度会导致企业收益的增减。

### 1. 作业与管控要实现的目标

应对于自身的价值实现模式和经营策略，企业的运行作业与管控首先要确定所需要实现的功能目标定位，这包括在效率、速度、安全、成本、创新、客户服务、技术水平、质量标准等方面确定需要实现的目标。功能目标定位需要按照企业功能系统中各层次功能系统间的关系逐层次地确定。

第一个层面考虑竞争的需要，即在当前的行业环境下，企业应当达到什么样的经营状态才能保持自己立于不败之地，这包括产品和服务的功能、价格；产品的销售方式（即客户的购买方式）；产品和服务的结构组成、产品和服务的更新速度。

第二个层面考虑的是企业的盈利需要，即在当前的环境下，企业运营在什么状态下才可能盈利、才可能有更好的盈利，这包括运营成本的控制、产品和服务供应的即时性、产品和服务功能质量的保证。以自我成本控制为例，如果要达到盈利的目标，就要控制单位产品的消耗、成品的一次合格率、人工成本等。

第三个层面考虑的是各项专业职能的运营状态，包括市场营销、生产管理、资金管理、设备管理、人才管理、物流管理等。以市场营销为例，其运营状态中包含了品牌的知名度、服务的贴身度、物流配送的即时性、小样制作的准确性、客户拜访的频次和形象、铺货率等。

### 2. 运营作业与管控的内容、结构

根据以上的定位，就要确定选择什么样的运营作业与管控内容，主要从以下七个方面进行考虑。

（1）各功能的设定，即企业运营作业与管控方法应当达到的作用和目标，以及其应当实现的功能。

（2）资源的配置（包括人才、设备、资金等），即在各个运营作业的环节应当给予配备什么样的资源和条件。资源过多了、超过了上述功能的需要就是浪费，资源不足的话就会影响功能的效果。

（3）人才管理。如何保证所配备的人员能够按照企业所希望的方式和方

法开展工作并达到预定的功能目标。

（4）工作职责与权限。为了实现预定的功能，在各项运营作业中，各方面的人员应当被赋予什么样的职责和权限，包括决策的权限和执行的权限。

（5）业务协作流程方式。为了保证业务运营的顺畅，应当设定什么样的业务协作流程方式。

（6）操作方法与作业标准。为了保证业务运营的顺畅，应当设定什么样的操作方法与作业标准。

（7）方向与目标设定，即企业核心领导者给具体的工作负责者设定的工作方向和目标，只有按照设定的方向和目标开展工作才是被允许的。

以上七个方面的内容，需要在战略制定、经营管理、生产管理、营销管理、技术管理、物流管理、财务管理、人力资源管理、仓储管理、设备管理、采购管理、行政管理、投资管理、融资管理等职能工作间进行合理的配置组合予以实现。

就像企业物流管理中的自有车辆，是否每个企业都要有自有车辆、应该有多少自有车辆，要在企业的价值状态、经营策略之下，以最精益的方式来确定。确定的基本方法之一就是，要根据企业发货的周期情况、社会车辆的数量，综合考虑自有车辆的管理成本、社会车辆调度的及时性、以尽量满足客户发货需要和车辆费用最低为基本原则，来确定自有车辆和外雇社会车辆之间的比例关系。在这样的情况下，那么企业在物流车辆管理方面就要在自有车辆管理和社会车辆雇用方面进行很好的职责、权限分配以及作业的流程和标准设计。

3. 运营作业与管控的状态

就是各项运营作业和管理方法应当采取什么样的运行状态，以实现"以最经济的方式最好地实现企业的各项功能"。在系统的最优（与价值形态和经营策略的符合）、运营的匹配（即功能、资源与管理的匹配，多了浪费，少了就不足）前提下，在具体的作业和管理上，我们当然希望是精益的、高效的，而企业运营中具体的精益内容主要包括以下十个方面。

（1）组织配置的精益，即根据组织任务对责任、权力、资源、能力的配置的精益。就是根据人才的能力状况，赋予相应的责任、权力、资源，少了会导致人才能力不能完全发挥，多了会因能力不足而导致影响工作的成效。

（2）决策的精益，俗话说"领导动动嘴，下属跑断腿"，意思是说领导者的决策是下属人员开展各项工作的依据，领导的动嘴就是决策，下属的跑腿就是执行。所以，领导错误的决策是导致企业浪费的最大因素之一，因此准确的、正确的精益化决策是精益运营的重要前提。

（3）工作设计的精益。岗位的职责、工作内容和工作方式是直接影响职工工作成效的因素，如果一个工作设计的复杂、别扭、容易发生返工情况，就会影响工作的效率和效能。例如，工作报告的八股文，汇报的工作太多，不断地给上级部门提交同样的资料（上级部门丢失），同样的事情不同的上级部门来办理，企业文化建设和人力资源管理的工作重复，每个月都进行个人品质的360度评估，提交的计划和总结和汇报太频繁太多，等等。

（4）信息的准确。信息是保证企业各项工作正常高效运转的前提，设计及时、准确、明晰的信息结构、模式、传递、表达方法是企业精益运营的关键内容。信息体系设计其实是和企业的工作过程紧密相关联的，包括工作指令的传递、企业的各种标识和标示、工作会议的决定、业务数据、技术标准等。都需要统一的信息表达方式和明确的表述方法，避免鸭语鸡言现象。

（5）目标的明确。目标不明确，对于企业的管理者和执行者来讲都是一个很大的麻烦，对于管理者来讲，不知道目标是什么，不清楚要达到什么状态，所以就很难做出具体明确的决策，也就很难去指挥下属的工作。对于执行者来讲，也就不知道该努力到什么程度，不知道该做到什么程度。

（6）人才的精益。需要什么样的人就要什么样的人，不能靠人海战术，能力达不到的人，多多宜乱。分析的人才就要分析的人才、执行的人才就要执行的人才、规划的人才就要规划的人才。

（7）协作的精益。在协作过程中要给出明确的协作方式和分歧解决方式，明确协作交接点的分工与定位，而不能模糊处理。否则就必然会在协作者之间不断地发生矛盾和冲突，使工作时间延误和效能打折。

（8）管制的精益。企业是需要控制的，但是控制太多必然影响企业的效率、浪费企业的资源。在互联互通的智能时代里，最佳的控制应当是明确规划、充分给个人赋能，以风险控制和"努力转化率"的控制为主，而不是控制人们的行为和工作方法。

（9）氛围的和谐。在企业里，关键是要创造效益，因此在企业里最主要的是要倡导绩效的重要性，要减少政治性的氛围，减少因人际关系和感情好坏来决定个人地位的氛围。

（10）执行的精益。要保证各级人员愿意执行、乐于执行，而不是工作中拖拖拉拉的、不情愿的执行。

影响企业精益运营的几个核心因素就是人才的管理、权限的设定、组织的布局、工作内容的设计（包含了信息的传递）、组织运行规则的清晰设置。

但事实是，在企业具体的运营与管理中，可能常常无法做到上述的几个因素都满足我们的要求。比如，企业可能无法得到所需要的人才，由于环境的不断变化也使企业的决策不可能永远完全正确，环境的变化需要组织运行规则不断跟随环境变化进行调整而无法保持精益。这需要我们根据具体的情况将各种因素予以有效的匹配与结合。如果目标不明确，那就需要在管控上放权并任用、激励有经营能力的人才；如果人才总是不能满足需要，那就要保证高级人才的素质到位，进行细致的工作规划，把下属人员变成纯粹的执行人员，那样在组织的布局上，权力、责任和激励都要向高级人才倾斜；如果企业缺乏高级的专业人才，那就在管理上依靠基层职工的共同努力，塑造一家人的企业氛围，即薪酬差距不能太大、工作中更加强调民主等。总体来说，企业的运营管理系统要和外部的环境、企业自有的资源、企业的策略相匹配、相融合，共同实现系统最优和整体价值最大。

综上所述，企业运营管理系统最优和整体价值最大就是指企业运营管理系统与企业形态的匹配、与企业经营策略的契合、自身运行作业的精益。为达到最优的目的，企业运营管理系统要依循这三个维度找到相应的状态，如图2-8所示。

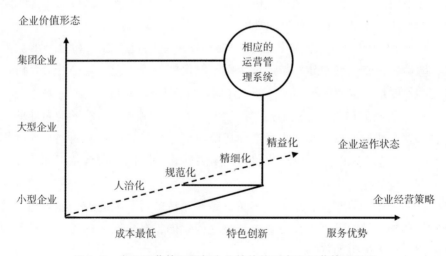

图2-8　企业运营管理要与企业的价值形态和经营策略匹配

## 四、系统最优与整体价值最大的衡量及判断

1. 系统最优和整体价值最大衡量判断的内容

（1）形态匹配的判断。企业运营管理系统与企业形态是否匹配主要是从企业运营管理系统的内容来判断的。如果将企业核心领导者在领导不同形态企业的工作方法作为对比指标，就会发现不同的企业形态需要不同结构的企业运营管理系统相匹配。小微型单一企业的核心领导者，其管理企业的工作方法主要是行政指挥与监督纠正，因此其运营管理系统内容更多的是行政指挥和专业职能工作的安排布置；对于大型单一性企业的核心领导者，其管理企业的方法为制度化管理，具体内容分为企业经营的决策、企业专项职能工作的决策和具体工作的执行，因此其运营管理系统的具体内容分为决策模式、制度规范、职能工作分权模式、作业标准等；小型集团公司的核心领导者，其管理的具体内容包括经营决策、资源配置、业务单元协调、制度规范、业务单元分权模式、业务单元管控等，因此其运营管理系统的内容包括经营模式、决策模式、业务管控、制度规范、业务单元作业标准、各业务单元经营人才选拔、资源协调方法等。大型集团企业核心领导者的管理方法是分权式管理，主要内容包括经营人才管理、战略资源配置、集团分权模式、集团战略管理、集团投资管理，其运营管理的内容主要以高级经营人才的选拔管理、战略管理、集团管控、投资管理等为主。

如果一个企业的运营管理系统和企业的形态不匹配，就无法有效支撑该企业的正常经营和运营。

（2）策略契合的判断。企业运营管理系统与企业经营策略的契合与否是从企业运营管理系统的结构和状况两个方面进行判断的。即在同一状态下，企业运营管理系统的构成结构和运行状况是否与企业的经营策略相契合。结构就是指功能系统、作业协作系统、动力系统和管控系统内容间组合和协同，状况就是每个系统具体的内容和标准。

在企业运营管理系统内容与企业形态相匹配的前提下，这些运营管理内容具体采取哪些结构形式、这些结构形式以什么样的状况存在，这就决定了运营管理系统是否与企业的经营策略相契合。

比如以广告为主的市场推动模式和以人员为主的市场推动模式，要分别采取广告推动和人员推动两种运营管理形式，虽然在这两种形式下都需要人员开展工作，但是人员的作用和工作状态的要求是不一样的。同样是集团管

控，战略型管控和价值型管控在管控内容上要采取不同的结构和状况。同样是生产系统，以成本为导向和以交期为导向的策略，需要不同的生产系统来保障。

（3）运行精益的判断。企业运营管理系统运行精益的判断是从"运行作业动作的价值性"来进行判断的，即通过判断运行作业中某个环节和动作对企业最终价值的作用来进行判断的，如果是没有价值的甚至是浪费的，那就是不精益、没有必要、多余的。这就需要从"运行作业动作的价值性"分析来判断，比如投资审批，过多的领导者审批不如直接召开一个投资研讨会，并且过多人的审批不能保证投资的准确性，还会影响效率。又如工作会议，如果会议成为"争吵会"，那不仅是没有效果和效率，更会影响同事间的和睦。而每个"运行作业动作的价值性"都体现在安全、判断准确、形成结果、信息告知、价值投入比等方面，如果"运行作业动作"不能产生上述的结果，则就是没有价值的。

2. 系统最优和整体价值最大衡量的要素与指标

在判断企业的运营管理系统是否是最优时，需要通过现实中摸得着、看得见的具体内容和指标进行衡量。对于企业运营管理系统在态、类、级三个方面是否达到最优的判断上，也需要有相应具体的判断指标和方法。

我们给出了以下判断企业运营管理系统最优与否的方法：

（1）企业组织功能结构的设置与形式的匹配。企业的功能内容和功能的具体实现形式如果和企业外部的环境、企业的形态和企业的经营策略不匹配，自然就无法达到预期的经营效果。比如说，大型集团企业如果没有系统的经营类人才的培养与管理功能，就是其功能和一个集团性公司不匹配。

（2）一次合格率或者返工率。对于所有的企业来讲，如果工作的一次合格率不高或者返工率太高，都是其运营管理系统运行不精益的表现，要么就是工作标准不清楚，要么就是工作协调性太差。

（3）采购节拍、生产节拍和发货节拍的协调。减少存库是企业经营中非常关键的一项，其效益原理是减少资金的占用和财务费用、减少仓储管理成本、减少耗损损失。最佳的结果应当是采购节拍、生产节拍和发货节拍形成一致，也就是采来就做、做了就发，如果做不到这一点必然会导致库存增加。

（4）信息的规划。如果一个企业信息系统规划得不好，该传递的不传递、该一致的不一致、表述方法不标准，那这个企业就一定是混乱的企业、冲突很多的企业、拖延扯皮现象比较多的企业。

（5）审批与决策的周期。一个企业如果对事项审批或者决策的时间过长，一定会影响企业的运行效率。

（6）决策变动的频率。如果一个决策下达了，却在执行过程中不停地改来改去，一定会影响企业的效率。而决策系统的最优就是保证决策结果的准确性、决策形式的恰当性，即细到什么程度、具体到什么程度。

（7）流程与职责的冲突性。如果企业的业务流程有冲突，在流程的衔接点上界定得不清楚、不明确，就会"导致"工作中出现扯皮、推诿现象，甚至出现争执和争斗现象，则必然会极大地影响企业运营的效率和效能。

（8）资源效用的多样性。对于企业的一项资源，如果不能很好地发挥其作用，将是很大的浪费，比如人才的重复招募而不能使用、同质性品牌的作用不能在多个产品上使用等，都是资源的浪费。

（9）领导安排工作的回复时间。如果一个企业当中对领导安排的工作迟迟不给予回复，或者回复的不能让领导者满意，那这个企业的运营肯定是有问题的。当然，如果一个企业领导者临时安排的事情过多，那就是没有规划性和计划性，下属们无法自主地开展工作，那也一定是系统没有最优，工作没有精益。

（10）利益的外溢。利益的外溢包括采购中收受回扣而降低采购物资的质量、提高价格等，包括工作中用企业的利益换取"吃拿卡要"，包括盗取企业的订单，包括将企业的利润转移成自己企业的利润，安插那些没有用处的"自己人"，等等。

（11）产能效率与人均产值。企业的产能效率指既有的生产（服务）系统下，一个是产出物资的多少，这是企业生产系统的组织效能，是生产系统运营组织的好坏问题，但是如果资金和采购系统有问题，那么生产系统会由于缺少原料而无法正常的运转。再有就是产值的多少，这是企业的经营效能，涉及企业的产品档次（价格、品牌定位等）、生产效率等综合的经营因素。而人均产值是衡量企业运营效率的核心指标。如果上述两项内容都低于行业的平均水平和标准，那么企业的运营系统就是很有问题。

（12）客户退货。客户退货是企业产品控制系统和客户关系管理系统出问题的集中体现，具体原因包括（做）发错货、质量有问题、客户故意刁难等。其中质量问题涉及的企业运营问题更多，包括生产过程质量控制不好、检验员不负责任、检测仪器不好、原料采购不好等问题。这些问题的出现都是企业整体运营管理系统出问题的表现。

（13）人员闲置时间。观察一个企业里人员的工作时间和工作状态，如果发现很多的工作时间安排不紧、有很多的闲暇时间，那么这个企业在组织和用人的安排上一定是无效的、浪费的。不仅如此，还会制造出更多的"只耗费精力不产生效益"的工作。

（14）人员工作内容的价值性，即看看有多少工作内容是有价值的而不是无谓的、浪费的。

（15）原料利用率。原料利用率低，也就是边角料多，那肯定会造成很大的浪费的，无须多言了。

（16）客户高价格支付意愿。如果客户愿意为企业的产品和服务支付较高的价格，而且这种意愿的产生并不是由于有多大的投入，而是在一些关键的细节上让客户感到舒心，因此愿意支付高的价格，这在服务业（宾馆、酒店）是最能体现运营系统最优与否的环节。

（17）人才流失（更换）率。人才更换频繁，工作也就缺乏连续性，成本是很高的。

（18）资金占用与周转率。资金占用大，周转率低，也是企业运营系统不好的主要表现方式，是产、供、销匹配不好、协同不好的直接结果。

（19）品牌、技术、人员、设备的共享性与浪费性。如果可以共享的品牌、技术、人员和设备没有有效地共享，其效能没有延伸、延展到企业的业务、产品、服务上，就造成了浪费。

（20）工作会议的成效。议题讨论的次数与最终决策所需要的会议次数，越多效率就越低。

（21）职位、权限、能力与业务责任的匹配关系。匹配不好，比如有责没权、有责没利，都会影响职工的工作积极性和状态。但是从另一个方面讲，从控制的角度讲，有责没权也是一种最优的运营管理系统状态，即完成了工作，也避免了失控而造成的损失。

（22）增长率对比数。如果自己业务的增长低于行业的增长，那企业肯定要反思自己。

（23）技术与产品储备。如果企业在新技术、新服务和新产品的推出上一直落后于其他的企业，那就必然会逐渐地被淘汰。

（24）自我转型的能力。由于当前状况下，新技术和新方法层出不穷，每一次技术的革新都会给企业的经营环境带来巨大的变化，都会给企业带来新经营策略的选择，企业能否及时转型跟上经营环境的变化是衡量企业系统最优和整体价值最大与否的重要指标。

3. 各专项职能最优的判断

（1）营销精益的判断。营销精益的关键在于对市场形势和市场状况判断的准确性，然后在此基础上进行营销系统的设计正好能够符合这种判断，比如广告的设计能够让受众很好地接受，并达到信息传递的效果，产品的设计正好能够符合市场的需要。

（2）技术精益的判断。技术精益的关键在于新产品、新技术的立项决策、开发的实现概率和费用控制，再有就是对产品（服务）生产的保证。如何确保新产品、新技术的开发立项是正确的、开发实现的成本是低的、实现概率是有保证的，这是实现技术精益的主题核心。另外，技术的精益还要保证对生产的支持与保障，要确保生产消耗低、技术故障少、简单易操作。

（3）行政精益的判断。行政工作精益的关键在于低成本的应变能力，即在不断变化的工作中，能够应付自如，还不需要太多的成本消耗。

（4）生产精益的判断。生产精益的关键是协调好产供销之间的关系，使生产能够低成本与供、销这两个外部不可控制的环境相匹配，同时降低制造消耗成本、制造过程简单易行。

（5）服务精益的判断。服务工作精益的关键在于抓住人心，在于在一些最能撼动人们情感的细节上做到位，这是服务中投入产出最大的地方。因此，把握人们的情感模式并以此确定服务方法是服务工作精益化的核心。

（6）物流仓储精益的判断。物流仓储精益的关键在于仓储和配送体系的布局，包括仓库的大小、位置、数量、距离等，也包括车辆的大小、多少，更包括配送的频次、单次数量等。

（7）企业信息精益的判断。企业里不要产生信息垃圾，不要让信息垃圾影响员工的思路、思维和工作判断，信息要及时、准确、精练，沟通要顺畅。

# 第四节  各形态企业的价值模式

本部分的内容是想解决这样一个问题：由于我们追求的是企业整体价值最大化，那么就要知道企业的价值是什么、企业的整体价值和局部价值是什么。

从较长的时间段来看，企业的经营管理本身是一个变动的过程，这个过程不是成长就是衰退，要么就是处在变革调整中。但是在较短的时期内，企业的经营管理状态是相对固定的。而企业的价值在"长期的高盈利"这个核心指标之下，不同规模的企业、不同经营定位的企业其具体的内涵也是不一样的，并且在企业从小到大成长的过程中，在各个具体成长阶段也是不一样的。

为了能够说清楚这个问题，我们从商业获利模式入手，再到实现企业商业获利模式的企业功能，从这两个层面阐述不同形态企业的价值模式。

## 一、各形态企业的商业获利模式

我们在前面曾经提出能够影响企业获利的十种方式如下：

（1）简单地买入（生产后）卖出。

（2）（持续）掌握核心优势，唯我独尊享高利。

（3）品牌与引导，构建附加价值。

（4）把控市场走势，囤积居奇，高价暴利。

（5）控制产业链关键环节，过路要收买路钱。

（6）控制资源，垄断利益。

（7）产业协同，连锁反应与蝴蝶效应。

（8）业态协同，纵横捭阖，掘势造利。

（9）风险投资，送丝东风，获利斗车。

（10）合作联盟。

由于不同形态的企业其获利的方式也是不同的，因此我们根据企业的形态来确定其价值模式以及关键的控制点。

表2-3是各形态企业可能存在的企业获利方法和模式的划分，由于划分企业形态的核心要素是企业的规模，因此我们按照企业的规模来归类其获利的方式。

黑点代表该形态企业获利的主要影响因素，黑点的数量代表了重要性和影响权重，是指当企业面临需要选择的多项工作时，在优先顺序（由紧迫性、容易性、利益性决定）、资源投入比例（由紧迫性、利益性决定）等方面的选择优先权，或者指该类指标在该形态企业实现"长期的高盈利"中起到作用的大小。

表 2-3　各形态企业获利方法和模式

| | 小型单一企业 | 大型单一企业 | 小型集团企业 | 大型集团企业 |
|---|---|---|---|---|
| 简单地买入（生产后）卖出 | ●●●● | ●● | ●●● | ● |
| （持续）掌握核心优势，唯我独尊享高利 | ● | ●●● | ●● | ●●●● |
| 品牌与引导，构建附加价值 | | ●●● | ●●● | ●●●● |
| 把控市场走势，囤积居奇，高价暴利 | ●●●● | ●●●● | ●●●● | ●●●● |
| 控制产业链关键环节，过路要收买路钱 | | ●●● | ●●● | ●●●● |
| 控制资源，垄断利益 | ● | ●●● | ●●● | ●●●● |
| 产业协同，连锁反应与蝴蝶效应 | | ●●● | ●●● | ●●●● |
| 业态协同，纵横捭阖，掘势造利 | | | ●●● | ●●●● |
| 风险投资，送丝东风，获利斗车 | ● | ●●● | ●●● | ●●●● |
| 合作联盟 | ●● | ●● | ●● | ●● |

## 二、各形态企业竞争优势的构建要点

不同形态的企业，具有不同的资源、不同的行业影响力、不同的产业结构内容，因此它们所具有的、可以构建自身优势和竞争力的资源和能力也不一样，它们在构建企业优势和竞争力中运用的措施也不相同。

表 2-4 是不同形态企业所能够构建的优势和竞争力，黑点代表该类企业可以构建自身优势和竞争力主要要素，黑点的多少代表该要素发挥作用的大小。

表 2-4　各形态企业优势和竞争力的来源

| | 小型单一企业 | 大型单一企业 | 小型集团企业 | 大型集团企业 |
|---|---|---|---|---|
| 成本 | ●●●●● | ●●●●● | ●●●●● | ●●●●● |
| 技术 | ●● | ●●●●● | ●●●● | ●●●●● |
| 速度 | ●●●●● | ●●●● | ●●●● | ●●●● |
| 服务 | ●●●●● | ●●●● | ●●●● | ●●● |
| 品牌 | ●● | ●●●● | ●●●● | ●●●●● |
| 资本 | ●● | ●●●● | ●●●● | ●●●●● |
| 人才 | ●● | ●●●●● | ●●●● | ●●●●● |
| 产业链环节控制 | ● | ●●●●● | ●●●● | ●●●●● |

|  | 小型单一企业 | 大型单一企业 | 小型集团企业 | 大型集团企业 |
|---|---|---|---|---|
| 行业及地方政策 | • | ••••• | •• | •••••• |
| 市场格局影响 | • | ••••• | •• | •••••• |
| 行业格局影响 | • | ••••• | •• | •••••• |
| 资源效用多元化 | • | •••• | ••• | ••••• |
| 规模优势 | • | ••••• | •• | ••••• |

## 三、各形态企业运营管理系统需要实现的功能

不同企业的运营管理系统需要实现不同的功能、发挥不同的作用，我们仍然将企业的形态作为划分企业运营管理系统与企业功能之间关系的指标。

表 2-5 中黑点代表运营管理系统需要实现的功能，黑点的数量代表了重要性，即企业运营管理系统在实现该功能方面要求的强度，黑点数越多，企业运营管理系统就越应该实现这项功能。

表 2-5　各形态企业职能与功能组成

|  | 小型单一企业 | 大型单一企业 | 小型集团企业 | 大型集团企业 |
|---|---|---|---|---|
| 产品产出 | ••••• | ••••• | ••••• | ••••• |
| 顺应市场 | •••• | •••• | •••• | •••• |
| 引领市场 |  | •••• | •• | •••• |
| 有效协调 | ••••• |  | ••••• | ••••• |
| 集团管控 |  |  | •••• | ••••• |
| 资源效用多元化 | • | ••• |  | ••••• |
| 产业协同 |  | ••• | ••• | ••• |
| 业态协同 |  |  |  | ••••• |
| 构建独特优势 | •• | •••• | •• | •••• |
| 生产管理 | ••••• | ••••• | ••••• | ••••• |
| 成本控制 | ••••• | ••••• | ••••• | ••••• |
| 质量控制 | ••••• | ••••• | ••••• | ••••• |
| 市场管理 | ••••• | ••••• | ••••• | ••••• |
| 人才管理 | • | ••• | ••• | ••••• |

| | 小型单一企业 | 大型单一企业 | 小型集团企业 | 大型集团企业 |
|---|---|---|---|---|
| 资金管理 | ● | ●●●● | ●●●● | ●●●●● |
| 供应链管理 | ●● | ●●●● | ●●● | ●●●●● |
| 多元文化管理 | | ● | ●● | ●●●●● |

## 四、各形态企业运营管理系统的效能要素

不同的企业其创造价值的方式是不一样的，不同形态企业创造价值的方式不同，不同类别企业创造价值的方式也不同。而不同的价值创造方式其要求企业运营管理系统需要实现的组织效能也不同。我们仍然首先以企业的形态来区分企业运营管理系统效能要素的不同。

表2-6中黑点代表需要实现的效能，黑点的数量代表了重要性，即企业运营管理系统在实现该效能方面要求的强度，黑点数越多，企业运营管理系统就越应该实现这项效能。

表 2-6　各形态企业效能要素组成

| | 小型单一企业 | 大型单一企业 | 小型集团企业 | 大型集团企业 |
|---|---|---|---|---|
| 运行效率 | ●●●●● | ●●●●● | ●●●●● | ●●●●● |
| 灵活应变性 | ●●●●● | ●●●● | ●●●● | ●●● |
| 社会资源黑洞效用 | | ●●● | | ●●●●● |
| 成本控制 | ●●●●● | ●●●● | ●●●● | |
| 集中管控体系 | ●●●●● | ●● | ●●● | |
| 授权管控体系 | ● | ●●● | ●● | ●●●●● |
| 行业挟制 | | ●● | | ●●●● |
| 产业链挟制 | | ●● | | ●●● |
| 多利润源 | | ●● | ●●●● | ●●●●● |
| 多自主动力源 | | ●● | | ●●●●● |
| 资源协同 | | ●●●● | ●●● | ●●●● |
| 产业协同 | | ●●● | ●● | ●●●● |
| 业态协同 | | | | ●●●● |
| 保持创新 | ●● | ●● | ●● | ●● |

## 五、各形态企业系统价值管控要点

不同的运营管理系统、不同的价值创造方式、不同的企业功能和不同的组织效能，都最终需要不同的管控方法来实现，我们仍然通过不同形态的企业来说明其价值管控要点的不同。

表2-7中黑点代表该形态企业应该具有的管控方法，黑点的数量代表了重要性，即该管控方法对该形态企业的重要程度，黑点数越多，该管控方法对该形态企业就越重要。

表 2-7　各形态企业价值管控要点的组成

| | 小型单一企业 | 大型单一企业 | 小型集团企业 | 大型集团企业 |
|---|---|---|---|---|
| 领导者全面性 | ••••• | ••• | •• | |
| 体系化的领导力 | | •• | ••• | ••••• |
| 资源的统筹能力 | • | ••• | ••• | ••••• |
| 规范化运作 | • | •••• | •• | ••• |
| 统筹化运营能力 | • | ••• | ••• | ••••• |
| 母子公司关系定位 | | | •• | ••• |
| 目标的明确 | • | ••• | •• | ••• |
| 指挥化管理 | ••••• | ••• | •• | • |
| 信息系统体系 | • | ••• | ••• | ••••• |
| 社会位势构建 | • | ••• | •• | ••• |
| 系统化经营能力 | • | ••• | ••• | ••••• |
| 高级人才管理 | • | ••• | •• | ••••• |
| 集团管控模式 | | | •• | ••••• |
| 基层作业标准化 | • | ••• | •• | ••••• |
| 标准化运营体系 | • | • | ••• | ••••• |
| 公共关系构建 | • | ••• | •• | ••••• |
| 职能工作的专业化 | • | ••• | •• | ••••• |

## 六、各形态企业、经营策略下价值管控要点

采取不同经营策略的企业，其价值创造的方式也各有不同，因此在运营管理系统的布局上也要有不同的侧重点以匹配相应的价值创造模式。而基于

不同经营策略的价值创造方式和运营管理系统模式，也有与其相匹配的价值控制点布局。

表2-8列举了几种经营策略的价值管控要点，黑点代表该经营策略的实现需要具备的价值控制点。

表 2-8　各经营策略下的价值管控要点组成

| | 成本优势 | 技术创新 | 高质量 | 市场能力 | 即时性反应 | 服务优势 |
|---|---|---|---|---|---|---|
| 追随市场 | ● | | | | | |
| 模仿策略 | ● | | | | | |
| 技术投入 | | ● | | | | |
| 行业趋势研究 | | ● | | | | |
| 标准化的产品 | ● | | | | | |
| 新品推广力 | | ● | | | | |
| 铺货速度 | ● | | | ● | | |
| 市场宣传 | | | | ● | | |
| 业务人员能力 | | | | ● | | |
| 多次回访 | | | | | | ● |
| 关注情感 | | | | | | ● |
| 服务方式 | | | | | | ● |
| 库存储备 | | | | | ● | |
| 小生产单位 | | | | | ● | |
| 质量工艺优化 | | | ● | | | |

当然，在经营管理上，任何一个企业都需要追求一种系统化的竞争优势，既不应该让某个专题特别薄弱而成为企业的死穴，也不应该让自己的竞争优势很容易就被攻破。系统竞争优势的基本原理就是，在某几个专题突出的前提下，其他的各项专题按照系统最优和整体价值最大原则进行配置和匹配。

七、运营管理系统对价值模式的负向影响

当企业运营管理系统设置不合理时，是会影响企业的价值创造和价值实现的。无论是运营管理系统违背了价值创造的原理和逻辑，还是企业设置的运营管理系统无法按照人们预期的方式去运行，都将无法产生预期的价值结果和产出。

1. 运营管理系统偏离价值模式的基本逻辑

（1）态上不符合。运营管理系统相对于企业的规模来讲，无论是人小衣服大还是人大衣服小，肯定都是别别扭扭的不顺畅，不是捉襟见肘就是拖泥带水。比如5000人以上的集团公司，总裁还要亲自对班组长进行面试与考察，或者是十几个人的企业组织结构设置了十几个部门都属于这一类。

（2）类上不符合。运营管理模式和经营之间策略无论是张冠李戴或者是南辕北辙，其最终的结局必然是失败。比如低成本策略大肆鼓励创新、定制化产品非要搞绝对的标准化管理都属于这一类。

（3）作业粗放。筛子眼太大，该漏的漏了，不该漏的也漏了，而且作业的效果无法得到保证，容易出错或者容易产生失误。

（4）各环节功能不协同匹配。无论是大管套小管还是小管套大管，都会漏水的。如果方管套圆管，那就不能用了。

（5）均强的做法。各个方面都要强，资源平均主义使用，既不能形成强势专业，也会造成没必要的浪费。

（6）个别"瓶颈"点功能过弱，那就成了整个运营系统卡脖子的地方了，这种情况下，受"瓶颈"点的制约，其他的功能设置都是无用和浪费的。

（7）个别功能点过强，受制于其他功能点的"瓶颈"性制约，其过强的功能也发挥不出来，所以也会造成没必要的浪费。

（8）功能定位与经济环境不符合，会使相应的方法和资源的效果大打折扣。

（9）功能定位与自有资源不符合，"小马拉大车"或者"大炮打蚊子"，难以实现预期的效果，或者不能低成本的实现已有的效果。

（10）功能定位与行业特征不符。订单式的工业品生产非弄成快消品式的生产管理模式，这必然导致方法与目标的错位和背离。

2. 运营管理系统耗损价值创造力的基本逻辑

（1）庸余的工作越来越多，也就是那些多余的、根本不创造价值的工作越来越多，这些工作占据了员工很多的时间和精力，最常见的就是不断地向上级公司报各种报表，而且是重复地报。

（2）效率越来越慢，工作越来越拖沓，职工闲置的时间也越来越多，具体的表现就是职工坐着聊天的时间或者闲着上网的时间越来越多。

（3）错误越来越多，就是工作中的错误越来越多，总是做得不到位，经常是颠三倒四的。

（4）职工越来越不承担责任，工作粗心大意的时候比较多，完不成任务也不着急，客户不满意也不在乎。

（5）工作越来越混乱，冲突越来越多，会议中经常争吵、工作中经常指责别人、为了自己不发生错误，就把工作推给别人。

（6）利益流失漏洞越来越多，就是跑冒滴漏越来越多、多报多销的越来越多、顺手牵羊拿物资的越来越多。

（7）资源越来越变坏，品牌、形象、信誉、客户关系变坏，客户流失的越来越多。

（8）违规事件越来越多，职工不再遵守公司的规定和制度，我行我素地做事情。

（9）职工素质越来越差，好的职工都离职了，优秀的职工招聘不进来，只有那些很一般的职工留了下来。

（10）工作主动性越来越低，职工不愿意自主地工作，等待、推卸、偷懒成为职工在工作中的主要表现。

（11）离市场需求越来越远，企业只顾自己的感受，不再关注市场的变化和客户的需要，一味地强调自己如何如何，而不是看市场和客户如何如何。

（12）优秀的建议越来越少，职工越来越不愿意提出自己的建议和意见，持续改进也只是文件或者口头上的事情。

（13）自主改进越来越少，固守成规。

（14）信息与沟通很困难，彼此不愿意交流，交流中经常出现错误，员工工作得不到足够的信息。

## 第五节　运营管理系统最优的基本形式

企业作为一个以微观经济运营为主的社会性组织，其具备了社会组织的一般特性，包括分工与合作、价值创造与分配、组织摩擦阻力与组织动力、组织运行的混沌与有序、组织权力的配置等。按照企业组织存在的目的以及其实现正常运行的要求，为了能够系统有效地认知企业这样的组织，我们按照从目的到实践的顺序把企业整体分为功能系统、动力系统、协作系统和管控系统四个大的子系统。功能系统是体现企业运营各级目标间关系的系统，动力系统和协作系统是体现企业各方面工作间关系的系统，控制系统是从管理的角度，体现企业各种管理方法与措施间关系的系统。

功能系统各目标间的关系就是根据规律互相组合共同完成企业的高效发展这一最终目标；动力系统各方面工作间的关系就是根据规律互相组合，实现企业整个组织工作动力的整体最大化；协作系统各方面工作间的关系就是根据规律互相组合，实现企业功能系统中的各方面目标；而管控系统各方面工作间的关系就是管理者根据规律采取相应的管控方法组合，以保证企业的运营按照其意图和要求开展和进行。企业运营管理系统的最优也是这四个系统最优的有机结合。

我们首先追求的是功能系统的最优，由功能系统的最优来选择动力系统的最优和协作系统的最优。再由动力系统的最优和协作系统的最优来选择管控系统的最优。但在具体的实施过程中，是管控系统的最优实现了动力系统的最优和协作系统的最优，而动力系统和协作系统的最优进一步实现了功能系统的最优。

在进行上述四个子系统的最优选择时，由于面临着环境、条件和方法的制约，我们往往无法选择最能够达成我们意愿的方法和措施去实施，而是只能在既有的环境、条件和方法中去选择最能够达成我们意愿的方法和措施去实施。比如一个搞服装代工的企业，在当前环境下无法选择核能电厂那样企业的工资水平去留住员工，因为在当前环境下服装代工企业的利润水平是无法支撑核能电厂那样企业的工资水平的。再如，互联网环境下中小企业是无法像大品牌企业那样构建自己的互联网交易平台的，因为即便它们建了这样的平台，由于品牌力度不够，也无法吸引消费者去光顾。

1. 功能系统的最优

企业功能系统的最优就是指企业各项职能工作的成效结果之间达到最佳的匹配和组合，以实现企业的"长期利润最大和价值最大"。因为我们不需要把企业的各项职能工作都按照技术标准的要求做到最好，那样会产生不必要的浪费，也就是通常所说的质量过度。也不能把各项职能工作都为了"降低成本"而把工作的质量要求降到最低，那样就会导致产品和服务的成效达不到市场和客户的认可，丧失企业产品和服务的市场竞争力。

企业的功能是一个系统结构，各个层面的功能之间有互相支持和影响的关系，如利润=收入−成本。高产品质量需要高价格的原料和精细的生产过程，这都需要增加企业的成本。高的人员素质可以产生高的工作效率和工作成效，但是也需要高的人工成本。高的人员素质和好的原料价格在企业的产品质量上发挥着不同的作用，这需要我们进行合理有效的组合与匹配。

比如在客户服务满意度、客户服务成本两个方面应当进行什么样的组合。开展客户服务的目的是实现客户的满意、增强客户的忠诚度，降低客户的开发成本。但是开展客户服务是需要花费成本的。那需要明确的是，客户服务工作做到什么程度、需要花费多大的成本、能得到多大的客户忠诚度、能降低多少客户开发成本，只有当降低的客户开发成本大于客户服务投入成本时，客户服务的工作对于企业来讲才是可以接受的。但是影响客户服务工作的因素除了企业的经济因素外，还有一个很重要的因素就是竞争因素。因为客户服务作为吸引客户的一个方法和措施，和产品/服务的质量、价格、功能、促销形成了一个综合性的产品/服务的市场竞争力，如何开展客户服务，和竞争力的构建策略有很大关系。

2. 作业运行系统的最优

企业的各项功能是靠企业资源的配置以及企业各项工作的协同运行来具体实现的。在一定条件下，如何通过企业各项工作的协同运行，使企业的资源产生最大的成效，也是"企业运营管理系统最优和整体价值最大"这一研究主题的基本目标。比如现在常见的 ERP（企业资源计划）企业管理软件系统的出发点就是通过对工作运行的优化，有效配置和使用企业的各项资源，使企业产生最大的效益和价值。

企业的作业运行系统包括工作内容的设置（都做什么）、工作的组织安排（谁来做）、工作开展的方式（做的顺序、方法）、工作资源的配置（工作中给予的资源）、工作标准的设定（做到什么程度）、工作问题的协调等内容。

作业运行系统的最优就是指企业各项工作的运行中，上述各方面的内容以能够确保实现企业功能系统的最优，并实现价值最大化的方式和状态存在。在设计企业的运营管理系统中，其中的一个重要内容就是要把各项具体的工作内容按照上述的要求和原则进行规划和设定，以形成企业的最优作业运行系统。

每一项工作的开展都会包括信息收集整理、情况研究分析、方法规划设计、最终决策、执行、改进等几个过程，只是有些过程比较简单，不会占用很多的时间和精力，而有些过程比较复杂麻烦，会花费大量的人力和精力。

衡量每一项工作开展和执行情况的指标都会有数量、质量、时间、效果、消耗等几个方面，即一项工作有多大的工作量、要做到什么标准、会花费多少的时间和成本、最终达到的效果如何等。

企业的功能系统是通过各项工作的系统作业运作来实现的，而工作之间的协同关系也是不一样的。依据需要实现的最终经营效果，各项工作之间的关系包括前后衔接、并行合作、并行辅助、前后辅助、各自独立运行等关系。每个企业所有工作之间的具体关系按照这个企业的价值链过程、供应链的方式、产出关系模式并结合企业的组织方式来决定。

作业协作系统最优是指，在不考虑动力系统支持不足的前提下（假设动力系统保证充分），作业协作系统能够在没有任何浪费的情况下，全面完成实现需要的企业功能系统的最优，即没有多余的工作、没有多余的动作、没有重复的工作、没有多余的人力、没有闲置的资产、没有过度的消耗，还能实现企业组织系统功能和成效的最优。

这里所说的浪费包括人力的浪费、时间的浪费、资金的浪费、机遇的浪费（延误战机）、物资的浪费、成效的浪费（达不到应有的效果）、品牌的耗损等。如果只是一个岗位或者一项工作没有浪费是比较容易的，但是如果一个大型企业作业协作系统的全部工作都没有浪费就很不容易了。作业协作系统既包含了产供销等价值的直接创造作业，也包括了财务、人力资源等服务业控制的管控作业，更包括了物流、仓储、后勤行政等辅助性的工作作业。

按照价值链的思想，企业的作业协作系统分为主体部分和辅助部分两个方面。主体部分就是实现企业核心价值和实现企业主体功能的工作系统，包括产、供、销、技术开发、资本运作等各项职能的工作。辅助部分就是为完成主体工作的支持性职能的工作，包括人力资源、物流运输、财务会计、行政后勤等。企业作业协作系统的最优当然是包含这两个方面的整体最优。

作业协作系统的最优包括整体性最优、协作最优与作业最优三个方面。

整体性最优是指作业协作系统、动力系统、功能系统与管控系统之间的最优化匹配。由于作业协作系统模式既影响资金周转率和新产品成功率等这些组织功能效能指标，也会因为不恰当的安排影响（甚至是严重影响）人们的工作积极性，所以作业协作系统模式同时也会影响动力系统的功能成效指标。而企业运营管理的其他系统如果没有动力系统的有效实施与推动，包括作业协作系统和管控系统都不会发挥应有的作用。由于企业往往不能得到必要的资源和条件，因此就需要在有限的资源和条件下，合理安排作业协作系统，以实现与其他运营管理系统有效的匹配。所以首先要考虑的是四大系统之间的匹配能够达到企业整体的价值最大。

协作最优主要是指各个职能之间在协作上能够达到最佳状态，无论是按照流程、按照矩阵式的临时项目，还是按照会议交流式的方式，在各个工作之间目标的一致性、信息的沟通性、进程的匹配性上都达到最优，以实现最佳的结果。

作业最优就是指具体个人在具体的工作操作中，以最小的投入实现最大的工作成果。

3. 动力系统的最优

企业的运行需要靠动力来保证，而动力来源于企业内部所有职工的积极工作。所有职工的共同努力推动了企业的运行。在企业的运行中，需要有各种不同环节的工作运作，也就需要由不同模式的动力来推动。

企业在按照模式和规则运行的过程中，是不能让个人随意而为的，因此这个动力并不是每个人都发挥自己的积极性和主动性就可以了，而是有组织规则的，因此企业动力系统也是有类别、有结构、有层次的。

企业的动力具有一个系统化的结构，这个动力系统包括企业动力系统的结构组成、职务（高、中、低）、动力的大小、动力的方向、动力的专业性质、动力的传动性质和动力的形成模式。如果把每个职工看成一个动力节点的话，那所有的职工以及因工作性质、职位层级而形成的不同职工群体就构成了一个动力系统。动力系统最优就是如何整体地布局，合理搭建企业动力系统各个组成部分的发源性质（自主推进、跟随带动、服从执行）、动力的大小、动力的方向、动力的专业性质、动力的传动性质和动力的形成模式，一方面保证企业作业的最优化运行，另一方面实现职工群体整体能力、价值效能最大限度的发挥。

由于资源有限和自身特点的原因，在一个企业里，让每个人都满意、每个人都最大限度地积极发挥出个人最大能力是不现实的。同时，由于各种不同的工作专业性质不同，所需要的能力和思维也各不一样，就需要通过全体职工个人动能的有效整合以形成企业的最优组织动能。在现实的工作中，企业无法完全按照自己的标准丝毫不差地去得到每一个需要的人员，同时企业在人员安排上也要考虑具体工作运行的现实模式和目标需求。因此，企业在设计自身的动力系统时，还要考虑人才资源不足的现实情况。

企业动力系统最优并不是如何使企业各类职工的工作动力都达到最佳的

状态，而是如何使这个整体的工作动力在既定条件下达到最佳的状态。在企业里，一个人的工作动力由工作能力和工作意愿两个方面组成。由于企业各个层面上的人员具有不同的职责、权力，对其行为也有一定的要求和约束，因此并不是各个层面上的人员都能够全部按照自己的意愿发挥自己的能力。对于那些不能充分按照自己意愿发挥能力的人员，其具备过高的工作能力和工作意愿也没有实际意义，甚至是浪费的。另外，让所有能力很强的人都能够有最高的工作意愿所付出的代价也是很高的。所以动力系统的最优就是对企业各个层面的岗位根据其职责、权限和能力的要求来任用人员，并使其展现出所需要的工作意愿和表现。

另外，我们都知道企业各项业务的开展是按照一定的流程过程进行的，也就是企业的各项业务工作在开展过程中是在各个部门和岗位之间流转的，如新产品开发流程就是要通过营销部门、技术部门、生产部门（产品试制）、财务部门等多个部门的共同协作开展完成的。那么这其中的一个问题就是，业务运转流程应当由哪个部门或者岗位来主体推动。如果各个部门或者岗位在接到上一个部门或者岗位的工作输入后能够尽职尽责地完成自身的工作，那么每个部门或者岗位都会成为这个流程的推动者。但事实是，在业务流转的过程中，会有很多有意和无意的瑕疵和不足出现，会导致流程中的各个部门或者岗位之间产生摩擦和分歧，进而影响业务按照流程的开展。这就需要由一个流程的推动者来协调并推动业务按照流程持续地开展下去。而所有流程中的推动者（部门或者岗位）就形成了企业业务流程网中一个个的源发式动力源和动力点，这些源发式动力源和动力点推动整个企业各项业务的运行和运转。

从职位功能上讲，企业整体运转的第一推动者是企业的高层领导者，包括董事长、总经理和副总经理等。对于这个层面的人员，必要要有高涨的内在工作动力、很强的工作能力和永不停息的进取意愿。而中层管理者特别是职能部门的管理者，在具体的工作开展中却要受到很多的制约和约束：一是职能工作的开展不能单纯地讲专业，要服从于企业整体的定位；二是各个职能工作彼此之间会有互相的制约和牵制；三是职能部门工作的开展还要请示上级领导的意图和要求。这都使职能部门的负责人在开展工作时并不能全身心地发挥和展示自己，所以职能部门负责人由能力和工作意愿组成的工作动力要求就和高层领导者不一样，具体来说就是要求要低一些。而基层人员的要求就更低了。

在集团公司里，集团总部和子公司在某些企业功能和职能上的动力分布也有最优化的要求。比如市场营销能力和品牌管理能力，是集团公司具有强大的营销和品牌管理能力还是让子公司具有强大的营销和品牌管理能力，需要根据每个企业的经营效能、管理体制及营销与品牌工作的特性进行权衡。

企业动力系统的设置和最优化都不是企业的最终目标，企业设置和优化企业动力系统的最终目标在于更好地推动企业的运行与运转，以达到企业盈利和发展的目的。动力系统最优要确保在企业整个组织运营管理上，动力源和动力点的布局与配置能够对企业的工作推动达到最佳的效果和效用，到具体的方法上就是在岗位人员责、权、利、能配置上，达到在没有资源（资金、人力、权力）浪费的前提下实现对组织运营管理的有效推动和推进。

实现企业动力系统最优就是按照一定的规则和方法对"责、权、利、能"在各方面的职位与人员之间进行配置，因此影响企业动力系统最优的因素可以分为两类：一类是业务运营与组织规范的功能需要，这决定了动力系统最优的目标和效果；另一类是动力系统本身的性质、特征和特点，这决定了最优动力系统设置的措施和方法。

业务运营与组织规范的功能需要是指由业务功能定位和业务运营模式所确定的因素，主要包括组织职能功能定位的要求和业务主导性、企业管控体系的要求、组织整体效能的要求三个方面，具体内涵如下。

一是组织职能功能定位和业务主导性的要求。企业的动力系统首先要保证组织功能定位和业务主导性的要求。我们都知道一个订单的签订要充分考虑产能在交期和质量方面的保证，这就需要平衡客户的紧急性需要以及企业生产能力之间的矛盾性关系。如果客户在交期方面的要求高于在质量方面的要求，那么在与客户签订订单时营销人员就会占据主导性，在订单签订流程中就要由营销人员来作为主导推动力。如果客户在质量方面的要求高于在交期方面的要求，那么在与客户签订订单时生产人员就会占据主导性，在订单签订流程中就要由生产人员来作为主导推动力。如果客户在技术多样性方面的要求高于在质量、交期方面的要求，那么在与客户签订订单时技术人员就会占据主导性，在订单签订流程中就要由技术人员来作为主导推动力。

二是组织整体效能的要求。企业动力系统还要保证企业组织的整体效能要求。当然，企业希望在比如成本、效率、创新、质量等各个方面都做得最好，但是由于资源、条件的限制以及"能量守恒定律"，企业不可能在各个方面都做得最好。如果企业强调低成本，那就要选择在成本控制方面有专长的人员作为负责人。如果企业强调效率,那就要选在效率方面有专长的人员作为负责人。而如果企业强调创新,就需要选择技术创新能力水平很高的人作为负责人。

三是企业管控体系的要求。为了保证企业的归属性(资本的所属性),很多职责和权力要由企业特定的人员来承担。比如有些财务权限一般要集中性控制,因此这个动力源只能在财务负责人或者企业负责人那里。再如发展战略一定要由企业的核心领导者确定,所以战略能力只能是企业的核心领导者或者其贴身幕僚来承担。

以上三个方面会分别对企业动力系统的最优化产生相应的影响。但是现实之中往往不能只考虑某一个方面,而是要综合考虑三个方面同时存在的情况。其实这三个方面也是彼此相联系的。组织的整体效能是动力系统最优要实现的最终目标,而这个目标要通过对组织职能功能定位的实现来保证,而组织职能功能定位中是要包含企业管控体系的要求的。因此,组织职能功能定位和业务主导性的要求、组织整体效能的要求、企业管控体系的要求存在如图 2-9 所示的关系。

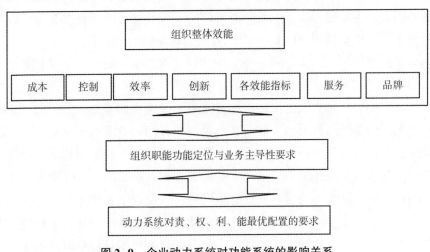

**图 2-9 企业动力系统对功能系统的影响关系**

4. 管控系统的最优

每个人都有自己的理想和观念,都希望按照自己的意志来决定自己和他人的行为。而且,按照人的本性来讲,每个人都希望按照对自己利益最有利的方式开展工作。而在企业当中，出于整体价值创造的需要，往往不会允许职工个人完全按照自己的意愿和利益需要去开展工作，而是希望职工按照公司发展的需要去开展工作。这就出现了一个问题，就是如何保证职工按照公司的需要或者领导者的想法去开展工作，也就是我们所说的管控方法，而将所有的管控方法按照一定的目标、规则和协同关系整合起来运用，就形成了企业的管控系统。

企业管控系统的最优就是在一定的资源和条件下，通过管控系统的实施，实现最优的作业运行系统和动力系统，并进而达到功能系统的最优。这包含两个方面，一个方面是运用最理想的管控方法形成最优的管控系统，另一个方面就是当有些理想的管控方法无法实施时，如何用其他的管控方法进行弥补。

企业管控系统的内容包括对物质的管控、对工作的管控和对人的管控三个方面，而且这三个方面是彼此关联的，并不是彼此孤立的。工作的管控方法会对人的工作状态产生影响、对人的管控方法也会直接导致人的工作状态和工作的结果。因此，企业的管控系统作为一个独立的整体，其具体的内容和实施会同时对作业运行系统、动力系统以至功能系统产生直接的影响和决定作用。

管控系统最优通俗的说法，就是企业的管理者应当使用哪些管控方法或者哪些管控形式，才能够使企业的经营以及运营产生的效能和结果最能实现企业功能系统、运行系统、动力系统的最优，最能符合企业发展的定位和需要。

管控系统的设置原则有三个方面：一是要完成作业运行系统、动力系统和功能系统的要求，也就是管控系统要能够保证组织整体动力最大、运行最优、功能最优；二是要依据基本的组织规律、人性规律和企业经营规律，也就是要依据各方面的规律来设定管控系统，保证管控系统的设定能实现希望的运营方式；三是要依据企业的资源条件，也就是管控系统的设定要保证企业的资源和条件发挥最大的作用和功效。把企业管控系统依据这三个原则进行整合设置与实施，就可以形成管控系统的最优。

从管理角度上讲，企业职工按照企业要求开展工作的根本原因在于"只有这样职工才能从企业里获得自己所需要的利益和需求"。

在企业里，不同的职工既有不同（甚至是矛盾）的利益，也有共同的利益。不同的利益就是在既有的、一定的利益下，大家之间分配起来就会出现

"你多我就少"的情况。相同的利益就是如果企业经营得不好，大家能分的这块"大蛋糕"也会越来越小，大家彼此之间再争也没什么可争的。另外，企业职工一部分人基本的想法是工作少干点，利益多占点。再有，由于大家看事情的眼光和意见不相同，因此大家内心里所希望的和接受的工作状态、方法也是不一样的。所以企业的职工就在这样的心态下，以一种平衡的状态开展着自己的工作。虽然各自的平衡点上下左右不太相同，但基本都是这样的格局和状态。如果管理得不好，这种平衡状态会走向一个很不好的情况：大家不仅不愿意多做工作，而且推诿扯皮；大家不仅不愿意按照最有利于企业的要求去开展工作，而且会按照最符合自己利益却损害企业利益的方式去开展工作。

由于企业里的工作和管理大多是按级、按块的分工、协作实施的，每个人都会受离自己最近（接触时间多、工作关系紧密、直属权力关系）的人的影响最大。而且在管理链条上离核心领导者"距离"越远的人，由于中间掺杂了他人的想法以及信息的损耗，就越不能完全按照核心领导者的意图和意愿开展工作。这就往往导致企业最终的运营结果偏离或者不符合企业核心领导者的意图和意愿。而企业管控系统最优出发点的另一面就是采用什么样的管控方法和管控措施，能够使企业的经营及其运营效能结果最能符合企业核心领导者的意图，最能符合企业发展的定位和需要。而且企业的规模越大，企业的管理链条就越长，企业的事项就越复杂（对职工行为的正确性也就越难以判断），管控系统的最优化设置就越重要、越困难。

企业的运转是由人的行为和设备工具共同完成的，因此企业管控系统的功能包括对人的行为的管控和对设备工具性能的管控，而管控系统最优也包含了以下三个方面的意义和内涵。

一是要保证作业协作系统按照预定的要求进行运行。因为企业运营管理系统的最终效能是由企业的作业协作系统完成和实现的，企业往往为了实现预定的系统效能，会对作业协作系统进行相应的（强制性）预定设置，而管控系统最优的第一个目标就是要保证预定设置的作业协作系统能够完全彻底地实现。比如为了生产出来高质量的啤酒，关键之一就是需要有很好的检测设备。那么作为啤酒质量控制工作的作业协作内容，啤酒的检测设备就需要按照相应的要求设置。但是，如果无法获得这样的设备而只能使用一般的设备，那就只好要求（管控实现）质量管理人员发挥自己的能力来弥补设备的不足了。无论如何，最终都要保证啤酒的高质量。

二是保证动力系统的最大成效。无论是什么样的设备、工作内容和作业方法，最终都是要人来实现的。因此管控系统最优的绝大部分功能是保证企业动力系统的最优化。也就是说，通过管控系统的最优化设置，一方面使企业职工的整体工作状态达到最佳，另一方面使企业职工队伍的素质不断提高。

三是在实现前两个目标的前提下保证成本最低。这包括用于管控的花费和对职工积极性制约两个方面。前者是指要在最低花费的基础上实现上述的两个目标，后者是指企业的管控系统和管控方法不能过度，不能压制和约束了职工的工作积极性、浪费了职工的人力资源。

对于第三个方面的内容，既然管控系统整体上以人的管控为主，那么就要尊重人的基本规律，特别是人的行为动力和行为模式的基本规律。要充分理解人的自然性、社会性、自私性、公益性等人性本质。还要理解人的观念、动机以及行为模式之间的关系。充分掌握了这些规律之后，在企业中才能以最优的管控方法和系统，实现职工整体最大的工作动力。

对人工作行为的管控，可以通过引导人的观念、设定动机目标成果、强制支配行为、激励措施引导、职业意识倾向等方法来实现。

所思必有所想，当有了共同的价值观和观念的认同，人们在行为上保持一致的可能性就有了非常好的基础，就很容易让人们在行为上保持一致。

每个人都喜欢用自己熟悉或者认为有效的方法去解决问题，如果人们在解决问题的方法上达成了一致，那么在开展工作的时候就更容易协调一致了。

如果上面的两个方面都不存在，那么就只好进行路径约束了，也就是强制性地要求人们按照既定的方法、路径和程序开展工作，而不允许人们随意按照自己的模式做事情。这种做法一方面是行为指挥的模式，另一方面是制度规范的形式，要根据企业的大小和事务的繁杂程度来决定。

无论如何，人们要生活在现实中，要有自己的利益诉求。不管用什么样的方法来管控人们的行为，都必须配合以利益的约束和引导，也就是只有按照既定和期望的行为开展工作，人们才能获得自己的利益。

最后的办法，如果现有的人员无论如何都不能按照既定和期望的模式和方法开展工作了，那就只好重新进行人员配置，换成他人了。

在各种管控方法和措施中，每种方法的实施成本是不一样的，对不同的人和不同的环境其作用也是不一样的。从一种方法换成另一种方法所花费的成本和代价也是不一样的，因此管控系统的最优对企业有很现实的意义。

上面阐述了企业运营管理系统最优的基本形式。但是对于不同形态的企业来讲，每个企业都有很多自身特色与个性特点需要予以细致的考虑。

由于小型企业、大型企业、集团企业分别有自己不同于其他类型企业的运营模式和价值创造方式，因此其各自的运营管理系统的最优也有自身的特点、结构组成和逻辑关系。

虽然企业在一定的阶段内会根据自己的目标与策略定位来选择运营管理系统的最优化原则与方向，但更重要的是，在短期利润最大化和长期利润最大化这两个基本的前提和原则之下，企业运营管理系统的最优要符合企业自身的形态、类别和运营原理及逻辑，以实现自己的系统最优和价值最大。

一个50人的企业和一个50000人的企业，其运行模式、组成结构、行为规律、效益原理、协同逻辑都是有很大的差别的，而且其价值模式也有很大的不同。所以在实现企业运营管理系统最优的过程中，除了要有选择地满足"短期利润最大化"和"长期利润最大化"的要求外，更要符合企业因"规模大小"和"业务模式"而共同组成的价值创造模式。小企业通过效率、灵活、低成本创造更多的价值，而大企业却更注重资源整合、行业控制力、创新来创造更多的价值，这就是它们之间价值创造模式的不同。

由于企业的领导者是企业运营管理系统的构架师、设计师和推动者，因此从企业领导者的角度看，50人的企业和50000人的企业其运营管理系统需要考虑的内容、立足点和思维方法都不一样，有着本质的差别。

首先，企业运营管理系统的最优化，是要构建起符合企业形态的框架和结构。如果仍然用一个50人企业的运营管理系统框架和结构去套用在一个1000人的企业上，那么必然就不能实现企业资源、条件效用的最大化。

其次，在此基础上，要符合各形态企业的价值模式。比如50人的企业首先要考虑灵活、效率与成本，而大型的集团公司则要考虑的是资源整合、管控的有效性与放权有效性的最佳结合、效率和成本的控制。

最后，就是要考虑各形态企业价值模式的适用规律，50人企业的效率来源于领导者的有效指挥，而集团公司的效率来源于运行规则的清晰与顺畅。

# 第三章

## 企业运营管理系统最优是动态的最优

就像一种武器不能永远无敌一样，随着环境的变化、企业的成长、资源的增减、目标的变化等原因，曾经是最优的企业运营管理系统将会变得老化、过时甚至是不适用，而要以新的运营管理系统取而代之。因此，企业运营管理系统的最优是一种动态的最优，就是指一个企业运营管理系统的最优只能是在某个时段内企业固有的环境、资源和规模下的最优，而不可能是永远的最优。企业规模、经营策略、外部环境、资源条件当中的任何一项发生变化，企业运营系统最优的状态都会发生变化。

企业的运营管理系统就是实现企业价值和产出的实施过程与控制方法，目的是在一定的资源下实现企业的"产出最大和价值最大"，其最优模式的选择受以下五个方面的影响：

一是在企业不同的规模下，企业创造价值和产出的方式和方法是不一样的，确保企业整体产出和价值最大的方式和方法就更不一样了，也就是企业的价值模式是不一样的。企业运营管理系统首先要符合相应类别企业的价值模式。

二是虽然企业都要追求利润，但是在企业的不同策略下，企业价值的组成结构、体现方式和实现过程也是不一样的，而这正是企业运营管理系统最优希望达到的目标和实现的结果。也就是说，企业策略决定下的发展目标体系是企业运营管理系统最优的目标。

三是要符合相应的外部环境，比如竞争激烈与否、经济政策和劳动力市场等因素，企业运营管理系统的最优也是受其影响的。

四是要符合一定的原理和规律，就是指在企业运营管理系统各个组成单元之间的互动、衔接与协同的关系，要采取合适的系统组织方式，以达到系统最优。

五是要符合相应的运营管理条件，即由于一定的条件限制，而导致运营管理系统的某些具体内容无法达到原理和规律上的最优化而影响了整体，因此为了保持整体最优，就需要用其他的方法和措施进行弥补和完善这些不足的部分。

# 第一节  系统最优的前提界定

企业外部环境及企业自身都在不断变化。企业运营管理系统在企业不同的规模、不同的发展阶段、不同的发展模式、不同的资源条件下其最优的意义和内涵也不一样，所以企业运营管理系统也不是只有一种最优的状态。

企业内部有各方面的条件，包括人员状态、资金状态、设备状态、产品技术状态、市场状态、规模状态。运营管理系统的最优一方面可以在既有的条件情况下，通过对其运营模式的合理组织与管理实现；另一方面可以通过调整和优化某些既有的条件，通过这些条件的变化和调整来实现运营管理系统的最优，这种改变包括单独的改善某一个方面，或者减弱一个方面而加强另一个方面。

我们研究企业运营管理系统的最优包括两个方面，第一是在既定的"状况"下达到企业运营管理系统的最优；第二是当企业的"状况"发生变化时，如何实现新的系统最优。为了达到这两个要求，首先要找出界定企业"状况"的方法并界定企业的"状况"，以及企业"状况"变化的方式和方法。

## 一、我们的目的与本意

其实每个汽车企业都想生产宝马和卡迪拉克，每个洗发水企业都想做成宝洁公司，每个做电脑的企业都想做成苹果公司的样子。但事实是，大部分的企业都不可能一开始就达到自己希望的理想状态，而是要一步步地发展壮大。今天做代工的服装企业也在努力地打造自己的品牌，今天做低端电力设备的企业也在努力地去做高端电力设备。

因此，企业的目标、环境和条件都在发生变化，企业系统最优和整体价值最大的形式和状态也在发生着变化，自然的，企业最优的运营管理系统也在不断调整和变化着，所以我们说企业系统最优是一个动态的最优。

企业会在一种既有的商业模式和运营模式下达到运营系统的最优，但是随着既有商业模式和运营模式的打破以及新商业模式和运营模式的建立，企业运营管理系统也要随之建立一种新的最优模式。

本节的目的就是要探讨影响"企业运营管理系统最优"的主要因素及其影响的模式与逻辑。

### 二、运营管理系统最优前提状况界定的方法

企业运营管理系统的最优是动态的最优，不可能永远停留在一种最优状况下，在每个不同的具体条件和状况下会有相应状态的最优。一个不断成长的企业，其连续的各个成长状态下的运营管理系统最优就构成了这个企业的螺旋式最优。

每一个具体的系统最优都是指企业在一定条件和状况下的最优状态。那如何界定具体系统最优的条件和状况呢？从实用主义的原则出发，我们界定企业具体系统最优条件和状况的目的是找出一个可以让我们"将企业运营管理系统调整到最优状态"的依据，也就是为了能够找出实现企业系统最优的过程和方法。

因为企业经营状况的变化常常是一个渐进的过程，而不是突然从一种状况变成另一种状况，所以企业运营管理系统的变化也是渐进式的变化。另外，企业运营管理系统最优的实现是需要一定的资源和条件的，我们往往由于条件的限制而不能完全达到理想中的系统最优，那我们就要分析一下我们应该追求什么样的系统最优、能够实现什么样的系统最优，分析一下影响实现系统最优的因素是什么。这样就明确了寻找"将企业运营管理系统调整到最优状态"的着手点。

事实是，在某一个时间段里，我们需要有一个具体的系统最优目标作为方向来开展具体的工作，以推动企业实现系统最优和整体价值最大。而在另一个时间段里，我们就需要另一个具体的系统最优目标作为方向来开展具体的工作，以推动企业实现另一个系统最优和整体价值最大。那么如何确定在每个时间段里具体的系统最优目标呢？我们就要找到影响和确定企业运营管理状态的因素，这种影响是指决定、需要、可得到、希望。决定性因素就是指这个因素的存在使运营管理系统在某些方面只能或必定达到"那样"的状

态；需要因素就是指必须有这个因素的存在才能使运营管理系统在某些方面达到"那样"的状态；可得到因素是指这个因素的存在使运营管理系统在某些方面可能达到"那样"的状态；希望因素就是指人们希望运营管理系统在某些方面达到"那样"的状态。

在以上的基本逻辑定位下，结合我们对企业经营管理知识和情况的了解，我们认为，企业在特定发展阶段的经营状态决定了企业运营管理系统的基本状态；企业具有的资源条件和既有运营管理状况导致了企业运营管理系统可能达到的状态；外部的竞争环境和市场导致了企业运营管理系统必须达到的状态；经营者的理想导致了企业运营管理系统希望达到的状态。

我们将企业的经营状态、资源条件、运营管理系统既有状况和外部环境要求四个方面作为影响企业运营管理系统最优的因素进行分析。

### 三、企业类别发展阶段对最优的限定

企业类别发展阶段是一种简称，指的是一种既定态的企业在一种既定类的经营策略下，也要经历多个不同的成长阶段，企业在既定态类下的每个成长阶段，就是一个企业类别发展阶段。当企业的状态从原来的状态向需要的状态转化和演变时，也需要一个调整、建立成型、过程细化、精益改善的过程，然后固化成为一个新的运营管理系统。

所以企业类别发展阶段对企业运营管理系统的影响主要有三个层次：一是企业的形态，这要求企业的运营管理系统是必须与之相匹配的；二是企业的经营策略（类），这也要求企业的运营管理系统是必须与之相契合的；三是企业具体成长阶段的要求，在企业每个类别发展阶段的成长过程中，虽然要求企业的运营管理系统最终是必须能够实现精益的，但是由于组织的惯性作用，其改变、调整和成长还是要一步步来的，而不是一蹴而就的。

如果企业的形态和经营策略长期处于固定状态（无论什么原因），那么其运营管理系统一旦达到最优状态，也就可以持续地运行相应长的时间段。但是如果企业成长速度比较快，或者处于不断的变化当中，那么其运营管理系统也就无法真正达到最优的状态，因为系统最优是相对于企业的经营状态的，当企业的经营状态不确定时，也就无法有相应的运营管理系统的最优。

### 四、资源条件与外部条件对最优的限定

企业的资源条件对企业的运营管理系统也是有很大影响的。资源条件主

要包括人力资源、资金资源、设备资源、技术资源、品牌资源和社会资源等。企业运营管理系统的最优就是要让这几个方面的资源发挥最大的效用和效益。

在旧的设备和新的设备两种情况下，对生产系统的精益要求是不一样的，要么是在标准水平上旧设备比新设备低一些，要么就需要职工在工作投入方面，旧设备比新设备高一些。

人力资源是企业的一项重要资源，虽然我们都去仰慕大企业的人才素质和管理，但是不可否认的是，毕竟不是每个企业都能招聘到优秀的人才，很多的企业仍然要在大众化人才队伍的基础之上经营和发展。而且当企业的经营与发展情况得到改善之后，才能吸引更多、更优秀的人才加盟。

企业在行业供应链中的权势地位也会影响其系统最优的模式与形成。比如巨型企业集团的供应商，相对于巨型集团来讲，由于处在供应链中的弱势地位，因此就不得不满足巨型企业集团的一些要求乃至是苛刻的要求。比如说半年的货款结算周期、足够的物资库存、满足随时变更的要求、建筑施工的垫资等。

实际上，企业运营管理系统最优的目的就是在资源不变和既定外部限制的情况下，实现企业产出最多。当然，如果企业的资源条件和外部限制条件发生变化了，那就要保证在新的资源条件和外部限制条件下，实现企业产出的最多。

企业运营管理系统最优方法推动企业超越式发展的基本逻辑就是，在既有的资源条件下，通过构建企业最优的运营管理系统，实现超越于其他企业的运营效率和经营效能，形成具有竞争力的企业经营发展状态，以获取更多的资源，促进企业更进一步的发展。

### 五、运营管理本身状况对最优的限定

由于企业运营的惯性以及其对变化接受能力的限制，企业自身原有的运营管理状况对新的最优运营管理系统的建立是有很大的限制的。

在从旧的运营管理系统向新的运营管理系统转变的过程中，由于受到职工的认识、技能、资源的限制，特别是当职工对原有的运营管理系统已经非常习惯、熟识、深入内心，并且长期一直在沿用的情况下，让职工在短期内接受新的运营管理系统将是一件很困难的事情。如果调整的幅度过大、过急、过激，都会引起职工的抱怨、懈怠甚至是抵制。这样不仅无法实现新的目标，还可能造成原有运营管理系统的混乱和崩溃。所以，新的运营管理系统与旧

的运营管理系统差别越大，那么调整和转变起来的难度也就越大，新的运营管理系统实现最优的可能性也就越小。反之，新的运营管理系统与旧的运营管理系统差别越小，那么调整和转变起来的难度也就越小，新的运营管理系统实现最优的可能性也就越大。

另外，企业职工的整体素质越高，那么新旧运营管理系统调整和转变起来的难度也就越小，新的运营管理系统实现最优的可能性也就越大。企业职工的整体素质越低，那么新旧运营管理系统调整和转变起来的难度也就越大，新的运营管理系统实现最优的可能性也就越小。

### 六、外部环境对最优的限定

企业所处的外部环境，对其运营管理系统的最优状态也是有很大的影响的。

高度竞争的市场环境，要求企业价值创造的来源更多地来自自身强大的竞争力，因而企业就必须在运营管理方面形成系统全面的竞争优势，而且还要不断地推陈出新，用创新来保持自己的持续竞争优势。而竞争不强的市场环境里，各企业之间只在各自的细分市场内开展自己的业务，运营管理系统最优的目的是减少自己企业在运营中不必要的浪费，增加利润收入。

处于"战国期"状态的行业，企业众多、鱼龙混杂，这个时候企业的规模都比较小。这样的状态下往往是行业发展不是很成熟的时候，而且行业的变化内容比较频繁，变化的速度也比较快。这个时候企业的运营管理系统要实现两个方面的目标：一是要具有快速变化的能力，以便能够快速地适应行业发展的变化和企业自身成长的变化；二是要通过运营管理系统配合企业经营策略建立自己的竞争优势，比如说技术能力、质量能力、成本控制能力等，以此为企业未来的扩张和行业集中化整合做准备。

在行业的高集中度期，基本上是由几个大型的企业控制了整个行业的发展，这个时期企业的规模都比较大了，而且企业运营管理系统也是比较复杂的，但是出于竞争和行业发展的需要，企业运营管理系统必须要保持足够的创新活力。

经济快速发展期，企业的发展速度也很快，所谓萝卜快了不洗泥。这个时候企业要赶紧抓住机会赚钱，跟上市场赶紧赚钱比精细内部管理赚钱更重要，所以这个时候是不能搞精益化的。在经济紧缩期，开拓外部市场比较困难，而内部挖潜可能会相对容易一些，这个时候就要在企业运营管理上下足功夫，以确保企业减少浪费和消耗，增加企业的利润空间。

由于有上述多种状态和因素的影响，但我们在具体的工作中却只能选择一种状态来实施，那我们的原则是什么，我们如何确定应当选择相应的状态和因素？在上述各种状态和因素共同作用的情况下，我们在实施企业运营管理系统最优的工作中，要系统、综合考虑现实中上述各种状态和因素的关系、逻辑和定位。首先要界定各个影响要素的情况和状态，即各个影响要素处于什么样的现实情况和具体状况下；其次是分析确定各个影响要素的优先关系和可改变性，对于必须满足、完全无法改变的要素，运营管理系统要首先予以满足，而对于可以改变的要素，要往有利于系统最优的方向改变；最后根据目标需要，找出可改变要素的内容及可改变的程度，根据既定的策略进行贯彻和实施。比如既定的环境是不可改变的、既定的经营策略也是不可改变的、有些资源条件也是不可改变的，那么我们只能在这些不可改变的要素基础之上开展工作。接着要考虑需要实现的目标、需要改变的内容、职工的接受程度、改变的方法和策略等。如果设备不能更新，那就要加强对设备的维护次数；如果原料质量不能改进，那就要加强对生产工艺的控制，等等。

## 七、联想集团的发展与最优系统前提的界定

联想集团是国内一家发展比较成功的企业，从开始的一个电脑销售团队，到今天的跨 IT、手机、酒业投资、矿业投资、农业投资、食品业投资的跨行业、跨业态、跨国度的超级集团性企业，其成长的过程给我们在企业的运营管理方面有很大的启示。

刚开始的时候联想是一个电脑销售企业，只有十几个人，电脑都是国外进口的，用电脑的也大多是单位性客户。这个时候的联想主要是把从国外进口的电脑拿到国内卖出去，所以海外业务关系和大客户销售是他们运营管理的主体。

随着 IT 行业的发展，电脑的生产开始转移到国内，但是核心部件如芯片还在国外，个人电脑业务逐步发展起来，行业内出现了方正、同方、长城、实达等众多企业的竞争。而联想本身也有了很大的发展，开始在国内建厂、注重品牌建设、加强个人消费的研究、注重销售的预测、控制关键部件（如芯片的管理）、加大销售网络的建设。最终，联想成为国内顶级的电脑经营企业。

随着中国整体经济的发展和各方面产业在全球经济中的立足，联想开始

了国际化进程，收购 IBM 的个人品牌电脑进入国际市场领域。同时，由于国内资本运作和股权投资的发展和成熟，联想成立了弘毅投资和联想投资两个投资公司，并逐步分化出酒业控股集团、农业控股集团、矿业控股集团等投资主体，根据需要对于下属企业进行投资运营和实业运营。此时的联想已经不是原来的联想，作为一个大型的跨国度、跨产业、跨业态的大型集团企业，联想的每一步发展都为后来的更好发展奠定了基础。

而且，最近为了做好手机业务，联想借鉴了自己在电脑领域购买 IBM 品牌的经验，又购买了摩托罗拉的手机品牌，准备在手机国际市场上大展身手。

在联想的发展过程中，其每个发展环节都有相应有效的运营管理模式和运营管理系统，而进入下一个发展环节之后，就会相应地构建起新的有效的运营管理模式和运营管理系统。

联想的发展经历了一个"国内小型电脑贸易型企业、国内小型电脑制造企业、国内大型电脑制造企业、国内大型 IT 制造企业、国际大型 IT 经营集团企业、跨行业经营的集团企业、跨业态经营的集团企业"这样一个发展过程，每个发展阶段内部又分为不同的发展节点。其运营管理系统是在不断调整、升级和最优的，形成了一个螺旋式的系统最优。

## 第二节　企业的发展、成长与变化模式

企业无时无刻不在发生着变化，有些变化是在企业主导者的主观意志控制下发生的，而有些变化不是在企业主导者的主观意志控制下发生的。企业的变化有些是人们希望的，也有些是人们不希望的，人们总是努力地使企业发生自己所希望的变化，避免企业发生自己不希望的变化。由于人们认识能力的原因，人们希望的变化不一定是好的变化，因此人们往往追求短期的利益，这种短期的利益对企业的长远来讲未必是好的。

我们也会经常谈到企业的发展与成长，但是我们当中的很多人却可能从来都没有认真研究过什么是企业的发展和成长。在这里，我们希望对企业的发展和成长能有一个比较明晰的分析和认识。首先，我们这里对企业的发展、成长与变化的内涵界定是不同的。其中变化的内涵是最广泛的，如果企业在任何一个时间点发生并形成了和之前不同的状态，就是发生了变化，也就是企业只要有些方面和原来不一样了，就是发生了变化。

发展是指企业向好的方向进行变化，包括企业从好的状况向更好的状况进化，也包括企业从坏的状况向好的状况转化，总体来讲发展就是企业变得好起来了。而成长是指企业从一种好的状况向一种更好的状况进化，比原来变得更强、更大、更有效率、更安全等，都是成长了。如果按照事物的螺旋式成长和波浪式进化理论诠释，成长是指企业从一个前进的波峰到达另一个前进的波峰。

企业的成长可以分为几种形式和情况，包括企业规模的扩张、利润空间的扩张（包括通过降低成本和提高产品的附加值）、产业的升级（主要指提高技术含量、附加值和深加工和深服务等）、经营范围的扩张（包括产品线的扩大、产品类的扩大、品牌内涵在产品上的延伸、产业链的延伸等）、业务内容的扩张（包括业务区域的增加、服务内容的增加等）、运营模式的（内涵）优化（包括组织的优化、流程的优化、效率的提高、功能的优化等）、作业的精益化（包括生产、市场、管控等的精益化）、创新性策略转型、抗风险能力的增加、进入更好的业务空间，等等。

企业的发展除了包含所有企业成长的各种情况和形式外，还包含以下的一些状况和形式：对错误的自我修正（包括战略的错误、管理的错误等）、对外部环境的被动应变（包括技术的走势、需求的走势、政策的走势、竞争的走势等）、并购后的整合（主要指新收购的企业）、合并后的整合（主要指与其他企业合并后的新企业）、危亡边缘的挽救、被动性策略转型。

而企业的变化除了包含以上发展和成长的所有状况和形式，同时还包含了以下的状况和形式，包括运营管理系统的落后（主要指不适应环境、不适应人文、不适应规模等）、变坏（主要指矛盾加剧、混乱加剧、浪费加剧、惰性加剧等）、不适应（和落后基本等同）、粗放、偏离（主要指对企业战略、策略和基本规律的偏离等），等等。

我们之所以要如此细致地界定企业的变化、发展和成长，是因为这样能够更好地分析和明确企业在各种情况下，对运营管理系统最优及其调整方法的需求。

一、企业变化、发展、成长的内容与方式

1. 企业变化、发展、成长的内容

企业的变化内容包括隐性和显性两个方面。显性的变化内容是人们一眼就看得出来的，而隐性的变化是人们不容易看出来的。

企业显性的变化包括企业规模、产业结构、业务方向、市场范围、资源配置、业务运行模式、组织运行方式、组织结构、工作流程与管理程序等这些内容。而其中企业规模、市场范围、产业结构、业务方向是企业变化、发展、成长的框架形式，也是企业运营管理的前提和基础。而资源配置、业务运行模式、组织运行方式、组织结构、工作流程与管理程序是企业变化的具体实现和表现形式。

（1）企业规模包括固定资产规模、人员规模、销售规模、利润规模等方面。衡量企业规模的各个指标之间具有一定的等比关系，但是不同行业其企业规模的变化在各个衡量指标间的等比关系不一样。手工制造型企业、设备集中型企业、金融业、证券业、物流业，它们的资金规模、人员规模和销售规模间的等比系数是不一样的。证券业是资金密集型，人员数量与资金规模的比例最小，而手工制造型企业却是最大的。这里我们把企业规模的变化明确为企业可控（全资、控股、授权经营等）经营单元的固定资产投资、办事机构、产能、人员、销售额、利润的变化。

（2）产业结构是指企业涉足的具体产业与行业组成，企业涉足的行业关系可以分为市场相关型（消费模式相关型、消费群体相关型）、技术相关型（产品技术相关型、生产技术相关型）、上下游产业链供给相关型、带动销售相关型、彼此不相关型。企业产业结构的变化就是指企业所涉足的产业与行业的内容发生变化，这既指产业的变化，如家电企业进入房地产，也指行业的变化，如电视机企业进入制冷冰箱行业。

（3）业务方向是指企业在其所涉足的每个具体产业与行业中所从事的具体业务内容，这包括产业链中业务类别，如彩电企业是否进入显像管的生产和彩电模具的生产；也包括业务的具体定位，如空调企业是做家用空调还是做中央空调，服装企业是做男装还是做女装，女装企业是做冬装还是做夏装，等等。业务方向的变化就是指企业所从事的业务内容和类别的变化。

（4）商业模式就是指企业整体获得效益的方式和方法。

（5）市场范围主要是指区域方位和产品的类别范围。比如做国内市场的要不要做非洲市场，做低端产品的要不要做高端产品等。当然，市场范围的变化往往同时也会带来业务内容的变化。市场范围的变化就是区域范围和产品类别的变化。

（6）资源配置包括资金的配置、人员的配置、物资的配置、客户的配置等。企业以上四个方面的变化都会带来企业资源配置的变化，资源配置的变化也会导致企业运营方式的变化。

（7）组织结构、工作流程、管理程序三个方面的变化都是为了具体实现以上几个方面变化的。

企业隐性的变化包括业务运行模式、组织运行方式、人员素质结构、管控模式、经营策略、竞争策略、管理模式、价值模式。这些内容的变化是通过以上的外在变化内容所实现的。其实，管控模式、经营策略、竞争策略、管理模式、价值模式这些概念并不是一种物质化的存在，是人们考虑企业经营管理的一种思维方法，当企业的经营变得更加复杂时而出现的思维概念。

（1）价值模式，就是指企业创造价值的模式和方式，亦即能够增加企业盈利和未来盈利创造能力的方式和方法，或者说能够使企业在现在或者将来获得更多、更大的价值和盈利的方式和方法。这需要企业从竞争优势、控制能力、垄断能力、商业技巧等的角度考虑。

（2）经营策略和竞争策略，是指企业如何根据自己的资源和外部的环境，在经营过程中采取合适的对策，内容包括如何应对竞争、如何满足客户和消费者、如何应对产业政策、如何应对行业趋势、如何发挥自己资源的优势、如何避开自己的劣势、如何让自己更快成长、如何避免危机；最终得出的决策是向哪些客户以什么样的价格提供什么样的产品和服务，通过什么样的方式获取客户的认可，储备和增加哪些方面的技术和资源，通过什么样的方式实现既定的策略，等等。

（3）业务运行模式，在既定的经营策略和竞争策略下，具体业务的开展采取什么样的方式，包括哪些产品由谁负责销售、由谁负责生产、采购使用什么样的原料、物流仓储运输怎么管理、资金怎么获得、人才结构怎么定位，等等。

（4）组织运行方式，就是指组织结构的设置、分工关系的设置、权限的设置、岗位的设置、流程的安排、作业程序的安排、生产工艺的设定、服务方法的设定、工作标准的设定、职工之间的工作关系、上下级之间的管理关系、同事之间的默契状态，等等。

（5）管控模式，这是对于具有多个和多层次下属经营机构的企业而言的，特别是对于集团公司或者规模很大的单一业务企业，对于具有一定经营性质和一定决策权限的下属经营单位的管理方法，常常被称为母子公司管控方法或者集团管控方法。之所以叫管控，是相对于管理而言的，管理是对工作或者业务细节的疏通、规范、约束和理顺。管就是管道，就是给予既定的通道和渠道，而不能像洪水一样乱跑。理就是梳理和清理，让其变得顺畅。控就是控制，不要脱离既定的要求和意图。理是对混乱的清除，管是对错误的纠正，控是对错误的抑制。管和理都是保证管理者对细节和行为的保证，而控更多的是管理者对结果的保证。

（6）管理模式，管理就是企业领导者为了保证整个企业目标、策略、方法以及意图的实现而选择采取的措施和方法，而管理模式就是针对企业的情况，所采取的管理方法的组合以及这种组合之间的匹配方式。

（7）人心向背与工作状态，包括员工的工作心态、工作能力以及员工对企业的认可度、忠诚度、凝聚力，对工作的投入程度，等等。

（8）企业的工作氛围，包括职工的工作情绪、工作精神以及职工之间的工作关系、配合的紧密程度、协作的有效性，等等。

除了以上的变化内容外，还有一些影响企业变化、发展、成长的其他因素，包括职工的人员素质、企业的文化氛围、企业所在的地区环境和经济环境等。而以上所有内容的变化，都必须通过企业运营管理系统的布局设置来实现和应对，当然最终要通过具体的管控系统来予以保障。

2. 企业发展、成长、变化的方式

企业在不同情况下变化、发展、成长的方式也各不相同，具体方式是根据企业自身的资源条件、判断逻辑、各类人员力量的互动方式所决定的。从企业运营管理系统变化、调整、建立的角度看（当然还有战略成功性的角度、相关与非相关等），企业变化、发展、成长的方式一般包括以下方式：

（1）既有业务量的增长，就是企业的销售额自然地不断扩大或者提升，这其中既包含了跟随行业市场自行增长的原因，也包含了因推出新产品、进行广告促销等方法形成的业务份额的扩大。

（2）投资业务链延伸，就是企业沿着和既有业务相关联的行业和产业进行拓展、扩张，既包括从行业产、供、销的供应链上扩张，也包括从装备、原料、渠道等产业链上进行扩张。

（3）收购扩张，主要是指收购其他的企业，变成自己所有、掌管或者掌控的，这种情况下需要收购者自己来管理被收购的企业。

（4）合资合并，通过投资与他人合作，与其他的企业或者个人共同所有、掌控、管理企业，这种情况下需要参与管理合作的企业。

（5）一次性投资建立分支机构，就是通过自己投资建设新的企业或者分支机构进行扩张，这种情况下需要投资企业自己委派人员经营管理新建设的机构。

（6）技术改造和硬件换代，主要是指对企业的技术和设备进行升级改造，这需要职工具备更好的技能来操作使用改造升级后的技术和设备。

（7）连锁化加盟，这包含了拥有产权的分支机构和加盟的分支机构，以众多的连锁加盟机构提高企业的市场影响力、扩大企业的经营规模，其业务方式和管理方式都要发生较大的变化。

（8）出售业务，就是停止或者出售不需要的业务，包括相应的机构、人员、设备、客户和管理。

（9）更换业务结构，就是增加或者替换一些业务，相应的构、人员、设备、业务运行方式和管理方式都将随着发生调整和变化。

（10）减少市场范围，就是停止或者退出不需要的市场区间，包括相应的机构、人员、设备、客户和管理。

（11）收缩产品（服务）线，就是停止或者出售不需要的产品或者服务，包括相应的机构、人员、设备、客户和管理。

（12）改变业务运行模式与管理方法，就是改变业务运营的方式和管理的方法，包括功能的改变、组织的改变、流程的改变、标准的改变等。

### 二、企业的阶段性动态与阶段性静态

如果从长期的过程来看，企业的变化是一个动静状态交错结合的过程。在某个阶段里，企业的经营状态和运营管理状态保持在一个固定的状况而不发生什么变化，而当企业的业务、外部环境、经营管理策略发生变化时，企业就进入了动态调整的状态。在业务和运营管理调整的阶段，企业的业务状态或者企业的运营管理状态是处在不断的变化当中的。当企业完成了这种调整，就进入了一个稳定运营和管理的状态中，直至下一个调整变化阶段的到来。

在各种不同的企业发展模式下，其动态阶段和静态阶段结合与交错的过程是不一样的、各有自身的特点的，比如交错变化的频繁性、动态与静态持续时间的长短、处于动态的方面与处于静态的方面先后顺序等。但是有一个事实是，任何企业有绝对的静态而没有绝对的动态，即企业即便是在动态阶段，也只是局部的动态，而不会是全面的动态，总是要有一大部分业务和运营管理的内容是静态的。一个完全处于动态的企业是无法存在的。

阶段性动态就是企业集中性成长或者发展的阶段过程，也是企业集中性

调整和改变的过程。企业在各种模式下的阶段性动态也是不同的，有的是不等级进阶式的动态变革，有的是潜移默化式的动态改进。企业的变化包含了从革命、变革、革新、改良、改进到优化这样一个程度不同的性质范围，而变化的性质范围是由变化的人员范围、内容范围、内容程度所决定的（具体见作者的《企业运营管理升级策略——插件式方法》）。在"资本主义"经济体制下的企业里，从所有权、利益结构、价值体系、企业战略、经营策略到运营模式、管理机制、作业流程、作业方法这一系列的企业内容与内涵中，从前向后的变化性质，也就是从革命向优化这样变化性质的不同。这不同的变化模式，在一个相对短期的动态阶段内，能够实现的变化内容是不一样的，前者是先实现体系框架的变化，然后在新的框架下，再逐步地完善细节的变化，而后者是在细节上进行变化和调整，通过一个细节一个细节的调整，通过几个动态阶段的调整变化，最后实现整体的变化。

变化的性质和动态的相对性之间的关系，就是变化性质的程度越大，动态的相对性就越强，变化性质的程度越小，动态的相对性就越弱。

在阶段性静态的状态下，企业的经营与运营管理在结构上是平稳的、常规的，大家都按照既定的、默契的方法运行和做事，对要做的事情都很熟练、熟悉，彼此会配合得比较好，也不容易出问题。但这种静态本身也是相对的。因为根据组织熵理论，趋于平衡的组织会发生潜在的内在的变化：人们的创新性会降低，危机意识和进取意识开始麻木，矛盾、厌倦、惰性开始慢慢滋生，工作情绪开始懈怠，开始变得以自我为中心而不是满足客户，这种情况下职工个人及组织的活力一定会慢慢削弱组织的秩序性会降低。

### 三、态演变的阶段性动态与阶段性静态

企业进行大规模投资使企业规模迅速扩大的情况下，企业规模和性质都发生了变化，需要更多的人员、新的管理办法、新的管控机制、新的决策机制等。这个时候导致的人员不足、经验不足和管理方法的不足，往往会通过引进人才的方法来解决。这种状态要在人员的磨合、工作的磨合、管控的磨合等各个方面都到位之后才会结束，进而企业进入一个稳定的经营运营状态，实现一个阶段性的静态。

企业大范围收购使企业规模迅速扩大的情况下，企业的规模和性质都发生了变化，接纳了很多不同企业的资产、业务、人员、思想和方法等。这个时候会出现大家意见相左、经验不同和管理方法不一致的情况，这往往导致

彼此之间会产生很多的矛盾。这种状态要在业务的磨合、文化的磨合、人员的磨合、工作的磨合、运行管控的磨合、人际关系的磨合等各个方面都到位之后才会结束，企业进入一个稳定的经营运营状态，实现了阶段性的静态。

当企业是逐步稳健扩大时，由于有足够的时间进行人才的培养、储备、训练，也有足够的时间对运营管理进行调整和完善，同时也不会出现大的分歧和纷争，因此企业在一定的时间段内不会产生过大的变动和动荡。

如果企业的扩张是相关产业的扩张，则对于人才结构的要求、管理方法的要求、决策机制的要求和业务推广的要求都不会有很大本质性变化，企业在扩张过程中也比较平稳和易于实现。

如果企业的扩张是非相关型的扩张，由于业务的差异性，那么就需要面对新的人才结构的要求、管理方法的要求、决策机制的要求和业务推广的要求，企业在扩张的过程中产生的变化和动荡就会很大。

### 四、类演变的阶段性动态与阶段性静态

1. 以市场策略改变为目的

如果运营管理系统类的变化是为了适应外部市场策略，那么就需要以市场目标为导向，以此来确定运营管理系统调整与改变的内容和方式。

2. 以组织效能改变为目的

如果运营管理系统类的变化是为了提高组织效能，比如说提高质量、缩短交期、降低成本等，就需要以此为目标来调整企业的运营管理系统。

3. 以运行效率提高为目的

如果运营管理系统类的变化是为了提高企业运行效率，比如说提高决策效率、缩短指令回复时间、提高会议效率、减少时间的浪费等，就需要以此为目标来调整企业的运营管理系统。

4. 以管控模式调整为目的

如果运营管理系统类的变化是为了调整管控模式，比如说授权强化管控、放权减少控制、改变管控的方法等，就需要以此为目标来调整企业的运营管理系统。

5. 其他目的的调整

当然企业的运营管理系统还有其他目标的调整与改变。在调整与改变的

过程中，首先要改变策略定位，其次调整改变组织结构、流程、人员配置、作业内容，最后再调整工作的细节。

### 五、级演变的阶段性动态与阶段性静态

企业在级方面的提升应当是只有动态的没有静态的，也就是我们平常常说的持续改进和"提高无止境"。企业在级的提升方面有静态是不应该的，级的提升是永无止境的。

在企业持续改进的过程中，往往是以细微见长，通过对一个个细节的改进来实现整体的升级，当然这其中会包含有间或的突击式改进。

### 六、联想集团的成长模式与方式

依据其成长历程，联想集团的成长方式可以分为六个阶段：

第一个阶段的成长属于既有业务的扩张，也就是通过所代理电脑产品销量的不断增加，扩大了自己的市场份额和企业规模，是简单的数量形式的成长。这时的联想是在一个贸易型企业的平台上运作，而且也不是大规模的贸易型企业。其运营管理系统的变化也是工作量和数量规模上的变化。

第二个阶段的成长属于投资业务链转型的扩张，也就是从一个产品销售代理企业转变成了集产、供、销、研于一体的企业。和以代理贸易为主的时期相比，虽然从销售规模上联想发生的变化不大，但是从企业的性质上却发生了本质的变化。这种成长使联想在行业的供应链系统上有了更强的控制力，当然其运营管理模式会发生根本性的变化。就拿生产这一项来说，就是原来的贸易型企业所无法比拟的。

第三阶段的成长扩张属于投资设立分支机构，包括建立销售分支机构、生产分支机构等。和第二阶段相比，联想这个阶段的成长仍然以数量的成长为主要内容，销售机构的增加和生产机构的增加，使联想生产和销售的产品数量增加了，其运营管理系统的变化也是工作量和数量规模上的变化。

第四阶段的成长属于新业务的扩展，除电脑外，联想也在逐步地进入与IT或多或少有关联的手机、网络、电子商务等产业业务。与单一的电脑业务相比，加入新产业内容的联想虽然从销售规模上发生的变化不大，但是从企业的性质上却发生了本质的变化。因为手机和电脑的关联性只是在芯片技术上，其消费模式、销售模式和人们的需求心理是完全不同的，因此经营也不同。互联网和电脑，其差别就更大了，整个经营的思维都是不一样的。其运

营管理模式会发生根本性的变化。

第五阶段的成长也是通过投资进行既有业务的扩张，就是购买 IBM 的业务，进而实现国际化。这个成长过程中，联想遇到的最大问题就是国际化的管理问题，其运营管理系统的变化也是本质性的，要在不同的文化系统下进行管理。

第六阶段的成长属于资本运作阶段，也就是收购扩张阶段，联想通过自己的投资公司，涉足了酒业、农业、矿业等多种行业。这种经营业态大幅度变化使联想的运营管理系统发生了本质的变化。

联想应对上述变化的主要方法就是调整公司的组织结构，调整公司的功能和职能布局，从联想经理，到联想总经理，到联想控股主席，再到联想投资局主席，联想第一负责人称谓的变化，就显示出了联想企业自身性质和运营管理模式的变化。

## 第三节　企业的成长与价值模式最优变化

根据我们对最优本质与内涵的界定，企业运营管理系统的最优没有一个统一的标准和模式，也就是说没有一种运营管理系统对于任何企业都是最优的或者对于一个企业的所有阶段都是最优的，学习型组织不是，精细管理不是，OEC 管理也不是、阿米巴更不是。企业运营管理系统的最优是完全根据企业一定的态、类下，与环境和条件的匹配以及级的优劣程度而定的。当企业的经营策略、外部环境、发展状况等中的任何一个条件发生变化时，企业运营管理系统的最优状态也都要发生相应的变化。

当我们说企业运营管理系统是最优时，我们不是指这个运营管理系统要达到某个统一的标准，而是指在一定的条件和环境下，相对于目标来讲，这个系统具有最佳的投入—产出比，也就是同样的投入，能够实现最大的目标，或者同样的目标，需要的投入最少。

因此企业运营管理系统的最优与否是和企业的发展与成长阶段、环境相关联匹配的，其关联匹配的要求就是在企业相应的发展与成长状态下，能够创造出更大的价值和产出。这样来看，首先要求的就是企业的运营管理系统要和企业的价值创造方式相匹配。

因此，我们有必要弄清楚企业在各种状态下的价值创造方式，以及在成长过程中，企业的价值创造方式都会发生哪些变化和什么样的变化。这样才会根据企业的价值创造模式来布局企业的运营管理系统。

## 一、企业成长与价值模式的关系

企业的成长，会导致企业的内涵和本质发生一定的变化，其所具有的资源、规模、运作模式都会发生变化，其创造价值的方式也会发生变化。

并不是任何成长都会引发企业价值模式变化的。按照前述价值模式的种类和类型，以下状况的成长会导致企业价值模式的变化：

### 1. 企业规模按倍数级速度的扩张

当企业扩张后的规模是现有规模的 1 倍以上时，就会导致企业价值创造模式的变化，比如体现在企业资源的共享与配置方式，管理人员成本的降低，对市场、供应商的控制能力，在产业链中的影响力等，其中在供应商的合作关系以及对市场需求订单的影响控制两个方面变化是最大的。

### 2. 产业的升级

产业升级是指产业链中向技术含量高、加工深度大的环节转移，也就是向（附加）增值高的环节转移。这样会导致企业价值创造模式的变化，其中最大的变化就是从资源和劳动为主体的价值创造模式转向了以智力和知识为主体的价值创造模式。

### 3. 经营范围的多元化

经营范围的多元化，在企业资源的配置上和各产业之间的协同互动上，其价值创造模式和经营单一业务的企业是不一样的。

### 4. 运营模式的优化和作业的精益化

作业的精益化一般不会改变企业的价值创造模式，但是按照精益化思想及方法开展的精益化运营管理模式会改变企业的价值创造模式。

### 5. 创新性策略转型

比如从成本型转向技术型，从代工型转向自有品牌型的转型，这些变化会导致企业价值创造模式发生变化。

### 6. 商业模式的调整

企业商业模式的调整本身就是价值创造模式和价值获取模式的调整和变化，当从制造业进入金融行业，企业就把制造和融资在价值创造方面的整合效应结合在了一起。

### 7. 某些社会技术的革命

以前发生的两次工业革命，都使企业经营的方式和价值创造的方式发生了革命性的变化，而当前互联网时代的到来，不仅使人类社会的整体生活方式发生了巨变，同时也使企业价值创造的方式发生了革命性的变化。

## 二、态成长与价值模式最优变化

企业态发生变化后，其价值模式一定会发生变化，企业态的变化和价值创造模式的变化有以下四种形式。

### 1. 微小型企业到中型企业

微小型企业就是简单的产出和销售，不讲资源共享，不讲品牌价值外溢，没有足够的资金用以统筹和调配，只能靠自己的劳动来赚取一般价格差。而中型企业已经具备了一定的品牌影响力和资源能力，可以靠技术的创新来获取一些高额的利润。而且中型企业在行业中有了一定的影响力，对供应商和客户都有了一定的议价能力。

### 2. 中型企业到大型企业

大型企业在行业里有了很大的影响力，可以利用自己的力量引导行业的走向，更可以对上下游企业有很强的议价和统筹能力。并且大型企业的品牌价值也比较大，在业务扩张和产品结构扩张方面具有很强的优势。大型企业具有较多的资金来进行布局和调控，以获取更多的收益。

### 3. 单一业务企业到小型集团公司

由于小型集团公司是由多个经营单位和经营产业联合而成的，所以在资源的配置上需要有效的权衡，到底把钱投在哪个产业上、投在哪个经营单元上才能产生最大的价值，各个经营单元和产业之间该如何匹配才能达到最佳的价值创造。但是小型集团公司由于各个产业规模都比较小，因此对社会和行业的影响力也小。

### 4. 小型集团公司到大型集团公司

大型集团公司企业由于规模大、资源多，对社会行业、产业链的影响力也就大了。

### 三、类变化与价值最优模式变化

如果企业的经营策略发生变化，那么这个企业的价值模式大多也会发生变化，但是其变化的内容与态变化是不同的。企业态变化引起的价值模式变化是结构性的，也就是价值创造的要素数量以及组成方式发生变化，是结构形态的变化而不仅仅是结构体量的变化。而经营策略变化导致的价值模式变化并不会引起价值要素数量和系统结构的变化，而是各要素间的价值创造作用发生变化或者彼此的关系发生了变化。

#### 1. 什么是类的变化与形式

企业类的变化就是企业经营策略和竞争策略的变化，在具体的内容上就是市场定位、产品结构、自身优势、运营模式的变化。而单一产业企业和集团性企业的类变化的内容也是不一样的。

从成长的角度讲，企业的类变化往往是累积式的，而不是换代式的，即企业的成长是不断提高自己的经营水准和内涵的，在此基础上才会有换代式的成长和类变化。

#### 2. 单一业务企业的类变化与价值模式最优变化

单一业务企业的类成长是指其不断提高自己的竞争力，不断深化自己企业内涵的过程中价值创造模式的变化，其成长的基本顺序如下：

（1）基本的产品供应：简单地提供产品和服务，强调少花钱多办事，但往往是以牺牲产品的质量和良好的客户关系为代价的，以小商人的心理经营企业，不讲信用、偷工减料、欺诈、违反法规是常见的现象，获得的是基本劳动利润。

（2）价格竞争：将降低成本作为企业的主要经营策略，通过运营和管理来降低企业消耗，不偷工减料，而是减少不必要的浪费和提高效率来降低成本，并以此作为价格竞争的基础。

（3）质量竞争：通过管理和优化作业提高企业的成品率和产品的质量水准，增强产品或者服务的外观感受和功能感受。并且质量的提升不是以成本的增加为代价的，而是以管理水平和作业水平的提高来实现的。

（4）技术竞争：通过使用新技术或者技术创新，不断提高产品和服务的质量感受和功能感受，并且通过技术的应用提高产品的效耗比（生产中投入产出，包括性能、感观、量值的提高等）、不断推出新产品、提高产品的受欢迎程度。

（5）服务竞争：关注客户在产品服务使用中的细节以及因此带来的情绪感受，尽力争取客户的好感、忠诚与选择倾向性。

（6）商业便利性竞争：属于服务竞争的一部分，即让客户在选择、购买、使用自身产品的过程中更加安全、便利、不麻烦。

（7）即时性竞争：属于组织型客户服务竞争的一部分，即让客户的经营管理变得更容易，减少不确定性对客户的影响，缩短客户的决策周期和准备时间，让客户可以获得即时性的产品服务。

（8）品牌竞争：通过宣传和传播，提高企业自身的知名度和影响力。

（9）伦理化竞争：通过传播自己的管理理念、经营经验、价值观和思想、社会责任感等内容，来实现对行业与社会的影响力，间接地塑造品牌，提高社会认可度。

3. 集团化企业的类变化与价值模式最优变化

集团化企业的类成长就是通过产业组成的优化重组以及调整各业务在企业发展体系中的定位而改变企业的价值创造模式，其成长的基本顺序如下：

（1）非相关多元化扩张。集团公司非相关多元化扩张的业务，由于和既有业务没有关联，获得的是产业投资收益。但如果是为了扩大营业规模以获得上市融资或者维持股票价格则是另外一回事。也有的非相关多元化目的是维持现金流以保证现有业务的发展。

（2）产业集中化收缩。就是剥离非主体的业务，集中发展战略性主体产业，经营起来更加便利，对于人员技能的要求和管理的要求都降低了，而且容易复制。

（3）上下游渗透控制。一是将现有产业的价值优势引申到上下游产业，实现借势出海，或者进入上下游业务来缓解现有产业的困难，更或者通过进入上下游形成产业链优势，减少被他人制约或者强化制约他人的能力。

（4）多品牌化。对于品牌型企业，实行多品牌的目的是在不同细分市场上都获取自己的份额与经营效益，但是在技术、制造、管理上倒也没有什么太大的差别，只是在产品设计和品牌的宣传定位上有很大的差别。

（5）投资化与实业化共存。对于所属经营单位，完全根据收益情况确定是资本运作还是实业化经营，这需要具备将下属经营单位在实业经营和投资经营之间进行很好转化的能力，那就要求在选择实业经营或投资经营的决策上，要有自己独特的价值判断。

## 四、级成长与价值模式最优变化

企业运营管理系统级的成长下，价值模式大多不会发生变化，但是会使现有的价值模式产出更多，因为级的成长会减少企业作业活动中的浪费、减少各项作业活动的失误。

### 1. 灵活的作用

可以很好地应对外部环境的变化，在作业执行过程中可以根据环境即时即景地决定操作方法，保证在即时即景的情况下价值最大。但缺点是容易判断失误，并且因变化太多而造成浪费。

### 2. 规范的作用

做事有规则、有约束，减少人的不确定性、降低变化对人的要求，减少失误的概率，减少人性冲动带来的不稳定性。但缺点是对环境变化的适应不好。

### 3. 精细的作用

可以保证把事情做得更正确和更准确，减少错误和偏离的概率，但是对人的要求高，而且过于精细的话必然会增加成本，因此精细是需要个度的。另外，如果是精细在人们的意识和头脑当中，企业会收益很大，但是如果刻板的精细在文本、文件中，就会显得烦琐、累赘、冗长了。

### 4. 精益的作用

可以保证最大的投入产出比和价值创造，但是对人的要求和对管理的要求都很高。而且精益的前提是企业经营状况相对稳定，至少可以以月度为时间单位来确定自己的经营工作计划，而且要求企业有足够的规范性和标准化。如果企业对自己的经营稳定性控制太差，要以周甚至是日为时间单位来制订经营工作计划，那企业的精益也就没有立足基础了。

## 第四节　企业成长与运营管理系统的变化

企业在成长的过程中，运营管理系统发挥了什么样的作用？占据了什么样的地位？和企业成长之间的关系是什么样的，企业的成长必然会带来运营管理系统的变化吗？企业运营管理系统的成长可以超前于企业的成长吗？

## 一、一个事物的两个方面

### 1. 本质、内容和形式的关系

如果以人的主观意识来界定意义，那么企业成长的目的也可以分为"做一份事业"和"再赚更多的钱"两个方面，因此企业的成长可以分为健康成长和畸形成长。做一份事业就要把企业做得健康、做得长久，赚更多的钱则只需要保证短期内赚到足够的钱就可以了。而企业的健康成长是全面的成长，畸形的成长就是指不健康、只是为了短期能够多赚钱的成长。衡量企业健康成长的方法有很多，其中一个基本方法就是平衡计分卡，也可以见作者《企业卓越管理的框架与标准浅析》一文。

当然在现实中企业各方面的成长不可能严格地按照理论标准予以实现，而只能是尽可能地予以实现。而且企业也是分阶段分步骤逐步成长的。

从可见与可操作的角度讲，企业的成长必然包括了业务规模与范围的增长、人员（数量、结构）的增长、资金流量规模的增长、硬件基础设施的增长、公共关系的增长、职能与工作内容的增长、业务数量的增长、产品产出的增长、工作中工作关系数量的增长，当然还包括变化维度的增长、高层掌控难度的增长等。而企业的运营管理系统是否会或者是否需要随着这种增长而变化呢？可以确定的是，运营管理系统是需要随着企业的成长而成长的，但是企业的负责人员如果认识不到运营管理系统成长的必要性，可能会因企业运营管理系统的滞后抑制或者阻碍企业的成长。

企业运营管理系统是为了保持企业高效运转的基础和平台，构建企业的运营管理系统就是为了让企业能够高效运转，没有科学运营管理系统的企业必然是散沙一堆、乱棋一盘。因此，企业在很小的时候也应当有适合自己的运营管理系统，虽然可能不是特别完善和精致。但随着企业的不断成长带来的企业各方面的增长和变化，使企业在原有的运营管理系统上无法再高效运行，因此需要调整和升级企业的运营管理系统，以确保企业在新的规模和状态下继续保持高效的运营。而且企业成长的过程中，对企业负责人在掌管企业方面的素养技能要求并不是简单的知识量的增加，而更多的是体系思维、结构逻辑、胸怀、视野和格局的优化升级。

所以企业运营管理系统的成长是企业成长的必要保证和必需的基础，而不是可有可无的东西。

## 2. 运营管理系统变化的内容

在企业成长的过程中，为了保证成长后的企业能够更加高效、健康地运行，因此要调整、升级企业的运营管理系统。企业运营管理系统调整、升级的内容主要包括以下四个方面：

（1）功能系统的演变。企业的成长导致了业务数量、人员数量、组织规模、基础设施的调整和变化，也必然导致企业内部各种工作关系的变化、运行状态的变化和掌控难度的变化，因此企业的运营管理系统首先要在企业功能方面进行调整和优化，使功能能够保证成长后的企业正常、高效、健康运行。

比如一个单一业务的企业成长为一个多业务的集团化企业，其运营管理系统必须要保证从原来单一业务的有效决策向多业务的有效决策转变。当企业从一个区域性企业向一个全国性企业发展时，其物流配送系统就要从区域性的运作转向全国性的运作。

企业成长过程中应当设置和具备什么样的功能系统，是根据企业成长发展的需要进行分析规划的，并通过人力、财力、物力的配给来保证。

（2）作业协作系统的演变。为了保证企业功能系统的调整和演变，企业作业协作系统的调整和升级是第一位的，要通过作业协作系统的升级来实现企业功能系统的升级。作业协作系统包括市场、生产、采购、仓储、服务、技术管理、设备管理、物流、财务、人力资源管理等各项职能工作的计划、组织、实施、监督、改进、管控以及它们之间的衔接与协同。通过以上职能具体作业协作的调整和升级，来实现企业功能系统的优化和升级。

以上职能工作的作业运行方式，以及其应当达到的功能要求，构成了企业整个作业协作系统的具体内容。

（3）动力系统的演变。在企业成长的过程中，由于人员的增加、组织工作关系的复杂、职位体系的变化、人员素质要求的变化、个人角色与职责的调整、工作方向的调整、矛盾冲突的增加等，为了推动作业协作系统的运转，就需要重新设置企业的动力系统（包括业务组织运行模式、人员任用、激励、组织责任的安排等），以保证企业按照预定的作业运行模式运行并实现相应的功能，这个动力系统包含了动力组成结构的布局和动力方向的布局。

（4）管控系统的演变。为了保证企业作业运行系统、动力系统和功能系统按照企业负责人预期的要求与方向运转，就需要一系列的方法和措施来予以保证。在企业的成长中，也需要保证新的作业协作系统和动力系统的运转，因此也需要实施新的企业管控系统。这包括组织的设置、工作内容的设置、流程的设置、作业标准的设置、人员的配置与管理、硬件设施的配置、分配方法的设计、绩效的管理等。

## 二、企业成长与运营管理系统变化的关系

从主观上讲，企业经营与企业运营管理间的关系，是后者服务于前者，后者是实现前者的保证。在企业成长的过程中，经营方式和模式发生了变化，运营管理系统也要随之发生相应的变化，形成符合新经营方式与业务模式的运营管理系统。

### 1. 从企业经营要求上来讲

企业运营管理系统需要调整和变化的时机：一是运营管理系统是需要随着企业自身的成长而演变的；二是运营管理系统是需要随着经营环境的变化而调整和优化的；三是即便前两个方面不变，运营管理系统也需要随着企业经营策略的变化而演变；四是运营管理系统是需要随着经营和管理规律的变化进行演变的，如各个时期新生代人员的成长、新型设备的加入、市场管制措施的出台等。企业运营管理系统调整优化的是否及时到位，会直接对企业的经营与产出产生支持或者破坏的作用。

### 2. 企业的运营管理系统从成长性来讲

企业的运营管理系统可以分为内循环式运营管理系统和外循环式运营管理系统，区分的标志就是企业领导者的关注方向。内循环式运营管理系统是指以关注企业内部的事务为主，特别是企业的领导者绝大部分的精力专注于企业内部问题的处理，这类企业的运营管理系统必然导致企业不会实现大跨度的发展和成长。外循环式企业运营管理系统领导者的精力关注于企业外部的机会和机遇，企业内部的事务交由其他的人员处理，而且对外部发现的机会和机遇能够及时地在企业内部进行反馈和实现。

### 3. 企业运营管理系统的变化与企业经营状态变化之间的关系可以分为以下四种形式

（1）紧随式：企业的运营管理系统会按照职能工作或者业务作业模块的方式随着企业经营状态的变化而进行调整，即企业在完成经营状态的变化之后，企业运营管理系统也会及时地随之进行调整和优化。

（2）交融式：企业的运营管理系统紧紧地随着企业经营状态的变化而进

行调整，企业经营状态变化一部分，企业运营管理系统也随之进行相应的调整和优化，紧接着再进行经营状态的变化，企业运营管理系统也随之进行相应调整和优化。

（3）滞后式：企业的运营管理系统的调整变化远远落后于企业经营状态的变化，往往是企业经营状态已经变化了很长时间了或者已经变化得很多了，但企业运营管理系统也不会随之进行调整和优化，而是要经历比较长的时间之后才会发生相应的变化。

（4）不变式：企业的运营管理系统不会随着企业经营状态的变化而进行相应的调整和变化，经营状态变化了，企业运营管理系统一直保持原样。

4. 企业运营管理系统变化的方式和模式

企业在运营管理系统的某种最优状态下可以获取最大的价值创造，但是随着时间的推移，环境和条件发生了变化，原有的运营管理系统就不再是最优的了，而为了再次达到最优，就只好对运营管理系统进行变化和调整以达到最优。另外，企业为了提高自己的竞争能力和盈利能力，即便是环境和条件不发生变化，但是企业也要调整自己的运营管理系统达到最优。

企业运营管理系统合理的变化方式是不等级进阶方法，具体来说就是首先进行公司业务的调整，包括机构的设置、硬件设施的配置、人员的分配、资金的分配、工作内容的方向等；其次是进行运营体系的调整，包括工作的流程、作业的标准、人员配置的优化、各项工作规则的确立等；最后是管理的调整和运营的精细精益化，包括绩效的管理、激励的管理、人才培养的管理、客户关系的管理、资金的管理等。或者是采取经营定位、人员调整、管理措施，轮番递进的演变模式，即先调整经营定位，内容上是进入新市场、设立新公司、开展新业务、改变产品结构，接着进行人员调整，然后再优化管理、建立规则。每一次的"经营—人员—管理"的递进调整结束后，再进入新一轮的调整和变化。

企业运营管理系统从原有状态调整到预期状态，其策略的要素主要有变动幅度、实施周期和策略方法三个关键指标。因此，按照企业运营管理系统变化的过程方式，以及在固定时间内变化内容的多少，企业运营管理系统的变化可以分为渐变式持续改进、分步式进阶改善、突变式翻转改革。企业到底需要采用哪种方式进行运营管理系统的变化，是由企业运营管理系统状态离最优化的差距程度以及调整的紧迫程度而决定的。

其实企业内部是存在着各种自动式的最优化改进力量的，但同时也存在着阻碍企业进行自助式最优化改进的力量。作为企业的负责人，需要很好地引导企业内部的各种力量，使之成为推进企业自助式最优化的改进。而不能放任企业运营管理系统的衰退，非要等到问题不可收拾时才不得不进行变革。

5. 一切落实于管控系统

企业管理的本质就是通过一系列的措施方法，使企业各个方面的事务按照企业领导者预期和希望的方向和方式运行与开展。这一系列的措施和方法包括硬件的设备、工具和软件的薪酬与指挥等。因此无论有什么样的设想，也无论希望企业运营管理系统多么的精致和顺畅，都必须要通过一系列的管控方法和措施来保障。而这一系列配合与协同的管控方法就形成了企业运营管理系统中的管控系统。对于企业运营管理系统来讲，管控系统是实现运营管理系统按照预期运行的保障。企业运营管理系统的调整与升级，也需要企业的管控系统有相应的调整和变化去推动和实现。因此，管控系统的调整升级既是企业运营管理系统调整升级的一部分，也是运营管理系统调整升级的保证。

### 三、企业运营管理系统的事实演变

我们探讨的企业运营管理系统最优是理论标准上的最优，也就是在企业既定的经营环境和经营阶段内只有一种最优的状态。但在事实当中，还存在着一种"人们主观自认为"的最优和结果事实上的最优。特别是由于企业负责人不同的价值选择、知识认知以及思维模式的不同，会导致企业运营管理系统实际上有很多种可能的最优状态。在实际的企业运营管理中，由于人们不能对所有的信息都有足够的了解，而且人们也有不同的目标追求和情绪感知，因此人们在企业运营管理系统方面会有不同的决策倾向和选择倾向，而这些不同的倾向也形成了不同的最优模式和状态。如果是从理论标准的角度看，企业运营管理系统的最优也可以分为基于资源和能力的、基于目标和策略的两种不同的思维出发点。

由于企业的运营管理系统的最优不能是同时满足所有条件的最优，那么也就只能是同时满足局部几个条件的最优。企业应当如何选择该满足哪几个条件的最优呢？是环境、是条件、还是别的什么？企业运营管理系统既然达不到对所有条件的匹配，那么对不同条件组合的匹配也就形成了不同的最优模式和状态。

1. 主观希望与主动作为下的系统演变

按照组织的熵理论，企业组织的自然演变状态是趋于混乱和低效的，因此企业运营管理系统的优化演进不是自然形成的，是要在人的主观推动下实现的。

（1）正确的主观希望。每个企业家都希望自己负责的企业能够实现最佳的发展，因此在企业运营管理系统升级上他们也都希望达到自己期望的目标。企业负责人正确的主观希望就是在最优标准和策略过程上达到合理的结合。希望实现高的最优标准是允许的，但是那需要相应的、适合的过程及策略。高标准的最优目标就需要较长的时间来实现，低标准的最优目标可以用较短的时间来实现。另外，高标准的最优目标需要较大的投入才能实现。企业负责人不正确的主观希望，主要体现在最优目标与实施过程策略之间的背离，也就是希望在很短的时间内达到很高的最优目标，或者想仅仅用一些简单粗劣的方法就实现较大、较高的最优目标。

（2）正确到位的主动作为。和上述正确的主观希望相一致的，就是企业在改进运营管理系统时所采取的策略和方法是正确的，而且要实施到位，也就是该快的快、该慢的慢，该说教的说教、该奖励的奖励，该讨论的讨论、该赶鸭子上架的就赶鸭子上架，只要是被允许的方法，都可以匹配、组合地运用。而不正确到位的做法不仅达不到预期的效果，有时反而适得其反。比如不调整企业的管理机制，只是指责职工工作不努力，那么职工就会产生厌烦甚至是抵触的心理，工作上会更加被动和消极。

2. 条件限制下的系统最优演变

企业运营管理系统事实上的最优是资源条件下的最优，也就是能够把既有资源效用最大化的最优，而不能是脱离既有条件的最优。也就是说，我们只能去追求既定条件限制下的运营管理系统的最优。比如企业的设备已经老化了，那么精益生产的开展也要适应设备老化这一情况，而无法要求把现有的设备都更换掉。因为更换设备虽然能够减少设备故障率、减少质量事故的产生，但是也会增加企业的设备成本开支，所以也不是整体最优。企业现有的品牌知名度不高，那开展市场业务就要最大限度地发挥业务员的潜力，而不是花大力气去做广告。因为即便是做广告把企业的品牌知名度打出去了，那么市场份额增加所带来的利润增加也未必能够抵销掉广告的费用支出。

我们前面阐述过，系统局部的职能性残缺也可能是整体性最优必要条件，而我们追求的是整体最优而不是局部最优，也不是全体的局部都最好。这包含两个意思：一是企业条件的限制使我们不可能把每方面的工作都做到专业上最好；二是即便条件允许，我们为了系统最优和整体价值最大也没必要把每个方面的工作都做到专业上最好。

在企业条件限制下，企业运营管理系统的最优也可以通过资源在系统关键点的配置实现系统的最优。比如把有限的工资费用支出集中用在技术、业务、生产骨干等关键人员上，把有限的市场宣传费用用在重点事务的公关上。若人员素质不高，就要请两个高手设计一套运作系统，让普通的职工照做。

当然，随着企业的成长，其资源和条件也会变得更好，这样的话，一方面可以使企业承担更大的业务范围和内容，另一方面也可以把各方面的工作做得更好，而相应的企业运营管理系统最优的状态和模式也会随之发生变化。

### 3. 系统最优演变的基本策略

企业运营管理系统最优演变的具体结果最终是体现在管控系统上的，因此企业运营管理系统最优演变的操作也要从管控系统的各种措施入手。

企业运营管理系统演变中的风险就是原有系统打破后新的系统建立不起来，使企业的运营管理系统陷入混乱状态。之所以会产生原有系统打破后新的系统建立不起来的情况，主要是因为人的工作能力和工作行为没有达到新系统的要求，进而使整个组织行为模式进入了紊乱演变的程序。所以，企业运营管理系统最优演变过程的关键核心就是人素养的成长和运营体系演变之间的协同互动。其基本的原则是，按照提高 20% ~ 40% 的状况制定运营管理系统的优化演进策略，在此基础上去提升人的素养，使人的素养达到新运行系统的要求。之后在优化后的新基础上，再按照提高 20% ~ 40% 的标准制定运行系统的优化内容，再在此基础上去提升人的素养，使人的素养达到新运行系统的要求。如此周而复始地循环，最终达到目标。

## 四、专题研讨二则

### 1. 企业成长中如何进行有效的放权

如何授权才能让企业的经营管理可控，同时各级人员又感到有发挥的空间，这其中要避免误判、腐败、谋私利、浪费等现象的出现。

对于规模大的单一业务企业以及大型的集团公司，如何保证有效的授权与管控能有效地结合。授权的目的是释放下属人员的积极性和专业能力，提高企业的运营效率以及业务开展的准确性。而管控的目的是保证下属人员能够一心为了企业的利益着想并减少技能差而带来的风险。

授权和管控的具体内容，最主要的就是人事权、财务权、业务权。其中费用支出、人员任用是最主要的内容，费用支出包括采购、招待、行政费用、工资、福利等，人员任用包括招聘任用和选拔任用等。人员任用最主要的方法是给出标准、程序然后再公示，再加上一些关键点的审核控制就可以了。

费用支出的管理可能更加复杂一些，因为费用支出都是和业务的开展结合在一起的，上层的管理人员不知道哪些业务该怎么办，所以也不知道该怎么控制。这是一个系统工程，企业整个管理系统做好了，这个问题自然就解决了，与其有关的主要包括激励机制、审核机制、审计机制、细化工作标准、团队建设、企业文化建设、关键岗位人员管理、自我操作执行、关键点监督等。

采购管理时控制点：主要包括采价体系价格审查、供应商审查、招标管理、物资标准管理、高层激励考核管理、采购员管理而采购管理体系升级的过程是，先保持集中采购，同时建立采价体系，逐步下放采购权，并完善采购招标，同时建立物资和供应商标准体系，最后形成有效的采购管控体系。

2. 职工管理：创新改进与听命履责的平衡

对于企业来讲，既希望职工能够踏踏实实地做好本职工作，又希望职工能在工作中有所创新而不断地改进工作。但问题是，如果职工每天都忙于创新和改进，必然会影响日常的工作。那么在机制上如何保证职工兼顾做好日常工作的同时又能够有所创新呢？我们认为可以通过以下四个方面的机制来实现。

一是合理化建议。通过合理化建议，让职工提出自己的改善与改进建议，并由相关的部门和人员管理合理化建议，形成改进与产出。

二是班组建设。通过班组建设，让班组能够在工作中自行改进和改善工作。

三是激励机制。职工改进、改善给他带来的收入数额，一定要高于"为了改进而耽误生产"造成收入减少的数额。

四是管理机制。任何工作的改善与改进都需要一定的资源，需要资源越少的改进越应该往下放，需要资源大的改善与改进应当由公司统一管理。

# 第四章

## 基于经营策略的运营管理系统最优

资源和条件是动物用以维持自身生存的基础，无论是强壮高大的食肉动物还是小个头的食肉动物，都要靠锐利的爪子或尖利的牙齿。而草食动物中，大型的草食动物靠高大的身体做防卫，弱小的动物就靠快速的奔跑速度，再弱小的动物就要靠保护色了，而毒素更是一些动物求生的独门绝技。每一种动物都靠自身所具有的条件选择了不同的生存策略。

企业也是一样，每个企业所具有的资源、影响力、组织能力是不一样的，它们可以用来在市场上进行竞争的手段和措施也不完全一样。在既有的经营环境下，企业为了生存和获取更大收益，以不同的方式运用所具有的资源和条件，以获得相应的市场优势和竞争优势。这种不同的方式就是企业所采取的经营策略。把有限的资金集中于技术升级，把有限的人力集中于客户服务，把有限的产能集中于高端市场，等等，这些不同的策略形成了五花八门、丰富多彩的企业经营特色。

小企业会变大，大企业也会萎缩。每个企业在不同的发展阶段具有的资源和条件是不一样的。因此企业所采取的策略也不是一成不变的，也会随着自身条件的变化而发生变化。就如前面"各态企业竞争优势的构建要点"所提到的，不同态的企业可以采取不同的措施来构建自身的企业优势和竞争优势，而且企业的规模越大，其可以采取的措施和方法也就越多。

企业运营管理系统最优的主要目的之一就是要完全、彻底、精益地贯彻和实现企业的经营策略。那么企业的运营管理系统和企业的经营策略是一个什么样的关系呢？我们就是要探讨、阐明企业的经营策略与企业的运营管理系统之间的关系，并进一步去探讨企业经营策略与企业运营管理系统最优之间的关系。

虽然企业运营管理系统最优的目的之一是完全、彻底、精益地贯彻和实现企业的经营策略，但确保实现企业的经营策略并不是企业运营管理系统最优的唯一目的。企业运营管理系统最优的目的有多个，就是我们前面提到的态的匹配、类的契合、级的精益，所以经营策略（类的契合）是企业运营管理系统最优的影响因素之一。当经营策略和级的精益发生冲突时，要以实现经营策略为主。当经营策略与态的匹配发生冲突时，要以态的匹配为主。当然，企业的经营策略是不可能脱离企业的规模和形态来制定的。

## 第一节　专一和多元的运营管理系统最优

专一化经营和多元化经营是指企业在所经营的产品、业务、行业、业态类别上的专一化或者多元化，这是企业最基本的两种经营策略模式。小企业和大企业都可以选择专一化和多元化的经营策略和模式。青岛啤酒是一个大型集团企业，但它的经营业务就是以啤酒为主，华为也是一家大型的企业，它的主营业务就是以大型通信设备为主。联想也是一家大型企业，但是它的经营范围却包括电脑、投资和房地产等。在众多的中小企业中，大部分是实行专一化行业经营的，也有一部分实行了多元化经营。比如有些中小规模的房地产公司（营业额在 10 亿元人民币以内的），既有房地产开发公司，也有物业管理公司，还有绿化公司和建筑公司，产业涉及的范围也比较广。

从经营成效的角度讲，提出专一化和多元化概念并深入研究的本意是企业资源效能的最佳发挥以及经营机遇的有效把握。即多元化的目的是让企业现有的资源能够在更多的方面创造价值，而专一化的目的是保证企业的资源可以确保企业的竞争力而获得生存能力和收益能力。

企业专一化经营策略的定位与范围也是相对的。比如，同时生产洗衣机和电冰箱的算不算多元化，经营男装和女装的算不算是专一化？是专一化经营还是多元化的经营，从表面上讲是看产品相同与否，而本质上是要看业务资源和组织技能的共享程度，也就是要看企业在具体工作中是在做几件事情，或者说企业做的业务所需要的知识与技能的同质性程度。资源共享主要是指品牌资源的共享、技术资源的共享、领导管理资源的共享、技能资源的共享、公共资源的共享、生产资源的共享等。做一次同样的广告能不能共用、生产上同一批人才和设备能不能共用、领导能力在经营决策上能不能共用，能共用的就是专一化，不能共用的就是多元化。所以专一化可以分为产品专一化、行业专一化、产业专一化、业态专一化，而相应的多元化也可以分为产品多元化、行业多元化、产业多元化、业态多元化。

专一化是企业不得已状况下的无奈选择，多元化是企业变大之后的一种必然趋势。专一化是企业经营的一种手段和策略，其本身并不是最终的目标。由于规模边际效益递减规律以及企业追求利润的无边际，多元化才是企业的最终追求目标。如果一个企业有足够的资源、条件和力量，多元化的发展是必然的选择。

但是企业在多元化的过程中和多元后都容易产生资源不够、管控不足和投资错误等重大问题，进而导致多元化的很多业务无法产生所期望的收益和利润，甚至会成为企业发展的拖累和包袱。这当中有一个重要的因素就是经营者的精力和专业知识。如果所经营的业务范围超出经营者精力和能力的控制范围时，从经营者的精力上讲，这时的多元化就是非常危险的。反之就是安全的。另外，不同的经营模式下，企业成功地实行多元化所需要的条件也是不一样的。以联想控股酒业公司为例，一共收购了三家国内的酿酒企业。进入酒业对于联想控股来讲是多元化的一种，但是对于联想控股酒业公司来讲，经营酒业本身又是专一化的。不同的经营模式下，企业成功实施多元化的条件如表4-1所示。

表4-1　不同经营模式下企业成功实施多元化的条件

| 共享内容 / 经营形式 | 品牌 | 资金 | 技术 | 人才 | 社会资源 | 经营者 |
|---|---|---|---|---|---|---|
| 资本型 | × | √ | × | × | × | × |
| 行业型 | √ | √ | × | √ | × | × |
| 业务型 | √ | √ | √ | √ | √ | √ |

## 一、专一化与多元化的业务特点

专一化和多元化各自都有自己的业务特点。专一化的特点就是产品和业务的类别少，产品线比较狭窄，服务的客户类别和市场细分类别比较少。而多元化最大的特点就是产品和业务的类别多，产品线比较宽、比较长，服务的客户类别和市场细分类别比较多。

1. 小型专一化

小型是指企业的资产规模、业务份额都比较小的企业。在国内当前的情况下，一般销售额在 3 亿元人民币以内的企业都应当属于这个范畴。当然销售额在 2000 万元人民币以内的企业更加属于这个范畴。

专一化是很多小型企业的必然选择，这种选择既是无奈也是"只能"的选择。由于没有足够的资源，无法在多个领域里去构建相应的盈利能力，因此也就只能在单一的领域里去构建自己的竞争优势和盈利能力。

小型专一化企业的业务特点就是产品系列和业务系列少，人员数量不多，组织构成也不复杂，人员的技能种类也不多。这类企业经营起来对领导者的要求就是对单一业务的经营能力。

2. 大型专一化

大型是指企业的资产规模、业务份额都比较大的企业。在国内当前的情况下，从专一化的角度来讲，一般销售额在 5 亿元人民币以上的企业都可以勉强列入这个范畴当中去。一般销售额在 10 亿元人民币以上的企业，才能够有足够强的资格列入这个范畴当中去。

专一化是很多大型企业的策略性选择，而不是无奈型的选择，大型企业有足够的资源在多个领域里开展业务和竞争，但是却选择了专一化，这是一种理性的策略选择。

大型专一化的业务特点就是企业的产品或业务的类别都比较少，但是份额和销售的数量却很大。人员数量比较多，但是类别却不多，比如会有大量的机床操作工或者大量的饭店服务员。组织的结构不是很复杂，但是组织的构成单元却比较多，比如会有很多生产相同产品的车间和班组。

在业务的经营上，对企业领导者的经营业务知识要求范围不是很广泛，但是需要协调的内部关系会比较多一些。

3. 相关多元化

相关多元化是指企业所从事经营的产品和业务之间只有一项或几项资源可以进行共享，而不是所有的资源可以进行共享。这些可以共享的资源包括品牌、人才、技术、市场、销售渠道、生产工艺等。以上资源能够全部共享的当然就是同类的产品和业务了，而只能部分共享的就是相关的产品和业务，采取这种经营方式的企业就是相关多元化经营。

比如原来经营洗衣机的企业，无论是在部分技术上、品牌上还是销售渠道上，冰箱和燃气灶等家电产品都有很大的共享性，因此同时经营洗衣机、冰箱和燃气灶就是相关多元化。

原来经营洗发水的企业，如果再同时经营香皂、洗衣粉，那么无论在部分技术上、品牌感知上还是在销售渠道上，也都有很强的共享性，因此同时经营洗发水、洗衣粉和香皂就是相关多元化。

### 4. 协同多元化

协同多元化是指企业所从事经营的产品和业务之间是一种上下游供给协同、单项配套或者是并行互相促进的关系，即其中的某类产品和业务是其他一项或者几项产品和业务的上下游产品业务或者配套的产品和业务，比如发动机对于汽车、石油采掘对于炼油、织布印染对于服装等。

协同多元化的业务特点就是各个业务之间可以进行内部的交易，即企业可以自行购买自己的产品用在另一个产品上，同时这些产品也对外进行经营和销售。

比如经营房地产开发的企业，同时经营物业公司、建材销售、装潢装修等业务，后面的业务都是为房地产进行配套的，因此就是协同多元化经营。

比如经营成品服装的企业，如果同时经营纺纱、织布、印染的话，那么这个企业的经营就是协同多元化的经营。

### 5. 无关多元化

无关多元化是指企业所从事经营的产品和业务之间没有什么资源是可以共享的，各个产品和业务之间既不是上下游关系也不是配套关系。比如同时经营钢铁冶炼、服装经营、啤酒生产的企业，同时经营食品生产、食品机械和发电厂的企业，都是无关多元化的经营。

## 二、基于专一化经营策略的系统最优

专一化的经营策略，其本质核心就是在有限资源的情况下，集中精力、资源和力量，构建自己的行业优势和竞争优势，以获取最大的发展空间和收益。专一化经营策略的具体形式在不同的行业里也不同，有的把侧重点放在技术上，有的把侧重点放在市场品牌上，有的把侧重点放在产品的生产制造上，有的把侧重点放在服务上。

### 1. 专一化的价值最大原理

在企业实行专一化的经营策略时，其实现价值最大化的方法就是"集中优势力量形成不对称优势或者整体优势"，那么具体地就表现在客户的认可，也就是在同等的市场环境下，客户愿意付出更高的价格、客户愿意采用更多的产品和服务、同样的资源可以有更大的产出、同样的产出消耗的资源更少等。

因此专一化价值最大的原理，就是在主要的价值产出要素上，做得更加专业、更加精细、更加精益、更加深入、更加娴熟。在相关的价值产出要素上具备独到的、别人难以掌握的专业化的组织能力。

这种组织能力可以是积累了独特的制造技术工艺，这种制造技术工艺可以比别人做得质量更好、成本更低、成品率更高、可以满足客户的独特要求等。

这种组织能力也可以是积累了独特的技术能力，可以开发出更加适合市场需要的技术和产品，哪怕是一点点的微小改进，只要能给客户带来更多的方便和使用价值就可以了。

这种组织能力还可以是独特的市场开发能力和客户服务能力，让客户感受到更多的超值价值和超预期的服务感受。

联想在还是一个小企业的时候，有着众多的竞争对手。但联想之所以能够异军突起，在其他的电脑企业纷纷消失的时候壮大发展，除了定战略、搭班子、带队伍之外，更重要的是联想在电脑市场走势预测和人性化应用创新方面，比其他的电脑企业有无法比拟的组织能力和执行效率。这是联想能够更好地抓住电脑市场的未来走势，同时也可以更好地预测一定时期内的销量情况，更加准确、安全地从国外采购 CPU，进而避免了供货不足与产品积压两个方面的问题。

2. 基于专一化策略的系统最优原理

专一化经营策略下的系统最优，就是通过运营管理系统把上述这些独特的专业化能力强化与加强。也就是说，在既定的资源和环境下，通过运营管理系统实现独特专业能力与资源投入比的最大，这样一个运营管理系统就是最优的运营管理系统。

实行专一化经营策略的企业要保证在一个或多个专业化能力方面的优势，同时保证其他专业能力的均势平衡，进而构建一个最优的系统化价值模式。其运营管理系统最优的关键在于功能系统布局的准确性，就是在专业能力上哪些可以达到最好的、哪些可以是一般的、哪些可以是落后的。在作业协作内容上，关键在于确定相应专业的能力水平和知识管理，这就需要加强对相关的专业人才、技术资源投入、专业的创新进行很好的管理。那么就要根据相应的要求对相应的人员进行激励,在管控方法上就要在薪酬模式、奖励政策、资源配备、设备购置、人员配置等多方面上有相应的政策与措施。

这其中涉及成本、质量、速度、产品功效等各项运营管理系统功能之间的最佳协同与匹配。

3. 基于专一化策略的系统最优模式

在具体的企业经营过程中,可能会有不同的专一化的最优模式。

(1)对于那些采用成本最优经营策略的企业,其生产的产品和提供的服务往往是针对那些低端的客户,这些客户的要求不是很高,做生意过程中更关注的是价格的斤斤计较。这类企业需要满足的只是产品服务基本功能的需求。比如一把刀具,只要能够保证切割功能就可以了,而不会是在刀把上镶上钻石等这样的装饰品,也就是说那些艺术类的考虑是不会加在其中的,而且刀具使用安全方面的考虑也不会很多。对于采取这类经营策略的企业,往往在技术研发方面的投入不会很大,以常规型产品为主和以模仿型方法进行产品的开发。这类企业面临的市场稳定性比较强,可预测性也很大,采用的是大宗普遍性的原料供应,所以在采购管理和库存管理上是不需要花费太大的心思的。需要的原料物资不会很难买,也就不会有太大的库存。这样就减少了很多的费用消耗。这类企业招聘的人才一般也都是那些通用性的人才,个人素养和技能水平不会太高,工资水平不会太高,人员的招聘也比较容易。生产工艺变动不是很大,比较容易掌握,都是很熟悉的做法。这类企业的成本和浪费的控制能力很强,负责人选择的都是那些心细节约的人,内部的各项设备设施上也都是实用简洁的。

(2)对于那些采用技术最优经营策略的企业,所在的往往是那些需要提供高技术含量产品服务的行业,所服务的也大多是那些对技术和产品功能有强烈偏好的市场客户。比如同样是刀具,不但具备简单的切割功能,还兼具切割不同东西的功能、能够安全使用的功能、能够在各种不利情况下使用的功能、抗用耐用的功能。这就好比我们常见的瑞士军刀(正宗的)与一把家常用菜刀的区别。瑞士军刀不仅要有各种各样的功能,还要更加具有人性化的设计和功能。对于这样的企业,设计能力和加工制造能力是其最核心的两项组织功能。为了满足人们更高的需求,不仅要设计出相应的产品和服务,而且要能够制造出相应的产品与服务。另外,这类企业需要与产品服务功能相匹配的材料物资,因此这类企业的采购要有相应的渠道,需要一定的库存储备。专业化人才的管理和激励将是这类企业的管理重点，包括设计技术人员和制造工艺人员。

（3）采取服务最优经营策略的企业，是那些提供技术专业性强、需要定制化、现场使用时变数比较大的产品和服务，客户在使用时往往需要供货企业提供现场的指导和技术服务。采取服务最优策略的企业，其最大的一个特点是对于客户的服务需求要尽量随叫随到，并且要在现场为客户解决使用问题。在具体的运作上，这类企业要求技术服务人员和市场业务人员需要紧密合作为客户提供服务，以保证技术服务资源与客户服务满意的效能最大，所以像服务工程师这类岗位人员在这样的企业里是一种需要好好运筹使用的资源。既懂技术又懂市场型人才的培养是这类企业的第一资源，并且技术、市场和质量管理人员之间的联合互动以及整体统筹配置是提高企业效益的关键，比如高速路用的沥青制造企业和水泥添加剂的生产企业，都是这种情况。技术管理、产品配方管理、质量管理、市场开发管理、技术服务管理等职能如何有效调配是这类企业的核心课题。

（4）采取制造最优经营策略的企业，往往是那些具有独特生产工艺的企业，比如模具制造、装备制造或者某些特殊装备配件的制造。大家都知道，瑞士手表就是制造工艺很高超，能够生产制造出各种类型的表具来。实行制造最优经营策略的企业，关键是对生产制造工人的管理，特别是对那些有经验的生产制造工人的管理。让掌握特殊制造技艺的技术工人能够长期为企业服务，并且能够不断带出新人来。由于具有独到的制造技术，因此就使市场的开发变得更加容易。这类企业无论是在薪酬上、培养上还是福利上，都要倾向于生产制造人员。

（5）采取市场最优经营策略的企业，是那些日常消费品类的企业。这类企业经营的最大特点就是要想方设法引起消费者对自己的注意。因此市场营销、市场策划、对消费者的心理把握是这类企业最为主要的能力。这类企业对市场类人才的使用是最重要的。另外，由于现代社会信息很发达，在为众多的消费者提供产品和服务的过程中，难免会因为一两个不良个案的市场发酵，影响企业的品牌和声誉，进而影响市场开发和产品销售，因此市场公关能力和市场危机处理能力对于这类企业来讲也是很重要的能力。

三、基于多元化经营策略的系统最优

每一个企业都希望有更多的盈利机会和赚钱的渠道，并且只要有一点点的可能，企业的经营者都会把自己能够自行掌握控制的资源拿去投资赚钱，这就是资本本性在人性当中的体现。而经营多元化是对企业这种本质的具体体现，多元化就是资本者和经营者希望抓住一切赚钱机会的职业化表现。

1. 多元化的价值最大原理

多元化经营策略价值最大的原理，就是企业资源最大化地共享、强化与效能最大化地释放最优，这其中包括对资金效能、品牌资源效能、人才资源效能、技术资源效能、经营者效能、社会资源效能最大限度的发挥、强化。其价值最大化的原理就是对于手中掌握的每一项资源和可能碰到的每一个机遇，都要让它发挥最大的赚钱能力。

多元化经营策略价值最大的实现原理包含两个方面的模式：一是要把既有的资源与尽可能多的发展机遇进行融合以创造盈利机会，并在这个过程中强化已有的各项资源；二是要保证既有的资源在所投入的方向上能够形成足够的竞争力和盈利能力。这其中就要避免两种情况的出现：一是资源的浪费，就是不能将既有的资源只是应用于比较狭隘的经营领域，没能发挥其最大的效用；二是要避免资源的过度分散使用，就是不能使既有资源在现有的经营领域里无法形成足够的竞争能力。最可怕的就是，虽然既有的资源被应用于多个经营领域，但在各个领域里都无法形成足够的竞争力和盈利能力。比如化妆品品牌在食品领域的共享，会造成这个品牌内涵与感知的混乱，造成消费者对这个品牌认同度的降低，进而会同时影响化妆品和食品市场销售。

企业资金的过度分散，容易造成资金链的断裂，影响采购、生产和市场的开拓。还有就是经营者精力的过度共享，容易使经营者因精力分散而无法做出正确的决策和有效的管理。当然，企业大量的资金长期躺在银行的账户上，那也是极大的浪费。

企业协同多元化经营策略价值最大的原理并不完全相同于相关多元化经营策略。企业相关多元化经营策略价值最大的原理在于商业机遇的把握和资源价值释放的最大化。而企业协同多元化经营策略价值最大的原理在于各业务板块之间的供应链上游产品保障、上游绝对优势独享、产业链协同快速反应市场、客户需求组合业务构建协作优势、产业链经营风险调控、跟随主体业务借势发展、资源充分利用等方面。供应链上游产品保障是指企业为了使自己在产业供应链上尽量不受制于人，保证自己的产品和服务既能有充分的原料与配套来源，也能有市场销售的保障。各协同产业企业之间可以互相提供产品和消化产品，比如汽车企业同时经营整车、发动机和模具企业，就是一种典型的供应链上游产品保障类型的协同。资源充分利用是指将主体产业企业的副产物，另行进行加工，形成新的可用产品，既做到有效副产物利用，还能开拓一个新的产业市场，比如电力企业设置新型煤渣砖生产，就是典型的资源充分利用类型的协同。产业链经营风险调控是指企业为了应对产业的竞争，防止所处产业链中某个行业环节的竞争过度或者失去某个行业环节的高额利润，而涉足产业链中的多个环节开设企业进行经营，比如煤炭企业同时经营煤化工产品的下游产业，就是准备在煤炭、煤化工产品的下游产品当中，通过在这三类企业之间进行合理的资源配置和价值获益，谁的市场好就赚谁的钱。

### 2. 基于多元化经营策略的系统最优原理

采取相关多元化经营策略的企业，其系统最优的核心原理就是共享，也就是"光源效应"，一个光源点照亮多个领域。也可以称作"分蘖效应"，一个根分出多个枝权。企业相关多元化经营策略下运营管理系统最优的原理就是要保证资源在各项业务以及各经营单位之间实现共享与个性的有效结合。多元化经营策略下，某些资源在各个业务和经营单元之间是共享的，但有些却单独服务于某项业务和经营单元的，包括人才、品牌、技术、经营者等资源。多元化经营策略的企业运营管理系统，要保证企业这种状态下高效的经营功能与盈利功能。企业运营管理系统首先要保证可控性及代理人制度的效力；其次是使共享的资源能够不断的积累和强化；最后就是保证各项业务都能得到充分的资源效能。企业在选择多元化经营策略时，要注意可共享资源的类别和体量。因为企业多元化成功与否和其可共享资源的类别及体量有关，类别越多、体量越大，企业多元化成功的概率越大。

采取协同多元化经营策略的企业，其系统最优的核心原理就是放大器效应，也就是"1+1>2"的效应。每个产业单独做各自影响都不大，但是在一起协同做就会形成很大的影响力。主要体现在通过上下游供给的保证性、整体的低成本、循环经济、主体业务的功能足够强大、主体业务对辅助业务的带动、辅助业务对主体业务的强化作用等方面。

采取非相关多元化经营策略的企业，其系统最优的核心原理就是分权与管控。通过充分、合理的授权以及有效的管控方法，使各业务板块的负责人员能有充分的积极性开展业务，同时也能保证各板块的业务在运营管理过程中不至于失控和走偏。为了实现这样的要求，采取非相关多元化经营策略的企业，其总部需要构建一个比较强大的专业化职能团队，以弥补企业高层负责人在各不同领域专业知识的不足，以协助企业负责人对各业务板块开展经营管理工作；或者在各业务板块负责人的管理方面采取精细化的管理方法。

3. 基于相关多元化策略的系统最优模式

（1）品牌共享的多元化系统最优模式。企业以品牌共享为主体的相关多元化模式，就是指企业多个类别的产品使用同样的一个品牌，如海尔的冰箱、洗衣机和空调，三一重工的压路机、水泥车、装载机。这类共享品牌的多元化产品在市场的运作上具有很多相同的方面，比如用户对品牌的感知方式、销售的渠道、顾客购买的方式和习惯等，因此这类企业的产品在销售方式上一般是共享的，包括广告的宣传、供应商的管理、技术的服务等。在生产、技术和采购方面是否也统一开展并共享资源，要看产品的趋同性，产品越趋同，共享的程度也就越高。

（2）技术共享的相关多元化系统最优模式。企业以技术共享为主体的相关多元化模式，就是指企业多个类别的产品在开发技术与生产技术上具有很强的相同性，相关资源可以共同使用和运用，如美年达与可口可乐的生产工艺、西服生产和休闲服的生产、药物生产和保健品生产等。这类技术共享的多元化产品在开发的技术、知识、技能上以及生产工艺技能和方法上具有很强的趋同性，因此可以共用相应的人员、设备和流程同时生产多个这类产品，却只需要做出比较少量的改动即可。在品牌、市场和采购方面是否也统一开展并共享资源，要看产品的趋同性，产品越趋同，共享的程度也就越高。

4. 基于协同多元化策略的系统最优模式

（1）前店后厂型。前店后厂型的协同多元化企业，往往是以连锁零售企业居多，比如蛋糕房、鲜奶吧、饮品屋等。这类企业的特点是即产即用的业务和产品比较多，讲究的是产品的保鲜以及生产的即时。这类企业的运营管理系统要保证供货的及时并要保证没有多余的剩品，这样既能防止产生过多的浪费，也能避免产品不够卖。如果连锁门店很多的话，就要求企业的市场预测及配送系统要及时到位。

（2）循环经济型。循环经济型企业的最大特点就是用一种原料生产出多种产品，进而以最低的原料成本获取最大的最终产品收益，比如以玉米秆可以同时生产木糖醇、纸张、饲料三种产品；利用煤可以生产出焦炭，炼焦炭产生的热气可以发电，发电剩下的热可以进行取暖供热等。循环经济型企业生产出来的产品可能是完全不同类别和用途的产品，因此在生产工艺、生产技术、销售系统等方面都有很大的不同，这样除采购统一外，可能就会需要建立与各个产品相对应的生产管理、技术管理、销售管理的部门，这就极大地增加了企业的复杂度和人工成本。在企业规模比较小的情况下，这种循环经济型企业的盈利情况往往是不乐观的。所以循环经济型企业一般都是那种生产工艺和生产过程比较固定、连贯，客户也比较稳定持久，这样就不会因为不断的外部变化而产生庞大的管理人员队伍，进而增强企业的盈利能力。

（3）同一客户型。同一客户型企业协同多元化模式，是指企业围绕一个客户开展多方面的产品供应与业务服务，比如油田企业的三产服务企业，就会为油田提供从油井维修、道路维护以及饮水供应、食品供应等多个方面的产品和服务。同一客户型的协同多元化模式本身并不多见，除后面会提到的非相关多元化的经营模式外，常见的一般都是和客户具有紧密联系和关系的中小型服务企业。因为不能自己去生产所有的产品和服务，这类企业最大的特点就是要有广泛的外部业务资源整合能力，当客户需要相应的产品和服务时，这类企业要能够及时地寻找到客户需要的产品和服务，并提供给客户，这就要求这类企业要具备收集客户需要产品和服务供应信息的能力、很强的议价能力（保证自己买来的产品和服务卖给客户时还能赚钱）、对第三方产品和服务的监督能力等。

（4）前后产业链型。实行前后产业链型协同多元化的企业，其经营模式往往是上一个产业环节为下一个产业环节提供原料，同时也自行向外经营，而且其多个产业环节同时为客户的经营生产和生活提供多方面的产品和业务服务。如正大集团的龙形企业，首先是通过孵化业务为饲养户提供雏鸡，这是一个业务单元；另外还为饲养户提供各个饲养阶段的饲料、牲畜用药、饲养技术服务等业务，这又是多个业务单元；对于饲养户饲养成熟的鸡，还要回收加工，冠以"正大肉食"的品牌对外销售，这又是另一个业务单元。正大集团这种龙形业务结构，就是典型的前后产业链型的经营模式。再如一些煤矿，也有自己的发电厂，还有自己的水泥厂，其经营的基本逻辑是，挖出来的煤可以卖一部分，再用一部分自己来发电，发出来的电可以卖一部分，再用一部分用来生产水泥，然后再把水泥卖出去。这样的话煤不好卖就可以发电、电不好卖就生产水泥，反正总能抓住产业链环节中形势比较好的一个，左右都不吃亏。还有改性沥青生产企业，一方面要在上游的原料沥青产业建立自己的供应基地，另一方面要涉足道路和市政工程业务，以保证对市场的控制，同时还要进入添加剂生产环节，既要降低改性沥青的生产成本，又要保证添加剂的供应。

实行前后产业链型协同多元化的企业，为了保证其能够获得成功，就需要采取非相关多元化的大型集团经营策略，这样才能保证其每个产业环节都有足够的竞争力去参与行业的竞争。如果其规模还不足够大的话，那么其经营策略和运营状态要么就是配套加工和原料供应型，要么就是同一客户型。这样的话其运营管理系统的最优也就和相应的模式与类型相一致。

5. 基于无关多元化策略的系统最优模式

基于无关多元化经营策略的企业，就是各个业务之间既没有可以共享的资源，也没有产业链上的关联性，完全是以各个业务的投资营利性为出发点的。实行这类经营策略的企业一般规模都很大，同时在多个不同的产业方向上有业务投资和经营。对于这类企业来讲最关键的：一是集团管控方法或者母子公司管控方法要合理地规划和设计，由于规模大、业务类别多、管控链条长，因此在集团管控和母子公司管控上容易造成僵化或者失控的局面，如果无法有效地进行管控，所属的业务单元很容易无法盈利甚至亏损；二是对投资的管理，要避免投资带来的风险，不然会造成错误的投资，甚至是造成吸金黑洞，不仅不能盈利，还会消耗企业大量的资金；三是要做好高级人才的管理，这样的企业由于规模大、业务类别多、需要复杂多样的经营技能，因此需要大量的、不同方面的高级人才，保证合格高级人才的供应是这类企业的首要任务之一。

## 四、混合多元化的运营管理系统最优模式

如果一个企业的产业结构及经营单元之间是一种混合型的关系模式，即企业的多个产业及经营单元之间，在无关多元化、协同多元化和相关多元化的形式中，存在两种或者两种以上的情况，就称为混合多元化的业务模式。

混合多元化的经营模式下，企业的业务管理组合上首先是按照无关多元化的方式把彼此无关联的业务进行分离并独立地设置经营单位，然后再按照相关多元化或协同多元化的方式把彼此有关联的业务组合在一起按照相关多元化或协同多元化的方式设置成相应的经营单位。而公司总部则作为统筹的投资管理者，按照无关多元化的方式对各个无关的经营单位分别予以管理和管控。而各个无关多元化经营单位的内部，则按照相关多元化、协同多元化或者单一业务企业的方式进行管理和经营。比如联想矿业控股、联想酒业控股、联想电脑集团之间的关系，联想的这三大产业集团彼此之间是独立经营

的，但是每个产业集团内部之间又有各自关联的业务单元。另外，联想还有一些小的业务单元，比如联想手机和联想相机，这两个小的业务单元和联想电脑之间有一定的关联性，如图 4-1 所示。

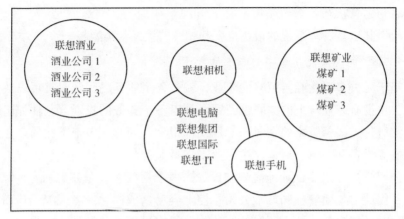

**图 4-1 联想各业务关联关系**

达到这种业务组合的企业，往往是一些巨型的集团公司，总部的管理内容就是投资管理、高级人才管理、战略管理和运营模式管理，具体的经营和业务管理都下放给了各个经营单元。由于对各个业务单元的定位不同，因此其管控模式也不相同，有的是战略和业务型管理，有的是长期投资管理，而有的则是资本运作管理。战略和业务型的管理会对其具体业务的开展有很多的涉入。长期投资管理则是集中在对其投资、高级经营人才的管理，而对其具体业务的运作不会涉足过多。资本运作则更多的是将其作为资本市场上的经营对象，进行融资、买卖和交易，并不是要长期的实业化经营。

## 五、企业的成长与最优化的演变

企业的多元化经营也不是一蹴而就的，而是在经营发展过程中不断成长、变化而形成的。企业的运营管理系统也在企业不断成长、变化过程中随之调整、变化。在企业的成长过程中，虽然运营管理系统也在不断进行调整、变化，但并不是每个企业运营管理系统的调整、变化都是成功的，甚至有的企业因为运营管理系统无法实现与企业的协同调整而导致企业的衰落。当企业运营管理系统和企业的形态、类别不一致时会导致企业的逐步衰落。当企业运营管理系统调整、变化的策略不正确时，也会导致企业突然混乱和失调。

　　企业运营管理系统与企业经营状态之间的关系匹配与协同关系，可以有多个维度的多个状态，每个维度都会有从违背到最优等多种状态的选择，其间还有维持、有效、高效等中间过渡状态，如果用分值评价其状态优劣的话，可以从0分到100分进行分值划分。这里的违背与最优是指与企业整体系统匹配与协调的最优，而不是指单一维度在专业理论上的最优，也不是指与标杆"相同"式的最优。这些维度是指企业的功能系统、动力系统、作业协作系统和管控系统，这几个维度与企业经营状态之间的关系可以有多种状态，如图4-2所示。

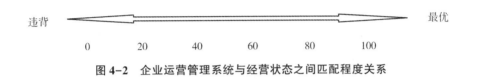

违背　　　　　　　　　　　　　　　　　　　　　　　　　最优

0　　　20　　　40　　　60　　　80　　　100

**图4-2　企业运营管理系统与经营状态之间匹配程度关系**

　　企业运营管理系统的最优是指在一种经营状态下的最优，在企业的成长与变化过程中，企业的经营状态也是不稳定的，因而运营管理系统也不会永远保持一种稳定的最优状态。在每一种经营状态下，都有与之相应的运营管理系统最优状态，因此企业运营管理系统的最优状态要随着企业的不断成长、变化进行调整、变化。由于企业有多种不同的成长方式，因此也会出现多种不同的运营管理系统的调整、变化方式。企业运营管理系统变化可以分为渐变式持续改进、分步式进阶改善、突变式翻转改革三种主要形式。渐变持续改进方式一般都是比较缓慢的形式，实施起来也没什么风险，但是这种情况往往都是在企业经营状态比较稳定的情况下，对运营管理细节的精益化调整。分步式进阶改善一般是指企业分分段、分步骤地开展运营管理系统的升级和最优化，一个阶段解决一个问题，步步为营，比如先解决质量问题，再解决成本问题，然后再解决精益化问题，适用于企业业务状态的调整和组织运营状态的调整。而突变式翻转改革是指企业在短时间内将运营管理系统进行大范围的全面调整和变动，这种做法往往失败的概率很高，容易使企业陷入混乱。

　　当企业的经营状态（规模、策略、技术）发生变化时，一般首先是硬件的变化，包括组织人员、设备设施、资金配置等；其次是规章规范的变化，包括作业方式、流程、职责、制度等；最后才是人的技能、人的心理和企业的文化氛围。而企业运营管理系统的最优，也是经过这样一个过程才实现的。

企业在小的时候，规模小、资源少、产业链中的控制力弱，自己对客户的产品与服务的保证能力也弱。在与市场和客户的业务交往过程中，往往是处于被动与跟随的地位，因此在运营管理上主要是以灵活、快变的方式来应对外部环境与客户需求的变化。但是当企业的规模逐渐做大时，在硬件设备上、人才上、资金上、产品服务的稳定性上都有了很大的保障，也容易得到客户的信任，这时候主要是以规范性和精益性来协调各方面的工作，以此来满足众多客户对企业的需求，保证企业大规模生产的正常开展。

单一业务经营的企业，业务单一，人才需求单一，领导者对行业、业务都很了解。领导者可以进行深入基层的管理和业务决策。但是多元化业务经营的企业，涉及的产业多，人才结构多元化，领导者很难做到对所有的业务都很了解，这就需要一个由各方面人才组成的经营团队来负责整个企业经营管理，这个时候"将将"的重要性就远大于"将兵"的重要性了，人才管理模式将大为不同。

## 六、案例分析

保莱沥青集团是从一个小化工厂起家的，在公司创始人夫妇的不断努力之下，克服了资金短缺、投资失败、没有客户等诸多的困难与困境之后，成功地在中国 A 股创业板市场上市，融到了足够的发展资金。在短短的三年时间里，保莱公司从一个年营业额几千万元的小型沥青企业，一跃发展成为拥有 7 个子公司，年营业额三十几个亿的集团性企业，实现跨越式的企业成长和突变。

当保莱公司还仅仅是一个小型企业的时候，其管理是简单而且单调的。整个企业的管理，从销售到生产，再到采购与融资，靠老板夫妇两个人的直接指挥就可以了，根本不需要什么制度、流程之类的东西。包括选人、用人、奖金等之类的事情，老板夫妇两个人晚上在家里一商量就决定了，制度太多了反而是累赘。

但是随着企业规模的变大，以及子公司数量的增加，公司的管理变得复杂起来，人数增加了，奖金也不是一个晚上就能商量出来的。人员复杂了，需要平衡的关系也多了起来，也不是拍拍脑袋就可以定的事了。更重要的是，很多子公司都在外地，不和母公司在同一个城市里，该怎么管理那些子公司的业务和人员呢？物资的采购怎么做呢，客户的开发与谈判怎么开展呢？企业大了，所有的问题也就都展现出来了。

对于公司集团化之后的管理，保莱公司的负责人在经过反复的权衡以及各方面的咨询对比之后，结合自己企业的实际情况，形成了自身的一套模式。

保莱公司虽然是一个拥有多家子公司的集团化企业，但是所有的子公司开展的业务都是完全一致的，即开展高速路沥青的生产与销售业务。每个子公司之间所有的不同其实都只有一个，那就是在不同的省份和地方，其他的方面，包括主要的供应商、客户的性质、生产的模式等，都是完全一样的。在这样的情况下，保莱公司采用了集权式的集团管理与业务运行模式。

第一个方面就是大宗物资的采购是总部统一进行，然后分别配送的。包括原料沥青、添加剂等物资的采购，均由子公司报需求计划，由总部统一进行采购，然后由供应商配送到相应的子公司。

第二个方面是客户开发的集中化。对于大型的高速路业务，为了提高企业的影响力，增强客户开发成功的概率，所有的客户谈判均由总部统一进行，子公司只是负责前期信息的收集以及客户资料的收集工作。

第三个方面是生产与供货工作，由各个所负责区域的子公司自行为客户进行供货生产服务，总部只负责对客户进行服务回访，以及处理重大的技术和质量问题。而何时发货、何时生产，均由子公司自行开展。

保莱公司这种资源整合统一调配，工作自行开展的集团化管理模式，极大地发挥了核心资源效用的多向性，同时也实现了客户所需要的灵活与短平快的服务，达到了最佳的集团化整合效果。

## 第二节 外包、采购、代工和自产自营的运营管理系统最优

在 2016 年，海尔和欧洲的企业开展了合作，共同建立家庭厨房的连锁服务门店。像沃尔玛、家乐福这样的超级零售企业，也在推出自有的产品品牌，并建立自己的电商体系。京东和淘宝在赚足了电商的发展红利之后，开始大力投资无人实体店。还有就是国内很多服装代工企业，开始依托定制化理念实施"互联网+"环境下的新经营模式，比如红领西服，依托互联网大数据，建立了批量化的经营模式，并在此基础上推出了以"酷特智能"为品牌的智

能制造服务业务。

从价值链和供应链的角度来看，一个产业的商业链条一般都包含了基础原料（如矿产挖掘、农业种植、畜牧养殖）、原料加工（如炼油、炼铁、纺纱）、母料加工、配件部件加工、最终产品组装和销售（如电视、汽车、袋装奶粉）、最终产品零售（如超市、农机经销站）等环节。如果从专业化分工的角度看，产业的每个环节又包括了规划设计、生产、品牌推广、销售等事项。那么一个企业在本产业链中应当涉及什么样的范围，并在相应涉及的范围下该如何运营才是最优的，是一个很值得研究的课题。

企业圈里曾经让人们津津乐道的是耐克鞋的经营。耐克公司本身只是负责产品的设计和品牌的推广，产品的生产全部是外包给别的企业。这里面所说的别的企业是指那些负责生产耐克产品的企业，其所有权不是耐克的，耐克对这些企业是没有资产控制权，但是并不代表耐克对这些企业是没有管理的。耐克与这些企业的关系不是靠有形的法律资产关系整合在一起的，而是靠无形的品牌资产关系整合在一起的。耐克对这些企业的管控，并不比对其子公司的管理弱，反而是要求得更加严格。而当前智能手机行业的苹果公司、小米公司也都是这种经营管理模式的。由于 AI 技术的发展，谷歌公司的无人汽车业务经营模式在此基础上更进一步，用新兴的技术驾驭产业内成熟的汽车制造企业。

前一节我们探讨了企业在专一化与多元化经营策略下的系统最优问题。那么在一定的经济环境、产业环境和自身资源条件下，企业的生产、服务、运输、技术设计、部件配件、原料供应、装备供应等方面，哪些可以外包、哪些自己给人家代工、哪些自己自行开展呢？在这种不同的运作模式之下，企业的运营管理系统该如何搭建、如何布局才能实现最优呢？这是我们在本节探讨的问题。

一、外包、采购、代工和自产自营的内涵诠释

企业业务外包就是指在产业化专业分工的市场经济运作下，企业为提高自身的组织竞争力、企业运营效率以及整体盈利能力，减少非关键核心业务对企业宝贵资源的消耗，集中优势资源做好最能形成强势竞争力的业务，所以就将组织的非核心业务委托给外部的专业公司进行运作和开展，以降低自身的营运成本、减少资源的消耗、构建强势的核心竞争力、提高业务品质、提高人力资源效能效率、提高顾客满意度。其一，外包的业务往往是企业非

核心的业务；其二，企业和被选定的外包企业之间是一种长期、固定的合作关系；其三，外包的往往是企业整个业务链当中的一部分，既可以是物资的生产，也可以是某类职能或专业工作。

企业采购是指企业在一定的条件下从供应市场通过购买的方式获取产品或服务作为企业资源，以保证企业生产及经营活动正常开展的一项企业经营活动。采购是一个商业性质的有机体为维持正常运转而寻求从体外摄入的过程，分为战略采购（Sourcing）和日常采购（Procurement）两部分。

采购和外包有不同的内涵范畴。外包本身也是采购的一种，但是外包和普通的采购不同之处在于，一般的采购是指从外部购买物品，可以有很多个选择的购买对象，而且采购行为和采购的对象都是不固定的，每一次采购行为的采购对象往往都是不同的，而且采购的是产品和服务。而外包是企业把某些业务和工作长期地包给一个或几个选定的企业去做并支付一定的外包服务费用，这种供给关系在一定时间内是固定的，彼此之间是一种长期契约的承诺，而且外包的是整体业务流程中的一部分。

代工，即代为生产。也就是由初始设备制造商进行生产加工，即 OEM 来生产，再贴上其他公司的品牌来销售。这样的情况下，企业只是作为一个加工型企业存在的，这类企业并不面对最终的使用者市场，而是面对委托加工的企业。

自产，就是企业自己完成经营所需要的业务活动、产品和服务，包括物资生产和职能专业工作的开展，而不需要从别的企业或者单位来获取相应的物资和职能专业工作。自营就是企业直接向市场经营自己的产品，包括销售、营销、品牌推广等的内容，是把产品和服务直接销售提供给产品与服务的最终使用者，而不是只生产不销售。当然，企业不可能生产所有自己所需要的物资，这里的自产对象是指企业最终提供给客户或者用户的产品或者服务，相对于个人消费者就是指饮料、手表、服装等这类物品，相对于饮料生产企业来讲就是指饮料灌装设备、食品添加剂、容器等这类物品。这里的自营是指企业直接制定产品、服务的销售模式、方法和政策，并自行实施和推进，比如制定经销商政策、渠道政策、委托客户服务政策等，均属于企业自营的行为范畴。

## 二、基于外包策略的系统最优

### 1. 外包策略的价值最大原理

将一部分业务和工作外包出去，主要体现在两个方面的优点。一是如果一部分业务的生产资源在外部很容易得到，而且价格比较低廉，那么无论这种业务自己是否熟悉，都可以将这一部分业务外包出去，把自己的资源集中于供应链中产生核心价值或者产生竞争优势的业务上。二是通过外包，可以形成一种固定的长期的合作关系，减少不断寻找供应方的成本。也就是说，如果一部分业务外包出去会比自己做得好、价格低廉，并且自己的资源能够全部集中到形成竞争优势的业务上面去，外包就是最好的选择。

通过外包的方式，可以产生以下形式的价值最大化：

（1）接包者做得更专业，投入产出比和性价比都比自己高。

（2）外部资源很丰富，很容易获得，使用起来价格也比较低廉，自己没必要再投入参与行业竞争。

（3）自己把有限的资源投入到价值链中难以复制的环节上，可以形成自己更大的竞争优势和价值创造。

（4）稳定的外包供应合作关系比采购的博弈关系能产生更大的价值和更少的交易成本。

（5）对于那些很容易被供应链上其他环节"要挟"，一旦停供又不容易寻找到的业务环节，是坚决不能外包出去的。

企业如果把产生竞争优势的价值链环节外包出去的话，那其实就成了被他人控制了。比如国美电器，如果其强大的市场销售能力能够对家电生产企业形成强力制约的话，就很容易把这些家电企业变成自己的加工厂。对于很容易获取的外部资源，如果自己还去投资建设的话，一方面要消耗自己的精力去经营管理，另一方面还要消耗有限的资金资源，使投入能产生更大竞争优势的价值链环节上去的资金资源减少，降低自身竞争优势的强度。

如苹果手机的经营。苹果公司负责了手机的设计策划以及营销工作的开展，而把手机的组装外包给中国的一些企业。由于苹果手机掌握了信息化的发展趋势，其手机的设计创意符合了社会发展的潮流，再加上其高超的营销手段，使苹果公司在最关键的价值链环节上掌握了主动，形成了自己独到的超强优势。而手机的组装有数不清的厂家能做，苹果公司在很低的价格上都能找到外包的手机组装企业，因此这一部分业务就外包出去了。又如三星公司，其后来也掌握了智能手机的设计技术，同时三星推出的智能手机相对苹果手机具备了价格优势，而且面对的消费人员包括了从低端到高端，而不像苹果手机只是面向高端消费群，这样三星的智能手机发展的速度后来居上，超过了苹果。因此三星的手机生产大部分也是外包的。但是作为智能手机的主要竞争因素——娱乐性，三星的娱乐性能要远远低于苹果手机，主要是因为苹果公司作为曾经的高端电脑企业，其在娱乐应用软件开发上具备独特的优势和能力，这是三星短期内无法赶上的，这也是苹果公司技术资源共享形成多元化发展。这样，三星和苹果的智能手机在生产上几乎都是外包的，但是在设计创意、营销等方面都紧紧地抓在自己的手里。

2. 外包策略的系统最优原理

对于实行外包策略的经营策略模式，其运营管理系统最优的原理也是基于相应的价值创造模式的。

实施外包策略的企业首先要做好的就是其核心的业务，其核心业务与外包业务的具体经营形式由于企业规模的大小以及企业整体的经营模式而定。

在外包策略下，企业首先是要找到合格的外包供应方。合格的外包供应方是指在生产能力、质量保证、技术能力、成本控制等方面都能够达到企业要求的标准。其次是要对供应方进行有效的管理，包括定期的质量巡查、成本巡查、技术能力巡查等，甚至对于供应方的采购、管理、人力资源等都要给予相应的监督、帮助与扶持。最后就是要对多次整改仍然不合格的外包方及时地给予评定及清退，进而再挑选其他合格的外包供应方。

这样外包策略的系统最优原理就是如何把外包方企业的相关职能管理和本企业自身核心业务的职能管理有效地结合起来，既不浪费资源，还能够产生最大的联动经济效益。

比如质量管理，企业自身核心业务的质量管理必然有一套系统的体系、程序和方法。但是由于外包给其他企业的业务内容有其自成体系的质量管理模式，而且外包方也有自己的质量管理程序和方法，因此应当如何更好地管理外包方的质量管理体系就是一个很重要的问题。由于外包方往往同时要外包很多企业的相关业务，还要开展外部采购型需求业务的生产，因此往往在精力上比较分散，而且在质量上更容易出问题。

企业对于外包方的质量管理，一是要合理规划外包方的数量，外包方如果过多就会导致每个外包方所获得的企业的业务量少，因而外包方都会不重视企业的业务。但是如果外包方过少的话，每个外包方占企业业务量的分量过重，很容易对企业形成约束和制约。二是应该对外包方的管理深入到什么程度，才能既减少自己的投入成本，又提供有效的管理。当然，如果外包方能够进行自我管理，在成本控制、技术水平和质量控制方面都能够符合企业的要求，而不需要企业进行监督的话是最好的。但现实中很多外包方往往不能很好地管理自己，这样对他们管理过少的话就会在业务上达不到企业的要求，管理过多的话企业的投入成本又会升高，而且细致地管理众多外包方也有很大的难度。三是如何将企业自身的职能管理和外包方的管理有效结合起来。包括如何设置自己的职能管理人员参与外包方的管理，特别是生产管理、技术管理和质量管理。如果既能做到保障管理的效果，又实现人员共享降低成本，是最好的结果。

3. 外包策略下的系统最优模式

在外包策略下，最重要的是要保证外包方能够保证供应的及时性、供应质量的保障以及较低的供应成本。基于这样的要求，首先要建立供应商的选择机制。由于企业自身的实力不同，因此对外包方的控制能力也不同。像海尔这样的企业，由于其巨大的外包需求，使外包方对于海尔的要求是有求必应的，而且外包方为了留在其供应系统内，也不敢在质量、成本和供应时间上有什么问题。但是对于那些小企业来讲，一是业务需求量不大，二是资金支付也不及时，三是自己本身的生产也不稳定，所以对于外包方来讲，这样的客户是不重要的，也是不重视的。因此对于小企业来讲，要将那些具有标准化特征的物料和配件进行外包，以便外包方出现问题时自己能够比较容易地在市场上获得替代品。

其次，外包方对企业需求的及时反应是减少企业物资供应不确定性的主要方式，因此在物资供应、生产与计划的信息上要达到同步与共享，以使外包方能够与企业自身同步开展产品的生产与供应。

在对外包方的管理上，由于涉及质量、生产、运输、款项支付等多个方面的内容，因此企业内部各个部门之间的关系协调也很重要。这其中既要避免遗漏应当传达的信息，也要避免传递重复的和混乱的信息，防止导致外包方工作上的混乱。这种情况一般可以按照规范化、标准化的流程来开展。采购部门负责和外包方进行商业对接，质管部门负责对外包方进行质量对接，生产部门负责和采购部门进行需求计划对接，财务部门负责根据合同以及物资接收情况支付款项。

## 三、基于代工策略的系统最优

### 1. 代工策略下的价值最大原理

在当前的智能化经济和品牌经济环境下，其实是没有哪个企业愿意做代工的。但是由于国际化大分工的趋势与格局，需要有企业定位于代工生产的产业链位置，这样也就为很多投资者或者企业的发展提供了新的位置和空间。因此也就有很多企业把自己定位成一个专业的代工者。

代工生产一般都是出现在营销品牌经营、产品技术创新经营、生产经营等方面都需要投入大量的精力、都需要很专业的管理才能完成的行业里，比如鞋类、手机、服装等行业里。而在营销品牌的经营弱于生产、产品、技术经营的行业里，代工的情况是很少见的，比如工程机械、装备制造业、军工企业等。

代工的价值最大化，就是专注于产品的生产，形成产品生产的专业化能力，能够使自己提高产品生产的效率和产出率，更大限度地吸引代工委托企业，不断地扩大自己的生产规模。这样，就在行业的供应链上对上游的供应商形成较大的吸引力和整合力。同时，以很大的生产规模以及大批量的原料、配件的使用来降低产品生产的成本，以此获得品牌销售者的认可与青睐，获得更多的生产代工订单。虽然代工生产获得的是产业链价值利润中比较低的部分，但是对于很多投资者和企业来讲，由于有品牌企业或者知识产权所有企业的市场开拓，代工却比参与完全的市场竞争容易得多。

对于代工委托者来讲，可以把资金资源以及人才资源放在更能产生价值的市场营销、品牌推广、技术和产品创新等方面，而不必在产品生产方面投入过多的资源和精力，进而大幅度地提高投资回报率和资金收益率，达到更好的经营效果。

### 2. 代工策略下的系统最优原理

为了支撑代工企业实现价值最大化的要求，其运营管理系统就需要具有相应的运作管理模式。

由于在整个产业链中处于跟随的地位，因此代工企业获得利润最大化的方法就是不断扩大产能与加强成本控制两个方面，而这两个方面的核心都集中在生产管理上，因而代工企业在生产运营方面就要具有规模化生产管理能力与控制成本浪费的能力，这些都取决于企业生产能否实现标准化、信息化、

TPM 设备管理、精细化物料管理、TQC 全面质量控制等。

规模化的意义在于减少生产品种变更带来的变动消耗，并且，超大规模的企业具备了保证产品供应的强大生产能力，这对于委托代工的企业来讲是一个很大的诱惑力。因为对于委托代工的企业来讲，稳定的、有质量保障的生产供应是其能够放心委托代工的前提。由于委托代工企业往往是那些控制着市场和营销的企业，而接受代工委托的企业往往是那些没有最终市场定价权的企业。因此在委托代工企业主导产品定价权的前提下，代工企业就需要控制好生产过程中的成本，以确保自己有足够的收益。

为了满足市场需求多样化、个性化的趋势，现在流行的生产模式是个性化定制和小批量、多品种生产。但是批量的大小本身也是一个相对的概念。从人性的角度讲，由于市场的需求细分和消费者的需求种类不可能无限得多，而是有一些固定的种类，比如说洗发水，不管是亚洲的消费者还是非洲的消费者，无非也就是柔顺、丝滑、去屑、止痒那么几种。当代工企业接到很多小批量产品订单时，每一个相应产品的批量也就会变得很大了，这样小批量多品种也就变成大批量多品种了。

因此代工企业运营管理系统最优的原理就是，熟练的生产运行与管理能力可以保证低成本、高效率、高品质、及时性地生产产品以保证市场的产品供应，并且由于大量的生产需求，使即便是众多小批量、多品种的订单，也就成了多品种、大批量的生产订单需求。由于产能巨大以及对上游产品的需求量也同样巨大，这种状态使代工企业本质上在行业价值链中具有了很大的影响力和控制力，和供应商、代工委托者都具备了一定的议价能力和谈判能力。

3. 代工策略下的系统最优模式

成本控制是代工企业必须具备的核心能力，其在市场方面不会有太大的投入，所以其市场部门的设置比较简单，功能也很简单，一般就是和几个固定客户定期地进行生产订单的确认。另外就是这类企业的技术投入也很少，其新技术研发与新产品开发部门的设置也比较简单，功能也很简单，一般就是将几个固定客户的订单转化成本企业的生产工艺，由于大部分都是生产工艺成熟的产品，因此这种工艺的转化在技术方面也没什么太大难度。

当然，代工企业生产的产品，都是那些在生产方面无法形成关键竞争力的产品，比如普通的鞋类、服装、玩具等，这对于生产工人的技术、技能要求也不高，所以这类代工企业往往都是在不发达地区。像超级电脑的芯片，英特尔公司是不会把关键的产品交给别的企业进行代工的。

## 四、各种情况下的应用

### 1. 模式调整与竞争策略调整

任何一个企业，都希望能够不断发展壮大、都希望形成对行业的控制力、都希望在整个的价值链中能够处于主导地位。而几乎每个企业都是从小到大逐步发展起来的。当中国进行改革开放的时候，很多欧美的企业已经是世界500强，这些企业进入中国市场的时候，有资金、有经验、有技术，国内的很多企业都无法与其抗衡。再加上当时中国整体经济成长实施的是低（人工）成本战略，使很多欧美的企业把中国的企业当成是廉价生产基地，包括日用产品、简单的机械产品和化工产品等。因而中国的很多企业就成了欧美大企业的代工企业或者是 OEM 企业。虽然像海信、海尔、联想、格力等企业是在做自己的品牌，但是由于核心的技术仍掌握在老牌的国外大企业手中，因此这些国内企业更多的是组装整机产品，对于芯片、精密的模具、显像管等一些高端技术产品还是要买老牌大企业的。而国内的轿车行业就更不用说了，连品牌、带技术、外加市场，都只能靠合资的方式依靠欧美和日韩的企业，根本就没有什么独立性。

另外，即便是国内的企业，在研发、制造和经销的各个环节上也在上演着一幕幕的竞争与合作大戏。大的品牌企业依靠疯狂的广告和琳琅满目的产品赢得了消费者的认可，指牌购买现象使制造商可以对经销商提出很多苛刻的条件，比如做茅台酒的经销商，那就必须对茅台酒公司的要求言听计从。后来沃尔玛这样的零售巨头出现，对消费者的购买习惯产生了极大的影响和汇聚作用，沃尔玛凭借自己的品牌和影响可以对制造商提出很多苛刻的条件，如进场费、店庆费、促销费等。当国美电器以低价家电的品牌大旗在国内的专业家电销售方面形成大气候的时候，就可以挟全国几十家、上百家店的威力，对海尔、格力、海信这样的家电大鳄不断提出降价、赊销等种种苛刻条件。

在这个过程中，中国很多处在产业链低端或者弱势的企业，由于良好的经营，随着时间的推移，这些企业逐步地发展起来，表现在规模变大了、资金有储备了、掌握了一定的技术。同时由于经济环境的变化和产业环境的变化，有些企业开始突破原有的既定模式，开始向产业的高端发展，或者开始通过一定的方法寻求在产业链中的影响力和控制力。在这个过程中，每个企业采取的方法不完全一样，有的是投资参股相应的企业，有的是自己投资建厂，有的是全资收购相应的企业，而有的则是在原有企业基础之上增加新的功能和业务板块。虽然每个企业所采取的方式不同，但是它们的发展定位、竞争策略和运营模式都会发生很大的变化。比如很多国内的服装代工企业，由于欧美经济危机导致的订单减少，它们转而开始做国内的服装市场，那就要开始拓展自己的品牌，与传统的国内服装品牌去一争高下。

而国内原来就做得比较好的企业也逐步开始了它们的多元化发展与国际化跨越之路。比如家电大佬海尔、重工"头羊"三一重工、电信巨头华为、IT 标杆联想等企业，它们有的扩展了自己的产业领域和范围，如联想进入资本领域和农业领域等；有的进军国际市场，如华为拓展欧美市场；有的进行海外并购，如海尔收购日本三洋家电、三一重工在美国设厂等。

无论是国内产业链低端企业的高端化转移，还是国内知名企业的多元化与国际化，它们的战略定位、发展模式其实都发生了变化，它们的企业运营管理模式也发生了变化。在这个变化的过程中，企业原有的运营管理系统最优模式将会打破，进而需要逐步地建立新的运营管理系统最优模式，也就是要实现企业运营管理系统螺旋式整体最优中的一个螺旋上升环节。因此，当企业产品的供应模式发生变化时，企业运营管理系统的最优状态就要发生变化，这个变化是随着企业运营管理系统具体内容的转化和调整而实现的。

2. 由代工、OEM 转向做品牌

代工企业和 OEM 企业在积累了一定的原始资本和行业经验之后，就希望能够经营自己的品牌。毕竟在代工和 OEM 的做法下，企业的大部分利润都被品牌企业拿走了，自己只剩下那点微薄的代工费。

代工企业和 OEM 企业要想经营自己的品牌，首先要做的就是如何塑造自己的品牌。这就涉及如何选择自己的客户群体、如何界定自己品牌的内涵、以什么样的方式来推广宣传自己的品牌。对于企业负责人来讲，他考虑的问题就和以前不一样了。以前是考虑如何把产品卖给代工委托者，现在要考虑如何把产品卖给更多的消费者；以前要做的是把成本控制好就可以了，现在要做的是成本控制好，还要吆喝得响、讲的故事让人爱听。而品牌的建设工作需要一些独立的专业人士来开展，因此企业要设立市场部或者品牌部，必要时还要和外部的品牌管理服务机构进行合作。

代工企业和 OEM 企业要想经营自己的品牌，其次要做的是渠道建设。原来企业只面对几个机构大客户就可以了，而现在要面对全国乃至全球众多的终端客户和消费者，如何把自己的产品和品牌传达、传递、传送到众多的终端客户那里，这个传达、传递、传送的渠道是什么，企业需要通过专业人员强化市场渠道管理。

因此，代工企业和 OEM 企业如果要转向品牌型企业，在运营管理上最大的变化就是加强市场和销售的运营体系管理。

# 第三节　不同市场策略下的运营管理系统最优

为了在竞争中赢得行业地位以及生存发展的有利条件，企业在既有资源条件下，会根据当期市场的特点以及客户需求的特点采取相应的市场竞争模式和策略。其中，价格、性能、品牌、服务以及它们之间的策略性组合是企业开展市场竞争的主要方式和方法。

当然，没有一个企业是完全绝对地仅在一个要素上做得最好，而在其他的方面什么也不是。企业大多采取的是"以正和，以奇胜"的竞争方法，即只在几个方面做到突出，起到出奇制胜的作用，而在其他方面只是做到与其他的竞争类企业持平，或者不过多地落后于其他竞争类企业。

企业采取以上策略要素的组合，一方面是因为市场中存在不同需求的客户，因各种原因他们在需求上不是完全一样；另一方面出于盈利的需要，企业本身也不需要把上述策略要素的每一个方面都做得很好。

当然，每个企业都希望选择那种能够让企业获取最大盈利和利润的方式（比如垄断），但是，由于条件、资源和能力的限制，每一个市场领域中和每一种策略组合中所容纳的企业数量是有限的，不可能容下所有参与其中的企业。因此，对于有些企业来说退出过度竞争的市场领域，进入另一个市场领域，经营起来反而会更轻松一些。

价格是每一个消费者都关注的，成本控制是任何一个企业都必须要做的，只有有效地控制住成本企业才会有足够的盈利和相当的利润。当然有的企业把低成本和低价格作为一种竞争的策略和方法，那是要把成本的控制做到极致，成本控制做到极致后的市场表现就是产品（服务）的销售价格比较低。而且市场中有那么一类客户，他们本身的支付能力不强，但是却也需要相应的产品和服务，那么低价的需求就产生了。

服务也是每个企业都要有一些的，在这个注重客户关系维护的时代和经济环境下，为客户提供一定的便利、让客户情感上感到一定的温暖那是必须要做的。但是当把服务作为一种主要的竞争手段时，服务就可以做到极致的状态了。服务所产生的效果不仅是物质上的，服务成效的爆发点还在于心理上，一个恰当的、小小的服务细节可以平息客户的暴怒，当然一个不恰当的、小小的服务细节也可以引爆客户的怒火。

性能就是指产品和服务的功能情况和功能的品质情况。在市场中，不同的细分人群对产品性能的要求并不是一样的，这既有支付能力的原因，也有自身偏好的原因。有的客户喜欢简洁，产品和服务只要具备最核心的功能就可以了，而有的客户就喜欢在核心的功能之外，还有一些其他的辅助性功能，如电视的儿童锁、手表的夜视功能、汽车的导航等。除功能外，产品和服务的质量也是性能的主要指标。质量是老生常谈的事情了，那是每个企业必须要做好的事情。现在产品与服务的质量已经是价格的同比要素了，也就是说，现在客户对产品与服务质量需求的不同是由其所处的不同消费层次所决定的。低消费层次的客户，因为价格低，所以对质量的要求也不高；而高消费层次的客户，由于愿意支付的价格高，因此对质量的要求也高。在同一消费层次的客户群体中，质量不过关的产品与服务，是没有人会选择的。

市场品牌建设就是指企业在自身形象和外在知名度方面的重视程度和相关工作的开展力度。当前社会是一个品牌化的社会，即便是那些生产材料类的工业产品，也需要品牌和形象来提高其自身的影响力和对客户的议价能力。特别是在参与投标时，在其他条件基本差不多的前提下，那些知名度高的企业可能更容易获得投标评价小组成员的青睐和认可。

由于互联网的极大发展，企业的商业模式也变得极其丰富起来。当前的社会经济状态下，商业的模式也成了企业进行市场竞争的主要因素之一。如果我们把社会信息化之前的产品销售形式称为传统商业模式的话，那么建立在信息化之上的销售模式就是信息化商业模式，这包括 B2B、B2C、O2O、C2C 网购等各种建立在信息化系统之上的产品与服务的销售模式。当前，企业或多或少都要涉及一些信息化的商业模式，至少都会建设一个企业自己的网站，有些企业直接在互联网销售平台上销售、有的企业干脆就是直接建立自己的网销平台。

以上的策略要素和内容是企业经营策略的基本要素和内容，各个不同的产业、行业以及不同形态的企业，还有其他一些具有各自特点的策略要素和内容。比如对于大型集团型企业来讲，如何构建自己的业态结构就很重要，是协同多元化，是相关多元化，是不相关多元化，还是同一化发展。对于有些大型设备制造企业，可以采取设备租赁的方式与自己的客户合作。而汽车生产企业可以采取为客户进行融资担保贷款的方式吸引客户。服装生产企业和乳品生产企业，既可以用大规模集中的方式生产，也可以用分布、大量的小型散户进行生产。

## 一、企业市场策略组合的内涵诠释

所谓的企业市场策略，就是企业在选择了相应的市场细分之后，根据该市场细分的需求，以相应的价格、品质和功能提供相应的产品和服务。企业所提供的产品和服务的价格、质量、功能、服务及相应市场活动方法的组合，就构成了企业市场策略的组合。

企业市场策略的产生源于消费者及客户的不同消费需求，这主要决定于消费者及客户的支付能力、功能需求和情感偏好三个方面。这三个方面不同的需求组合，就形成了我们常说的市场细分，并且这三个方面的需求直接决定了企业为消费者及客户提供产品和服务的内容与方法。

由于企业市场策略各要素之间也是有很强的关联匹配性的，因此企业市场策略的划分基本可以分为高端市场、中端市场和低端市场三种。在商业模式上分为传统商业模式和信息化商业模式。高、中、低端市场的产品服务供应，都可以以传统商业模式或者信息化的商业模式来进行，但是其运营管理模式还是很不同的。因此，任何企业的市场策略可以分为高、中、低端三个市场细分策略以及信息化商业模式和传统化商业模式。

在"权力等级组织化"管理的模式下，因为权力的存在，使社会物质的分配以金字塔的形式进行，少部分人控制了大量的社会物质财富。随着社会经济的不断发展，中产阶级又极大地发展起来。因此，从社会财富的分配以及个人拥有财富的数量比例来看，社会群体也呈金字塔形分布。而对财富和资财的掌控能力也就决定了不同群体的消费能力和对生活品质的追求能力。

在商业经济社会里，针对人们不同的消费能力和对生活品质不同的追求能力，商家和企业也推出了相应的产品与服务。

## 二、基于低端市场策略的系统最优

所谓的低端市场就是指消费能力低的消费群体。这个群体购买选择的第一要素是低价格，在产品和服务的功能、质量、附加值等方面要求都不高。

1. 基于低端市场策略的价值最大原理

低端市场消费者的最大特点是支付能力低，数量比较大，这就决定了他们对产品和服务的品质要求不是很高，产品和服务能完成基本的主体功能即可，而不会要求更好、更多的附加功能。

以手机为例，其品质包括使用的材质、工业设计的艺术化程度、生产加工的精密化程度、通话的清晰程度、信号的好坏程度、电池待机的长短、使用的安全性、屏幕的清晰程度等。在功能上，能通话是最基本的功能，还有导航功能、存储功能、拍照和录像功能、录音功能、上网功能、提醒功能等。再以汽车为例，虽然发动机加上四个轮子就可以跑，但是在驾驶的安全性、舒适度、内部装饰的配置、器件的用材等方面，不同品质的汽车也是不同的，低端的汽车一方面驾驶舒适度不好，另一方面就是安全保证系数不高。

基于低端市场的经营策略，除因既有的行业地位和资源能力的限制而进行的战略选择外，在整体的经营上，其实现价值最大的基本原理就是因循消费者的支付能力以及对产品和服务的需求限制，在产品与服务提供过程中，以低成本、低品质和低功效，在低需求、低价格和低成本中获取相应的利润和收益。

2. 基于低端市场策略的系统最优原理

基于低端市场策略的企业运营管理系统，其最优的原理就是使产品和服务的功效、质量、成本低到客户可以接受的最低程度，这个最低程度是指客户在支付低购买价格的前提下，其对产品和服务的功效、质量都要求不高，对于产品和服务的功效和质量的不佳有一个可以忍受的心理底线。低端市场的消费者虽然支付的价格低，但是当产品和服务的功效和质量低于这个心理预期而无法达到其基本的功能时，客户就无法接受了。比如一个手机，即便价格再低，但是如果通话根本就听不清，或者用两天就坏一天，客户也是不会接受的，更甚至，即便这个手机白给客户，客户也不会要的。再如一辆汽车，就算再便宜，如果刹车三天两头失灵，影响到了使用者的人身安全，白给也是不会有人要的。再如一个饭店或小吃部，如果整体的餐饮环境蛛网遍布、老鼠蟑螂四处出没的话，就算不要钱也不会有人去吃的。

因此，基于低端市场策略的系统最优，其原理就是在原材料选用、产品和服务的功能设计、生产过程中的质量控制等各个环节的匹配，要保持在其客户最低的价格支付心理接受底线以上。如果产品和服务的功效和质量太高的话，客户支付的价格不会因此而提高，也就会损失相应的利润。另外，由于低端购买者对品质的要求低，对品牌的价值认同度低，也不愿意为所谓的品牌价值支付价格，因此在市场运作上，低端市场策略的做法也是越简单、花费越少越好。

基于低端市场策略下的系统最优原理如图4-3所示。

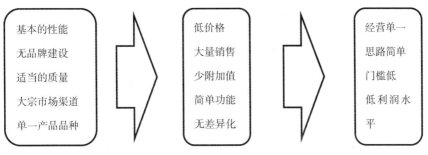

图4-3 基于低端市场策略下的系统最优原理

3. 基于低端市场策略下的系统最优模式

基于低端市场策略的运营管理系统最优，具体的模式主要体现在产品的模仿设计上、原材料的采购与使用上、生产过程的管理上、市场工作的运作上、无客户服务的选择上。

在产品与服务的设计上，一般是采取模仿的做法，按照流行的、成熟的、生产起来没有障碍和麻烦的基本要求，来模仿知名企业或者行业标杆的产品和服务。

在原料的采购与使用上，由于对原材料的质量和品质要求不高，因此选择的供应商也不是高端大气上档次的，而是那些专门为低端市场产品配套的供应商。采购过程中，对于质量检验、供应商管理、投标管理等工作事项也不会有什么严格的要求和规范复杂的程序和标准。

在生产过程的管理上，为了减少成本的投入，对生产工艺的要求、对残次品的检验、对生产环境的管理都没有很高的要求，只要能过得去就可以了。而且对产品质量的要求本身就不高，所以在生产过程中的"人机料法环"上要求都不会高。这个所谓的要求不高，是指在同一行业中不同档次定位的企业而言的。不同行业的企业是无法进行同类对比的。比如说汽车行业，再低档次的产品质量要求也会比农用手扶拖拉机的要求高。再如手机行业，再低档次的产品质量要求也会比手纸的要求高。

在市场的运作上，这类产品既不会进中高端的大型商场，更不会去建立自己的专卖店，而是会通过大宗的批发市场完成自己的销售和流通。售后服务、退货之类的承诺也不会有太多。

在这样的市场策略定位之下，企业在人员的选择、生产设备的选择、质量建设器具的选择上，都会是相应地定位在低端。因为只有低成本的设备消耗折旧，才能在低端市场的低价销售中保持足够的企业利润。

### 三、基于中端市场策略的系统最优

所谓的中端市场通常就是指社会中产阶级这一类的消费群体。这个群体购买选择的第一要素是性价比。这类消费群体对生活品质有较高的要求，支付能力在一定程度上可以支撑他们的高生活品质要求。他们在产品和服务的功能、质量、服务等方面都有较高的要求。由于经济方面可以支撑对不同生活方式的选择，因此这类群体的细分类别是很多的。

1. 基于中端市场策略下的价值最大原理

在基于中端市场的经营策略下，为了达到企业整体价值最大化，企业需要解决的问题主要有三个方面：一是要在产品、服务的设计与提供上达到最佳的性能、价格与品牌的效益比；二是提供的产品和服务要尽量多地满足不同类别需求的客户；三是如何以最低的成本尽量多地满足不同类别需求的客户。

对于社会的中产阶级或者行业的中档次客户来讲，其消费的特点，不仅是需要基本的产品和服务性能，而且是在工业设计美感、使用便利性、功能的完整性、质量安全保证方面都有很高的要求，而且对产品和服务的品牌影响力也有很强的甄别与选择要求。在此客户定位下，企业要想达到整体价值最大，就要在产品、服务的性能设计上以及品牌的构建上，达到中端市场客户最高的支付与消费意愿和能力，也就是在产品、服务性能设计以及品牌价值的构建上达到客户在支付意愿和能力上的最上限。

另外，由于社会的中产阶级有不同的生活观和价值观，所以他们对产品和服务的性能以及品牌价值上有不同的需要。如果企业只提供一种产品和服务，就无法满足更多客户的需要。当然如果企业打算提供一种能够满足更多甚至所有客户的产品和服务，出于对产品和服务冗余性能的抗拒以及非共有品牌价值观的抵触，那就会成了没人想要的产品和服务。

企业如果希望提供多种性能和品牌的产品和服务，并面向不同的客户群体进行推广和销售，以此实现整体价值最大化，就要考虑如何在最低的成本下提供多样的产品和服务。这就需要考虑在技术、人才、生产、采购、品牌建设等方面的共享与共用，即以上述方面最小的变化实现符合中端市场不同客户的需求。

2. 基于中端市场策略下的系统最优原理

基于中端市场策略下的企业运营管理系统，要想实现企业的整体价值最大，实现自己的最优，就需要一个要求很高的整体匹配。

（1）对客户需求的了解和把握。定位于中端市场经营策略的企业，需要对市场客户群体有很好的了解和理解，特别是对于各个细分市场群体之间的差别以及各个市场群体自身的需求特点。对他们需求的深入了解是企业避免产品和服务失误、减少行动盲目的关键。

（2）产品和服务的设计能力。在了解了市场客户的需求之后，就要设计出市场客户喜欢的产品和服务。这种设计不仅是把功能简单地组合在一起，重要的是在外观上、器件组合、使用方法上的人性化设计，这才是真正吸引消费者和客户的关键因素。当前环境下，消费的整体趋向是：配置可以不高，但时尚性不能差。

（3）保证提供产品和服务的优良品质与成本可控。虽然中端市场的客户具有较强的消费和支付能力，但是他们的消费和支付能力也不是无限的。同时考虑到竞争的存在，如果企业提供的产品和服务的价格过高的话，是无法被市场客户所接受的。在产品和服务的产品线规划、设计环节、生产环节、销售环节，都会造成成本的无效增加，进而导致产品和服务价格的虚高。在产品和服务的设计和生产中，要尽量在生产技术、生产工艺中实现共享，以实现最大的成本控制。

（4）市场推广和品牌建设的方式。中端市场的客户划分有多种方式，有男性/女性、老人/年轻人、南方人/北方人。而体现不同客户群体之间差别的方式也有多种，可以在产品的功能外观、使用方式上，也可以在材质上。在具体的市场推广过程中，要根据市场客户的认知差别，来确定产品的宣传方式、品牌方式、渠道方式和人员推动方式。如果市场客户认为是量的差别而不是质的差别（如近视眼镜只是度数的差别，墨镜只是色度大小的差别），就可以用同一的宣传方式、品牌方式、渠道方式和人员推动方式。如果市场客户认为是质的差别而不是量的差别（如汽车整体性能的差别、手机整体功能的差别），就不要用同一的宣传方式、品牌方式、渠道方式和人员推动方式。

基于中端市场策略下的系统最优原理如图4-4所示。

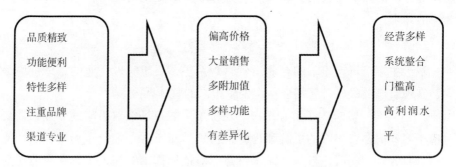

图4-4　基于中端市场策略下的系统最优原理

3. 基于中端市场策略下的系统最优模式

基于中端市场策略下的企业运营管理系统要实现最优，就要在各个重要的业务环节做好定位与匹配。

在市场的调研和产品的设计方面，重要的是如何预测好产品和服务的需求，并以及时的速度将产品设计、生产出来并进行市场投放。由于市场的预测需要很强的客户调研与分析能力，而把客户比较模糊的需求以产品的形式设计出来又需要很强大的设计能力，这就需要大量的投入，更蕴含着巨大的风险，只有那些占有很大的市场份额，并有强大的销售能力的行业领头企业才能承担起这种引领市场的工作。

由于全新的产品与服务设计不仅在设计阶段有大量的投入，而且在生产阶段也会有多次的生产工艺设计、试验和调整，在销售阶段要有大量的推广投入让客户和消费者来认可。因此，对于很多企业来讲，在产品和服务的设计上，往往是采取模仿设计和自行特色设计结合的做法。在这种做法下，企业的市场人员在推广自己产品的同时，还要经常查看竞争对手特别是行业标杆企业的产品特点和新产品推出情况。而产品和服务的设计人员要根据市场人员提供的市场新产品情况进行考察和研究。

在产品和服务设计的过程中，设计人员要和市场人员紧密结合，创新要立足于那些能极大地满足客户需求、为客户带来极大便利、在材料使用和生产工艺上都不会造成过大困难的方面。当然，对于更新换代的产品和服务设计，由于其变化的内容很多，所以最好的做法是招聘成熟的设计人员进行复制开发设计，而不是让自己的技术人员再去学习和探索。

对于定位基于中端市场策略的企业，其产品线的规划非常重要，这其实也是把目标市场细分到什么程度的问题。如果细分过细，那么每个细分的客户市场规模就会很小，采取不同的生产和销售方法就会造成成本过高的问题。如果细分得过粗，就会产生因市场需求针对性不强而无法引起客户的注意和关注。最优的做法就是：根据企业自己的规模和实力，并结合每个细分市场的规模来确定市场细分。一是每个细分市场必须与其他的市场细分有明显的差别；二是每个细分市场的规模要大到有足够利润空间；三是企业要根据自己的实力来确定进入哪个细分市场；四是创造一个细分市场或者优化一个细分市场，以增加自己的竞争优势和市场份额。

定位基于中端市场策略的企业，其生产、采购、质量保障的体系，由于其选择细分市场的数量不同而不同。按照所选择细分市场的多少，其生产、采购、质量保障的最优模式也不同。

选择细分市场少的企业运营管理系统，其生产的产品品种比较单一，产品种类的数量也少，因此产品的转换也少，容易形成标准化的生产模式，生产工艺和过程也比较稳定，对工作人员的要求也不高，很容易形成精益化的生产运营模式。

选择细分市场多的企业运营管理系统，其生产的产品品种比较庞杂，产品种类的数量也多，因此产品生产过程中的转换频次也多，生产工艺和过程也不是很稳定，对工作人员的要求也高，多技能工是企业必需的一个选择。

### 四、基于高端市场策略的系统最优

所谓的高端市场通常就是指社会富豪阶层和中产阶级中的上等层次这一类的消费群体。这个群体购买选择的第一要素是高端大气上档次，他们怕的就是东西太便宜，显示不了他们尊贵的社会地位。这类消费群体对生活品质有奢华的要求，支付能力根本不在他们考虑的范围之内，只要是喜欢的、好的甚至是贵的那就买。

高端消费群体本身就是一个特别的消费群体，在价格和奢华上已经和其他所有的消费者拉开了极大的差距，因此高端消费群体内部本身不再有明显的市场群体细分。

1. 基于高端市场策略下的价值最大原理

高端市场，消费的就是自豪、尊严和品位，对于高端的消费群体来讲，最怕的就是你的东西不够好，最不怕的就是你的东西太贵。因此，高端消费的产品和服务，首先是要达到稀少、特别、昂贵、奢华的效果，如果做不到这一点，那就失败了。

基于高端市场的市场策略，就是让这些人觉得买你的产品和服务是最显示身份的事情就可以了。

2. 基于高端市场策略下的系统最优原理

基于高端市场首先是寻找到或者制造出最稀有的、高品质的产品和服务；其次是通过宣传，让消费者或者客户相信拥有自己的产品和服务是最值得炫耀和自豪的一件事情。有了这两点，基本上就可以了，销售渠道什么的都不在话下了，而且奢华的产品和服务都不能放在大众的销售场所进行销售。

基于高端市场策略下的系统最优原理如图 4-5 所示。

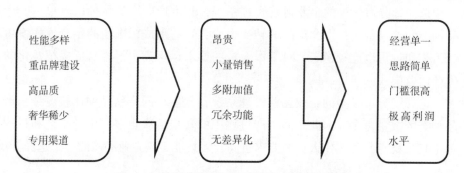

图 4-5　基于高端市场策略下的系统最优原理

3. 基于高端市场策略下的系统最优模式

基于高端市场策略下，企业的运营管理系统也比较简单，一是找最有名的设计人员（或者把自己的设计人员塑造成名人）设计出体现时代奢华、尊贵的产品和服务；二是用最好的设备、人员、控制体系生产出品质最好的产品和服务；三是通过高端广告（如五星级以上的宾馆、机场等达官贵人常去、有实力去的地方和媒体）塑造出奢华、尊贵的品质特色和品牌内涵。剩下的留个咨询服务电话就可以了。

## 五、案例分析

德虹公司是一家专门生产汽车发电机的企业。公司成立于 1978 年，开始的时候主要是为农用拖拉机提供发电机。随着中国市场的发展，开始为中小卡车提供发电机，比如福田小卡、一汽小卡等这样的汽车，而且产品品类就这一种。

2012 年，公司销售额达到了 3.6 亿元，不算很大，也不算很小。公司的整体运作是按照客户的每一款产品要求，由公司设计人员设计并制作样机，客户满意后再进行量产；成品运到客户的仓库里并不给予结算，只有客户使用了，将电机安装到发动机上之后，才算数；在客户处的库存很大；零部件的采购一直是个问题，特别是供应商的质量不能保证，极大地影响了公司产品质量的稳定性，产生了很大的质量成本；质量监管部门人员庞大，有过程检验、抽样检验，还有最终检验。有些是客户要求的，有些是公司自己设置的。

根据我们的咨询要求，我们对德虹公司的企业运营管理系统进行了调整和完善。

采购与供应商管理方面：首先将采购物资的质量问题和采购员的绩效挂起钩来（原来是不挂钩的）；其次将供应商审查职能并入采购部（原来在质管部），让采购部人员承担起供应商的管理职责来；最后是在质管部建立供应商质量技术支持小组，帮助供应商提高产品质量。

产品的设计、生产与库存方面：首先通过技术人员调剂和客户沟通前置，保证对客户需求理解的准确性，确保产品设计满足客户的需求，特别是要把设计思路考虑在客户之前，从客户要我设计什么变成我为客户设计什么，减少客户产品的变更；其次加大标准器件的库存，提高非标准器件的价格，同时降低客户产品的库存，实现对客户的小批量、多批次的供货，减少库存和无用产品，提高整体的企业效益。

在进行完上述的调整之后，针对企业准备上马高级轿车发电机的战略定位，着眼于企业的长远发展，我们有提出以下的调整要求：

一是建立采购二部，专门负责高档轿车发电机所需原料物资的采购，建立更加严格的供应商选择标准和物资采购要求，同时对于产品质量的要求也大幅提高了标准。

二是在设计部成立初期专门的高档轿车电机设计小组，主导高档轿车客户产品的设计，同时带领其他原有的设计人员开展细节的设计工作。

三是在生产中抽调技术能手，负责产品生产过程中专门针对高档轿车发电机的生产。

四是优化生产体系的运行模式，保证在尽量不进行大投入的前提下使现有的生产线能够生产更多品种的产品。

五是从生产人员和技术人员中抽调具有市场潜质的人员，通过培训和训练，成为销售工程师，负责高端轿车电机的销售工作。

通过以上的运营系统调整，德虹公司的整体运营效率和新业务的发展都实现了预期的目标。

# 第四节　企业经营策略成长下的运营管理系统最优

随着企业自身的成长、外部环境的变化以及企业自身资源条件的不同，企业的经营策略也不是一成不变的，也是要不断进行调整和优化的。任何一个企业都希望涵盖更多的细分市场以获得更多的经营收益和价值创造。即便无法做到覆盖所有的细分市场，企业也都希望在收益高的市场领域里开展经营生产活动。但是由于竞争的存在以及自身资源的限制，企业是无法做到随心所欲地在任何一个市场领域里开展经营生产活动的。因此企业往往会依据自身的资源情况和外部的市场情况选择最适合自己生存和盈利的市场范围和经营模式。

随着企业经营利润的积累，其所能掌控的资源以及自身的能力也在不断提高。随着自身资源和能力的不断提高，企业也就可以在更大、更广泛的范围内开展有效的经营生产活动。这可能是跨区域的，也可能是跨细分市场的，还可能是跨行业的。由于涉足了不同的市场范围，企业的经营策略也会相应地发生变化。我们把企业因涉足市场范围的扩大而导致的经营策略的变化成为企业经营策略的成长。

另外，由于经济的发展以及社会结构的变迁，企业外部的经济环境也会发生很大的变化。首先是中产阶级的崛起，使社会消费能力大幅度提高。进而品牌、品质、品格意识都会有很大的改善，企业在经营策略上就会从低端市场策略逐步地向中高端市场策略进行调整。其次是行业格局的变换，在企业积累了大量资本以后，就会寻找更多的商业机遇，也就会拿着钱四处去找投资机会。就像阿里巴巴进入物流业、联想进入农业、所有的大企业都进入房地产行业等现象一样。每个行业都会不断有新来的竞争者加入，并且新进入的竞争者往往都会带来新的经营方法和模式。

所以，企业调整经营策略既是一件不得不做的事情，也是一件极具商业诱惑力的事情。

## 一、企业经营成长中经营策略的成长模式

根据外部环境的变化以及经营的需要，企业会经常地调整自身的经营策略。根据企业经营策略调整的前提，可以把经营策略的调整分为更换性调整和成长性调整。

更换性调整是指企业的经营策略从一种形式变为另一种形式，比如从低端市场策略转向中端市场策略，或者从代工的经营策略转向自营的经营策略。在采取更换性经营策略调整时，企业会放弃原来的经营策略，转而采用新的经营策略。如果企业经营策略的调整是从一种经营策略更换转向另一种经营策略，那么企业的运营管理系统也就应该从原策略下的最优状态，更换调整为新策略下的最优状态。这种经营策略的调整既是企业经营不善被迫进行的原因，也是企业为了获得更大发展而主动进行的原因。

成长性经营策略的调整是指企业并不放弃原有的经营策略，而是在保持原有经营策略的基础上，同时增加采用新的经营策略内容，这种经营策略的调整基本上都是企业主动出击的经营行为。这种经营策略的调整往往是随着企业自身经营状况的成长同时出现和完成的。而在不同的经营成长方式下，企业经营策略调整方式并不完全相同，而对应的运营管理系统最优的状态也不同。

### 1. 企业单一产品规模的扩大式成长

如果企业的成长和扩张是以单一类别产品的大幅度增加实现的，那么必然会伴随着以下方面的变化：

一是企业的业务涉及的地区范围会大幅度增加，而且企业销售的组织和网点也会随着大幅度增加。

二是企业的生产规模、设备数量会大幅度增加，生产单位的数量和组织的复杂程度也会大幅度增加。

三是企业的采购和供应商会大量增加，对物资的管理、供应商的管理都会变得复杂起来。

四是企业的人员数量大幅度增加，站在企业最高层领导的角度上，如何组织好这些众多的人员，实现企业的顺利运行就是个需要面临的问题。

在以上这种经营成长的状况下，企业经营策略的调整在具体的组织开展上会有以下四个选择方向：

一是销售方式的变化。在销售方式上，经销商或代理商、自我直销各占什么样的比重，代工销售和品牌销售各占什么样的比重、线上销售和线下销售各占什么样的比重，如何做更好一些。

二是生产方式的变化。从成本和经济效益的角度看，自我生产的产品和外包生产的产品各占什么样的比重更合适，自建厂房和租赁厂房哪个更合适。

三是采购方式的变化。和生产方式相结合，基础原料和外协件的采购与半成品的采购各占什么样的比重更合适。

四是企业经营状态的变化。考虑到物流运输、区域特色等问题，是采取集中生产分区销售的方式好还是采取分区域生产并销售的方式好？是采取单一品牌生产销售的方式好还是采取多品牌生产销售的方式好？

在这样的情况下，如果不考虑企业既有的、不可改变状态的影响，应该如何构建企业的运营管理系统并使其达到最优的状态和模式。对于不同的行业、不同的产业其考虑因素是不一样的，比如方便面、重工机械和采矿之间，它们在经营布局和运营系统最优方面有完全不同的逻辑模式。

2. 区域化产销与集中化产销

对于单一类产品的大规模生产与销售，到底是采用分区域的生产销售布局方式好还是采用集中化的生产销售布局方式好，这主要从集中化生产规模化效益与区域化生产便利化效益两个角度来考虑。

集中化生产是指在生产区域、生产管理等方面都是集中的。

集中化生产规模化效益就是指在既定的生产模式下，一个生产单位的生产数量必须要保持在一定的规模，才能够达到最大的生产规模效益。因为保持这样的生产规模，才能使生产中专业化分工效率更大、大型复杂产品生产需要的大设备发挥更大的效能、减少分散生产时造成的运输成本、集中管理的便利和低成本、生产技术人员间技能的高效分享互动等。即便是在以"工业4.0"、3D打印技术为代表的新型智能化生产系统模式下，这种结论也是有其合理性的。

区域化生产是指在不同的区域范围内分别进行产品的生产和生产管理。

区域化生产便利效益，就是指无论是从物流成本的角度还是从满足客户的角度，其效果都是最大的。这主要决定于不同区域客户需求的产品及其生产方式有很大的不同，需要的很多原料配件在当地都可以得到，当地市场的需求变化也比较频繁，在这样的情况下，区域化产销是效益比较大的。

区域化产销与集中化产销区域最优决策的选择模式如图4-6所示。

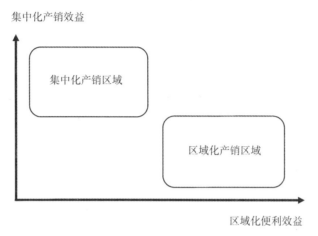

**图4-6 区域化产销与集中化产销区域最优决策的选择模式**

根据以上的原理，我们会发现，很多日常消费品往往都采取区域化的产销模式，而一些重型的装备往往都采取集中化的产销模式。

当然，即便是区域化的产销模式下，为了实现企业的系统最优和价值最大，整个企业的管理还是要有集中的部分，比如品牌形象的管理、重大关键物资的采购、重点人才的管理、基本生产工艺与生产技术的管理、产品质量标准的管理等内容。

对区域概念的理解会影响对这个结论的理解与认识。我们这里的区域概念是以面积为主的地理概念。也就是说，采取区域化产销的模式时，要考虑把多大的一个区域面积范围作为一个整体的区域看待。首先面积不能太小，面积太小的话人口不够多，生产的规模化效益会受到很大的影响。在一个很小的区域范围内，即便是有需求很不同的市场群体，考虑到生产规模效益太小，也无法设立一个专门的生产单位进行产品供应。当然面积过大的话，自然就会带来人口过多和市场需求差异过大的问题。比如在我国，东北地区的面积很大，但是人口只有不到一亿，而山东、河北、河南、山西的人口就分别接近一亿了，它们往往被分成两个不同的产销区域。这就是虽然人口足够多，但是因地区文化原因造成的需求差异也很不同。在这样的原理下，上海、浙江、江苏、安徽等地区往往又被设成另一个产销区域。

### 3. 自产与采购

在企业单一产品生产规模不断扩大的过程中，除了最终产品大量增加，过程产品的需求数量也会大量增加。那么企业应该如何在既有的条件下进行产品生产的布局？对于最终性产品和过程性产品，哪些产品自己生产、哪些产品交由外部企业生产，进而达到企业未来发展以及当前效益的最大化？对于多数常规性的企业来讲，这其中包含了两个方面的情况，一是最终的产品是否需要进行外包式的生产供应，也就是让别人给自己做 OEM 贴牌；二是在有足够能力的前提下，对于过程性的产品，哪些要拿过来自己进行生产而不再进行外部生产。

对于第一种情况，包括了以下三种方式：

一是想销售好产品但是自己生产不出来，这种情况下是必须要买别人的产品的，贴上自己的标牌进行销售。前提是自己的销售能力和品牌能力要足够强大。

二是自己的生产能力满足不了市场需求和销售能力，也就只好购买别人的产品，贴上自己的标牌进行销售。前提是别人的产品要能满足成本和质量要求。

三是自己的生产能力也能够满足，但是自己生产的产品在成本控制和质量保证等综合效益指标上没有别人做得好。

对于以上的三种方式，首要的前提是必须要保证能够找到自己所需要的产品供应商，并且在产品成本和质量控制等综合效益指标方面能达到自己的要求。但关键问题是，即便是能够找到合格的产品供应商，是应该投资收购掌控该企业后设厂自己生产还是仅仅进行外包式生产，这个决策该怎么决定。这个问题思考的框架如下：

（1）能否从企业外部比较容易地得到合格的产品？

（2）市场销售扩张的趋势是否持久？

（3）设厂的投资回报时期是多少？

（4）企业应对经济周期的策略是什么？

（5）公司是否准备进行资本化运作？

在上述问题的基础上，其基本的决策模式如图 4-7 所示。

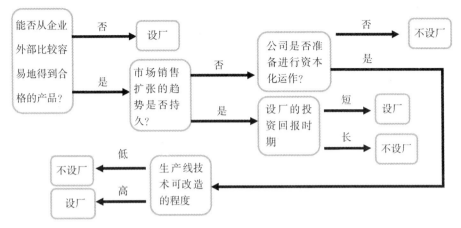

图 4-7　自产与外购最优决策的选择模式 1

对于第二种情况，是否要加大过程产品的生产，这其中也是受到几个方面因素的影响。当然最重要的前提是具有足够的资金实力、人才实力和经营实力，在具备实力的基础上要考虑为企业发展带来的负担和益处。这个问题思考的框架如下：

（1）投资的资本性收益和市场性收益的对比。

（2）此类过程产品的供应链价值。

（3）自我生产与外部生产的成本对比。

（4）外部生产资源的可获取性。

（5）此类过程产品需要的可持续性。

在上述问题的基础上，其基本的决策模式如图 4-8 所示。

当企业规模扩大时，企业往往要从集中化产销向区域化产销进行调整，在这样的情况下，企业的运营管理系统要发生相应的变化。为了能够实现对更大范围业务活动的管理，企业要采取更多的管理层次，运营管理系统会变得更加复杂一些。自然其最优的内容和方式都会发生相应的变化。

4. 企业进入不同的市场群体

如果企业为了进入不同的市场群体而采取了混合的市场策略，就要为不同层次的客户提供相应的产品和服务。比如提供低端客户用手机的企业，开始为中高端的客户提供手机产品，那么其经营的模式和运营管理的方式会有一定程度的变化。主要是要设立相应的品牌或者子品牌以体现各类市场消费者的不同。低端的产品和高端的产品往往不会使用同一个品牌，即便是在统

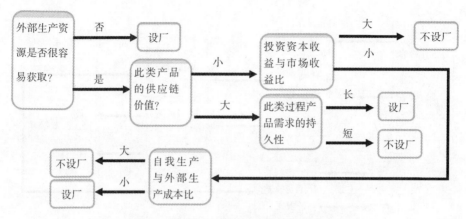

图 4-8  自产与外购最优决策的选择模式 2

一的企业品牌之下，也会针对各个不同档次的细分市场设立一个与之对应的子品牌，就像小米手机下面会有小米 M 系列、小米红米、小米 NOTE 等不同类别的产品以满足各个不同层次的消费者；海信电视也分为炫彩 4K 系列、激光影院系列、ULED 系列等子品牌满足不同的市场消费群体。

在营销方式与方法上，除宣传、定价、渠道等方面有所不同外，基本可以使用原来的队伍和体系方法，这样从最优的角度讲，可以使原有资源发挥最大的效用。而生产体系除需要进行技术改造和人才能力升级外，基本也可以使用既有的体系。

因此，企业一方面在品牌建设上要使消费者能够认识、认知、认同自己所推出的新产品以形成相应的市场销售；另一方面企业还要尽量使用既有的资源以实现最大的资源利用率，当然前提是既有资源的效能必须能够保证企业推出新业务产品的需要。

5. 进入不同的产业、行业

企业在经营中进入不同的产业或者行业，那就是要开辟一片全新的业务领域和事业空间了。这种情况下，企业既有资源中能够共用的就会少一些，比如人力资源，除如财务、行政、部分销售等通用类型的岗位人员外，关键的技术性人力资源的共用性都很小，所以企业在这种情况下最重要的是要建立起新的运营体系，保证新业务能够在专业化方面运营成功。在进入不同的产业与行业之后，企业面临的核心问题是多元化经营有效管控与推进。如果企业原来就是多元化的集团企业，其原有已经成型的经营与管控方法就会继续发挥相应的作用。而如果企业原来是业务类型单一化的集团化公司或者单一业务企业，那么就需要建立起新的多元化经营与管控的体系。

6. 改变企业的运营管理模式

即便企业的业务内容不发生变化，企业的经营策略也可以实现成长。这主要体现在企业的运营管理模式上，这种内生式的经营策略成长主要是通过引入先进的运营管理方法，确保企业在效率、创新、经营准确性方面保持优势，我们常见的流程再造、组织扁平化、传统企业互联网转型、自主经营体建设、创客小微建设、工作项目化管理、流程化组织建设、网络型组织建设、赋能型组织建设等都是企业实现内生式成长的措施和方法。

二、企业经营策略成长的实现方法

1. 资源投入的调整

企业通过资源投入的调整，可以改变各项业务、职能和工作的能力配置和工作成效的结果。资源主要包括人才、可调用的资金、设备设施、业务的力度和规模等。销售规模的扩大必然是在生产能力、销售能力增加的前提下实现的。进入新的行业和产业，往往是通过收购、新建企业等方式实现的。

2. 作业内容与方式的改变

通过调整企业各方面作业的内容和方式也能实现企业经营策略的成长，而且企业经营策略的成长也必然会伴随着企业作业内容和方式的改变。比如经济型宾馆和五星级宾馆服务作业的内容与方式是不一样的；生产高档奔驰汽车发动机和生产一般轿车发动机的工艺要求肯定是不一样的；天然绿色肉牛的饲养方法和速成型肉牛的饲养方法也是不一样的。

3. 人才技能与结构的深化

企业不同素质能力的人才带来的工作效果是完全不一样的，最终的结果甚至是不同数量级上的差距，一个优秀的人才可能带来企业部分产业的发展。通过调整企业的高级人才结构，可以使企业的经营工作产生翻天覆地的变化，实现高质量的增长。

4. 职能内容的深化与增加

各部门、各岗位人员的职能内容要求本身就体现了企业对相应职能工作成果的定位，而所有职能工作成果的有机组合构成了企业的整体经营活动，也实现了企业的各项功能。职能内容的深化与增加，同时也提出了企业经营策略与经营活动更高的要求标准，实现了企业经营策略的成长。

5. 工具与装备的升级

工具与装备的升级也是实现企业经营策略成长的重要方法。例如，ERP系统使企业资源的配置效率大幅度提高；核工业使用的压力罐，其焊接的要求是普通的焊接设备所无法实现的；传统企业"互联网+"的转型使传统企业的经营策略发生了根本性的改变；自动化工厂的使用、工业4.0系统、AI机器人技术的使用，将使企业的经营策略在效率、可靠性方面远远超越其竞争对手。

6. 管控方法的改变与调整

企业成长所带来的经营策略的成长，需要有相应管控方法的改变与调整来实现。单一企业的经营管理和集团化企业的经营管理具有本质上"态"的不同；相关多元化和协同多元化的经营管理对集团总部有不同的定位；单一的制造型集团和多业态的集团公司在管控的措施和方法上会有完全的不同。

7. 其他的方法和措施

除上述的方法和措施外，企业为了实现经营策略的成长，在获取资源和市场推广的方法上也会有所不同。比如技术开发从自主开发向合作开发的转变；市场推广从广告推广向体验推广的转变；人才使用从劳动用工向众包方式的转变；资金融资从发债贷款向项目众筹、创客自担风险的方式转变，等等。

随着企业经营策略的成长，企业运营管理系统的内容和结构都会发生变化，因此企业运营管理系统的最优也会进入不同层面和不同形式上的最优。

# 第五章

## 小微单一企业的运营管理系统最优

小微单一企业（以下简称小微企业）是指规模比较小，只从事一类产品或者服务的生产与销售经营，不需要在生产、销售等多个职能方面同时进行跨产业、跨行业、跨区域（地级市）进行管理与运营的企业。另外，这类企业也要满足年度营业额在 1 亿元以下，人员数量在 200 人以下的企业。

小微企业本身也分为很多类别，在业务经营模式上，小微企业一般都是作为大型企业的配套企业或者是大型企业的分子公司和分支机构，它们往往不是产业链中的主干，而是辅助性的部分。一般情况下，小微企业的经营往往不占据主导地位，不具有市场或者产业链的主导权，而是受制于产业链中的资源性上游企业或者产业链中最终的消费类产品企业。

按照成长的角度讲，小微企业又可以分为微型、小型企业。微型、小型的企业也有内在的区别。它们的运营管理模式也各自有自己鲜明的特色。

由于资源与条件的局限性，小微企业的发展更多的是机遇成长型的，其发展的机会主要体现在：行业成长型、竞争成长型、机遇成长型。行业成长型主要是指企业的发展随着行业的快速发展而得以发展和扩张。竞争成长型主要是指通过自己特有的优势和专长得以快速发展，比如特有的技术、产品以及质量的控制，这些特有的优势使企业得到大客户的青睐和认可。机遇成长型主要是指企业由于特殊的机遇获得风险投资、政府型采购等。

小微企业的成长欲望是很强烈的，因此小微企业的运营管理系统的最优要保证当前获利的同时，还要创造发展的动力与机遇。但是由于对行业与产业链的主导性和控制性比较弱，因此小微企业的运营管理系统却是以保证当前的营利性为主。

所以运营管理系统最优对于这类企业的意义在于，一方面保证当前的最大盈利，另一方面要创造进一步发展的机遇点。

# 第一节　企业的本质、分类和特点

在任何一个国家和地区的经济体系及企业生态集群中，小微企业在数量上都会是绝对的主体。在企业的生态集群中，大量的小微企业作为配套、服务性企业支撑起了大型企业和巨型企业的成长与发展，还有更多的服务型小微企业，在人们的日常生活中扮演着不可或缺的角色，承担着不可缺失的作用。

需要补充说明的是，由于我们探讨的是企业运营管理系统的最优，因此我们就从管理的角度对企业的规模进行划分。虽然企业的资产规模、收入规模和组织规模存在一定的正比关系，但是不同行业间这种规模上的正比关系却差别很大。比如贸易型企业和投资型企业，为数不多的人就可以产生很大的收入、控制很大的资金规模。而制造型企业，即便是在当前国内已经开始大量使用机器人的情况下，企业的资产规模、组织规模和收入规模还是有很强的正比关系的。因此，站在管理的角度，我们是从组织规模上对企业进行大小分类的。小微企业最大的特点就是组织规模小、人数少，有些投资型企业虽然控制着几十亿元的资金，但是由于它们的人数不多，从管理的角度上看，我们仍然把他们归入小微企业的范围。

小微企业往往都是资源比较少、社会影响力小的企业，而且很容易受到外部经营环境和所服务的大型企业的影响。小微企业往往处于产业链的末端和辅助端，对最终消费市场的影响力很小，因此对整个产业链的影响也很小，以市场为导向的今天，产业链终端企业的一点点变化，到了小微企业那里，就会成为幅度很大、时间很急的变化。在小微企业到终端市场的产业链环节中，任何一个环节的合作企业发生变化，它们都要随之进行调整和变化。所以，多变、常变是小微企业运营管理的常态，善于应变、精于应变是小微企业生存发展除专业技术外最重要的能力。

制造配套型小微企业在产业供应链中的位置如图 5-1 所示（以汽车为例）。

生活服务型小微企业的生存影响因素如图 5-2 所示。

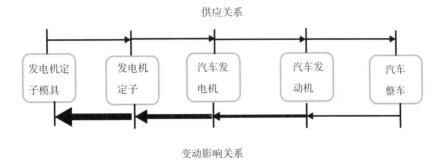

图 5-1　制造配套型小微企业在产业供应链中的位置

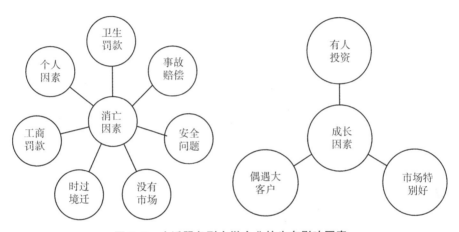

图 5-2　生活服务型小微企业的生存影响因素

虽然也有个别的小微企业掌握一定独特的技术和产品，但是由于掌握的资源少，能够投入的资金也少，因此在一个当前既定的经济发展模式中，小微企业掌握的技术和产品优势很难对抗大企业所掌握的资本优势，收购与打压必然是大企业对小微企业技术和产品优势的最终行动，这使小微企业很难成为产业、行业的"领头羊"。所以，即便是小微企业掌握了一定独特的优势，由于商业竞争的残酷，这种优势也很难保持长久。

对于小微企业来讲，也都会面临着现实中的两个问题：一是如何生存；二是如何发展壮大。而我们小微企业运营管理系统螺旋式最优的根本出发点也就包括了这两个方面的问题。我们一方面希望小微企业能够获得最大的即时利益，另一方面希望小微企业能够获得最大的发展概率和机会。即便是在两者不可兼得的情况下，我们也要思考小微企业应当怎样去选择，才能达到自己的价值最大化。

小微企业要想得到机会持续发展，成为大型乃至巨型企业，基本遵循以下四种方式和途径。

一是抓住大客户。对小微企业来讲往往是忙于日常零散的业务以求得生存。但是如果能够有机会为一些大型甚至是巨型的企业提供长期的服务，或者能够有机会为一些成长型的企业提供长期服务的话，那么这些小微企业将会得到非常难得的成长机会甚至是发展成为中大型企业。

二是赶上成长的市场。这种情况在新兴的地区市场中比较常见。在这样的市场环境中，往往是供不应求，小微企业需要不断扩大自己来满足市场的消费需要，就像改革开放初期的中国，当时的小微企业随着市场的不断扩容也壮大起来。

三是遇见战略投资。如果有战略投资进入，小微企业就会有很大的发展空间，但是从企业所有权上来讲，发展起来的中小企业可能就会易主了。

四是跟上社会经济转型。在社会形态和社会经济调整的时候，有些追随社会经济趋势的小微企业也会发展成大型甚至是巨型企业。

企业运营管理系统最优的出发点要包括捕获成长机遇和获取当前最大收益两个方面，因此小微企业运营管理系统最优的结构是一个实现当前效能与未来成长共存的结构。

由于小微企业分为不同的行业和类别，而且每个行业与类别都有其自身的特点和差异之处，因此我们将对不同行业和类别的小微企业进行相应的运营管理系统最优的分析和构建。

一、分类的原则和方法

因为我们要分析和构建不同类别企业的最优运营管理系统，所以我们对企业运营管理系统分类的原则就是要清晰地体现出各个类别企业之间其运营管理系统会有很清晰和很本质性的差别。

对于小微企业来讲，不同业态的企业运营模式是不一样的，比如服务业和制造业。同一业态当中不同行业之间小微企业的运营管理模式也会有很大的差别，比如服务业中的饭店、小软件公司、代理记账公司等都是不同的。而制造业当中的机械加工、酿酒化工、食品加工等也不相同。而且自行营销企业和代工生产企业的运营管理方式也不相同。

对于同类规模的企业，其运营管理的本质差别体现在企业的两个维度上：

一是内部的业务运转模式，二是企业的职能结构组成。

对于不同业态、行业的小微企业，其业务的运转方式是不一样的，完成业务需要开展的工作也是不一样的，同时其企业的职能结构也是不一样的，进而其业务开展的组织方式也是不一样的。我们从业务的运转方式、完成业务需要开展的职能结构、实施职能需要开展的工作、工作运行开展的组织方式四个方面，以"统计学中的聚类分析，按照以上四个方面的差异化程度评分"的方法，将小微企业的运营管理系统模式分为项目运作型、生产制造型、即时消费型和专业职能（外包）作业型四大类。

## 二、项目运作型

项目运作型的小微企业包括小型软件公司、小型管理咨询公司、小型弱电安装服务公司、小型设计公司等。这些企业的业务模式是以一个个的项目开展的，具有阶段性、集中性、间歇性的特点，每个项目都需要一批人去合作共同完成。由于规模小，影响力也小，这类企业的业务往往是不稳定、不连续的。业务多的时候就会很忙，业务不多的时候大家就都闲着。这类企业由于业务时常会不连续，现金流和业务流也都难以得到很好的保障，所以在优秀人才的留用、大力度的市场开发投入和技术开发投入方面都会受到一定的制约。

## 三、生产制造型

生产制造型的小微企业，如小型食品公司（生产月饼、蛋糕、小零食）、小型饰品玩具公司、小型配套生产企业（机具加工、辅料加工、器件加工）、小型消费品加工（服装、鞋帽、劳保用品）企业、小型建材企业等。这类企业的业务特点就是在产、供、销、存等职能体系是比较全面的。但是这类企业生产的日常消费品往往都是低端的产品，或者是为其他大型企业进行 OEM 加工的产品。这类企业一般是没有能力建设自己的品牌的，也没有能力建立自己强大的技术研发体系，更没有能力建立那种全国甚至全球性的销售体系。它们在产品的创新与改进上往往都是处在模仿与跟随的地位上，产品销售的区域往往也都是地方性的市场与客户。

## 四、即时消费型

即时消费型的小微企业包括饭店、宾馆、足疗中心、健身中心、游乐场、医院这样的经营单位。这类企业占到小微企业的大多数，一般都属于服务型的企业。这类企业的特点就是客户需要在企业经营和工作的现场进行消费，整个交易的完成过程也是在企业经营和工作的现场完成的。这类企业也有通过连锁经营做强、做大的，但是对于每一个单独运作的经营单位来讲，都属于小微企业。

### 五、专业职能（外包）运作型

专业职能（外包）运作型的小微企业包括小型物流配送公司、房地产营销代理外包公司、代理记账公司、公关代理公司、平面设计代理公司、招聘服务公司、人力资源派遣公司、订票公司等。这类企业大部分是把大型企业的一部分职能工作外包出去，专职为相关企业开展这一类职能工作的外包服务。在开展职能外包服务的过程中，这类企业往往会同时为很多的企业开展相关的服务和业务，而不仅是只为一家企业开展相应的外包服务。

## 第二节　运营管理系统的框架

以上几类的小微企业都有不同的业务运作模式和工作开展方式，但是都有基本的运营管理体系的框架模式。对于每一个小微企业来讲，其运营管理系统都包含功能系统、动力系统、作业运行系统、管控系统四个方面的内容。但是在具体细节的形式和内容构成上，每一类小微企业又是有很大的差别和不同的，以下就是各类小微企业的运行管理框架。

### 一、项目运作型小微企业的运营管理框架

项目运作型的小微企业业务开展的具体方式是：由市场业务人员去寻找市场信息；由技术人员和其他相关人员协助市场业务人员共同为客户进行前期的项目方案框架设计和沟通；一旦项目拿下来之后，就由项目负责人负责组织相关人员开展项目的实施与运作；实施完成的项目经过验收后进行交接。项目型小微企业每个项目订单产品和服务的框架体系差别比较大，但是具体作业的标准化程度还是比较高的。这个过程中要涉及项目作业方法的设计、有关物资的采购、项目作业施工的管理等，在整个项目运作过程中，预算、财务、采购、人事、制造等职能部门都会提供相关的支持工作。

除项目的运作之外，还要开展一些项目施工技术的研发与创新工作，以保证企业的项目施工技术能够跟上客户的需要与行业的发展。

项目运作型小微企业业务开展的具体方式如图5-3所示。

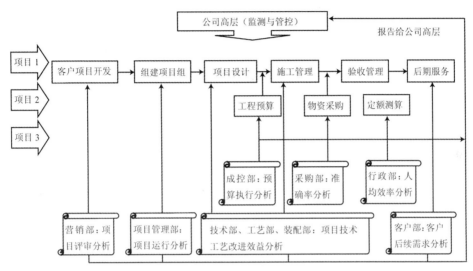

图5-3　项目运作型小微企业业务开展方式

## 二、生产制造型小微企业的运营管理框架

生产制造型的小微企业的涉足范围包括了机械加工、食品加工、化工酿造、酒类生产、电子器械、服装衣帽、玩具工艺品等的企业。其业务开展和运作的基本方式是：市场人员在外部开发市场，包括向大企业或者单位推销自己的产品，销售人员拿回订单后由内部人员组织进行生产，生产完成之后再交给客户。或者市场人员通过开发各类经销商建立起产品分销渠道，将公司生产的日常消费品通过各种销售渠道分销出去。

在这个过程中，要涉及产品的设计、生产工艺的设计、原料物资的采购、生产过程的安排、产品质量检验控制、运营资金的调度、人员的管理等的配合性工作和职能工作。除正常产供销外，还需要进行一些新产品的开发、新技术的开发，甚至还要配合客户的一些技术改造和产品改造等方面的工作。

生产制造型小微企业的一个特点是产品和服务的单一性程度高，受资源和能力的限制，往往只是生产比较单一、专业的产品和服务，使用的原料和生产物质也是比较固定的，而且品种的种类会比较少。另外，由于受能力和风险承受力小的影响，生产制造型小微企业生产的往往都是在技术上相对比较成熟的产品，不会生产那些风险性比较大的非成熟性产品，除非有大客户在资金和资源上能够给予足够的帮助和扶持。

生产制造型小微企业业务开展的具体方式如图5-4所示。

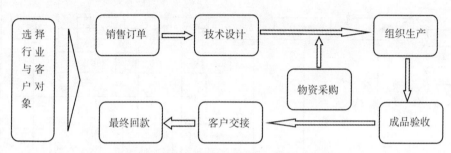

图5-4 生产制造型小微企业业务开展方式

虽然生产制造型小微企业的业务开展方式和大企业差不多，但是具体的组织运作方式还是有很大的不同的。比如小微企业的生产组织比较简单、人员往往是一人多岗、人员的流动性也比较大。而且由于规模比较小，因此对于管理者来讲，企业的方方面面都了如指掌、洞若观火。对企业每一个地方的好坏都很清楚，每个员工之间也都比较熟悉和了解。

### 三、即时消费型小微企业的运营管理框架

即时消费型的小微企业就是指那种只能在企业现场进行消费的服务型小微企业，包括饭店、宾馆、足疗、按摩、健身馆、电影院、公园、游乐场、停车场、小卖场、洗车中心、旅游、洗浴中心等这样的企业。即时消费型的小微企业，一般就是在一个空间区域里，大家共同为客人进行服务。服务的方式包括人工和设备两种。

即时消费型小微企业的运营模式，就是在一个区域空间里设置一个服务场所，想办法吸引客人到自己这里来接受自己的服务。如果有客人来，他们就会有生意做。这类服务的特点有以下几点：一是客人必须到自己所在的地点和区域来进行消费服务，当然也有上门服务的，但那是很少见的。二是要不断地积累客人，如果积累不到足够的客人，就会没有生意做。三是选址和服务内容的重要性，地点要选在一个客人比较多的地方，服务的内容要符合

客人的需求和希望。四是服务品质的柔性化，由于在整个服务过程中服务人员大部分时间都要和客人接触、共处，所以服务人员在服务开展过程中的个人表现就会很大程度上影响服务的品质。

即时消费型小微企业业务开展的具体方式如图5-5所示。

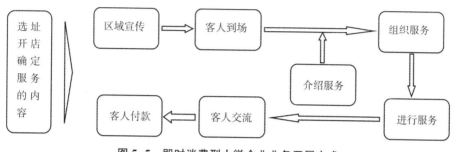

图5-5　即时消费型小微企业业务开展方式

由于规模不是很大，业务不是很复杂，即时消费型小微企业在运营时对人员间彼此的协作要求不是很高，因为即时消费者就是一个个的个人，所以服务的对象也就是一个个的个人，大部分的服务一个人或者两个人就可以操作了，而且这也使即时消费型服务的数量基本上可以按照服务消费者的数量进行计量。

四、专业职能（外包）运作型

专业职能（外包）运作型小微企业的业务运作一般来讲都比较简单，只要有客户需要自己的服务，确定服务合作关系之后，就定期地为客户开展相关的服务就可以了。如果遇到客户的相关业务发生了什么变化，进行一些相应的调整就可以了。像财务代理记账公司，就是每月为客户整理财务票据、出具税务表单和工商报表。代理采价公司就是定期地收集齐全相应产业的物资价格和服务价格，再定期地为客户提供相关的价格信息，以便于客户进行相应的成本核算、预算编制和采购招标使用。而货运代理公司就是帮助那些需要产品出口的客户代理包括运输订舱、海关通关、防疫检验等手续的办理工作。

专业职能（外包）型小微企业业务开展的具体模式如图5-6所示。

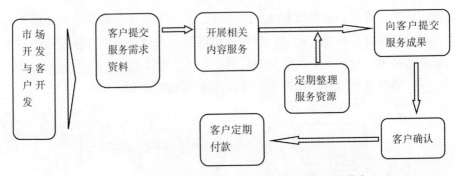

图 5-6　专业职能（外包）型小微企业业务开展模式

专业职能（外包）型小微企业的特点就是业务模式比较简单，而且所承担的外包服务业都是技术含量不高、业务难度不大、不构成企业关键组织能力、比较容易开展的职能内容。

# 第三节　功能系统最优

## 一、小微企业功能系统最优的内涵

对于各类小微企业来讲，无论是制造型的还是服务型的，其追求的目标都是更多的盈利、更好的生存和更大的发展。但是，由于这些小微企业所涉及产业和业务内容均不是处于核心主体产业链和价值链上，而是产业辅助性的业务内容，如果不进行跨产业链和价值链经营的话，其得以大规模发展的机会是很小的。当然也有一些小微企业可以通过连锁或者产业升级的方式获得扩大发展的机会，但是由于受限于资源，这种可能性也是不多见的。

所以对于小微企业来讲，第一位的是尽可能多地获利和盈利以进行资源积累，对这方面的关注占到小微企业经营行为的 70%～80%；其次才是随机、投机性地去创造和等待那微乎其微的发展壮大的机会。这就决定了小微企业的功能系统最优，其出发点就是实现短期最多盈利，储备中期成长的资源，捕捉长远发展的机遇。

## 二、项目运作型小微企业的功能系统最优

项目运作型小微企业，从短期盈利和长期生存的角度讲，其功能系统主

要包括以下六个方面的内容：

（1）市场功能保证项目的数量和单个项目的毛利，就是一方面保证企业有足够的市场订单，另一方面保证订单的金额是能够实现最大限度的利润的。

（2）低项目运作成本，在项目运行的过程中，要减少项目的正常支出，包括人工费用、后勤费用、采购物资的价格等。

（3）高项目实施精准率，项目实施过程中，保证项目能够如期、保质地完成，避免或者减少项目实施的失误、返工、事故等问题。

（4）项目实施的客户满意程度，在项目实施过程中，要实现客户的满意，同时在客户那里形成良好的形象和口碑的传播。

（5）项目技术的改进与提高，要不断提高项目实施的技术能力和水平，保障企业能够跟上行业的技术发展。

（6）构建一个负责、精干、能力强的企业形象，这需要企业在各个方面予以塑造和打造。

由于企业的各个功能有时是彼此矛盾和冲突的，因此在功能优先权的选择上，要遵循以下的原则：

（1）低项目运作成本与客户满意度。客户满意度应当达到一个适度的程度，而不是无限度的满意，以保证项目的运作成本足够低和企业利润的足够高。

（2）低项目运作成本与高精准实施率。项目运作的高精准也要达到一个合适的程度，而不是无限度的高精准，以保证项目的运作成本足够低和企业利润的足够高。

（3）项目技术的改进与企业短期盈利。项目技术的改进与升级工作要在企业能力可承受范围之内，其时间和成本的消耗应当控制在不影响企业生存的原则上，不能因为项目技术的改进使企业长期（1~2年）没有利润或者微薄的利润，必须确保新的项目技术能在2年左右的时间内就能够推向市场并获利。

### 三、生产制造型小微企业的功能系统最优

生产制造型的小微企业，从短期盈利和长期生存的角度讲，其功能系统的最优主要包括以下六个方面的内容：

（1）根据经营策略定位保证足够的竞争力和盈利能力。就是一方面保证企业在价格、质量、供货方面能够拿到足够多的订单，同时保证整体的运作

体系有足够的利润空间。

（2）准确对接企业经营策略的定位。企业的功能要能够准确贯彻经营策略的定位，按照目标细分市场需要的性能、品质、价值内涵提供产品，在此基础上，有效管理包括人工费用、后勤费用、原料采购费用、生产费用在内的成本消耗，确保企业价值创造的空间。

（3）灵活高效的应变。由于资源和能力的限制，小微企业需要以灵活高效的应变能力来满足市场和客户的需要。面对多变的市场和客户，生产制造型的小微企业要能够及时反应，并根据市场和客户的需要提供合格的产品。

（4）产品交付服务的客户满意程度。在产品生产过程中，要根据细分市场的特点和经营策略定位界定客户满意的内涵，在提供合格产品的同时，通过安装服务、现场体验、扫码式使用说明、人员形象等辅助方法实现客户的高度满意。

（5）企业产品的储备创新和生产工艺的改进提高。虽然受限于投入的资源和盈利的压力，生产制造型小微企业也必须要挤出时间和精力进行储备产品的创新和工艺技术的改进，目的是构建企业的超常竞争力，为未来的成长和发展积蓄力量。

（6）构建一个负责、灵活、创新、服务的企业形象，这需要企业在具体的业务运行中通过一些细节来塑造。

由于企业的各功能之间有时是彼此矛盾和冲突的，在功能优先权的选择上，生产制造型小微企业要遵循以下四个方面的原则：

（1）产品品质与客户满意度匹配下的价格定位。根据企业经营策略，要为其提供相应品质的产品，这样才能使客户满意。但客户在价格方面确实希望越低越好。这种情况下一定要根据经营策略的定位和合理的利润空间提供品质和价格相一致的产品，而不能为了满足客户的低价要求而偷工减料，降低产品的品质。

（2）低人工成本与灵活应变的能力。为保证足够的利润空间，小微企业往往比较注意控制人工成本，但过低的工资水平往往导致员工工作积极性不高，不愿意配合企业的工作要求。对于低端的产品，由于标准化程度高，对个人技能要求相对较低，可以相应的采取低薪低能策略。而中高端的产品，对精细化生产要求高，对个人技能要求相对也高，可以采取高薪高能策略。

（3）低库存、恰当交期和客户满意度的平衡。为了降低成本，小微企业往往不愿意有过多的库存，但是库存少的话，在供应商不能及时供货时又容易出现断货而耽误产品的交付，进而影响客户的满意度。在既定合约和可控成本的前提下，满足客户订单交付肯定是第一位的，但是需要想办法降低库存的成本。

（4）产品创新投入与即时性盈利需求的平衡。产品的创新是需要投入资金的，还要承担创新失败的风险。产品创新的层次与风险应当控制在不影响企业生存上的前提下，应当以短期内推动市场的开拓为主要原则，创新的产品要保证企业能够在 2 年之内推动市场的开拓实现市场份额和盈利水平的提升。

### 四、即时消费型小微企业的功能系统最优

即时消费型小微企业，从短期盈利和长期发展的角度讲，其功能系统最优主要包括以下五个方面的内容：

（1）足够的客户源。即时消费型小微企业一般只是以一些简单的开业仪式和发放宣传单页做一下宣传后就不再有大的市场开发动作，往往要靠服务区域范围内的口碑传播来逐渐地提高客户的数量。当然随着互联网技术的发展，也可以通过微信群、朋友圈、公共的 O-TO-O 平台来推广自己。

（2）合理下的高服务价格。服务价格是和服务资源稀缺性以及服务品质挂钩的，价格高的话客人消费不起，价格低的话自己赚不到钱。在提供高品质、客户满意服务的前提下，应当保证企业有足够的利润空间。

（3）足够的客户满意度。市场口碑传播的前提就是客户服务的满意度。由于大多数情况下是由服务人员完成的，是人和人的直接接触，所以即时消费型的客户满意度具有很强的柔性，服务人员的服务方法和服务态度对客户的满意度有很大影响。

（4）尽量少的单次服务时间。由于提供服务的资源和空间有限，在不以服务时间计费的价格策略下，一个客户占用服务资源的时间太长，必然会影响服务的收入，比如吃饭时间太长、理疗时间太长等。

（5）服务模式和方法的创新。由于竞争的存在，服务的模式、方法和内容需要有不断的创新，比如饭店开发新菜品、汽车修理店提供新服务等，以此品保证企业能够长期的发展。

由于企业的各个功能有时是彼此矛盾和冲突的，因此在功能优先权的选择上，即时消费型的小微企业要遵循以下的原则：

（1）尽量少的单次服务时间与客户满意度的均衡。由于客户都希望得到

最好的服务，当客户感觉服务好的时候往往希望多享受一些时间的服务。但是简单的控制单次服务时间，往往会引起客户的不满，从长远生存的角度看，在可接受的前提下，以满足客户的满意度为首要选择。

（2）低人工成本、高服务效率和客户满意度间的均衡。在很多服务业，服务人员的服务技巧是实现客户满意度的重要因素。好的服务人员能够在短时间内达到客户的服务要求，或者在同样的时间内，使客户达到更高的服务满意感受，比如幽默的点菜方法、精湛的美容技术等。但低的人工成本往往很难找到能力强的服务人员。这就需要对服务人员队伍进行很好的搭配。

### 五、专业职能（外包）运作型小微企业的功能系统最优

专业职能（外包）型的小微企业，从短期盈利和长期生存的角度讲，其功能系统主要包括以下六个方面的内容：

（1）专业化的市场推广与客户开发。专业职能（外包）业务成功的前提是可靠的专业水平和服务能力，比如律师、人员派遣管理等。市场推广与客户开发过程中，要把企业的专业化水平和优秀的服务能力充分地展示给客户。

（2）卓越的服务准确率。在为客户进行专业职能服务的过程中，要保证高水平的服务准确率，要避免因服务质量不达标而造成客户的不满和抱怨。而且对服务质量水平要做好把控，要在服务时间、专业化程度和结果的准确程度方面达到客户的要求，避免因服务质量不合格造成的服务返工、客户退单甚至是索赔等问题。

（3）合理的专业人员搭配。专业职能（外包）业务主要以专业人员的专业能力为基础，是以人为主的业务模式。为了保证外包服务效果和专业人才资源效能的发挥，要进行高、中、低的人才结构搭配。

（4）服务的客户满意程度。在进行专业职能（外包）服务过程中，既要实现客户的满意，也要形成良好的品牌形象和口碑传播。特别是在为客户提供随机不连续的专业职能（外包）服务时，要在满足客户的及时性需要和管控客户服务需求随意性方面做好平衡。

（5）合理的激励方式。以专业人员为主的专业职能（外包）业务，重要的是做好专业人员的管理，其中激励方法最为重要。按照各类专业人员的专业水平、职能定位和服务业绩，可以综合采用合伙人分红、技能薪酬和绩效薪酬的激励方式。

（6）构建一个态度负责、专业精深、服务职业化的企业形象，这主要是

专业职能人员通过服务工作过程予以塑造和打造。

由于企业的各个功能有时是彼此矛盾和冲突的，在功能优先权的选择上，专业职能（外包）型小微企业要遵循以下原则：

（1）专业化较真与客户灵活化需要的平衡。专业职能（外包）服务讲求的是专业服务，要以自己的专业知识和技能为客户提供无漏点的服务。但在现实中客户会根据自身情况提出和专业相违背的服务要求，原则就是为客户的整体利益负责，违法的不做、有重大风险隐患的不做。

（2）客户经营管理需要与伦理道德的平衡。员工派遣是一项常见的专业职能外包服务项目。客户企业为了自身经营管理的便利，在国家法律允许的范围内采购员工派遣服务。作为提供相关服务的企业，要寻求双方最大的共同效益点，为委托企业和被派遣人员提供互利共赢的服务，而不能损害任何一方的利益。

（3）恰当的服务性价比和客户满意度的平衡。为了保证合理的经营效益，企业往往会最大限度地降低成本，对于服务价格过低的客户，企业往往不愿意提供过多、过繁的服务。基本的原则就是尽量满足所有客户的需要，通过专业人员的合理安排，为客户提供性价比相应匹配的服务，不能对客户不理不睬，更不能向其提供无法满足专业要求的服务。

（4）业务的扩张与服务质量的均衡。随着专业职能（外包）服务业务种类和数量的增加，要避免为客户服务质量的下降。首先是根据客户的类别进行服务管理组织单元划分，不同的服务组织单元负责相应客户的服务；其次是根据专业的差别划分服务作业小组；最后在此基础上，按照业务利润分享、业务合伙人的方式进行业务推动和管理。

## 第四节　小微企业作业协作与动力系统最优

企业的功能系统的最优是由作业运行系统和动力系统的具体运作共同实现的，企业作业运行系统和动力系统的最优也是以功能系统的最优为根本出发点的。小微企业基本的特点是灵活、快捷，能够快速应对客户和市场的变化，提供相应的产品和服务。小微企业作业运行系统和动力系统最优的立足点是小微企业功能系统的最优，特别是要尽最大的可能去满足那几个看似在最优上互相矛盾的功能都能够达到最优，以实现企业价值的最大化。

小微企业的作业运行系统，主要是指各项业务的运作，包括市场、采购、生产、服务、资金管理、仓储运输、技术设计等各个环节。一方面包含了各个环节之间的协同、匹配关系；另一方面包含了各个环节自身的操作与作业情况。

　　小微企业的动力系统，主要是指各方面人员的工作状态，特别是指在人性基础约束和管控措施约束条件下，各方面人员最佳工作状态的优先性选择，而不是那种理想状态下每个人都实现最积极的工作状态。

　　由于规模小，作业运行系统和动力系统都比较简单。其基本模式如图 5-7 所示。

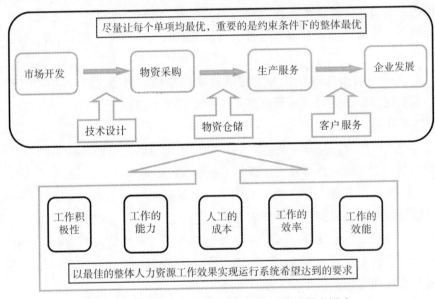

**图 5-7　小微企业运行系统和动力系统的基本模式**

## 一、项目运作型小微企业运行与动力系统最优

　　在企业的整体运作上，希望的最优状况就是有很多的项目供企业选择，而企业可以选择那些好做的、利润总额大的项目去做；在项目施工过程中，能够很顺畅地按照预定设计内容和计划开展工作，各个方面的人员和资源都配备得很到位；项目开展完后各方面客户都很满意，又介绍了新的好项目给企业。

　　但事实是，由于激烈竞争的存在，企业是处在被选择的境地上，不仅可能拿不到效益好的订单，还有可能根本就拿不到订单。项目开展的时候，客户会经常提出临时的变化和改动，各种资源的配备也会出问题。比如项目资金不到位，项目负责人员离职，采购的物资不合格，项目施工中出现错误，客户方人员不配合，项目的质量标准发生变化，人员能力不足导致活干得不好，项目人员责任心不够，等等。所有这些都会导致客户不满意，影响企业的声誉和口碑，也影响了企业的进一步发展。

在现实的环境下，项目运作型小微企业如何通过运行系统和动力系统的最优来保证功能系统最大限度的最优呢？

在市场的开发上，首先要确保能够得到充足的市场项目需求信息，以便能够有足够多的市场开发和项目开发选项；其次要有恰当的方法来充分展示企业在项目管控、项目技术、项目服务、项目经验等方面的能力；再次，在项目商业洽谈过程中，要让客户真实地感受到负责的态度和专业的能力，比如技术人员对项目的把握；最后，在项目前期的设计中，技术人员要尽量深入把握客户项目的状况，预见到客户项目潜在的问题，这一方面可以提高客户的信任，也可以减少后期项目实施中的摩擦。

在项目实施组织的设计阶段，要尽量做得准确和细致，要保证项目的实施能够按照项目预期的设计开展和进行；项目设计得好坏，直接影响了项目预算的制定和项目施工组织开展计划的制订以及相应资源的配置，所以项目的设计要做细、做精、做准。在那种"低价中标"的招标中，设计人员要做好设备选型，保证满足客户要求的前提下的最低采购价格。

在投标过程中，要让业务人员做好与客户的沟通和说明工作，以获取客户的充分的理解和认同。

在项目开展的组织实施上，由于企业人员少，同时也为了最大限度地发挥人员效能，项目运作型小微企业运作的最大特点就是一个人会同时负责多个项目某个职能方面的专业工作，而不是像大企业一样，每个项目的专项工作都会有专人来负责。所以项目型小微企业业务开展的组织方式更像是一个网状的协同合作模式。比如技术人员，每个技术人员会同时负责多个项目的技术工作，要根据各个项目工作开展的情况以及项目对技术服务的需要，安排好自己的时间，分别到不同的项目上开展相应的技术服务工作。

项目运作型小微企业其业务组织的具体方式如图5-8所示。

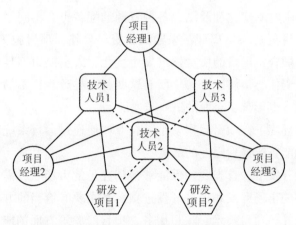

**图5-8　项目运作型小微企业业务组织方式**

　　在这样的项目运作之下，每个项目经理全面负责一个项目运作的整体工作协调，每个专业技术人员负责多个项目的同类专业技术服务工作；项目经理首先要协调客户积极配合项目的开展；其次要协调各方面的资源解决项目实施中出现的问题；最后对于客户提出的新要求，要积极组织企业内部的人员予以协商办理。

　　在物资的采购与管理上，那些重要的设备和物资，要按照与客户商定的标准和技术指标进行选型和购买；对于客户自行购买的物资，要做好现场的交接与验收；要尽量和设备物资供应商保持良好的合作关系，以便能够在准时供货和质量方面得到相应的服务和保证；对于通用的器件，就可以在市场上随用随买；运输上可以采取供应商负责或者第三方物流的方式；对于高价的设备和物资，要在投标书中说明标准、价格甚至是厂家，并与客户达成一致；采购人员要提供足够的物资信息，以便使设计人员在项目设计时有足够的设备和器件进行选择，做出最佳的设计方案。

　　在项目施工的作业上，除保留核心的专业技术能力外，其他非核心的施工可以外包给相关的专业机构。

　　在项目技术和工艺的创新上，要鼓励相关人员在具体的项目施工过程中进行探索和创新，以零星改进的积累获取最大的创新效果；对于重大的项目技术和工艺创新，以模仿学习和自我消化改造为主。

　　项目运作型小微企业各业务环节最优的互动关系如图5-9所示。

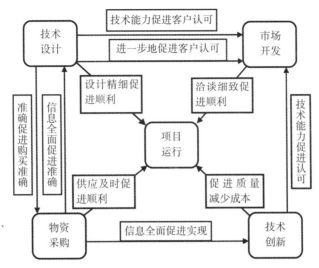

**图 5-9 项目运作型小微企业各业务环节最优互动关系**

## 二、生产制造型小微企业运行与动力系统最优

对于生产制造型小微企业来讲，在企业的整体运作上，希望的最优状况就是有稳定的、利润可观的客户订单，而且客户的订单都是批量比较大的，不需要经常调换生产品种；在生产开展的过程中，能够很顺畅地按照预订产品设计标准和计划开展，各个方面的人员和资源都配备得很到位；没有严重的质量损失问题、返工和频繁的技术标准变更问题；客户对产品很满意；企业积累了足够的资源进行良性发展和扩张，并引起资本投资机构的青睐。

但事实是，很多生产制造型小微企业本身没有突出的技术优势和制造工艺优势，其生产的产品也大多是同质化、技术含量不高的，因此更多的是以价格作为竞争的关键要素，并且采取低端市场的经营策略。在这种情况下，生产制造型小微企业的作业协作系统和动力系统就要在盈利生存和发展储备两个方面满足功能系统最优的需要，主要有以下几个方面。

第一，满足市场和客户产品的常规供应，市场业务人员要充分掌握客户的需求结构和竞品产品的特点，深度挖掘自身产品的相对优势，向客户展示自身产品对客户的作用和意义，以企业系统体系、产品性能、价格、服务、技术、供货等综合优势获得客户的认可。

第二，在资金调配、原料和配件库存、生产设备管理、外协 OEM 代工生产管理、物流供货等方面做好协调，保证为客户及时供应产品。这之中，产品的及时、合格的供应是核心，是让企业运营管理系统良性运作的关键保障，为客户提供满意的产品供应，能够使商流、资金流、物流、信息流形成互相促进的良性循环。要建立相应的协同运行机制，在遇到困难时优先保证客户产品的供应。

第三，在产品的设计与工艺技术上，要建立客户需求跟踪和行业标杆学习的二合一运作模式，要建立市场人员、技术人员、采购人员、生产人员联合的创客团队，由公司负责人带领以上几方人员共同去研究发现客户的问题和新的需求，同时去跟踪行业标杆企业在产品方面的动向，通过学习、模仿、自行改进不断优化公司的产品，获取客户的认可。

第四，在具体的作业组织上，为了最大限度地发挥资源效能，生产制造型小微企业运作一般采取一人多岗或者一人兼多职的工作，甚至是采取内部工作众包的运作机制，每个人的工作在忙不过来时都可以在内部进行外包，根据外包工作完成情况按照内部确定的标准支付给承包人相应的费用。比如技术人员会同时负责技术设计、工艺设计、生产技术指导和产品的质量检验，有的企业甚至是技术设计工作、工艺设计工作、质量管理工作、生产管理工作都是由一个人来承担的，当技术工作太忙时，就可以将实验器皿的清洗工作外包出去，这类工作即便是门卫也可以胜任的；还有的企业行政人员、人力资源工作人员、后勤管理人员会综合在一起开展工作。生产制造型小微企业业务组织的具体方式如图 5-10 所示。

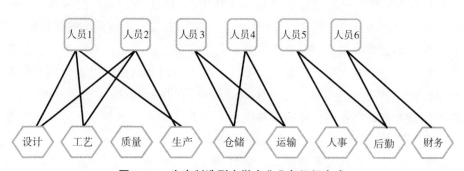

**图 5-10　生产制造型小微企业业务组织方式**

第五，建立综合的动力结构系统，要建立多元化的激励机制，在产品供应、产品开发、困难问题解决、企业运营升级推动上都建立相应的动力激励机制。在产品和工艺的改进上，要以市场竞争和满足客户需求为根本原则导向，要采取多元化的保证机制，首先以激励内部人员的创新为主，当内部人员创新无法满足市场和客户的需求时，需要向外部购买的就要购买，不能固守一种方法。

在这样的生产运作之下，企业第一负责人负责企业各个方面的整体协调，包括采购、资金、技术、生产、运输等各个环节。而生产技术负责人负责整个技术设计、工艺设计、生产管理、质量控制、设备维护等工作的协调。但是对于产品的改进与创新工作，需要企业第一负责人总体组织开展。

在互联网时代生态链概念下，在物资的采购与仓储上，可以争取与供应商形成生态链的共生模式，特别是对于那些本身也是小微企业的供应商。生态链共生模式就是大家作为一个整体，合作中减少博弈的成分，按照区块链价值增值的方式核算为最终客户提供产品服务的过程中各自创造价值的大小，并以此进行产品利润的分配。作为生态链的共生群体，首先要保证各自合作的优先权，就是彼此互相首先采用/供应对方产品，并依据客户的付款进行结算，同时建立互帮机制。

除项目化的产品创新和改进外，也要以持续改善的方式鼓励各方面人员在具体的产品生产过程中进行探索和创新，以零星改进的积累获取最大创新的效果。这类创新与改善往往不需要很大的资源投入，更多是以职工个人作业方式和操作方法的优化来实现。

生产制造型小微企业各个业务环节最优的互动关系以及与企业功能系统最优的互动关系如图5-11所示。

### 三、即时消费型小微企业运行与动力系统最优

在既定的经营定位下，即时消费型小微企业在企业的整体运作上，希望的最优状况就是有很多的客户选择这里来消费，比如饭店的翻台率要高、洗浴中心的顾客数量很多；另外就是，即便相应的服务价格高一点的话，顾客也能接受。

但事实是，由于竞争的存在，顾客是有很多种即时消费选择的，而且选择也是很具有个人色彩的。一方面顾客往往会在自己常驻的区域范围内选择即时消费的场所；另一方面即时消费的形式很多，竞争也很激烈，每个顾客都有自己的偏好，会选择自己喜爱的消费场所。

对于即时消费型小微企业来讲，选择服务场所的地址是最重要的。选址如果不正确，在后期的经营中再努力也没用。

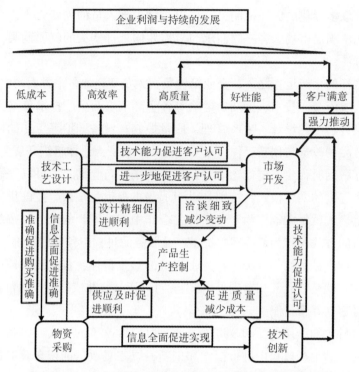

**图 5-11　生产制造型小微企业各业务环节最优的互动关系**

在市场开发上，由于即时消费型小微企业一般都是为所在场地周边一定范围内的客户提供服务，即便有客户从很远的地方过来消费，也是少量的，所以即时消费型小微企业一般只能在自己所在区域附近做一些简单的显性宣传，包括发放一些宣传单、宣传卡片等，也可以通过微信互联网的方式进行远距离宣传和社区营销，但主要还是靠服务过程中的口碑来吸引客户。在服务的过程中，要发挥服务人员的技巧和潜能，充分把握客户在接受服务时心理感受与满意度之间的关系特点，确保在不过度投入的前提下，实现消费者最大的满意度。

在服务工作开展的安排上，由于即时消费型的业务特点，每一个人就是一个消费者，因此在既定的服务项目下，可以按照客户或者场所的区域来划分内部服务人员的工作分工。如果服务项目多的话，也可以按照服务项目、服务区域、客户个人的方式来进行服务工作的分工与划分，确保服务工作效率与效能的最大化。比如停车场的管理就是按照区域进行服务管理划分的，理疗康复的服务就是按照项目或者客户进行划分的，饭店里就是按照区域内每个桌上的客户进行划分的。即时消费型小微企业业务组织的具体方式如图5-12所示。

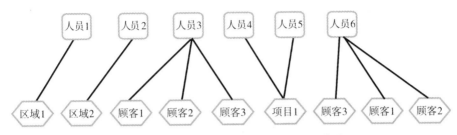

图 5-12　即时消费型小微企业业务组织方式

依据这样的服务运作模式，每个工作人员全面负责一个方面的服务工作，包括传达客户提出的要求、回答客户提出的问题、组织处理客户接受服务过程中发生的紧急事项；同时，设立严重问题事项的处理机制，将该类事项提交给更高层级的负责人进行处理；该工作人员要保证客户服务规范的贯彻执行，对于客户的额外服务要求，要积极组织企业内部的人员予以解决。

在服务的过程中，应当适时推出一些促销活动、优惠活动或者其他形式的业务活动，以吸引顾客的注意力和关注度，也以此来保持客户的新鲜感和好奇心。

在服务项目和内容的创新上，要鼓励人员在具体的服务工作过程中进行细节上的探索和创新，以零星改进的积累获取最大创新的效果；对于相对重大的服务项目和内容创新，以模仿学习和自我消化改造为主。

即时消费小微企业各业务环节最优的互动关系如图5-13所示。

## 四、专业职能（外包）运作型小微企业运行与动力系统最优

在整体运作上，专业职能（外包）运作型小微企业希望的最优状况就是：能够为客户提供优秀的专业职能服务，自身的专业服务能力得到客户的广泛认可，这种认可不仅使既有的专业职能服务业务得以快速地拓展，还使客户希望将其他方面的专业职能服务业务也外包给公司，使企业专业职能服务业务以"被迫"的方式实现拓展和多元化扩张。

一般情况下，企业将专业职能外包往往是出于以下几点考虑：

一是该专业职能不是经常发生，没必要设置专职的人员去开展相应工作，外包的成本比自己养人成本低。

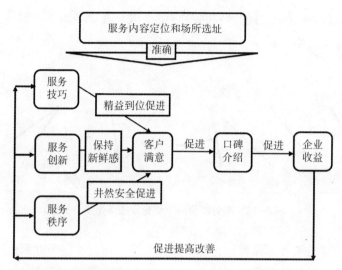

图5-13 即时消费型小微企业各业务环节最优的互动关系

二是该专业职能需要很高深的专业知识，很难找到可以全职任职的人员。

三是该专业职能不构成企业的核心竞争力，而且需要花费很大的精力进行组织和管理，社会上资源很多而且成本低。

基于这样的业务发展模式，专业职能（外包）运作型小微企业的作业协作系统和动力系统的最优应当符合以下要求：

（1）要有足够专业、足够多的服务人员，要一次保证为客户服务的专业水平。

（2）在与客户确定服务意向时，需要由专业的服务人员参与制定服务效果的规范和标准，以保证客户服务的要求是可行的。

（3）在开展客户服务的过程中，要建立多层次的服务效果保证体系，从作业操作者、过程指导者、效果监督者等多个层面，配备相应水平的人员解决相应难度的问题。

（4）建立专业职能服务体系能力的优化机制，不断补充新知识、新政策和新方法，比如税务服务对金税三期内容的导入、法律服务对新税法内容的导入、造价咨询服务对新标准的导入等。

（5）在激励方式上，首先是以专业服务团队建立整体的绩效收入激励体系；其次是按照专业人员的个人职能定位设定合伙人绩效激励、专业技能等级激励、个人服务工作绩效激励；最后还要有特殊贡献激励。通过这样的激励体系，体现个人在市场开拓、客户需求挖掘、客户服务绩效数量、个人专业水平等综合性的价值创造因素。

在专业职能服务工作的开展上，为了最大限度地发挥人员效能，专业职能（外包）运作型小微企业业务运作的最大特点就是一个人会同时负责多个客户相关方面的专项服务工作，所以其业务开展组织方式就是一对多的模式。在具体的运作中，由于各个业务服务人员的能力大小不同，会采取一人对多客户、一个业务服务团队对众多客户、一个业务工作小组对多个客户的业务服务开展方式。

专业职能（外包）运作型小微企业业务组织的具体方式如图5-14所示。

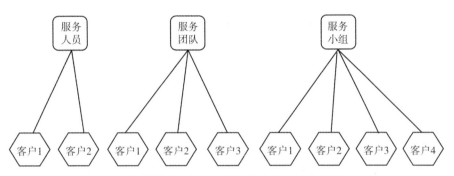

图5-14　专业职能（外包）运作型小微企业业务组织方式

依据这样的业务运作模式，每个专业服务人员全面负责多个客户的相关专业职能服务，包括与客户沟通职能服务的进展情况、与客户交接职能服务的工作成果、与客户协调沟通职能服务中发生的具体问题、督促客户对职能服务工作成果的确认、组织处理客户在服务过程中发生的紧急事项；同时，设立严重问题事项的处理机制，将该类事项提交给更高层级的负责人进行处理。对于客户的额外要求，要积极组织企业内部的人员予以解决。

在服务开展过程中，应当适时推出一些客户辅导活动、深度服务工作或者其他形式的服务活动，以提升客户的满意度。

在职能服务项目和内容的创新上，一方面要在既有的职能服务内容上不断深化和提高，特别是对于涉及国家法律、法规和政策的事项，要及时地引入职能服务体系当中来，并推动客户的接纳与接收；另一方面还要不断增加为客户职能服务的项目和内容，逐步实现客户服务的一站式打包，减少客户的选择成本。

专业职能（外包）运作型小微企业各业务环节最优的互动关系如图5-15所示。

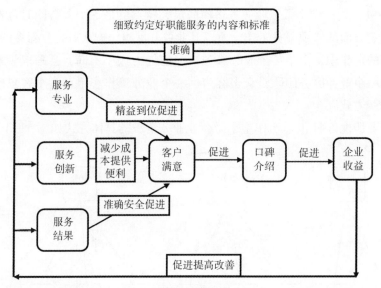

图5-15　专业职能（外包）运作型小微企业各业务环节最优的互动关系

## 第五节　小微企业管控系统最优

人是企业中唯一的创造力来源，也是企业动力系统的根本来源，只有人能够实现改进和提升的作用。企业的管控系统一方面确定了企业运行的方式，另一方面也决定了人们整体的工作状态，企业管控系统的最优直接是以企业运行系统和动力系统的最优为出发点的，根本是以功能系统的最优为出发点的。因此运营管理系统最优与否的判断标准，就是以最小的成本实现功能系统、运行系统和动力系统的最优。

小微企业的规模比较小，相对来讲人数也比较少，需要思考和协调的事情也比较少，企业的很多事情都装在企业负责人的脑子里，有关企业的很多信息也都汇总在他的脑子里，他的大脑在企业各项事务的处理能力上，相对来讲是有足够的能力和能量的。从可控性和效率性的角度讲，在职权中心处理能力允许的情况下，集中管控是最好的而且越小越要集中，特别是当领导者是一名德才兼备的超能人时，管理的集中将会使企业产生最大的效率、最大的效能。当然，管理集中最大的风险是业务复杂度对管理者素质挑战。大企业靠专业间的协作、制约获取综合效益最佳，小企业靠领导者综合管控获取综合效益最佳。

　　小微企业的管控系统，虽然从理论上讲也包含了十二个方面，即经营定位与职能策略、价值观体系、组织结构与人员配置、绩效与目标管理、职责与职权、业务流程与工作协调机制、作业规程、标准与行为规范、人员任用、利益分配、设备购置与作业布局安排、领导模式与工作管理。但是由于小微企业的自身特点，这些方面的具体体现形式也有其自身的特点。其经营定位和职能策略很简单；价值观体系由于受到生存的巨大压力，因此就是在基本不违法的前提下把手头的货卖出去；由于规模小，领导者掌握绝大多数的信息，而且领导者作为企业主更加关心企业的存亡，因此，基本上指挥式管理占据了企业管理的大部分方式；职责、标准、流程、设备操作等内容也不复杂，而且是更多地潜藏于各个成员的头脑和默契当中；人员方面不稳定，可选空间小，随意性大。因此，小微企业管控系统的组成形式如图 5-16 所示。

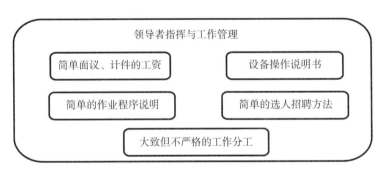

**图 5-16　小微企业管控系统的组成形式**

　　小微企业管控系统实现最优的关键与核心是企业负责人自身的能力和素质，其他方面都依循于领导者的能力和素质而发挥作用。

## 一、小微企业管控系统最优的通用要素

### 1. 第一要素

企业要设立第一负责人、第二负责人和第三负责人。第一负责人负责公

司整体经营管理但是偏重于市场的开发与客户的开拓；第二负责人负责主抓技术和生产作业管理；第三负责人负责行政后勤、财务、采购的服务管理。三者形成一个合作铁三角，这样就能保证市场的开拓、业务作业运作和行政服务管理有效的匹配和制约。要建立领导单独的定期会晤、会谈机制，在不包括其他人员的前提下，三名领导者之间经常进行沟通，建立起彼此信任的合作机制。

2. 第二要素

对于物资的采购，要安排非常可信的人员负责采购事项，对于大批量原料和大型器件，要由公司负责人亲自负责采购或者由公司负责人确定固定的供应商与供货机制，根据业务的需要按照时间、地点进行供货。

3. 第三要素

对于行政后勤服务人员，要采取一人多岗、一人多用的组织方式，采用职能工资加绩效奖金或者年度奖金的方式进行激励。为了保证其工作的自主性，可以指定各方面工作的基本规范和工作要求（是工作要求，而不是指导性很差的岗位职责和流程）让大家能够自动、自主地开展工作。

4. 第四要素

对于重要的关键控制事项，要由主要的领导进行审批，比如采购物资的品类和价格、主要成本的核定、客户特殊的要求、客户谈判的报价、竞标的策略、产品支付与回款的方式、客户业务较大变更、客户索赔的处理等。并且在重要的节点采取领导指挥的方式去开展工作，比如竞标过程的处理、客户谈判过程的处理、客户投诉危机的处理、业务作业安全事故的处理等。

5. 第五要素

对于整个业务的开展，要有一套基本的作业程序和工作流程，明确各个环节的重要责任分工与协同匹配方式。但是作业程序和工作流程不需要太严格、太精细，要给灵活变化和分工变动留下相应的空间。

6. 第六要素

企业要开展季度经营总结、半月或者周工作计划的管理，以协调各方面工作的同步开展，也同时确保企业各项业务和工作处在可控、可管的状态下，也便于及时纠正工作中的错误和偏差。

7. 第七要素

为了保证工作开展与协调中信息传递的一致性，需要将工作中常用信息的传递表单进行标准化，以避免信息表述不一致而产生的误解与错误，如图纸的格式、采购物资的描述、技术标准的表述、物资编码的表述等。

8. 第八要素

在为客户开展业务作业服务的过程中，可以充分利用现代信息化技术进行信息的传递和工作的交流，包括客户工作现场状况视频指导、作业现场问题及设计修改的图片手机传输、现场用采购物资采购要求的图片传输、现场会议的视频传输、网络查询设计图纸、作业实施计划手机查询、微信群的问题寻求帮助等。更重要的是，可以通过建立企业内部的工作管理系统，把电脑、手机、iPad 等相关的通信设备连接起来，建设企业的工作子管理系统，在输入工作启动程序后，就可以自动提醒相关的工作人员完成自己应当完成的工作。

二、项目运作型小微企业管控系统最优的个性要素

项目运作型小微企业的管控系统，要保证运行系统和动力系统的最优，包括市场开发中技术与市场人员的高度配合、后勤人员的服务到位、专业技术人员在项目间调配的高度协调、专业技术人员认真对待所负责的多个项目、自主对工作中问题的及时协调、各方面人员的自主努力工作、自主控制项目成本、自主改进项目实施方法和措施。

1. 第一要素

要采取项目经理负责制制度，就是项目经理负责项目现场的协调、沟通、作业的监督与推进。项目经理按照项目总金额的大小以及项目进展的回款情况获得相应的收入和回报。众多项目在各个项目经理间的分配可以采取"能力匹配制"和"绩效竞标式"的两种，对于特殊的项目也可以采取指派制的方式确定。对项目经理要有"资格与资质"的管理机制。

2. 第二要素

要掌握企业管理的几个关键方面，一是市场人员，要以项目效益比例提成的方式激发市场业务人员开发客户的动力。二是设计人员，要让设计人员在项目的谈判阶段和施工设计阶段把工作做得高度到位，以减少整个项目的不确定性，要按照项目开发的成功以及项目施工的稳定性来激励技术人员。三是预算人员，要确保预算人员把项目预算制定的高度准确，这其中包括价格和作业不可预见工作的挖掘，还有与客户结算的沟通等，要按照预算的准

确性激励预算人员。

### 3. 第三要素

企业整体的激励原则是在基础薪酬的基础上，按照项目的收入与完成状况进行激励的方式。一般就是专业人员按照分管项目的多少和大小来进行界定收入激励的空间和底线；企业的行政后勤人员采用项目提成与个人系数的方式进行收入和奖励的分配。

### 4. 第四要素

考虑到技术的保障、人员的成本、信息化的程度等方面，企业专业技术人员可以采取高点—低面的搭配方式，即有几个水平很高的专业技术人员进行整体的技术问题指导和处理，其他的技术人员可以聘用水平一般的，或者由能力相对较好一点的技术人员负责项目现场具体技术问题的解决和处置。

### 5. 第五要素

由于采取交叉式的技术人员与项目作业的匹配方式，因此要制定好技术人员在各项目间的调配规则，可以用领导指派式的方式也可以根据计划调度的方式，甚至可以采取竞标的方式。

## 三、生产制造型小微企业

生产制造型小微企业的管控系统，要保证其运行系统和动力系统的最优，要保证有效的产品创新和工艺持续改善、生产过程中的精益管理和浪费控制、专业技术人员一专多能的发挥、深度挖掘客户的需求、主动开拓新的客户、对工作中问题的及时协调。

### 1. 第一要素

要建立准家族式的内部文化氛围与适度绩效目标相结合的企业运营管理环境。要保证关键人员对企业利益的坚决维护及彼此之间的协作和合作。要保证这些关键人员能够在工作中以企业利益作为出发点。为避免因看法不同而导致的观点分歧和做法差异，企业总负责人要在这些人之中建立基本的行事准则，保证在意见不一致的情况下能够形成统一的意见、看法和行事方式。

### 2. 第二要素

要掌握企业管理的几个关键方面。一是市场人员，要根据订单式和渠道式等不同的模式建立市场人员激励方法，激发市场业务人员开发客户的动力；

二是技术人员，要建立多元化的激励机制，激发技术人员的专研精神，使其在产品创新、工艺改进、生产技术指导、客户技术服务、产品设计成品控制等多方面发挥作用。

### 3. 第三要素

企业整体的激励原则是在基础薪酬的基础上，按照个人承担工作类别的多少、岗位价值的大小、个人贡献的大小、个人绩效的完成情况以及企业效益的实现情况确定相应的激励方式。当然，对于那些特殊的人才和人员，需要采取企业通用机制外的方法和措施进行奖励，比如创客合伙人、内部技术专利红利、新产品开发的自主经营体等。

### 4. 第四要素

考虑到技术的保障、人员的成本、信息化的程度等方面，企业专业技术人员可以采取高点—低面的搭配方式，即有几个水平很高的专业技术人员进行整体的技术设计、工艺设计、质量控制体系设计等，其他的技术人员可以聘用水平一般或者相对较好一点的技术人员负责生产现场一般具体技术问题的解决和处置。

### 5. 第五要素

由于公司的整体管理方法是指挥式、职能式和流程式结合的协同匹配方式，因此要制定好企业各项工作的调配规则以及各项工作间的衔接方式。可以用领导指派式的方式或计划调度的方式，也可以采取内部市场链结算的方式，但对于博弈性很强的方式要慎重使用，比如阿米巴、区块链价值证券通证等。

## 四、即时消费型小微企业

即时消费型小微企业的管控系统，要保证作业协作系统与动力系统的最优，包括保证客户服务的满意、自主进行形象宣传和口碑传播、服务任务在服务人员之间合理的分配、服务人员的有效激励、服务设施的有效运作、对工作中问题的及时协调、服务中客户问题的主动处理等。

### 1. 第一要素

要采取服务工作人员分工负责制制度，就是由某方面的专业服务人员负责一类或者几类客户的服务工作，比如说厨师、上菜、理疗、停车、代驾等。专业服务人员按照专业服务客户的数量以及服务项目金额的大小获取自己的收入和回报。由于即时消费服务采取的是与客户面对面的现场服务，所以要求每个服务人员的服务能力均要达到预期的要求。众多的客户在各个专业服务人员之间采取轮流、按照服务区域划分、按照客户类别划分结合的方式分配。对于有特殊服务需要的客户最终也可以采取指派制的方式确定服务人员。

**2. 第二要素**

要掌握业务作业管理的几个关键方面。一是要明确服务内容与收费标准之间的匹配关系，以避免客户产生歧义和不同理解；二是要训练好专业服务人员的服务技巧以及与客户沟通的技巧，保证在服务内容的基础上，通过交流、沟通和态度实现客户深度满意；三是对专业服务人员开发新客户要大幅度奖励。

**3. 第三要素**

为充分发挥人力资源的效能，企业整体激励的原则是绩效导向的激励机制。首先以独立的服务团队为单位，按照业务效益情况进行整体绩效的激励；在此基础上按照各方面人员承担责任的大小进行激励，包括个人服务客户的数量、对别人专业能力的指导、承担后勤服务工作的多少、内部众包工作的多少等。

**4. 第四要素**

由于是一个专业服务人员负责一个客户的服务方式，因此在专业服务人员与客户之间的匹配上主要采取客户点名挑选、轮流排号为客户服务的方式。如果客户专门选择一个专业服务人员的话，那就要按照客户的要求配置人员。如果客户没有明确选择的话，就要按照轮流的方式。有些饭店的菜盘上都贴上厨师的名字，如果客人觉得好吃的话，下次还可以点这个厨师做的这道菜。在游泳馆，学员也可以指定专门的游泳教练进行陪练。

## 五、专业职能（外包）运作型小微企业

专业职能（外包）运作型小微企业的管控系统，要保证作业协作系统与动力系统的最优，包括主动提高专业职能服务能力和水准、市场开发中专业服务人员与市场人员的高度配合、专业职能人员为客户做好专业职能（外包）的业务服务、客户业务在各专业职能服务人员间的合理分配、主动挖掘客户的深度服务需求、对工作中问题的及时协调、各方面人员的自主努力工作、主动处置客户特殊问题和服务要求，等等。

1. 第一要素

要采取专业职能（外包）工作由相关专业负责人负责的制度，就是相关专业职能服务负责人带队负责几个客户的专业职能（外包）服务的协调、沟通、运作的推进与操作。众多专业职能（外包）服务工作在各个职能专业人员间的分配可以采取"能力匹配制"和"绩效竞标式"两种，对于特殊的专业职能（外包）服务工作也可以采取指派制的方式确定。对专业职能服务专业人员要有"资格与资质"的管理机制。

2. 第二要素

要掌握企业管理的几个关键方面：一是对于市场业务人员，要以高度的激励方式激发他们开发客户的动力；二是负责配合前期业务开发的专业职能服务人员，要在专业职能（外包）业务的谈判阶段和服务模式设计阶段就把工作做得高度到位，以减少未来服务工作的不确定性；三是对于承担专业职能具体服务工作的人员，要按照其所承担服务工作的客户满意情况、客户续单的情况、获取客户新业务的情况给予相应的奖励和激励。

3. 第三要素

要做好业务扩张的机制准备。专业职能服务中，客户很容易对专业人员形成依赖，在专业人员离职的情况下，也很容易把所服务的客户带走。为了保证企业正常的经营发展，专业职能（外包）运作型小微企业应当建立分蘗式的发展扩张机制，对于能力综合全面的人员，应允许其在企业的整体平台上独立发展，成为企业内部的自主经营单元，前提是遵守企业的机制规范和分配标准。

4. 第四要素

考虑到技术的保障、人员的成本、信息化的程度等方面，专业职能服务人员可以采取高点—低面的搭配方式，即有几个水平很高的专业职能服务人员进行整体的工作指导和问题处理，其他的专业职能服务人员可以聘用水平一般或者相对具备一些经验的人员负责专业职能（外包）业务具体工作的开展和问题的处置。

5. 第五要素

由于采取专人负责式的服务人员与服务业务匹配方式，因此要制定好专业职能人员在各专业职能（外包）业务间的调配规则：首先是依据客户的制定进行分派，其次是根据服务难度和个人专业能力匹配的方式分派，再次是采取绩效承诺竞标的方式分派，最后可以用领导指派的方式分派。

## 第六节　系统最优的成长与演变

小微企业不能只是关注于一时的现金收入和利润，也要关注自己如何才能得到更大的发展、如何才能促进企业的成长、如何才能获取更多的客户、如何才能让客户更愿意使用自己的高端服务。这就要求小微企业要在保证企业正常运营的前提下，构建起自己的企业成长机制。小微企业的成长首先是以拓展市场占有率和业务销售额度为主；其次是不断优化自己的运行与管理，减少运行和管理中各种影响企业功能最优的因素，同时逐步升级企业运营管理系统，使企业变得更加精益和最优，为企业的进一步发展打下基础。

一、小微企业成长性运营架构的关键原则

（1）建立主辅式领导关系。

（2）老板要抓市场。

（3）部门职责清晰，岗位职责模糊。

（4）对高、中层人员的"将将"（维护住几个核心人员）。

（5）采取合理化建议和持续改善。

（6）培育一个自己的独门绝技。

（7）制度搭住"高压线"和基本框架，更要讲求灵活。

（8）小企业更需要谋略（阵地战拼装备，游击战拼计谋）。

（9）随着业务的扩大逐步完善基本管理制度。

（10）逐步使员工养成规范的行事习惯。

（11）逐步引进绩效考核、人才素质标准、晋升式薪酬体系、目标管理、企业文化、预算管理、成本控制管理、5S等内容，在生产工艺、技术设计、客户服务等方面形成标准化，逐渐初步形成制度化、标准化、流程化体系。

二、小微企业成长中人力资源管理的调整升级内容

（1）人际关系不和谐导致工作效能低。

（2）打工心态的思想导致工作效能低。

（3）缺乏工作方法导致工作效能低。

（4）因工作关系原因导致的部门间不配合、不协调。

（5）因人岗匹配原因导致工作效能低。

（6）因局部激励不好原因导致工作效能低。

（7）害群之马人员的处置，提高员工士气。

（8）干私活问题导致成本高。

## 三、小微企业成长中财务管理的调整升级内容

（1）随意报销问题。

（2）账目混乱、不清晰问题。

（3）货款丢失问题。

（4）随便盖公章问题。

（5）现金保管不利问题。

（6）明显的浪费问题。

## 四、小微企业成长中生产管理的调整升级内容

（1）下料浪费、边角料过多问题。

（2）下料漏、洒等浪费问题。

（3）经常下错料的问题。

（4）生产节拍不合理造成的浪费问题。

（5）生产节拍不合理造成的效率低下。

（6）生产中的水电不合理消耗问题。

（7）部门产品订单设计错误问题。

（8）部分对客户需求理解不准确的问题。

（9）生产现场管理不好导致的质量和成本问题。

（10）质量标准过高导致的浪费。

（11）质量标准过低导致的浪费。

（12）品种过多导致的效率、质量低下和浪费严重问题。

（13）生产现场布局不合理导致浪费和效率低的问题。

（14）部分生产工艺的效率改进问题。

（15）生产人员的组合与匹配问题。

（16）频繁导致质量事故的生产工艺问题。

### 五、小微企业成长中服务管理调整升级内容

（1）服务人员技术过差导致的客户不满。

（2）服务人员态度过差导致的客户不满。

（3）服务设施过烂导致的客户不满。

（4）服务内容不清晰导致的服务分工混乱。

（5）服务标准太粗犷导致的服务太随意。

（6）服务规范太混乱导致的服务太随意。

### 六、小微企业成长中仓储物资管理的调整升级内容

（1）物资丢失与偷盗问题。

（2）仓储物资保管不善损坏、失效、无效耗损问题。

（3）随意领用物资问题。

（4）物资有领无还的问题。

（5）废料、边角料随意处理问题。

（6）工具不保养、耗损过快问题。

（7）无效物资长期搁置问题。

### 七、小微企业成长中采购管理的调整升级内容

（1）过度采购问题。

（2）采购影响生产问题。

（3）采购失误与错误问题。

（4）因谈判与选择方法导致的采购价格过高问题。

（5）采购质量不好造成废品的问题。

（6）部分的采购回扣问题。

### 八、小微企业成长中设备管理的调整升级内容

（1）设备维护不好导致的频繁故障。

（2）在用设备的有效利用问题。

（3）闲置设备的有效利用问题。

（4）频繁产生质量问题的设备问题。

（5）严重的设备安全隐患问题。

（6）设备的小微改进。

## 九、小微企业成长中市场管理的调整升级内容

（1）销售人员的职业气质问题。
（2）销售人员的销售语术问题。
（3）销售人员的激励问题。
（4）销售人员的销售技巧问题。
（5）市场开发的策略问题。
（6）销售人员的客户认知问题。
（7）销售中生产、销售、服务的配合问题。

## 十、小微企业成长中新品研发管理的调整升级内容

（1）研发人员的积极性激励问题。
（2）一般性的研发创意。
（3）研发的项目管理问题。

## 十一、小微企业成长中物流管理的调整升级内容

（1）发错货的问题。
（2）装错货的问题。
（3）货物丢失的问题。
（4）退货物资管理不善的问题。
（5）货物计量的问题。
（6）运输成本的控制。
（7）运输损坏的问题。

## 十二、小微企业成长中后勤行政管理的调整升级内容

（1）乱用车辆问题。
（2）行政费用失控问题。

# 第六章

## 大中型单一企业的运营管理系统最优

大中型单一企业是指规模比较大一些，但是只从事一类业务产品或服务的生产、销售与经营的企业。另外，这类企业也要满足年度营业额在 5 亿元以上、50 亿元以下，人员数量在 500～3000 人的企业。同时满足以上条件的企业是这里所指的大中型单一企业。

大中型单一企业本身也分为很多的类别。在业务模式上，大中型单一企业包括的范围比较广泛，既包含作为大型企业的配套企业、大型集团企业的分子公司企业，也包含独立经营的消费类产品企业。它们有些不是产业链中的主干，而是辅助性的、配套性的、区域性的部分，比如汽车桁架生产企业、空调遥控器外壳生产企业、汽车发电机生产企业、工程服务类企业等。但在一些总量比较小的行业里，这类企业往往是行业的龙头老大，比如水泥添加剂企业、PVC 添加剂企业、印染染料添加剂企业等。还有些是地方性的龙头企业，比如白酒、啤酒、乳品、肉食企业等。这类大中型单一企业中，有的在产业链中要随着终端企业的要求来开发自己的产品，也有些企业却具有很强的影响力，比如电视机的模具制造企业以及大量的玩具生产企业，因为这些企业具有很强的产品创新能力，可以根据市场的需要开发新产品，进而引导下游企业产品的发展。直接面向消费类市场的大中型单一企业，覆盖的往往是地域范围不很大、区域化性质很强的市场消费对象，比如地区性的洗涤剂企业、化妆品类企业、小型建材类企业等。这类企业面对的市场往往都是区域型的客户，不是靠响亮的品牌开拓市场，而是靠在当地的便利性和经济性来开拓市场。也有一些大中型单一企业是服务型企业或者销售型企业，比如品牌乳液的代理经销商、大型商厦等。

大中型单一企业发展的主要方式是依托原有的产业以一致化、相关化或协同化的方式继续做大、做强，而其发展成长的机会主要包括跟随行业成长型、竞争突破成长型、市场机遇成长型、投资发展成长型等。由于这类企业经过较长时间的经营打拼，已经具有了较强的技术积累、经营经验和市场地位，因此其经营的稳定性和再发展的可能性大大增强。大中型单一企业的成长机会是比较多的，特别是在合资并购、风险投资、大客户新订单、合作联盟等方面容易获得认可与青睐。

## 第一节　大中型单一企业的本质、分类和特点

大中型单一企业最大的特点就是只从事一项业务或者几项在技术和工艺上都非常相近的业务。在企业整体的生态群中，大中型单一企业处在行业金字塔上层，以强大的实力在行业中发挥着引领作用。这类企业往往都是已经掌握了一定的社会资源、在行业里已经有了一定的影响力，在既有的市场范围内有了自己固定的生存空间。这类企业在资金积累、技术积累、资金积累、客户服务积累、品牌积累等方面都有了一定的实力，特别是在对市场的把握方面，都是经历了起起伏伏、跌宕坎坷历程，有比较丰富的企业成长经验。

大中型单一企业往往处于产业链的中端或者终端，有些是直接面对最终的消费者的，比如玩具制造企业、中型的食品企业、中型的互联网企业、区域性连锁商厦、区域性房地产企业等。有的是面对终端性企业大客户的，比如矿泉水瓶制造企业、包装箱制造企业、生猪养殖企业、农用机车轮胎制造企业等。由于这类企业所在行业的总体市场空间比较大，除了行业内同类企业的竞争之外，同时也面临着集团企业跨界经营以及资本运作企业的竞争。更明显的是，行业技术进步和行业新商业模式的竞争往往会使这类企业多年积攒起来的技术、资源和市场优势在短时间内就归为虚无，特别是在互联网时代更是如此。所以，合理、高效的技术与产品创新以及在组织运营中保持对外部经营环境变化的及时反应是这类企业能够长期大踏步发展的前提。同时，善于创新、善于在丰富多彩的商业环境中不断升级商业模式是大中型单一业务企业生存发展最重要的能力。

制造配套型大中单一企业在供应链中的位置如图 6-1 所示。

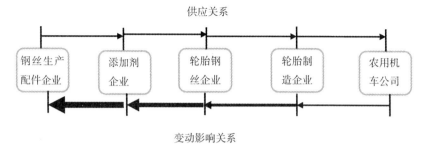

图 6-1　制造配套型大中单一企业在供应链中的位置

消费品制造型大中单一企业生存影响因素如图 6-2 所示。

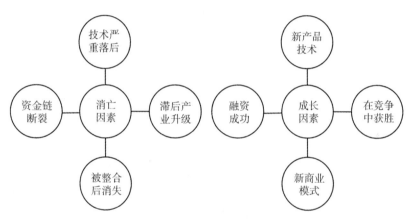

图 6-2　消费品制造型大中单一企业生存影响因素

在当前的大资本时代，资本的实际控制能力是非常巨大的，而且社会中有大量的资本在寻猎优质的实体企业，伺机进行投资和收购。那些有巨大投资价值的大中型单一企业，往往会被资本投资者看中，并伺机洽谈并购。在资本的推动下，这类企业往往很容易地就发展壮大起来，成为优秀的大型企业甚至是集团企业。而那些具有普通投资价值的大中型单一企业，仍然需要靠自己的努力拼搏，有时还会出现被恶意打压、恶意收购的情况。

对大中型单一企业来讲，现实中往往会面临着两个诱惑（或是机遇或是陷阱）：一是多元化发展的问题；二是过度的投资扩张。而大中型单一企业运营管理系统螺旋式最优的根本出发点也就包括了这两个方面的问题。我们一方面希望大中型单一企业能够在既有的资源下得到最大程度的盈利和成长，同时也希望大中型单一企业有效规避发展中的陷阱，实现健康发展。对于大型单一企业来讲，能发展到这个程度，继续再发展的选择相对容易，而对于中型单一企业来讲，其继续再发展的课题则需要进行慎重地权衡和选择。

大中型单一企业要想得到更大、更多的机会持续发展，甚至成为更大型乃至是巨型企业，往往又具有以下四种方式和途径。

一是进入新的业务空间。在积累了一定的行业地位、融资信用资源、人才资源和市场经验之后，大中型单一企业进入新业务空间的能力就大了，特别是对大型单一企业来讲更是如此。这包括进入产业链的上下游、进入同品牌性质的产品、同技术性质的产品等。一般进入的方式是投资或收购、生态链合作、产业链合作等。但是，由于在原有行业的浸淫很深，大中型单一企业在进入新的业务空间时往往容易以原有的认知方法和思维模式开展业务，就会有比较大的风险性。

二是进行商业模式创新。大中型单一企业进一步发展的方式也可以是进行商业模式的创新。包括引入投资者、证券市场上市、融资租赁、互联网转型、自主经营体、合资加盟等。商业模式创新往往发生在外部商业环境发生重大变化的情况下。

三是进行扩产投资。就是在企业市场份额越来越大的前提下，通过投资建厂的方式或者同行业收购的方式扩大企业原有产品和服务的产能规模，以满足更大市场份额的需要。

四是进行产业升级。就是通过发布本行业内的新产品、新技术，实现自身竞争力的提高，用新技术和新产品在短时间内实现自身市场地位与行业地位的大幅度突破，在行业中奠定更大的影响力，并在此基础上使企业上升到一个全新的发展平台。

然而，大中型单一企业在把握自身发展壮大的机遇上面，由于自身的条件不同还是有很大的不同。和小微企业发展壮大的方式相比，大中型单一企业发展壮大的机会点在于产业技术转移、技术创新、商业环境的改变、以自身的实力吸引投资、自身优秀而卓越的经营方法、利用影响力进行跨界经营等。

由于我们探讨大中型单一企业运营管理系统最优的出发点要包括实现扩张成长、获取当前最大收益和实现长寿命企业三个方面，因此大中型单一企业运营管理系统最优的结构是一个实现当前效益效能、有成长扩张资源储备、能保证成长成功、有自修复和生态进化能力的系统结构。

由于大中型单一企业也分为不同的行业和类别，而且每个行业与类别都有其自身的特点和特异之处，因此我们将对不同行业或类别的大中型单一企业进行相应的运营管理系统最优的分析和构建。

同样需要说明的是，由于我们探讨的是企业运营管理系统的最优，因此需要对各类大中型单一企业运营管理系统的最优进行分析和说明，也就要从企业运营管理系统的角度对企业进行分类。如果以深入细节的剖析方法看，每个企业的运营管理系统都是不同的，至少每个不同行业的大中型单一企业的运营管理系统是不同的。但是，由于篇幅的原因，我们又不能把众多类型大中型单一企业的运营管理系统都描述一遍，因此我们需要对大中型单一企业的运营管理系统进行合理分类。

一、分类的原则与方法

大中型单一企业其运营管理系统之间最大的差别在于不同行业中的企业在业务运作模式上的不同，由于业务运作模式的不同，因此企业内部的作业和管理方法都会不同。

由于企业整体规模比较大，业务涉及的领域和区域也比较多，即便同样是制造业，消费品企业和工业品企业的运营模式就会有很大的不同，特别是在销售体系上更是如此。消费品企业面对众多的个体客户，而工业品企业面对的是数量有限的大客户。在产品的生产和制造方面，消费品企业和工业品企业的运作模式也有很大的不同，这包括了产品设计、组织生产等各个的环节。而同样作为服务业的大型商超和连锁型宾馆的运作内容和管理内容都会有很大的差别。

对于同一行业中的企业，其运营管理系统的主要差别表现在因规模的数量级差异而造成的运营管理不同以及因竞争策略的不同而造成的运营管理不同。一个代工型的服装企业和一个终端经营的服装企业在运作方式上会有很大的不同，而且这两类不同的服装企业其关注的重点和职能的内容都是完全不一样的。

对于不同的大中型单一企业，我们认为其运营管理系统的本质差别体现在三个维度上：一是体现在业务的运转模式上，二是体现在企业的整体功能定位上，三是体现在企业职能内容的组成上。因此，我们从业务运转模式、企业整体的功能结构、完成业务需要开展的职能结构三个方面，以"统计学中的聚类分析方法，按照以上三个方面的差异化程度评分"的方法，将大中型单一企业的运营管理系统模式分为消费品制造型、工业品制造型、项目运作型、实体服务型、虚拟服务型五大类。

## 二、消费品制造型大中型单一企业

消费品制造型的大中型单一企业最大的特点：一是面对大众的最终消费者；二是产、供、销、研等各项关键职能都具备；三是其提供的服务和产品都是最终的消费品。这类企业包括卫生纸、眼镜、家具、炊具、药品、食品、化妆品、办公用品等众多的物资生产企业。由于面向众多的大众消费者，因此这类企业在品牌建设、用户体验销售、产品研制、销售模式与方法建设等方面需符合大众消费者的特点。另外，由于这类企业的市场往往是大区域性、跨消费层次的，因此在企业整个的经营上和小微企业会有很大的不同。虽然从具体生产技术的角度看，食品和炊具的生产过程和工艺方式完全不同，但是从运营管理系统结构——态的角度看，它们基本上是一致的。

## 三、工业品制造型大中单一企业

工业品制造型的大中单一企业的特点：一是面对的客户是组织和单位；二是这类产品往往都是根据客户的需要进行定制化生产；三是其经营生产运作的模式更多的是围绕单式开展。这类企业包括空调外壳、模具、汽车桁架、工程车辆、生产装备、矿泉水瓶、化妆品瓶、生产原材料、工业包装物等生产制造企业。当然如果像某些服装企业既生产品牌服装也定制工装、建筑材料企业既供应家庭用户也供应房地产商，那就兼具了消费品和工业品的性质。工业品制造型的大中型单一业务企业在生产制造方面和某些消费品制造型企业会有很多相似之处，比如建材制造企业和炊具制造企业在制造模式上会有很大的雷同性，汽车内部音响的生产制造和家用音响的制造方法基本可以通用。但是，像汽车发动机、火力发电的汽轮机、建筑用的塔吊等装备的制造模式在消费品中就用不到了。

## 四、项目运作型大中单一企业

项目运作型大中单一企业包括大型的软件公司、大型管理咨询公司、小型房地产公司、建筑安装施工公司、中型路桥公司、中型勘探公司、大型影视制作公司等。这类企业的业务特点是一个一个的项目，每个项目都需要一批人去合作共同完成，而且每个项目的工作地点在不同的区域。和项目运作型的小微企业比，项目运作型大中单一企业的每个项目额度和规模都比较大，而且这类企业的项目数量会比较多。这类企业的最大特点就是：业务开展的地点分散、主要作业人员在不同项目间同时共用的可能性小（制造型企业可以在同一地点同时穿插的生产几类产品）。这类企业面对的客户往往都是组织和单位（房地产公司除外），所以其在市场的开发与开拓上与工业产品制造型企业雷同。由于项目的阶段性特点和项目款项支付的特点，这类企业在资金管理方面和具有连续性特点的制造企业有所不同。

### 五、实体服务型大中单一企业

实体服务型大中单一企业主要包括大型的连锁饭店、大型的连锁宾馆、大型的连锁商场和超市、大型的连锁影院、大型的游乐场和旅游景区、大型的交易平台类网站、大中型的连锁医院、远程医疗诊断的传输中介、大型的物业管理公司、大型仓储物流公司等这样的经营单位。这类企业的特点就是企业以具体实物为客户提供相应的服务，而客户需要在企业经营和工作的现场完成相应的消费，客户无法把企业提供的服务带到其他的地方。整个交易的完成过程也是在企业经营和工作的现场完成的。由于是以实物向客户提供服务，所以很多服务性工作大都是由设备设施完成的，而对人员的需要和要求会比较少。

### 六、虚拟服务型大中单一企业

虚拟服务型大中单一企业主要包括区域型的银行、大中型的门户类网站（如搜狐、网易）、大中型的连锁房地产中介（如21世纪）、大中型的信息发布网站（人力资源招聘）大中型的个人娱乐类（影视、音乐、游戏等）网站（如优酷网）、大型的教育服务网站、大型的健康养生网站、大型的互联网培训学习网站等这样的经营单位。这类企业的特点就是以信息数据、知识文化、视频语音、软件程序、数据化产品、实时技术问题解决等内容为客户提供相应的服务，而客户不需要在企业经营和工作的现场完成相应的消费，而是可以通过互联网、微信、电话等交流工作就可以实现服务的消费。由于是以动态的虚拟内容向客户提供服务，因此企业需要花费大量的人力去收集、整理、发布相关的信息知识、数据化产品并提供相应的服务，这就需要有大量的人员去开展相应的工作，因而对人员的需要和要求会比较多。

# 第二节　运营管理系统框架

从普遍意义上看，以上五类大中型单一企业的运营管理系统也都包含了功能系统、动力系统、作业运行系统、管控系统四个方面的内容。但是和小微企业相比，大中型单一企业由于规模大、业务复杂，因此即便是同类业务的企业其运营管理系统会更加的复杂、影响的因素会更多，特别是在管控系统方面，大中型单一企业要比小微企业复杂得多。比如大中型单一企业在外包、外协等方面要比小微企业多，因此其运行系统也会比小微企业更加复杂。当然，在具体细节的形式和内容构成上，每一类大中型单一企业又有很大的差别和不同，以下就是各类大中型单一企业的运营管理框架。

## 一、消费品制造型大中单一企业的运营管理框架

消费品制造型大中单一业务企业开展和运作的传统方式就是：通过行业信息分析、市场走势研究、标杆企业模仿、销售数据推理等方式制定发展战略和市场竞争策略，并依此进行产品的设计开发；并组织生产加工；再通过与策略匹配的销售政策、营销方法、品牌建设、销售渠道（批发市场、商场、专卖店、直销）进行产品销售。有的企业会通过各种媒体广告的方式进行品牌的宣传。随着互联网的发展以及手机终端的普及，网购、电商、微商成了人们购买生活用品的主渠道，这使部分消费品制造企业开始从自我品牌建设转向粉丝群体的塑造，产品的自行设计改为消费者参与式的定制设计，而生产也从单一品种的大规模生产转向模块化制造、定制化组装的生产模式。

无论传统模式还是互联网模式，在企业经营过程中，都要涉及产品的设计、生产工艺的策划、原料物资的采购、生产过程的安排、产品质量检验控制、运营资金的调度、人员的管理等业务运行与职能工作的开展。在互联网环境下，除上述这些职能外，更需要进行用户体验内容的设计与发布、客户大数据的归纳与分析、客户互动平台的建设以及群体互动过程的引导、内部创客和自主经营体管理等方面的工作。

在互联网环境下，消费品制造型大中单一企业的运营模式会产生比较大的分化，像服装、炊具、书籍、电子消费品、玩具用品在网上购买和定制的会越来越多，但是像乳品、普通饮料、小食品、文具、办公用品等单次消费

金额比较小的消费品则进行网上订购的比例会比较少一些。从粉丝消费的角度，像智能手机、智能电子消费品、家居、家具、家电等消费品个性化制定的空间比较大，但是像乳品、文具、办公用品等消费品个性化定制的空间则比较小。

在互联网环境下，传统的渠道销售方式和互联网的销售方式会在很长的时间内并存，并且传统的线下卖场会向商业综合体的方向发展。

互联网环境下消费品制造型大中单一企业运行的一般模式如图 6-3 所示。

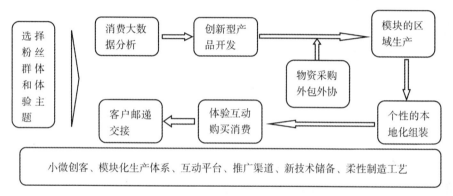

图 6-3 消费品制造型大中单一企业运行模式

上述企业业务运行的一般模式适用于易于定制化、用户体验需求强并且体验差异明显的产品。但是对于那些不易于定制化（定制成本很高）和用户体验需求弱的产品并不是很适用。虽然不易于定制和体验化营销，但是 O-TO-O 的订购和配送方式仍然会成为未来的发展趋势，即从互联网上进行订货并支付，从网下配送到家。

## 二、工业品制造型大中单一企业的运营管理框架

工业品制造型大中单一企业的运营和运作的传统方式就是：通过能力展示获得客户的认可并确定生产订单，根据客户的需求设计产品并通过与客户的深度反复沟通确定产品设计，组织客户产品的生产加工，向客户交付产品并提供相应的工程安装以及售后服务。随着互联网和物联网的普及、通信技术的发展以及产品设计技术能力云模式的产生，工业产品在设计方面将会变得越来越简单，企业对生产的控制能力也越来越强。除 AI 外，这类企业的整

体运作模式受互联网的影响不是很大，特别是电商平台和 O-TO-O 的作用不是很大。

在工业品制造企业的业务运作过程中，基本上也都要涉及客户的开发、产品的设计、生产工艺的策划、原料物资的采购、生产过程的安排、产品质量检验控制、运营资金的调度、人员的管理等专业工作和职能工作。

互联网环境下工业品制造型大中单一企业的业务开展的具体方式如图 6-4 所示。

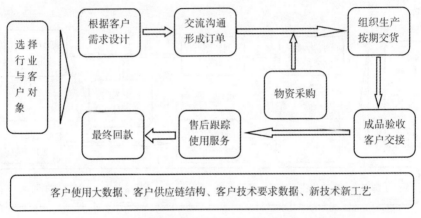

**图 6-4　工业品制造型大中单一企业其业务开展方式**

工业品制造型大中单一企业基本都是资本密集型和装备密集型的企业，在技术人员和技术工人的管理方面要求比较高，设备与装备的管理是这类企业很重要的一个职能内容。

### 三、项目运作型大中单一企业的运营管理框架

项目运作型大中单一企业的业务开展的具体方式和项目型的小微企业相近：先由市场业务人员去寻找市场信息，然后由技术人员和其他相关人员通过技术展示和初期方案设计等工作协助市场业务人员与客户开展商务沟通洽谈，项目拿下来之后再由项目负责人负责组织相关人员开展项目的实施与运作，完工的项目经过验收后进行交接并结算。但项目运作型大中单一业务企业的业务特点就是其每个项目订单的规模和金额都比较大，而且由于项目数量多，所在的区域也比较分散，所以在管理上是需要适度分权和授权的，并

且为了便于管理和管控，项目各项工作的标准化程度比较高。正是这些特点，项目运作型大中型单一企业的每个项目在运作上是非常讲究专业化的，这类企业的整体运作对专业化分工和标准化作业的要求也很高。

在整个项目的运行过程中，预算、财务、采购、人事、作业、设计、项目经理等部门都要参与相关的工作。在开展具体项目运作的同时，企业还要开展项目作业技术的研发与创新工作、推进标准化程度的不断提高和完善，以此保证企业的项目作业技术能够跟上客户的需要与行业的发展。

随着互联网技术的发展，项目运作型大中单一企业在企业运作和项目运作方面也会有很大的改变，比如在开展工程设计时，可以采用众包的方式，以减少自有专业人员的时间占用和人工成本；在对项目预算的制定上，由于互联网信息的丰富，会变得更加容易和方便；在项目施工开展的控制上，由于云技术和作业信息的极大丰富，也变得更加容易和方便了。

互联网环境下项目运作型大中单一企业运作的方式如图6-5所示。

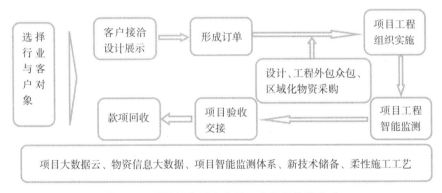

**图6-5　项目运作型大中单一企业运作的方式**

### 四、实体服务型大中单一企业的运营管理框架

实体服务型大中单一企业是以实物硬件开展服务的，其特点就是消费者要在现场接受服务并完成服务的整个消费过程，而且这类业务的开展一般就是在一个固定的空间区域里，具有很强的区域固定性特点和不可转移运输的特点，所以为了能够进行跨区域经营，实体服务型的大中单一企业往往都是连锁型的企业，最典型的例子就是嘉年华、方特游乐城、迪士尼乐园等。

　　实体服务型大中单一企业每个单一经营单位的业务运营实际上是和小微企业很相近的，只是由于连锁而变得规模大了起来。在整体的业务运营上，这类企业在品牌构建、人员调动、服务内容开发、新营业点的投资建设、服务标准化等方面是由总部统一开展的。但是，每个具体的营业点可以在授权范围内自行开展工作，其最基本的模式也是在一个地方空间里设置一个服务场所，想办法吸引客人到自己这里来消费自己的服务。这类服务最大的特点就是要不断地积累客人，如果积累不到足够的客人，就会没有生意做。在传统的经营模式下，这类服务其他的两个重要特点就是客人一般喜欢到离自己所在地点近的经营网点接受消费服务，这就导致了选址的重要性，地点要选在一个人群密度比较大的区域。但是在互联网环境下，由于移动互联网的兴起和O2O模式的发展，在任何地方的一个人，都可以通过互联网以微信、微传播的方式向全国任何一个地方的消费者推介自己的服务，而消费者也可以在互联网订购和支付后，在全国的任何一个地点去消费服务。因此，互联网环境下，实体服务型大中单一企业的业务开展方式将与传统模式下的经营方式有很大的不同，互联网环境下这类企业业务开展的一般方式如图6-6所示。

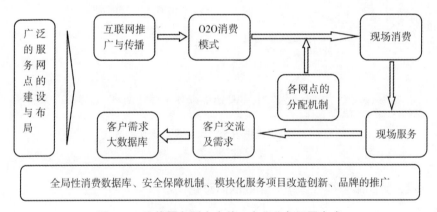

**图6-6　实体服务型大中单一企业业务开展方式**

　　出于提升市场竞争力的需要和满足客户对服务品质的要求，实体服务型大中单一企业就会对服务的设备、设施要求比较高，对工作人员的专业技能要求并不是非常的高，但是对工作人员的责任心要求非常高。

### 五、虚拟服务型大中单一企业的运营管理框架

虚拟服务型大中单一企业在传统的经营模式下很难发展成为大型的企业，而都是以地区性小微企业的形式开展业务的，比如房产中介公司、代理服务公司等。有些能以连锁的方式形成比较大的规模，如21世纪房产等，但是数量也是比较少的。但是随着互联网的发展，这类企业的发展有了非常适合其生长和壮大的土壤，互联网对信息产业的发展起到了巨大的推动作用。

互联网发展起来之后，这类企业得到了极大的发展，传统的如SOHU网、携程网、优酷网、56视频网，新兴的如各类专业网络产品消费网站以及药品网络销售网站、滴滴服务等。

虚拟服务型大中单一企业运行的最大特点就是要不断地增加、丰富、更新为客户提供服务内容，这就要花大量的时间找到可以为客户提供的服务内容，或者不断吸引更多的客户在所提供的互联网平台上发布信息或交易信息。比如视频网站或者电影网站，要不断地增加和更新视频内容和电影的内容，这样才能不断地吸引住消费者和客户，也才能不断地满足客户的需求体验要求。虚拟服务型大中单一企业业务运行的第二个特点当然也是市场的推广，这和实体服务型企业的市场推广基本模式相同。这类企业的最大特点是可以在线消费，而不是要到实体店进行消费。

很多大型互联网公司也都可以被归为虚拟服务型大中型单一企业，包括单纯的人力资源信息发布网站、单纯的房地产发布网站、单纯的交易信息发布网站、众包网平台、众筹网平台等。这类企业的实体就是网站平台。这类企业只是提供这样一个网站平台，并不提供其他方面的服务内容。这类企业也需要在各地进行网点建设和市场的推广，引导客户进行信息的发布和服务的消费。

互联网环境下虚拟服务型大中单一企业运行的基本方式如图6-7所示。

虚拟服务型大中单一企业的特点就是业务运作模式比较简单，而且所提供的服务内容往往都不是企业自己独自开发的，而是与内容提供商合作开发的，其只是作为一个消费平台、支付平台的作用。

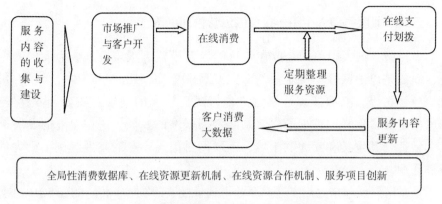

**图6-7 虚拟服务型大中单一企业开展方式**

# 第三节 功能系统最优

### 一、大中型单一企业功能系统最优的内涵

对于各类大中型单一企业来讲，无论是制造型的还是服务型的，由于行业地位和自身资源的原因，其追求的目标在于获取更多效益的同时，更多地还要考虑有更好的生存和更大的发展。这就导致大中型单一企业在设置其运营管理系统时就要纳入这些重要的目标。在保证企业既有业务高效运作和可预期效益的最大化方面还是比较容易做的，但是如果把企业持续的改善和未来的发展有效融入企业运营管理体系中却是很不容易的事情。有些中型的单一企业，其公司总负责人一直在负责公司具体的经营与管理工作，而且也一直找不到合适的人替代公司总负责人来开展这些具体的企业经营与管理工作，那么这个企业在发展和壮大方面就会受到很大的制约与限制。

对大中型单一企业来讲，其运营管理系统的设置要满足既有效益的获取、成长资源的累积、持续成长的机制、自修复和生态进化能力这四个方面功能的需要，但是这四个方面对企业运营管理系统的要求有时往往是冲突的。那么企业的运营管理系统如何保证这四个方面功能的需要，就是大中型单一企业运营管理系统功能最优要解决的问题。

## 二、消费品制造型大中单一企业的功能系统最优

消费品制造型的大中单一企业，从短期盈利和长期发展的角度讲，在互联网环境下其功能系统主要包括以下七个方面的内容：

（1）精准定位消费者生活消费的服务提供方式。互联网环境以及物质文明的高度发达导致人们更注重的是自己喜欢的生活，而互联网社会的碎片化格局导致人们在选择生活方式时会有更多的选择和更小的细分群体。企业要准确定位这些碎片化的消费细分群体，并针对它们提供相应的产品和服务。

（2）依托互联网构建与既定消费群体有效的沟通与互动方式，包括沟通互动的渠道、方式和内容的开发等。和传统的品牌传播相比较，在互联网环境下和客户群体互动的方式和渠道更加多样、直接，但是重要的是互动内容的开发，应当怎样和既定的消费群体互动是未来企业竞争的一个关键。

（3）建立适宜于定制化的生产布局体系，包括工艺、生产的组织等，其核心是能够快速完成小批量产品的生产。由于不同类别产品的工艺装备差距比较大，因此制造单位的小型化会成为未来消费品制造型大中单一企业制造系统的布局模式。为了避免生产制造装备重复投资的浪费，组建生产协作联盟体或许会成为未来消费品型大中单一企业彼此合作的模式：就是每个企业都可以全方位的进行产品设计、开发、推广，但是却都具有单一的产品制造能力，需要时彼此互相为对方进行生产。如果在企业的销售规模足够大的时候，即便是小众消费群体的订单数量也会因为数量巨大而满足企业规模化生产效益的需要。

（4）建立优秀而高效的消费者消费体验和消费产品的设计功能。互联网时代最大的特点就是信息的交融与人们对外部的迅速感知，任何好的产品和服务会以非常快的速度被人了解、认识和模仿。未来产品和服务的更新与变更速度是如此的频繁与迅速，以至于不会再出现一种经久不衰的产品、服务和模式了。而消费品制造型大中单一企业更多的是引领者，所以要把握消费者的体验和消费需要，强化设计能力，满足消费者的消费需求。

（5）建立高效的企业多产品经营功能平台。消费品制造型大中单一企业和小微企业不同，这类企业往往会同时切入不同层次的细分市场，同时生产各消费层次的产品，因此需要在互联网环境下把企业构建成为一个高效的多产品经营功能平台，以期实现运营系统的最优和企业价值的最大化。

（6）建立能够抓住发展机遇的企业孪生和激励体系，可以使企业抓住宝

贵的发展机遇，这其中包括员工创业创新的支持、管理与管控体系的包容、内部和外部分蘖人才的储备、企业自组织运行模式的优化。

（7）构建一个不断持续改进、优化，并能够进行自我修复和生态进化的企业运营管理系统。由于互联网时代下外部经营环境变化周期缩短以及各种创新经营行为的层出不穷，导致企业要不断地优化和调整自己的经营策略和运营模式。另外，由于组织熵理论的存在，企业的运行动力会呈现衰减的趋势，因此需要不断地对企业运营管理系统进行优化和纠偏。特别是对于社会趋势与消费者的需求，要时刻做好跟踪与研究。

由于企业的各个功能有时是彼此矛盾和冲突的，在功能优先权的选择上，消费品制造型的大中单一企业要遵循以下的原则：

（1）定制化生产与规模化效益的矛盾。在传统的认知与理论下，企业的定制化生产和规模化生产是不可以兼得的。定制是为了满足消费者个性化的需要，而规模化是为了降低生产成本的需要。规模化的最大特点就是生产的产品都是一样的，而定制化的最大特点就是生产的产品很可能是都不一样的。这二者的矛盾怎么解决？当然，定制是分程度的，从只向消费者提供一种产品，到向消费者提供五种产品进行选择，再到向消费者提供每个人都不一样的产品选择，这就是定制化发展的过程。解决定制与规模化生产矛盾的方式有四种：一是企业小型化，每个小企业只负责提供特定的、有限品类的产品；二是营销集中化与制造小型化，就是营销通过互联网统一进行，而制造由相应的小型制造企业进行；三是以大量的定制最终汇总形成规模化生产；四是进行产品模块化统一分类生产，交货地本地化定制组装的模式进行经营。

（2）企业运营管理系统的调整优化与稳定效率的矛盾。消费制造型大中单一企业规模比较大，系统协调性要求高，所以这类企业开展运营管理系统的调整时往往会遇到比较大的阻力。如果不进行运营管理系统的调整优化，企业在新的发展环境下就会变得落后，以后再进行变革会更困难、成本更高。如果企业经常进行运营管理系统调整优化，就会导致企业不稳定乃至凌乱的成本增加。长远来看，企业运营管理升的级肯定会提高企业的效益能力，但是企业的调整优化升级如何进行才能和企业即时的效率效益达到最佳呢？一般来讲，对企业的效益模式能够达到平台性提升的优化应当集中进行，对企业的效益模式能够达到点滴性提升的优化应当在日常的经营中随时进行，尽量以点滴性提升的优化实现平台性提升的优化。

（3）企业成长资源的储备成本与"用不上"风险的矛盾。由于自身体量的影响，消费制造型大中单一企业扩张成长的能力和机遇都是很大的。但是，由于没有注意对成长资源的积累，因此在机遇来临的时候，很多企业也往往无法抓住机遇实现有效的成长。但是，企业主动积累的成长资源也可能会用不上，那就会造成浪费，这就造成了企业发展的一对矛盾。当然，如果企业的发展战略很明确，在成长资源储备方面就会做得比较好——充足而又必须，但是企业往往在这方面是很欠缺的。其实在互联网和资本为王的时代里，最好的方法是储备好资金、人才和商业机遇信息，在发现成长机遇时予以收购和并购。而对于原有业务的成长，还要准备好技术资源的储备和市场资源的储备。

（4）企业多产品平台功能与企业管理成本的矛盾。消费制造型大中单一企业会同时涉足不同层面的市场区间，在传统的经营方式下，企业的运营管理系统往往是营销系统分立，但技术和生产系统是统一的，因为技术就是设计和工艺，而生产的装备有很多可以通用，只是把配件或者原材料调整就可以了。当然有的企业连营销系统也是统一的，只是营销策略不同。但是在互联网情况下，由于市场群体碎片化、体验营销碎片化、信息传播碎片化、营销工作小微化、生产部件模块化、定制组装本地化的出现，消费制造型大中型单一企业多产品平台性能与企业管理成本的矛盾反而会自动化解和消失。

### 三、工业品制造型大中单一企业的功能系统最优

由于受互联网环境影响小，工业品制造型的大中单一企业，从短期盈利和长期生存的角度讲，其功能系统主要包括以下七个方面的内容：

（1）建立系统的技术创新、产品开发和生产保证体系，一方面保证能够提供质量合格、品质过硬的产品，另一方面保证能够跟上行业的发展和技术的进步，不断向客户提供更好的产品和技术服务。

（2）精确的产业趋势把握、产品设计能力和柔性制造能力。虽然工业品制造型大中单一企业在定制化、消费群体碎片化等方面远不及消费品制造型企业受互联网的影响大，但是由于其作为消费品制造企业的装备、原料、配件供应商，技术和产品也会出现变化周期短、变化频次大、多样化程度增加的影响，因此这类企业一方面需要对社会消费的趋势进行研究，另一方面也需要进行相应的技术产品的更新换代。

（3）高效的企业协同效率。由于工业化产品的研发、设计、制造是一个繁杂的过程，而且由于零部件数量多、订单规模大，每个订单从市场开发到现场服务实现都需要各方面人员的参与，因此要使市场推广、技术设计、产

品制造、客户服务等几个环节能够有效配合与协同，以期达到企业最大的运行效率，实现企业资源最大的效能发挥。

（4）高品质的产品交付服务和卓越的客户满意程度。服务在大宗物资的销售中发挥着很大的作用，而且客户服务要在产品的推广、设计、研制、生产、交接整个过程中均要有体现。既要实现客户对产品的满意，也要实现客户对服务的满意，整个服务的过程也是实现客户美好体验的过程。

（5）企业产品技术和生产工艺的改进与提高。工业品制造型大中单一企业要不断提高产品设计和生产工艺的能力和水平，保障企业能够跟上行业的技术发展，特别是在方便客户产品的性能与使用便利性方面，要同时打造出来企业在更多方面的技术优势点。

（6）建立能够抓住发展机遇的企业成长体系和机制，可以使企业不仅能够抓住宝贵的发展机遇，而且还能够创造发展机遇。由于工业品制造型大中单一企业的投资规模比较大，而且协同化作业程度更高，因此企业内部职工个人的创客型创业不是很容易，因此企业要建立起团队型的创新成长机制。

（7）要构建一个不断持续改进、优化，并能够进行自我修复和生态进化的企业运营管理系统。组织熵理论所蕴含的企业运行动力呈现衰减趋势的规律在工业品制造型大中单一企业中表现得也很明显。同时由于信息化工业时代里新的产业模式和经济模式层出不穷、不断变化，因此很多工业品制造型大中单一企业原有的业务和服务往往会面临消亡的情况（如自动驾驶汽车的出现和新能源汽车的出现），因此需要企业不断地对自身运营管理系统进行优化和纠偏，以跟上时代的发展和产业的更新。

由于企业的各个功能有时是彼此矛盾和冲突的，因此在功能优先权的选择上，工业品制造型大中单一企业要遵循以下的原则：

（1）客户多样化的需求与多样化生产的成本平衡问题。工业品的生产很多都是随着客户的需求进行定制的（传统的煤炭、石油化工等除外）。这就导致企业在生产中的成本会有所增加，毕竟频繁变换生产作业模式会导致效率的降低、质量控制难度的增加以及不必要消耗的增加。但是，客户多样化的需求是不可阻挡的趋势，甚至是传统的煤炭生产和石油化工生产也会越来越多地采用定制化生产的方式，那么工业品制造型大中单一企业只能顺应这种趋势，通过信息化技术、自动化技术和其他新技术提高自身满足客户多样化需求的能力和方法。

（2）创新成本与不创新风险的平衡问题。成功的创新永远是提高自身竞

螺旋式升级——企业成长落地系统

228

争力和甩掉竞争者的不二准则，但创新的风险也是企业面临的大问题。创新不但投入比较大，而且一旦不被市场接受，还会使企业错失发展的良机。因此，企业创新是必须要进行的，但是在创新的方向、内容和方法上要合理的布局。一是可以在客户产品的改良上多下功夫，在微小改动上增强客户的便利性以增强客户对企业的认可度；二是跟踪行业的发展趋势，采购合作研发、购买专利、资本投资的方式进入本行业中的新领域。

（3）以客户为导向与自行、自主开发的平衡问题。工业品的生产与销售往往是按照客户的要求进行设计、研制和生产的，工业品制造型大中单一企业不能简单地自己开发一个产品卖给客户。但是，有些企业在满足各个客户不同产品需求的同时，还能够进行自主的产品优化开发，并且这种优化开发的改进能够被大多数的客户所接受。这样的企业必然会不断地提高客户的满意度，扩大自己的市场份额，进而增强自身的竞争力和盈利能力。

（4）各方面职能人员的随时协调与职责固定定位的平衡问题。很多工业品的推广、设计、研制、生产和服务是交叉混合在一起的，甚至是在产品生产的过程中还要进行设计的改进和优化，这种作业方式使各方面人员之间的不断协调、沟通与配合就非常重要，要随时根据工作的需要进行变动和补位。而在职能的定位上，每类人员又都有自己的专业定位，由于专业性不同以及信息的不同，沟通和行动就会产生一些差异和障碍。这样除了共同协调做好客户的服务工作，还要做好大家各自的专业化工作，就容易出现顾此失彼的情况，所以就需要进行统筹、合理的安排与布局。

### 四、项目运作型大中单一企业的功能系统最优

项目运作型大中单一企业由于项目数量多、规模大，而且分散在各地，因此其企业功能系统与区域集中性的制造业有所不同，从短期盈利和长期生存的角度讲，互联网环境下其功能系统主要包括以下七个方面的内容：

（1）建立系统的项目运行作业统筹体系，在企业项目运作整体资源的配置与调度上保证效能的最大化，一方面要保障项目运作对各类资源的需要，另一方面要保证资源的效能，避免资源的闲置。

（2）完善的项目控制能力。由于项目运作型大中单一企业的项目额度比较大、数量比较多、所在的区域比较分散、因地制宜的独立运作性强，因此系统完善的项目控制体系是非常必要的。对于项目运作型大中单一企业的项目运作，总部管控的太细太严就无法灵活处置现场情况。如果管控得太松，

就会在质量、成本等方面失去控制，特别是成本的控制，由于很多物资是项目属地化采购的，因此容易造成成本的失控。

（3）高效的企业协同效率。由于项目工程的推广、规划、设计、施工是一个繁杂的过程，而且由于数量多、工程规模大，而且每个订单从市场开发到施工开展都需要各方面人员的参与，因此要使市场推广、规划设计、施工管理、客户沟通等几个环节能够有效配合与协同，以期达到企业最大的运行效率，实现企业价值创造能力的最大效能。

（4）强大的工程技术能力，包括工程项目的规划设计能力、预算编制能力、施工组织技术能力等。这些能力对于项目运作型大中单一企业在市场开拓、项目有效控制、项目顺利施工都具有很大的影响。工程技术能力是获得客户认可、准确评估项目的基础，施工组织设计与预算是能够管控工程项目的核心。在这些方面能力弱的企业对项目的掌控能力也比较弱。

（5）企业项目作业技术和施工工艺的改进与提高。项目运作型大中单一企业要不断提高工程技术和施工工艺的能力和水平，保障企业能够跟上行业的技术发展。项目作业组织方法和工艺技术是容易被忽视但却很重要的效益隐藏空间。由于各项目的具体现场状况差异性很大，因此每个项目的作业组织和工艺方法都有很大的权变空间，良好的项目作业组织和工艺方法既可以减少项目工期，又可以减少项目人工与物资的消耗。

（6）项目运作型大中单一企业要建立能够抓住发展机遇的企业成长体系和机制，这一方面包括在本行业中新类型工程业务的开拓，另一方面包括和本行业相近的工程业务的发展以及非相关业务的开拓。由于项目运作型大中单一企业业务模式的行业特点强，与服务业及制造业的差距比较大，在技术资源、人才资源以及企业经营管理经验的共享性上很小，因此在跨界发展的资源储备上，人才资源、技术资源和行业品牌资源显得更重要一些。

（7）项目信息与知识的云管理和构建一个不断持续改进、优化，并能够进行自我修复和生态进化的企业运营管理系统。由于工程项目的分散性以及出于项目管控的有效性，项目运作型大中单一企业应当利用互联网技术在信息、技术、知识的管理上采取云管理模式，这样可以使各地的工程项目管理人员在开展工作时随时得到相关的支持与帮助，同时也可以使总部以及管控部门随时了解各个项目现场的情况和信息。项目运作型大中型单一企业也需要建立自纠偏机制，防止企业的问题和不足达到积重难返的地步。

由于企业的各个功能有时是彼此矛盾和冲突的，因此在功能优先权的选择上，项目运作型大中单一企业要遵循以下的原则：

（1）工程技术资源外包与自有的问题。也就是对于工程技术，哪些应当以外包的方式从外部寻找，哪些应当自己掌握。这在前面的"外包与自产的最优选择"中已经进行过探讨。对于那些在外部环境中很容易获得的技术资源，就以外包的方式寻找，对于那些外部环境中不易找到且具有一定"行业竞争优势"性质的技术资源，要尽量自己掌握。

（2）工程项目的同质性与特殊工程技术专有性的问题。在同一类工程项目中，有些工程项目的同质化程度是很高的，一些项目运作型大中单一企业虽然掌握了独特、特有的工程技术，但是能够使用的机会却可能会很少，这就造成了优质资源的浪费。涉及新材料、新模式、新结构等方面的工程项目新技术，其发展与普及并不是几个企业所能做到的，而是需要整个行业各方面机构的共同推动，包括研究机构、企业、政府等多方面的力量。而具体工程项目施工工艺技术的改进往往是在不改变施工体系的前提下，在具体施工作业中所形成的独特技巧和方法，是可以在既有的工程项目中进行普及的。

（3）各职能人员的随时协调与职责固定定位的平衡问题。很多工程项目的推广、规划、设计、施工、管理和服务是交叉混合在一起的，特别是在工程施工的过程中还要不断地对设计与施工进行改进优化，这种作业方式就要求各方面人员要不断地协调、沟通与配合，而且每个人的工作会根据需要随时变动。而在职能定位上，每类人员又都有自己的专业定位。由于专业性不同以及信息的不同，各类人员之间在沟通和协同时会产生一些障碍。这就需要进行合理的组织、安排与布局，使各类人员在工作上既能保持灵活性，又能保持专业性。

（4）如何低成本、高效能地管理好各个项目部，使各个项目部能够安全、保质、最低成本的进行。适应企业项目区域分散、数量众多、工程额度大并且本地化现实情况多的现实，管理好每个项目就成为项目运作型大中单一企业的核心问题。其中，项目关键环节的控制、尽量标准化、项目负责人激励以及重要信息公开是四个主要方面的措施。

### 五、实体服务型大中单一企业的功能系统最优

实体服务型大中单一企业的业务运营有自己的特点。第一是其每个具体的服务运营单位是独立运作的；第二是企业作为一个整体，要统筹管理各地的服务运营单位。因此，实体服务型大中单一企业的功能系统包括局部和整

体两个方面。从短期盈利和长期生存的角度讲，其功能系统主要包括以下五个方面的内容：

（1）充分的品牌建设与推广。以实体提供服务的商业模式，一旦被认可之后，消费者就会源源不断地进行持续的服务消费。因此，实体服务型大中单一企业要做好充分的服务品牌推广工作，通过各种推广渠道进行宣传，包括微商、微信、电视、户外媒体等方式，让更多的消费者知晓和认可。

（2）便利的服务消费方式。以实体提供服务。可以充分利用当前互联网环境下的信息技术和方法，比如企业O2O系统建设，可以让消费者在出门之前就了解服务场所的信息和状况，并提前预订好准备消费的服务内容，到达服务现场之后就可以直接进行服务的消费了。这样就可以避免因对服务现场情况的不了解而盲目消费。比如大型停车场，就可以通过O2O系统查询了解空位情况，并进行线上定位、线下消费的方式进行服务。O2O系统可以采取"总部建立一个统一的平台，在各地的服务单位均可查询消费"的模式。

（3）统一规范的服务模式与标准。为了保持服务质量水平和服务安全性，总部应当制定基本统一的服务规范和服务标准，适度给各个地方的具体情况留些灵活空间，以保持全部服务单位的服务水准和服务刚性，而不是随意改动和改变。并依托互联网技术对服务规范和服务标准的执行情况进行监督和监测，随时发现问题并进行整改。

（4）足够的服务网点数量。以实体提供服务，网点越多影响力越大，网点越多整体的运营成本就越低，因此足够多的服务网点是实体服务型大中单一企业高效经营的前提和基础。如果提供服务的网点数量太少，就无法形成强大的市场影响力，也就会很容易被其他竞争对手超越。

（5）合理的服务价格与适当的服务内容。以实体提供的服务也是分档次的，五星级宾馆和经济型宾馆的服务内容肯定是不一样的，豪华游乐场和一般游乐场的服务内容也是不一样的。因此，实体服务的内容和价格要有相应的性价比，既要保持企业的利润，也不至于在价格上让消费者觉得不值。对于很多实体服务企业来讲，服务的安全性至关重要，比如游乐场和景区等。

由于企业的各个功能有时是彼此矛盾和冲突的，因此在功能优先权的选择上，实体服务型大中单一企业要遵循以下的原则：

（1）业务模式的单一固定性与服务创新发展受限的问题。由于实体服务的模式一旦确定了之后，就很难进行大规模的调整和改造。而且实体服务的内容相对比较固定，如果想提供新型的服务就要建设新的服务实体设施。这就使实体服务型大中单一企业在创新方面不是很容易。一般来讲，实体服务型大中单一企业的创新包括两个方面：一是在既有的服务模式上进行细节上的服务创新；二是开拓全新的服务模式和领域，另立炉灶，开展新的服务业务。

（2）实体建设规模成长与客户认可度发展的问题。和任何产品与服务一样，实体服务在开始的时候也会存在名气小、认可度不高、盈利情况差的现实。所以在企业发展的初期，在服务网点的选址、服务的推介方面都要进行认真仔细的考察，以确保开工建设的每个服务网点在当前的经营环境下是能够盈利的。但是，随着网点的增加和企业知名度的增加，新网点的建设在对外部环境的要求上就不是很严格了，由于企业品牌的拉动效应，新建的服务网点是比较容易盈利的。

（3）服务模式固定与新竞争模式冲突的问题。由于实体服务的模式相对固定，一旦建成之后就不容易改变。这样的情况下，既有业务就很容易被后来的、更加优异、更加创新的雷同服务替代，进而使自身的企业和业务处于劣势状态下。因此，在建设实体服务企业的服务内容和设备设施时，一定要以长远的眼光和前瞻的视野进行服务业务的定位、设计和业务开展，以减少被后来者超越的概率、延长被后来者赶超的时间。

### 六、虚拟服务型大中单一企业的功能系统最优

在互联网环境下，虚拟服务型大中单一企业的业务运营有自己的特点，第一是其服务的方式绝大多数都是在互联网上开展的；第二是虽然其不需要众多的网点，但是却需要大量的人员去制作服务的内容和信息。从短期盈利和长期生存的角度讲，其功能系统主要包括以下四个方面的内容：

（1）强大的服务内容统筹与集合能力。虚拟服务型大中单一企业主要是为用户提供信息、知识与数据服务的，因此其必须要有足够强大的信息、知识和数据的制作、收集和获取能力，以此满足用户的需求。而且这种信息、知识和数据的制作、收集和获取能力不是一时一日的，而是持续经久的。

（2）相对的低价格与广受众。互联网最大的特点就是信息、知识和数据的交换与获取突破了物理空间的限制，无论用户在哪里，只要是互联互通的，就可以进行信息、知识和数据交换与交易，并且信息、知识和数据几乎可以进行无限次的使用与消费，因此虚拟服务的定价一般不需要太高，主要的目的是吸引更多的用户进行消费。

（3）足够的品牌推广与建设。和其他任何的企业与服务一样，信息、知识、数据产品和服务以及相关的企业也需要进行品牌的推广与宣传，以让消费者和用户能够认知和了解企业和服务，并进行消费。

（4）用户权限与数据管理，由于用户可以通过互联网进行网上消费，而不需要与用户真人进行面对面的审查与审核；同时由于用户数量庞大，因此需要很好地管理用户，包括产品服务安全、用户个人认证以及用户数据信息的管理。

由于企业的各个功能有时是彼此矛盾和冲突的，因此在功能优先权的选择上，虚拟服务型大中单一企业要遵循以下的原则：

（1）信息、知识和数据类别与用户的消费宽度问题。对于同一类服务，是不是提供的信息、知识和数据越多越好？因为信息、知识和数据的制作是需要时间和成本的，而且并不能保证所有的信息、知识和数据都能有大量的用户来消费。因此，适量的信息、知识和数据经济性是比较好的。对于那些以会员制模式的虚拟服务型大中单一企业来讲，虽然对于用户来讲信息、知识和数据越多越好，但是仍然考虑到成本问题，信息、知识和数据的品类也是要适量的。

（2）信息、知识和数据的版权保护与盈利模式问题。信息、知识和数据产品的最大特点就是可复制性以及产权保护的难度。由于互联网空间的无边界性，虚拟服务产品的更新换代是轻而易举的事情，因此产品更新在保持其持续发展方面不是问题。但是，如果一个用户下载了其提供的信息、知识和数据，又免费地传输给他人免费使用，这将极大地影响虚拟服务型大中单一企业的经营与发展，所以很多互联网企业采取的是"吸引流量，发布广告的盈利方式"。

# 第四节　运行系统与动力系统最优

作为一个协同作业产出的组织，企业的运营是靠作业运行系统和动力系统的共同作用来实现的。作业运行系统提供了运行的方式和方法，动力系统提供了企业运行的动力。大中型单一企业作业运行系统和动力系统的最优也是以其功能系统的最优为根本出发点的。大中型单一企业基本的特点是以制度管理为主、规范性与标准化强，用制度和文化把各个方面的人员连接起来，各个方面的人员在制度体系的规范下发挥作用。大中型单一企业作业运行系统和动力系统就是在这种特点下以自己的最优实现功能系统的最优，以实现企业价值的最大化。

大中型单一企业功能全面、业务内容多元、职能多样、组织复杂，各个方面的业务和职能必须要有很好的匹配和协同，整个企业才能更好地运作并实现企业需要实现的功能最优。

大中型单一企业的作业运行系统，主要包括战略规划与经营运作、技术研发与服务运作、投资发展运作、采购外包合作运作、市场品牌建设运作、生产施工运作、技术开发运作、客户服务运作、融资运作、成本控制运作、变革革新运作、业务优化运作、仓储物流运作、各项职能工作运作、资金流运作等内容。

大中型单一企业的动力系统，主要是指各方面人员的工作状态，由于业务内容庞杂，企业内部各类人才比较全面，内部工作运作形式多样化，因此其动力系统的结构也多样化。从投资者的动力源点，到高层经营者的次动力源点，再到中层的绩效动力模式、基层人员的服从动力模式，以及各类人员的次自经营动力模式、学习成长动力模式等。有的企业还包括内部的创客机制、小微机制、自主经营体机制等各种类别的动力模式。特别是在互联网环境下，当创客、众包、众筹等新的企业运作方式出现后，企业内部的运行与动力系统的结构和模式就有了更大的选择空间。这些不同的企业运行与动力模式，使企业运行系统与动力系统的最优也有了更加丰富的内容和内涵。

作为大中型单一企业来讲，其运行系统和动力系统有其自己的特点，也都比较复杂，基本模式如图6-8所示。

一、消费品制造型大中单一企业运行动力系统最优

在互联网环境下，消费品制造型大中单一企业的作业运行系统需要满足在定制化、体验化、快速变化、产业再造、"工业4.0"、生态链合作、资本与资源经营等基本趋势下，实现企业效益、成长与发展的目标。

消费品制造型大中单一企业的整体运行结构是由四个互相关联的循环组成的：第一个循环是当前既定业务的开展循环，包括市场推广、接收订货、用户产品设计与生产制造、订单分包与物资采购、发货交接；第二个循环是企业既有业务及市场在区域和客户群体中的开拓与扩张，包括开拓新的市场区域、同类别产品线的增加和细分市场的增加等；第三个循环是业务升级与

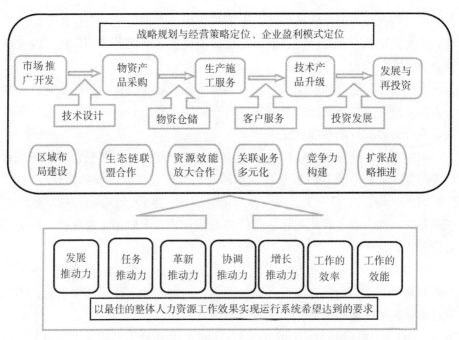

図6-8 大中型単一企业运行系统和动力系统基本模式

创新发展循环，包括产品与技术的创新、产品与技术的档次升级、新产品与技术的试验生产、新产品与技术的市场推广；第四个循环是企业产业的扩张、再投资的发展和高级产业的轮换，包括进行新的行业、进入新的产业、用新产业更换掉原有产业等。这四个方面的循环彼此交织推动着企业的整体发展，而且将企业这四个方面的运行有效地整合起来，在达到四个循环效用目标的同时，还能达到共享、效率、精益，就实现了消费品制造型大中型单一企业运行系统的最优。

消费品制造型大中单一企业的四个循环运行关系如图6-9所示。

消费品制造型大中单一企业的作业运行系统最优就是以最少的资源消耗实现功能系统的最优。这一方面是指每一项具体的工作尽可能地实现更多的功能目标；另一方面是指各职能状态的匹配上，能够发挥协同作用，以期用最少的资源消耗实现更多的功能目标。

产业战略经营研究对于消费品制造型大中单一企业来讲是一件非常重要的工作，其内容包括对行业发展趋势的研究、产业机遇的研究、行业竞争的研究以及经营模式与运行模式的研究等内容。产业战略经营研究的作用对于

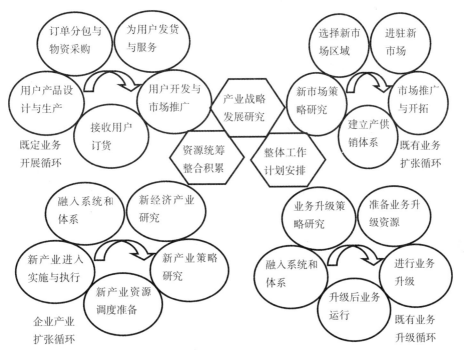

图 6-9　消费品制造型大中单一企业四个循环运行关系

消费品制造型大中单一企业四个方面的运行循环会起到一个焦点支撑的作用。

　　市场策略与客户需求研究是消费品制造型大中单一企业另一个重要的工作内容，其内容包括用户需求特色研究、用户细分与分类研究、用户消费特点研究以及用户的消费方式研究。市场策略与客户需求研究对做好市场推广、既有业务扩张、既有业务升级工作都是必不可少的基础和前提。

　　资源调度与储备和整体工作安排是实现消费品制造型大中单一企业四个运行循环的根本保证，其内容包括资金的调度、储备、安排，人才的调度、储备、安排，各方面人员与工作的协同匹配等。资源调度与储备和整体工作安排既要保证企业四个运行循环的完成，也要防止资源过度的浪费和闲置。

　　互联网环境下的全网营销是消费品制造型大中单一企业一项非常重要的具体工作，其不仅是吸引用户完成消费的措施，而且是了解用户需求、了解行业趋势、了解消费趋势的关键措施，这为市场推广、业务扩张、业务升级都提供了基础的数据支持。

消费品制造型大中单一企业产、供、销的整体布局涉及很多方面的选择，包括在哪里建生产基地、建多大规模的生产基地、营销归哪里负责、采购归哪里负责、技术归哪里负责等的问题，这些问题需要统筹协调，以达到企业整体的最优。在互联网环境下，销售可以开展全网销售，但是考虑到服务的需要，在各个局部市场区域内还是要设置实体体验点的。生产基地网点的设置直接涉及了配送效率、配送便利性和配送成本的问题，同时还涉及物资供应的便利性。而采购的结构设置主要涉及供应的便利性和采购的成本问题。当然，不同的物资其各个因素的作用也不同，比如方便面的相对运输成本要比手机高得多，所以运输成本对手机来讲就不是很重要的因素，但对方便面来讲就很重要。

以生产基地为例，其整体布局最优的判断模式如下：

（1）其主要确定指标为生产基地供货的区域范围，即多大平方千米的面积。

（2）确定方法：区域内的消费能力（人口、收入等）能够满足最佳的建厂规模，即建厂投资的产出/成本最大。

（3）变量指标：劳动力成本、采购成本、配送成本、社会成本、财务成本等。

（4）约束条件：地方政府的效率、地方的基础设施、地方的人才供应等。

对于物资的采购，零用物资的灵活性与大型物资的集中性相结合，一般采用零用物资采购权下放和大型物资采购权集中的方法。

在整体功能系统最优的要求下，消费品制造型大中单一企业要求在基本工作作业、职能协调实施、整体经营推进、战略发展扩张方面形成统一的动力布局，因此其动力系统要保证企业高层人员的战略动力，经营人员经营进取性，职能人员的专业与服务主动性，市场人员的自主创业能动性，技术人员的创新与服务动力，生产人员的灵活生产和自主改进动力，后勤人员的基本任务动力，幕僚人员的参谋动力。这就要求在责任配置、能力选择和激励模式上有相应的措施和方法。

消费品制造型大中单一企业动力系统最优和企业功能系统最优的关系如图 6-10 所示。

互联网的发展特别是移动互联网的发展对消费品制造型大中单一企业的作业运行模式产生很大的影响，特别是互联网销售平台的发展，使该类企业

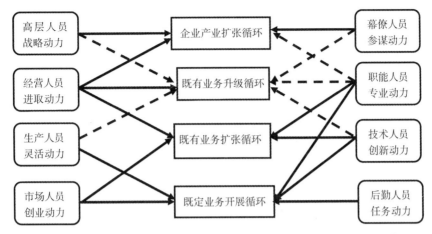

**图 6-10　消费品制造大中型单一企业运行动力系统和企业功能系统最优的关系**

的销售方式和传统模式相比发生了很大的变化。以大数据、垂直销售、定制化生产、物流配送为主导的运行方式，完全颠覆了原来设计、生产、销售的传统运行模式，以小微团队为主的内部创客，将依据市场的需求把技术、销售和生产整合在一起，以企业为平台开展自行创业、共同发展。

二、工业品制造型大中单一企业运行动力系统最优

互联网、物联网、AI 的发展对于工业品制造型大中单一企业的影响目前看没有对消费品型大中单一企业的影响大，对前者的影响主要是在企业的运营管理方面，而对后者的影响包括市场运营和内部运营等多个方面。主要是因为这类企业的客户都是企事业单位，而且其产品在传统的模式下大部分也是根据客户的需求进行定制的，比如模具、空调外壳、生产装备等。由于工业品的客户均是理性的，因此在品牌的宣传、推广、建设方面不需要花费太多的时间，主要是在质量保证、成本控制、技术服务方面做好，及时交货方面可靠就能够满足客户的需要了。当然，由于工业品往往都是消费品生产的原料或装备，在消费品定制化生产的情况下，可能会要求作为原料的工业品也要符合这种定制化的要求。互联网定制状态下由于批量更小、变换更频繁的原因，就要求工业品制造型大型单一企业的运行系统要有更大的灵活性和柔性。

互联网环境下工业品制造型大中单一企业业务组织的具体方式如图 6-11 所示。

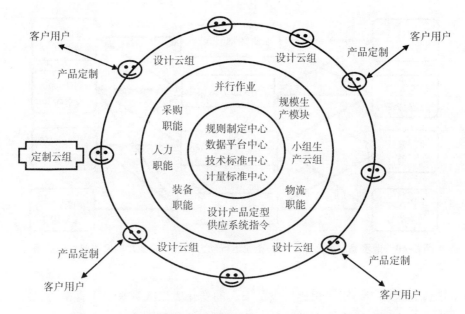

图 6-11　互联网环境下工业品制造型大中单一企业业务组织方式

从宏观上讲，工业品制造型大中单一企业的作业运行系统也要满足"既有效益的获取、成长资源的累积、保证成长的体系、自修复和生态进化"的能力这四个方面功能的需要，但在具体的形式上要满足以下七个方面的最优：

（1）企业供应系统合—分的整体布局。也就是在生产制造单元的建设上，应该把多大的生产规模作为一个单元独立设置，以供应相关客户的产品需要。其一是根据客户所在的区域、规模、大小以及原材料的供给、物流的满足情况等综合考虑进行生产制造单元的设置，其首要的原则是原料和物流能满足；其二是客户需求规模、投资收益、物流成本达到的效益最佳；其三是人工管理成本、社会管理成本低。

（2）市场与客户开发管理范围的界定。在生产制造单元比较分散的前提下，市场与客户开发范围的分工界定方式。如果是超级且数量很少的客户，可以采取统一市场与客户开发管理的方式。如果是中等规模、数量比较多的客户，则可以采取分区域分别独立进行市场与客户开发的方式，但是要采取相对统一的标准和规范。

（3）技术人员参与市场开发的方式。由于工业品的生产和制造往往都是定制化的，而定制的一个重要环节就是前期设计，这就需要提高技术人员参与的积极性和参与的效用。技术人员参与市场开发的方式，要和订单的获取、成本的结余以及生产工艺效率的提升相挂钩，在设计阶段就为后期生产供货的效益打下基础。

（4）生产指挥单元和传统模式比要缩小。即便是在同一个生产制造单元内，由于客户产品服务需求定制化的特点，在内部生产职能单元上要统、分结合，也就是对于那些容易因定制化而在生产上有很大区别的职能单元要进行分区、分组，以便于满足不同定制产品的需要，比如印染行业的印染车间；而对于那些不容易因定制化而在生产上有很大区别职能单元要进行统一管理，比如印染行业的后整理车间和练漂车间。

（5）大型物资要统一采购分别配送。由于工业品制造型大中单一企业生产的产品是相同或者相近的，所需要的原材料和辅助材料也基本是相同的，因此可以由总部统一确定和供应商的供货合作关系，再由供应商根据各个生产制造单元的需要进行相应的物资配送。

（6）采取内部市场链结算和行政指挥结合的方式保证内部的配合。为了实现个体工作效率和整体协调效率统筹的最大化，要以市场化的方法激励各个基本作业单元的积极性（采用类阿米巴经营的方法），但是为了防止各个基本作业单位为各自利益而疏于协调合作现象的出现，仍然要以职责、流程、目标等传统的行政方法来保证个基本作业单元之间的协作。

（7）客户服务与技术研发工作的人员整合。工业品制造型大中单一企业往往会配置相关技术人员为相应的客户提供技术支持和服务，并在日常的生产供货中这些技术人员也要进行技术管理和工艺管理。出于未来发展的需要，工业品制造型大中单一企业也需要在满足现有客户的同时不断地进行技术创新和研发，因此需要将技术人员有效地组织起来，以更好地发挥他们的作用。

关于动力系统的最优，在企业四个基本功能的保证方面，工业品制造型大中单一企业和消费品制造型大中型单一企业有相同的动力系统结构的。除此之外，工业品制造型大中单一企业的动力系统应当在支持客户定制化设计、支持客户生产定制化、支持内部小微创客、支持产品的快速使用创新、支持新客户的开发方面发挥更重要的作用。

工业品制造型大中单一企业动力系统的方法与效用结构关系如图6-12所示。

对于不同类别的人员，由于其所负责工作的性质以及对企业价值创造的作用不同，因此要构建与之相匹配的动力模式和结构，以确保相应类别的人员能够创造出其应有的效益与价值。

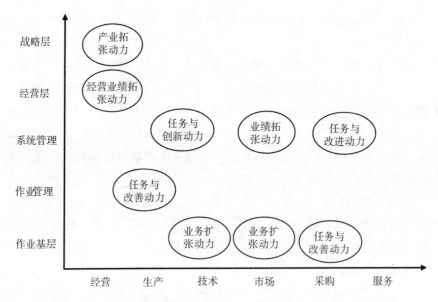

图 6-12　工业品制造型大中单一企业动力系统的方法与效用结构

### 三、项目运作型大中型单一企业运行动力系统最优

项目运作型大中单一企业的最大特点就是工程项目多，而且项目所在地点比较分散，各个项目彼此之间在运行模式上有很大的相似性但是在具体的细节上差异比较大，各个项目都有阶段周期性。

项目运作型大中单一企业运行系统也要满足"既有效益的获取、成长资源的累积、保证成长的体系、自修复和生态进化"的能力这四个方面功能的需要。并且在市场与客户的开发上，要确保获取足够的市场信息，以便能够有足够多的市场开发的选项；同时还要有能力充分展示企业专业能力、项目技术、项目经验的展示方法；另外在项目商业洽谈的过程中，要让客户真实地感受到企业的技术实力，比如技术人员对深刻问题的把握。项目运作型大中单一企业的作业协作中，资源的合理调配是一项重要的工作内容，比如建筑工程项目的预算人员管理，对于规模小一些的工程项目，配备独立的预算人员可能会比较浪费，但是如果其他工程项目又比较远的话，这个工程项目的预算人员也没有时间再去负责其他工程项目的预算工作，这就需要在预算人员的能力结构、责任结构上进行很好的匹配。

项目运作型大中单一企业作业运行系统最大的要求就是如何有效地管控

好众多的项目工程，一般来讲工程项目具有以下特点：

（1）数量多且分散，而且彼此的距离都很远，造成了巡视监督工作开展起来比较困难，集中采购配送物流费用会很大，项目现场需要的中高端人才数量多（如项目经理），工作氛围与工作环境的管理比较困难。

（2）工程规模比较大，涉及的工作内容和职能内容比较多，不是简单的几个行政指挥、几个专业的人员管理就可以的，而是一个完整系统的业务体系，每个项目均需要配备相应的专业人员和工作人员进行细致的现场管理。

（3）各个工程情况各异，无法用细致的统一标准进行规范。虽然整体上讲，工程项目的实施运行具有相应的标准规范，但是由于每个具体的项目有其各自的特殊性和复杂性，因此同样的工程项目规范在各个项目的具体使用情况是不一样的，比如土石工程的大小不同、客户企业对大型 ERP 系统的结构要求不同等。

（4）现场临时问题多，无法用请示的方法由总部对所有的问题给予决定。每个工程项目在不同的项目现场，遇到的具体问题都是不同的，比如济南建地铁遇到的是"不能破坏泉脉的问题"，在青岛建地铁遇到的是"岩石太硬如何爆破的问题"。具体问题差异大，无法由上级给出统一的答案去解决。

（5）阶段性强，无法和当地的供应商建立长期的合作关系，也无法对驻地的行业进行长期的影响。每个工程项目完成后，如果没有新的工程，就要解散项目团队离开项目现场所在地，在当地的业务关系和影响力也就完结了。要想在当地长期发展，就要建立常驻机构不断发展新的业务。

（6）如何在保持整体经济效益最大以及整体效率最高方面进行权衡。根据代理人原理，项目团队保证项目整体经济效益最大的自主性不强，但是总部什么都控制的话又会导致效率低下。

以上的实际情况使项目运作型大中单一企业很难进行集权化管理，也无法用标准进行精细控制。在企业的整体运行上，要在公司总部、区域公司、项目部三级机构上进行有效的安排和布局。

项目运作型大中单一企业组织运行的基本最优方式如图 6-13 所示。

由于效率的原因，项目运作型大中单一企业虽然整体业务模式是单一的，但一般仍然采取的是相对放权式的管理方式。在各个区域公司以及项目的运行过程中，在工程项目实施方面一般是没有太大的问题的，比如项目的进度、项目的质量管理、项目的安全管理等。其最容易出现问题的环节是成本控制

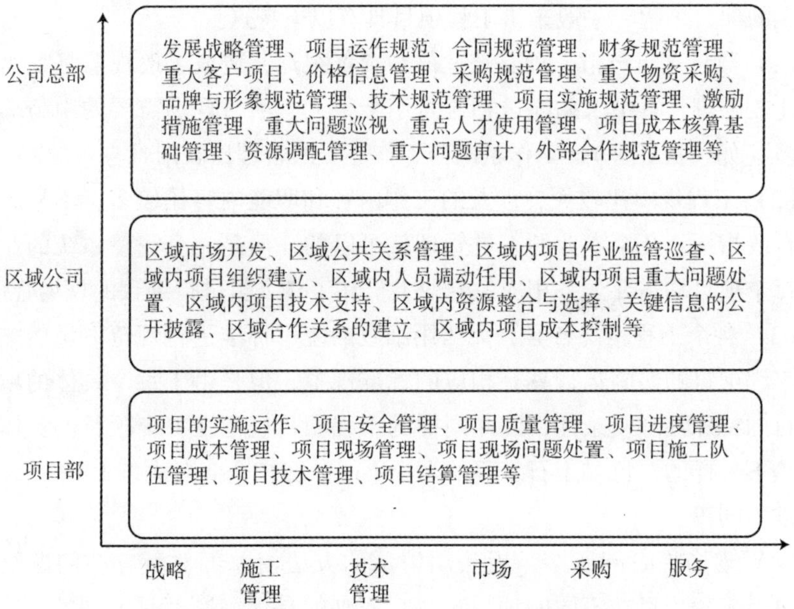

**图 6-13 项目运作型大中单一企业业务组织运行方式**

环节和客户关系协调环节。由于在物资采购、发包商选择与款项支付、中小型工程项目的客户开发等方面是放权的，因此如何保证下属机构能够站在企业利益最大化的角度开展工作将成为一个重要的课题。公司总部在企业整体作业运行中的定位核心之一就是如何保证企业整体的效益最大化，也就是企业整体效率和整体经济效益最大化。由于项目运作型大中单一企业业务结构单一的特点，公司总部要在规范制定、市场信息掌控、关键业务实施、业务运行监察等方面发挥自身的作用。特别是市场信息的掌控方面，如果比较系统全面地掌控了市场信息，公司总部一方面可以对需要自己决策的业务事项有一个很好的决策依据，另一方面也可以通过掌握的信息对下属单位的业务内容有一个很好的分析和判断。

业务工作都是由具体的人员进行的，那么如何保证企业各个方面的人员都能够按照既定的要求开展工作呢？比如区域公司人员努力开拓市场、压低采购成本、加强分包商的管理等；每个项目部的人员都努力做好项目的运作管理，保证安全、保证质量、控制成本；而公司总部的人员认真审查各项合同、积极检查监督、确保各项市场信息的安全等。

在整体的动力结构上，项目运作型大中单一企业的领导应当是开拓企业战略、构建组织体制；公司总部职能人员应当以管控体系建设、实施专项管控为主；区域公司负责人应当是开拓当地市场、贯彻实施对区域项目的管控为主；区域公司职能人员应当是在本职职责内具体贯彻对区域项目的管控；各项目部人员主要是依据公司的要求贯彻工程项目的实施。

项目运作型大中单一企业整体动力系统的结构关系如图 6-14 所示。

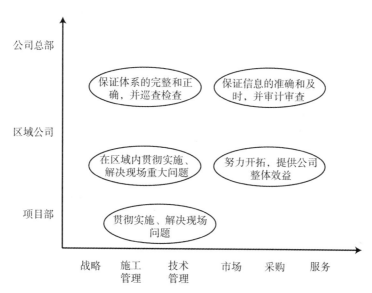

**图 6-14 项目运作型大中单一企业整体动力系统结构**

## 四、实体服务型大中单一企业运行动力系统最优

对于实体服务型大中单一企业来讲，其最重要的就是在既定环境下，将实体服务设施的效益达到最大化，就像宾馆的入住率最好达到 90%、二手房交易服务中心的销售顾问每个人都有最多的客户、停车场最大限度地实现收费预期、大型商场里面的顾客最好永远都是满的、游乐场能够场场爆满等。为了达到此目的，实体服务型大中单一企业在运行上一是要安排好服务的方式与方法，尽量避免对服务设施产生无价值的占用和闲置；二是要做好服务设施的检查、维护与管理，避免因服务设施的损害而影响服务功能的发挥。

实体服务型企业大致包括两类：一类是用固定的设备、设施提供服务，比如停车场、宾馆、游乐场等；另一类是主要人的效能来提供服务，比如饭店要做菜、房产中介要靠个人推广、酒吧要有演唱会等。

在消费者吸引方面，除了地段的选择、服务的内容之外，有效的营销和促销就是最重要的了。而且由于实体型服务设施一旦设定就很难修改，因此服务内容和服务形式的策划是最重要的，要能够把握住消费的需求和爱好，才能吸引来消费者。青岛海底世界一到旅游季节就人山人海，投资收益不知道要实现了多少倍。虽然有好的服务内容，但如果不是单一的服务提供者，而是有其他的竞争者，那服务设施所在地段的选择就很重要了。实体型服务的品牌传播在初创阶段是需要营销、促销传播的，一旦形成口碑效应，只要再进行一些适当的营销、促销传播就可以了。

在企业作业运行方面，实体服务型大中单一企业与小微型服务企业有着本质的不同。比如在服务项目和内容的创新上，小微型服务企业往往是鼓励工作人员在具体的服务工作过程中进行细节上的发现和创新，强调的是以零星改进的积累获取最大创新的效果，而在重大的服务项目和内容创新，是以模仿学习和自我消化改造为主的。而实体服务型大中单一企业服务项目与内容的创新往往是进行大型服务项目的全新设计与规划，而不是在原来服务项目和内容基础上的小改动。

当然已经建设完成并投入运行的实体服务设施，其日常的运营与运转就是常规的程序化的了。为了增加运营管理的便利性和成功的可靠性，实体服务型大中单一企业的各个服务经营单位的运作一般都是标准化的。

总体来讲，实体服务型大中单一企业业务运行方式如图6-15所示。

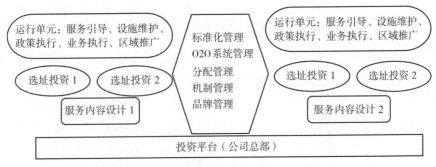

**图6-15 实体服务型大中单一企业业务运行方式**

对于实体服务型大中单一企业来讲，需要重点推动的工作事项包括新服务项目和内容的开发、已有成熟项目的投资布局、已投资建设服务项目的运行管理、相关的服务职能工作。在已投资建设服务项目的运行管理上，有些服务项目是主要依靠设备设施开展的（如停车场），有些服务项目还要依靠人的具体工作（如医院）。而实体服务型大中单一企业整体动力系统的布局也主要在这些工作人员之间进行统筹和规划设置。当然在具体的工作运行上，动力系统的布局也要细化到具体的岗位和个人。

实体服务型大中单一企业动力系统在各个方面人员间的布局如图 6-16 所示。

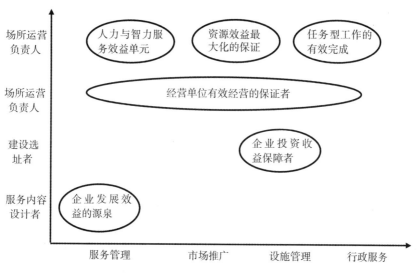

**图 6-16　实体服务型大中单一企业动力系统在各个方面人员间的布局**

## 五、虚拟服务型大中单一企业运行动力系统最优

对于虚拟服务型大中单一企业来讲，其最重要的就是在既定的互联网服务内容下，实现相关服务内容的效益达到最大化。由于虚拟服务型的内容大多是依托于互联网的信息、知识、传媒类性质的，因此其消费不像实物一样是有限的，而是无限的，并且是通过互联网虚拟的方式实现。就像56 视频的影视服务，至少在理论上可以被无数的人服务和消费；百度外卖上的外卖资源信息可以被无数的人享用和使用；携程网上的机票和宾馆信息可以被无数的人享用和使用；中国电子商务网可以让很多的客户发布交易信息等。

另外，虚拟型服务的特点之一就是服务的自助化和服务时间、空间的不

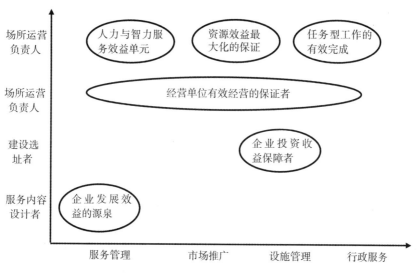第六章　大中型单一企业的运营管理系统最优

受限制。也就是客户可以随时、随地在虚拟服务平台上自行的开展服务，而不需要有相关人员进行现场的服务；虚拟型服务的特点之二就是不受地理空间和区域的限制，也就是无论消费者在哪里，只要是互联网是通联的，就可以进行虚拟服务的消费。因此，虚拟服务型大中单一企业作业运行的主要内容就是服务内容的聚集、服务平台的建设和市场推广三个方面。

服务内容的聚集主要是指服务资料信息的收集、优化与维护；服务平台的建设主要是指互联网服务平台格局的搭建和服务模式的构建；市场推广主要是指吸引更多的客户在服务平台上进行消费和交易。

总体来讲，虚拟服务型大中单一企业业务组织的具体方式如图 6-17 所示。

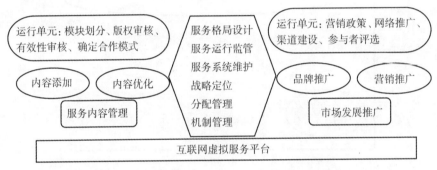

**图 6-17　虚拟服务型大中单一企业业务组织方式**

对于虚拟服务型大中单一企业来讲，需要重点推动的工作事项除了战略和投资之外，就是服务内容的聚集和市场的开拓推广，而互联网平台的搭建是作为一项常规性的技术工作的。而客户具体服务消费过程的实现是由客户在互联网平台上自助完成的。由于虚拟型服务的互联网性质，在一个平台上可以提供多种相近的服务，而各个服务内容可以采取自主经营体和小微的方式进行运作和经营，而平台的维护和服务职能的开展以集中统一的方式进行。虚拟服务型大中单一企业整体动力系统的布局首先要在那些具有经营性质的工作人员之间进行。其次才会针对职能服务性人员进行。

虚拟服务型大中单一企业动力系统在各个方面人员间的布局如图 6-18 所示。

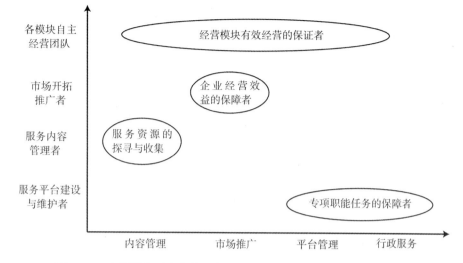

图 6-18　虚拟服务型大中单一企业动力系统在各个方面人员间的布局

# 第五节　大中型单一企业管控系统最优

对于大中型单一企业来讲，由于业务复杂、人员众多、范围广泛，并且由于领导者精力和知识面的限制，像小微企业那样靠行政指挥式的管理将无法保证其正常的运行运转，因此要靠规章制度为根本、企业文化为催化剂的制度化模式进行管理。

前面介绍了各类大中型企业其业务运行的特点以及功能系统和作业运行、动力系统最优的要求，那么为了保证作业运行、动力系统按照其最优的方式运转，进而实现大中型单一企业对应功能系统的最优，就需要确保其管控系统的实施与运转是围绕着上述的这个目标而展开的。

大中型单一企业的规模比较大，相对来讲人数也比较多，业务的范围广泛，而且会有很多的分支机构，需要思考和协调的事情也比较多。当然其最大的特点是大型和单一。因为大型，所以事务性的工作项目比较多；因为单一，所以在业务的管控上相对比较容易一些。作为大中型单一企业的负责人来讲，由于长期从事相关的业务，因此这个企业的很多业务往往都是比较熟悉的，对企业的很多问题也是比较有经验的，但最大的问题就是他们没有时间去处理日常工作中众多的问题。

大中型单一企业管控系统的第一要义就是要有相对完善的制度，要实现以制度来管理企业，而且由于业务结构相对单一，制度应该制定得具有针对性和细致性。当然，选拔德能俱佳的优秀人才来管理各方面的工作是最好的，但是由于人性的不可预测性，没有制度的管理也不可能出现"优秀人才泛滥"的环境。并且有法不依的企业四处可见，而有法不依的本质就是企业文化氛围极度变坏，员工连企业的制度都不遵守，只是按照自己的想法和模式去做事情，这是一种完全失控的状况，更谈不上什么管控了。

基于以上的分析，大中型单一企业管控系统最佳的方法就是定期业务汇报、制度体系规范、人才选拔与激励、文化氛围建设、审查审计五大主要的方面。定期的业务汇报，高层领导就能发现业务中的一些问题；制度体系规范，员工的工作就有法可依、有度可监；人才选拔与激励，可以让能干的人好好干事；文化氛围建设可以避免劣质分子的影响，强化正气的树立；审查审计可以起到威慑作用和发现问题的作用。

大中型单一企业的管控系统，不仅从理论上包含了管控系统的 12 个方面，而且更是具体地实施了管控系统的 12 个方面。其中经营定位与职能策略、价值观体系、组织结构与人员配置、利益分配、绩效与目标管理、职责与职权、业务流程与工作协调机制、人员任用、领导模式与工作管理的运用是高层管理者对各个职能板块管控的最重要方法，而作业规程、标准与行为规范、利益分配、设备购置与作业布局安排是对于基层作业人员的管控方法，当然也包含了业务流程与工作协调机制、人员任用。大中型单一企业的管控系统的组成形式如图 6-19 所示。

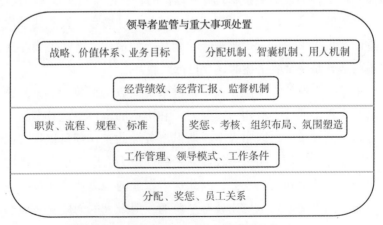

**图 6-19 大中型单一企业的管控系统的组成形式**

因此，对于大中型单一企业来讲，管控系统实现最优的关键与核心是构建一套系统化的制度管理机制，再配以文化氛围塑造和法律手段的约束。

## 一、大中型单一企业管控系统最优的通用要素

### 1. 第一要素

建立完善的规章制度。在各个方面都应当有相应的制度规范，但是在具体的制度内容上，对于那些需要领导者根据外部环境和企业现实进行权衡的内容要留下相应的弹性空间。

### 2. 第二要素

要建立人才梯队。人才梯队的作用一方面是在企业扩张发展的过程中能够有人可用，另一方面也避免"被优秀人才制约"现象的出现，而且在企业内部形成适当的竞争机制，可以有效地激励员工的工作积极性。

### 3. 第三要素

采取多样化的薪酬激励机制。针对技术人员、生产人员、行政服务人员、市场人员乃至相应的自主经营体，要采用不同的激励机制，以使相应的人员在最符合自身工作效能的环境下进行工作，以创造最大的工作价值。

### 4. 第四要素

建立重点人员述职机制。通过重点人员的述职机制，首先了解企业骨干人员的工作能力和工作状态；其次可以通过述职找到企业中不和谐的方面；最后还可以对骨干人员的工作状态和方法进行指导，算是一种比较有效的企业管控方式。

### 5. 第五要素

建立检查机制，包括工作检查、工作审计等方面，既可以及时发现工作中存在的问题，也可以警醒不轨人员不去做不应该做的事情。

### 6. 第六要素

建立人员淘汰机制。合理的淘汰机制是保证人们工作积极性、选拔有效的工作人员、促进员工努力思考、提高工作成效的主要方法。

### 7. 第七要素

企业要有明确的职责价值定位，这和企业的发展战略以及竞争策略是相关联的，就是要为客户提供什么样的产品和服务、为社会创造什么样的普世

价值。而职责价值就是各个方面的作业单元和工作人员，他们的工作要做到什么程度，以什么样的价值目标为标准，让他们明确知道自己的工作方向。

8. 第八要素

借用外部的智囊机构和人员。外部的智囊机构和人员，会以不同的眼光和视角看待企业的运转状况以及问题，可以使企业的领导者以清晰、系统的眼光看待企业的状况及出现的相应问题，以便做出最佳的企业经营决策。

9. 第九要素

系统规划信息系统。通过有效的信息系统，可以在信息保密、工作效率、监督监管、合作协调方面达到最佳的效率和效果。

10. 第十要素

建立基层信息反馈机制。企业负责人可以通过合理化建议、员工定期私访约谈、总经理公开电话等方式，定期获得企业第一手的基层信息，以发现存在的重大问题和经营隐患，同时结合外部的智囊机构和人员，对问题形成正确的判断和解决措施。

## 二、消费品制造型大中单一企业管控系统最优的个性要素

消费品制造型大中单一企业的管控系统，要保证作业协作系统和动力系统的最优。在互联网乃至物联网、AI 社会管理模式下，消费品，包括个人用品、家庭用品等的供应是以模块化定制组装为导向的，这类大中型单一企业的业务组织运营也要按照这种模块化定制的方式进行布局。为了适应模块化定制组装的需要，除了建立互联网沟通平台之外，在生产体系的安排上也要符合这种模式，包括定制产品线设计、网上营销、半成品组装中心、地区成品组装服务中心等。比如家电企业，其业务组织的运营就要按照这种模式布局，如图 6-20 所示。

由于利用大数据的网络推广和定制产品线的设计成为整个企业的引领和导向，并且往往采取内部人员自主经营体和区块链自增值的业务组织方式，因此在管控系统的最优化方面，也要满足这种定位要求。

1. 第一要素

网络化是为了贴近市场直接反应，因此会把和市场与客户距离最近的网销与设计人员的意见作为第一选择，同时让他们适度采用自主经营体的运作模式。但是，企业中心高层要保留关键的业务决策能力和决策权。因为一线

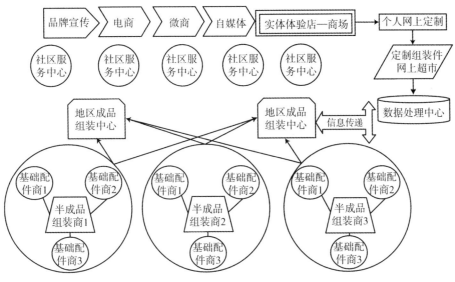

图 6-20　未来家电产业定制化系统运营管理模式

人员毕竟是以短期利益为驱动的，并且他们的视野也是以满足眼前的客户为重点，但是未来的、全局的和超前的意识他们是很少具备的。自主经营一线和中心高层的权限分配如表 6-1 所示。

表 6-1　互联网环境下企业权限分配

| 下放自主经营一线内容 | 中心高层保留内容 |
| --- | --- |
| 即销产品设计决策 | 战略产品决策 |
| 即销产品销售策略 | 品牌建设策略 |
| 即时工艺改进 | 整体技术改造 |
| 即销产品改进 | 战略产品改进 |
| 即销产品区间定价 | 即销产品基础定价 |
| 即时客户服务 | 客户服务规范 |
| 体验内容开发 | 体验方向定位 |
| 新产品开发创意 | 新产品方向定位 |
| 全网营销、自主经营体、内部小微、模块化生产定制系统、众包体系 ||

2. 第二要素

领导者要非常清晰地了解行业未来的发展趋势以及生态圈的合作整合方

式，并通过利用互联网大数据建立企业运行管理状况的监督系统。通过这样的监督系统再加上适度的互联网及现场工作汇报，就能够清晰、准确地掌握企业运营情况好状况。

3. 第三要素

要组织好定制产品线的规划与设计、网销工作以及区域服务工作，以确保企业有充分的订单和现金流，这是吸引住各方面员工和人员安心、踏实、努力工作的最基本的前提。

4. 第四要素

建立基于互联网信息流、物流、资金流的、清晰明确的流程和职责。消费品制造型大中单一企业定制模式下的运转包含了订单分配信息流、生产组织协调信息流、发货配送物流、结转资金流、定制产品线确定信息流等几个方面的业务与信息流动。出于分工、协作的需要，就必然要明确上述业务流动中各方面作业单元、人员的职责分工以及业务流程的过程。

5. 第五要素

建立内部狭义的市场链。从客户订单的获取、订单的分配、定制产品线的设计与发布、终端服务的实施等内容，均要以狭义市场链的方式开展。所谓的狭义市场链，是指有约束条件的、在企业内部各作业单元之间实施的市场链，而不是纯粹外部完全敞开式的市场链。

### 三、工业品制造型大中单一企业管控系统最优的个性要素

相对消费品制造型大中单一企业来讲，互联网对工业品制造型大中单一企业的影响要小一些，并且工业品的生产除了完全标准化外（如汽油、药品），基本上都是定制化的（如汽车配件、装备等），因此虽然都是制造业，但是其管控系统最优的内容还是有很大的差别的，工业品制造型大中单一企业管控系统最优的个性内容主要有以下几方面：

1. 第一要素

企业主要负责人要对企业的发展、目标有明确的定位。这样企业负责人在把控企业各方面的业务运转和工作开展时就会有很明晰的判断标准，才能在企业大的方向以及放权管理方面才能做到适当有度。

2. 第二要素

主要领导要把握住客户或者重点客户。和消费品制造企业不同，工业品

制造型大中单一企业的客户都是企业或者机关事业单位，而且彼此之间一旦形成合作关系往往会长期地合作下去。在买方市场的格局下，丢失一个客户就等于丢失一片市场，因此企业的主要领导要把控住客户或者重点客户。

**3. 第三要素**

要任用专家型的职能部门负责人。专业性是人们扎实、负责、认真做好工作的前提，专业水平不够的话，是很难做好相关的职能工作的，即便是激励到位也不行。因此，对于分工带头负责不同职能工作的负责人，最重要的是应该是相关方面的专家。

**4. 第四要素**

要有清晰明确的流程和职责。专家的优势是在本职能专业上懂得多，但劣势却是因此而来的固执己见、缺乏大局观和不容易配合，因此要用流程和职责分工定位来明确各职能部门之间彼此的合作关系以及职权定位，避免各职能部门简单从自己的专业理解出发而一叶障目，以确保各专业间有效的合作。

**5. 第五要素**

要有明确的职责价值定位。和第四要素的目标一致，为了避免专业人员要求的工作质量脱离企业实际需要而产生专业过度浪费，就需要明确各职能工作的职责价值定位，目的就是明确在企业的整体战略定位下，相应的职能工作应当做到什么程度，实现什么样的价值目标，避免不必要的专业化深度。

## 四、项目运作型大中单一企业管控系统最优的个性要素

前面提到了项目运作型大中单一企业的运营模式和运行特点，而其中项目现场的灵活性和多变性、项目分散性和远距离性是其最大的特点。在这样的情况下，项目运作型大中单一企业的管控系统就具有其自身的特点，而要实现管控系统的最优，就需要关注以下几要素：

**1. 第一要素**

要注重项目经理队伍的建设和管理。项目经理是项目运作开展的核心，是项目结果好坏的关键，一个好的项目经理队伍，将使企业建立起良好的项目运作人才平台，确保项目群体的有效运作。

**2. 第二要素**

建立系统、可行的项目核算体系。要对每个项目的支出与费用情况有明

晰的记录与核算方法。如果没有针对每个项目的核算体系，只有企业整体的年度财务核算体系，就容易在项目上产生隐蔽的成本和亏损。

### 3. 第三要素

要建立系统、可控的采购体系。由于项目分散在距离很远的各地，因此很多物资的采购往往无法集中进行，而是要实行分散采购。作为成本构成的主体，采购控制不好的话就容易形成极大的浪费和损失。采购体系中最重要的就是把控好材质与价格的监管。

### 4. 第四要素

要建立科学合理的分子公司和项目部激励与奖励机制。由于每个项目的现场实际情况都不同，而且监管者无法全都到实地进行项目考察与检查，所以如何保证项目分子公司和项目部良好的工作状态就非常的重要。要让项目分子公司和项目部自主按照拿大项目、控制成本、保证质量的方向上努力。

### 5. 第五要素

要注重预算、造价和施工组织设计等关键岗位人才队伍的建设。优秀、精准的造价预算和施工组织设计，既能有效地指导项目施工工作的开展，更能对项目运作的合理性起到监督的作用。

## 五、实体服务型大中单一企业管控系统最优的个性要素

实体服务型大中单一企业在某些方面和项目运作型大中单一企业是相近的，比如都是以服务单元（项目）进行相对独立运作的，而且服务单元（项目）也比较多，而且会分散在相距比较远的各个地方。由于实体服务型包括"依赖设备设施服务"和"依赖人的作业服务"两大类，因此要实现实体服务型大中单一企业管控系统的最优，就需要关注以下的个性要素：

### 1. 第一要素

要注重服务标准的建立。由于实体服务型大中单一企业的每个服务单元规模都不是非常大，但是总体数量会比较多，再加上比较分散，因此管理起来更加不容易。但是"依赖设备设施服务"为主的实体服务在作业上很容易标准化，而且标准化之后就会很容易操作和管理。以"依赖人的作业服务"为主的实体服务在作业上不容易过于细化的标准化，但是可以在结果上予以标准化，而且实施结果标准化之后也很容易管理。

## 2. 第二要素

建立系统、明晰、确定的收费标准。实体型服务基本都是在服务现场消费的，而且各地方的物价水平和消费水平都不太一样。为了保证市场的规范性和统一性，各地的价格需要由总部进行统一筹划、分别制定。

## 3. 第三要素

由于各服务单元分散在距离很远的各地，因此物资采购往往无法集中进行，而是要进行分散采购。作为成本构成的主体，采购控制不好的话将形成极大的浪费和损失。实体服务型大中单一企业采购体系中最重要的就是建立标准化的采购清单和指导价格。

## 4. 第四要素

由于实体型服务基本可以标准化，因此在服务水平的检查巡视方面是比较容易开展的，而且也比较容易起到作用和效果。但是，对于各个不同的服务单元也需要有很好的激励机制，以激励其工作人员用心的工作，提高服务水平。

## 5. 第五要素

要注重服务单元的规划与设置，包括选址、硬件设施的建设等。

## 6. 第六要素

对于"依赖设备设施服务"的实体型服务，要有规范的设备设施维护机制。因为这类实体型服务的核心就是设备设施（如游乐场），设备设施的维护不仅仅是提供正常服务的保证，更是服务安全的保证。

## 7. 第七要素

对于"依赖人的作业服务"的实体型服务，要做好重要服务人员的引进、使用与管理，比如饭店的大厨、地产销售中介的精英、海底世界海狮海豚及驯兽的饲养训练管理。

### 六、虚拟服务型大中单一企业管控系统最优的个性要素

虚拟服务型大中单一企业有其自身独特的特点。由于其业务运作与服务消费的互联网性质，所以其管控系统的最优也和其他类型的大中型单一企业不同。虚拟服务型大中单一企业管控系统需要重点关注以下的个性要素：

## 1. 第一要素

最重要的就是服务的内容、形式和对象，也就是要通过互联网平台为用户提供什么样的服务，比如娱乐视频、游戏、招聘信息、网上下单等。只有切准用户的需要，才能有发展前景，而且这个定位一定是统一的、由企业高层确定的、不需要分支机构做什么的。

## 2. 第二要素

重要的就是服务内容的填充，互联网平台上想要的服务内容必须填充上了才能提供服务。这就要求激励服务内容的制作人员去努力的挖掘、寻找提供服务内容，而且这个内容还要不断地更新和创新。这就涉及了对服务内容制作人员的有效激励，既可以按照服务板块的业务收入提成来计算，也可以按照单项服务内容的点击量计算。

## 3. 第三要素

要做好互联网服务平台的推广，只有众多的用户了解、认可，虚拟服务型业务才能发展。这往往根据虚拟服务类型和每个企业策略的不同而不同。携程曾经是用人海战术大面积地在火车站和机场招募会员，滴滴打车是靠打车折扣的方式吸引用户，前程无忧靠的是大量的广告传播，淘宝网开始当然靠的是优惠政策和赚钱能力。

## 4. 第四要素

要做好大数据的收集工作。相对于企业行业来讲，虚拟服务型大中单一企业更容易收集有关客户的大数据，包括客户喜欢的内容、消费的时间点、消费的过程特点等。掌握了客户的这些内容数据，就更加容易针对客户的喜好设计相关的服务内容和服务方式，减少新产品开发的风险。

## 5. 第五要素

要建立自主管理为主的企业文化体系、工作管理体系和职业氛围体系。这其中包括了业务与组织的合成方法、激励模式、作业规则、业务团队职权定位等。

## 6. 第六要素

要建立无边界化合作的网络互联型业务发展推进体系。由于大型网络化的虚拟服务需要众多、不断变化的内容，因此就要和众多的内容生产者进行长期的、合伙人式的合作，而且这种合作往往不是独家的。也就是内容制作者生产出来的内容可能会和多家机构合作，而虚拟服务型企业要在这样的前提下提升自己的竞争力和吸引力。

7. 第七要素

要保证网络用户个人信息的安全性。由于网络虚拟消费需要提供足够的个人信息，包括银行、身份、地址等。因此在互联网上会有大量的个人隐私信息。作为互联网的虚拟服务企业，要保护好用户的个人信息，避免个人隐私的泄露。

8. 第八要素

由于信息技术的发展，基于互联网的商业模式淘汰了很多传统的商业模式。同时由于 AI 技术的发展，基于 AI 技术的商业模式也会逐步的取代基于互联网的商业模式，并且这个替代的速度会越来越快，看看已经进入实用的无人驾驶汽车、各种各样的机器人、各类无人机等，就知道这种发展的趋势了。

## 第六节　系统最优的成长与演变

大中型单一企业同样不能只是关注于一时的现金和资金收入，而是要更加关注自己如何发展和成长。包括如何获取更大的市场份额、如何才能进入更高端的市场空间、如何才能更好地扩大产品线、如何才能进入相关的产业空间、如何才能实现企业投入产出的最大化等。这就要求大中型单一企业要在保证企业正常日常运营的前提下，构建起自己的企业成长机制。大中型单一企业的成长首要的是以进行产业投资、扩大市场份额、扩大产品线为主；其次是不断优化自己的运行与管理，升级自身的运营管理水平，提高自己的资源质量和企业经营的系统能力，使企业变得更加精益和最优，为进一步的发展打下基础。

大中型单一企业可以通过升级和优化自身运营管理的以下内容，一方面提升企业经营的质量，另一方面优化企业自身的资源，为更好地扩张奠定基础：

### 一、建立成长性的企业运营架构

（1）逐步建立战略管理体系。

（2）形成足够的变革能力。

（3）逐步建立系统的企业文化体系。

（4）逐步建立职业化的员工队伍。

（5）逐步形成安全、有效、可控的授权机制。

（6）形成多元化的薪酬、绩效、人才素质标准、人才选拔机制。

（7）建立人才储备与培养机制，高层领导逐步脱离具体事务的管理。

（8）逐步形成流程化的组织。

（9）逐步建立标准化的作业体系。

（10）实行预算管理、述职管理，逐步形成专家式的职能管理。

（11）学习投资管理与资本管理方法和技术。

（12）学习企业并购、合资合作的运作方法。

（13）学习跨产业学习模式和集团化经营管理模式。

## 二、人力资源管理

（1）人际关系不和谐导致工作效能低。

（2）打工心态的思想导致工作效能低。

（3）缺乏工作方法导致工作效能低。

（4）因工作关系原因导致的部门间不配合、不协调。

（5）因人岗匹配原因导致工作效能低。

（6）因局部激励不好原因导致工作效能低。

（7）害群之马人员的处置，提高员工士气。

（8）干私活问题导致成本高。

## 三、财务管理

（1）随意报销问题。

（2）账目混乱、不清晰问题。

（3）货款丢失问题。

（4）随便盖公章问题。

（5）现金保管不利问题。

（6）明显的浪费问题。

## 四、生产管理问题

（1）下料浪费、边角料过多问题。

（2）下料漏、洒等浪费问题。

（3）经常下错料的问题。

（4）生产节拍不合理造成的浪费问题。

（5）生产节拍不合理造成的效率低下。

（6）生产中的水电不合理消耗问题。

（7）部门产品订单设计错误问题。

（8）部分对客户需求理解不准确的问题。

（9）生产现场管理不好导致的质量和成本问题。

（10）质量标准过高导致的浪费。

（11）质量标准过低导致的浪费。

（12）品种过多导致的效率、质量低下和浪费严重问题。

（13）生产现场布局不合理导致浪费和效率低的问题。

（14）部分生产工艺的效率改进问题。

（15）生产人员的组合与匹配问题。

（16）频繁导致质量事故的生产工艺问题。

## 五、部门间的协作管理

（1）订单、生产、采购、发货的不协调产生的混乱问题。

（2）领导的想法无法贯彻的问题。

（3）部门间沟通不畅的问题。

（4）技术标准不一致出现的错误问题。

（5）信息表达不一致出现的错误问题。

（6）会议争吵不休，不解决问题的情况。

（7）多方招聘的人才思路不一致的问题。

（8）内部有"小山头"不配合的问题。

（9）沟通不畅导致的领导和下属有误解的问题。

（10）内部意见不一致导致的工作延误问题。

## 六、采购管理

（1）过度采购问题。

（2）采购影响生产问题。

（3）采购失误与错误问题。

（4）因谈判与选择方法导致的采购价格过高问题。

（5）采购质量不好造成废品的问题。

（6）部分的采购回扣问题。

（7）采购节拍不好导致的断货问题。

## 七、企业的组织运营效率与效能

（1）关键工作理念和要求的传播。

（2）高效工作方法和管理方法的推行。

（3）企业工作协调会议召开方法的优化。

（4）企业部门领导分工的优化设计。

（5）企业内局部组织结构优化设计。

（6）企业部门职能和绩效要求的局部调整。

（7）企业部分流程的优化与调整。

（8）企业局部信息流转的优化与调整。

（9）企业局部职能工作标准化的设计。

（10）企业工作汇报文件、工作协调文件、工作指示文件的优化设计。

（11）企业关键恶性工作矛盾与冲突的化解。

（12）企业内部供应链的组织模式优化。

（13）部分生产工作串行导致的效率低下问题。

（14）工作要求不明确导致的效率低下问题。

## 八、市场建设管理

（1）销售人员的职业气质问题。

（2）销售人员的销售语术问题。

（3）销售人员的激励问题。

（4）销售人员的销售技巧问题。

（5）市场开发的策略问题。

（6）销售人员的客户认知问题。

（7）销售中生产、销售、服务的配合问题。

## 九、资金资源管理

（1）研发人员的积极性激励问题。

（2）一般性的研发创意。

（3）研发的项目管理问题。

## 十、仓储物资管理

（1）物资丢失与偷盗问题。

（2）仓储物资保管不善损坏、失效、无效耗损问题。

（3）随意领用物资问题。

（4）物资有领无还的问题。

（5）废料、边角料随意处理问题。

（6）工具不保养、耗损过快问题。

（7）无效物资长期搁置问题。

## 十一、设备管理

（1）设备维护不好导致的频繁故障。

（2）在用设备的有效利用问题。

（3）闲置设备的有效利用问题。

（4）频繁产生质量问题的设备问题。

（5）严重的设备安全隐患问题。

（6）设备的小微改进。

## 十二、物流管理

（1）发错货的问题。

（2）装错货的问题。

（3）货物丢失的问题。

（4）退货物资管理不善的问题。

（5）货物计量的问题。

（6）运输成本的控制。

（7）运输损坏的问题。

（8）外包车辆运输费用过高问题。

（9）外包车辆及时性无法保障问题。

（10）物流发货的统筹优化。

螺旋式升级——企业成长落地系统

· 264 ·

# 第七章

## 中小型集团企业的运营管理系统最优

中小型集团企业（包括集团公司形式和母子公司形式）是指规模比较小，但从事多个行业类别的产品业务研发、生产与销售经营，需要在生产、销售等多个职能方面同时进行跨产业、跨行业管理和运营，但往往不需要跨区域（省份）进行管理与运营的企业。另外，这类企业也需要满足年度营业额在 50 亿元以下，人员数量在 2000 人以下的企业。

中小型集团企业往往都是在单一中小企业还没发展很大的时候，企业有了一定的资源积累和发展机遇而过早进行多元化扩张的结果。中小型集团企业所涉及的各个行业与产业的经营单元规模一般情况下都不是很大，而且不具有很强的行业影响力和竞争力，所以中小型集团企业各个产业业务的经营往往不占据市场主导地位，即它们没有所在产业链的主导权，而是受制于产业链中的资源性上游企业、产业链中最终的消费性企业或者同行业中的大规模企业。

由于资源条件的局限性以及行业影响力的弱小，中小型集团企业的发展也更多的是机遇型的，其发展的机会主要体现在以下几种形式，包括行业成长型、竞争成长型、机遇成长型等。行业成长型主要是指企业的某项业务发展随着行业的快速发展而得以发展和扩张。竞争成长型主要是指通过自己某项业务特有的优势和专长得以快速发展，比如特有的技术、产品以及质量的控制，这些特有的优势使企业得到大客户的青睐和认可。机遇成长型主要是指企业由于特殊的机遇在某项业务上获得风险投资、政府型采购等而得以快速发展。

中小型集团企业的成长欲望是很强烈的，因此其运营管理系统的最优要保证当前获利的同时，还要创造发展的动力与机遇。但是，由于对行业与产业链的主导性和控制性比较弱，因此中小型集团企业的运营管理系统仍然是以保证当前的营利性为主。另外，由于涉及多个不同的行业与产业，因此在运营管理系统上既要满足盈利需要，还要保证资源整合性与共享性的需要，更要为企业创造发展机遇。所以运营管理系统最优对于这类企业的意义在于，一方面保证当前的资源整合、最大盈利，各项业务的可控性、运营效率；另一方面要创造进一步发展的机遇点。

# 第一节　企业的本质、分类和特点

中小型集团企业往往是中小型单一企业在发展的过程中，发现了短期内可以预见的新商业机会而投资进入形成的，而且其大多的业务都是以对外独立经营为主，也有些是配套型的。这新型的商业机会既包括和当期主营业务相关联的业务，也包括和当期业务没有什么相关的业务，但是总体上讲是前者占的比重较大。而且新进入的业务和既有的业务往往是可以互相带动和支撑的，比如房地产开发与物业管理公司、小额贷款公司和所有的业务公司、网销公司和所有的业务公司等。也有的中小型集团企业是立足于区域化的经营，在一个地区内发挥自己的影响力，开展多样化的业务经营和服务。

中小型集团企业虽然同时经营着多种业务，但是这类公司的整体规模相对属于中等，而且其所经营的各个业务规模也不是很大。有些大型的单一企业也有很多的配套业务，在我们看来，如果其配套业务绝大多数都是为主体业务服务而不是以对外经营为主的，那我们仍然把这类企业看成是大型单一业务企业，而不是按照中小型集团企业的类别看待。

对于与之相同规模的单一业务企业来讲，中小型集团企业存在的问题就是集团公司的财务资源和战略性人力资源被分散了，因此可能会显得在每个业务范围内的资源配置都不是很充足，也难以实现全区域的竞争和发展。

另外，中小型集团企业虽然涉及多方面的业务经营，但由于公司规模小，业务经营的区域范围不大，因此在经营管理上往往还是相对集权、相对统一的，集团公司的负责人以及集团公司的职能部门掌握着比较大的管理权限，而对于各个业务方面的授权与放权方面相对就小一些。

对于相同规模的单一业务企业来讲，中小型集团企业的主体效益来源和价值倍长模式主要有三个方面：

（1）每个业务项目都作为独立的经营内容，即可以在各自的方向上为企业进行盈利，同时也因为彼此之间的互相借势和支持，进而增强每一个业务的市场竞争力和业务可信度。

（2）如果各个项目之间有一定关联性，比如管理关联、技术关联、客户关联、生产关联等，就可以使企业的相关资源同时服务于多个业务方向，进而发挥资源更大的效能和作用。

（3）企业有了更多可能的成长机会。由于有多个行业的经营管理经验，中小型集团企业在自身的成长和发展上就有了更多可能的机会，而不是仅仅限于一个业务方面。

中小型集团企业业务整体运行的价值倍长模式如图 7-1 所示。

第七章　中小型集团企业的运营管理系统最优

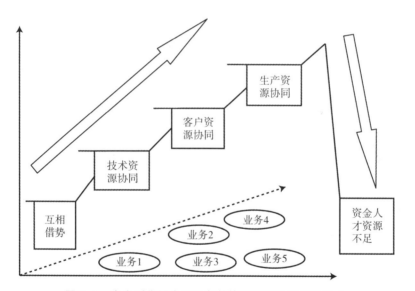

**图 7-1　中小型集团企业业务整体运行的价值倍长模式**

对于中小型集团企业来讲，在开展正常业务的同时，其未来的发展也面临着喜忧参半的状况。喜的方面是中小型集团企业由于多种业务的存在，使其有机会抓住更多的发展机遇和成长机会，特别是对于那些本身增长就很快的业务，会有很大的机遇。忧的方面就是上述提到的，中小型集团企业在资源方面是比较分散的，难以在某一个方面形成足够的优势，在发展的突破力上会受到很大的制约。而我们希望中小型集团企业能够获得最大的即时利益，

• 267 •

同时也希望中小型集团企业能够获得最大的发展概率和机会，这就需要艺术性地安排其运营管理系统，使其能够兼容即时利益和长远发展的需要。这就是我们所思考的中小型集团企业应当怎样去选择，才能达到自己的价值最大化。

中小型集团企业要想得到机会持续发展，成为大型乃至是巨型企业或者集团公司，往往有以下三种方式和途径：

（1）由于企业运营的有效整合，各个业务之间、各个经营单元之间形成一种协同效应，进而形成了明显的竞争优势和市场吸引力，极大地促进了一个或者几个业务的发展。并且在互相促进、轮番滚动发展的模式下，在各个业务经营单元快速成长的同时，整个集团也得到了快速的发展。

（2）赶上某个业务板块所在行业的快速成长，特别是那种新兴行业或者国家扶持的行业，还包括那种因抓住技术产业升级而快速成长的行业，这就是中小型集团企业的优势之一。在整体的业务布局上，可以采取滚动轮换的方式，即以成熟业务的收入孵化未来有前景的业务，而对于落后的业务采取逐步淘汰的做法。

（3）某个业务板块遇到战略投资，新资本的进入，极大地推动了被投资业务板块的发展，进而带动中小型集团企业其他业务板块的发展。但是，在这样的情况下，小型集团企业的其他业务很有可能因为被投入的资源更少而逐渐萎缩。

在未来 AI 技术大发展的社会形态里面，由于各个行业快速的增长和频繁转换的经济环境基础，中小型集团企业往往是存在于某几个传统行业的范围内，或者以资本运作的方式存在于多个行业里，比较难以成长为涉足多个现代行业的大型乃至巨型集团公司。

所以，中小型集团企业在各自发展壮大的机遇上，在基本的模型方式是很相似的。中小型集团企业发展壮大的机会在于利用集团化的协同优势形成竞争力，中小型集团企业发展壮大的机会点在于产业技术转换、整体协同效应、风险投资和技术创新。

由于我们探讨企业运营管理系统最优的出发点包括了实现企业的成长和获取当前最大收益两个方面。因此，中小型集团企业运营管理系统最优的结构也必须是一个可以同时实现当前效能与未来成长共存的结构。那么在涉及资源的配置方面，中小型集团企业在"集中资源发展一个业务"和"分散资源同时发展多个业务"上该如何选择呢？

中小型集团企业业务战略发展与资源投入选择模式如表 7-1 所示。

表 7-1　中小型集团企业业务战略发展与资源投入选择模式

| 行业机遇与效益情况 | | 业务发展难度与资源投入量对比 | | 业务主辅情况 | | 对整体发展的带动情况 | |
|---|---|---|---|---|---|---|---|
| 大 | 小 | 小 | 大 | 主要 | 一般 | 大 | 小 |
| 重点的投入资源进行发展 | 各业务均衡的发展 | 重点的投入资源进行发展 | 延缓发展 | 重点的投入资源进行发展 | 各业务均衡的发展 | 各业务均衡的发展 | 各业务均衡的发展 |
| 综合性评价方法：（行业机遇与效益情况+对整体发展的带动情况+业务主辅情况）÷业务发展难度与资源投入量对比，值越大越要投入资源发展，值越小越不值得投资资源发展，均衡值依行业不同为 1.5~2。 | | | | | | | |

## 一、分类的原则和方法

中小型集团企业也是由多个具体的单一业务公司组成的，前面已经对单一业务的企业进行了分析，因此中小型集团企业的分类就不再按照单一业务企业的方法进行了，而是要按照中小型集团企业各单一业务之间的关联性来进行划分。这种划分方法是站在中小型集团企业领导者的角度，以如何布局集团的运营与管理，以使整个集团公司的运营管理系统实现企业价值最大以及整体系统最优为出发点的，而不是站在某个具体业务的角度上的。

中小型集团企业独立经营业务板块的组成内容是决定其运营管理系统最优状态的核心因素。不同的业务板块组成内容导致其最优的企业运营管理模式是不一样的。比如同是集团企业，既有制造业又有金融业和只有制造业的肯定是不一样的。当然，即便同是制造业，但不同的制造业之间也会有很大的差别的。比如制造业中的机械加工、化工生产、食品生产等都有很大的不同。而同是机械加工业当中的磨具生产、木工刀具生产、指甲钳的生产等也不相同。如果再考虑到生产制造当中自我营销企业和代工生产企业的差别，中小型集团企业的运营管理最优模式就会更加千差万别了。

不同中小型集团企业运营管理的本质差别主要决定于三个要素：第一个要素是各个独立经营业务板块之间的关联性；第二个要素是各个业务板块发

展的均衡性；第三个要素是各业务板块在企业整体发展中的战略定位。

如果各个业务板块之间的同质性大，比如同是高速路沥青的生产和销售、同是建筑施工企业的运作，就会使中小型集团企业的运营管理系统比较趋同化。各个业务板块之间业务链关联性大，比如都是围绕房地产开发的服务企业、同是以煤矿安全服务为主的企业等，就会使中小型集团企业更加倾向于协同化运作管理。而如果各个业务板块之间的差距很大，没有太大的关联性，那么就会使中小型集团企业倾向于将业务各自独立运作。

即便是相同的业务板块组成，如果一个中小型集团企业的各个业务板块发展规模和大小相差很大的话，那其运营管理模式与各个业务板块发展规模及大小都差不多的中小型集团企业会有很大的不同。

即便是相同的业务板块组成，而且各个业务板块发展规模和大小也基本相同，但是如果两个中小型集团企业对业务板块的战略定位结构不同，那么其运营管理模式也会有很大的不同。

我们从业务板块之间的关联性、业务板块发展的均衡性、业务板块战略定位的均衡性，以"统计学中的聚类分析，按照以上三个方面的差异化程度评分"的方法，将中小型集团企业的运营管理系统模式分为同一产业型、相关产业型、协同产业型、非相关产业型四大类。

## 二、同一产业型中小型集团企业

同一产业型中小型集团企业是指这个集团公司的各个子公司或经营单元的业务都是一样的，只是分布在不同的地区。比如高速公路的沥青生产企业，可能在江苏、山东、山西、湖北都有公司，但是它们都是为高速公路的建设提供沥青的，只是每个公司所供应的地域范围不同而已。另外，对于实体服务型企业和虚拟服务型企业，如果其在不同的区域采取相同的服务模式，并且各个区域是独立经营的，也算作是产业同一型的中小型集团公司，而不列入大中型单一企业当中去，其运营管理模式也是按照中小型集团公司的模式来布局的。

## 三、相关产业型中小型集团企业

相关产业型中小型集团企业是指这个集团公司的各个子公司或经营单元的业务是相关的，有很多相近的部分，比如在技术方法、生产工艺、品牌内涵、市场渠道、客户服务方式等方面是相近或者相同的。比如一个公司同时经营小额贷款公司、小额担保公司、小型的 P2P 金融公司、小型的融资租赁公司等，其就算是一个相关产业型的中小集团企业。另外，如果一个企业同时经营着高档饭店、快餐店和外送盒饭，或者同时经营着饮用保健品、磁疗保健品和中医养生门店的话，也算是相关产业型的中小集团企业。

### 四、协同产业型中小型集团企业

协同产业型中小型集团企业是指这个集团公司的各个子公司或经营单元的业务彼此是上下游的产业链关系，各个业务之间既能独立的向外服务市场和客户，也能为自己企业其他的业务提供相关的产品和服务，即各个业务之间彼此是供应与配套的关系。比如一个公司同时经营着连锁饭店餐饮、中央厨房配送和绿色蔬菜基地配送的话，那就算是一个协同产业型的小型集团企业。另外，如果一个企业同时经营着房地产开发、建筑公司、绿化公司、物业公司、建材公司的话，那其也算是一个协同产业型的小型集团企业。

### 五、非相关产业型（包含混合型）中小型集团企业

非相关产业型中小型集团企业是指这个集团公司的各个子公司或经营单元的业务彼此之间没有什么关联，都是互相独立的经营和运作。比如一个企业同时经营着物流配送公司、房地产代理销售公司、代理记账公司、公关代理公司、平面设计公司、人力资源派遣公司等，那就算是一个典型的非相关产业型的小型集团企业。当然，如果一个企业同时经营着小额贷款公司、高速公路沥青生产公司、连锁饭店、中央厨房配送、建筑公司、绿化公司的话，那这个企业就是一个混合型的小型集团企业，其既有关联的业务部分，也有不关联的业务部分。

# 第二节 中小型集团企业运营管理系统框架

虽然每类企业的运营管理系统都会包含功能系统、动力系统、运行系统、管控系统四个方面的内容，而且中小型集团公司的运营管理有其基本的模式框架，但是如果从运营管理系统最优的角度讲，以上几类的中小型集团企业却有着不同的最优业务运作模式和运营管理方式。对于每一个中小型集团企业来讲，其最优运营管理系统的具体细节、形式和内容构成上，都有很大的

差别和不同，以下就是各类中小型集团企业的运行管理框架。

一、同一产业型中小集团企业运营管理系统框架

同一产业型的中小集团企业，由于其各个独立经营单元的业务内容和业务方式基本都是一样的，只是各个经营单元都分布在不同的区域范围，而每个经营单元之间不同的就是各个区域市场的差异和不同，或者是由于设立时间的先后顺序而导致每个经营单元的业务成熟程度不同。

作为集团公司总部来讲，大多数的高层管理人员以及职能部门的主管人员，一般都会对单个经营单元的经营模式以及业务具体的运作细节有很多的经验和了解，所以集团公司的高层管理人员以及职能部门的主管人员都会对各个经营单元的具体工作给出很多明确而且具体的意见和建议。只有一个制约因素就是集团总部的人员受交通的限制无法到各个经营单元进行长期的办公工作，具体的工作仍然要由各个经营单元的人员开展。

在这样的情况之下，集团总部的人员可以在专业上对各个经营单元的工作进行有效的指导和监督。或者对于适合标准化的工作，总部的人员可以定出标准，由各个经营单元的人员执行，而总部的人员予以检查监督。而涉及各个经营单元所在区域的具体情况时，在激励体系的约束下，把操作执行的权力下放给各个经营单元。

另外，总部的人员除上述的指导、监督、标准制定工作外，可以对整个集团的经营创新和管理创新进行研究，在适当的情况下推广到各个经营单元。当然总部还可以设立推动企业新产业业务拓展的专职人员和部门。

同一产业型中小集团企业整体运行以及集团总部管理管控的具体方式如图 7-2 所示。

二、相关产业型中小集团企业运营管理系统框架

相关产业型中小集团企业中各个独立经营单元的业务内容和业务方式是既有差别也有关联的。这种关联是指在某些方面的相似性和共享性。在不同的、差异性大的方面，一般情况下各个独立经营单元要自行开展、自己运行管理，以达到效率的最大化。但是在关联性大的方面，一般情况下可以共同开展、统一运行和管理，以达到管控的有效性和资源效能的最大化。

相关产业型中小集团企业的各个经营单元，如果在技术和生产方面是相通的，那么其技术开发和生产制造就是可以是共享和通用的，可以在人才、

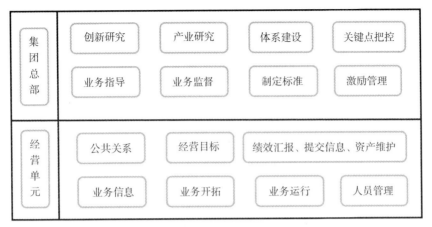

| 集团总部 | 创新研究 | 产业研究 | 体系建设 | 关键点把控 |
| | 业务指导 | 业务监督 | 制定标准 | 激励管理 |
| 经营单元 | 公共关系 | 经营目标 | 绩效汇报、提交信息、资产维护 | |
| | 业务信息 | 业务开拓 | 业务运行 | 人员管理 |

图7-2　同一产业型中小型集团企业整体运行及集团总部管控方式

试验设备和生产线方面统一运筹使用。如果在市场方面是相同的，比如品牌内涵、客户对象、消费选择方式等，那么就可以使用共同的品牌、共同的销售队伍等。当然，即便是同类的产品，但是由于其市场客户的层次不同，也就需要使用不同的品牌和销售方式了。

在相关产业型中小集团企业中，集团总部和各经营单元之间的功能定位需要根据其具体的情况进行规划。在企业的整体发展、企业的运营体系规划、企业重要资源管理方面肯定是要集团总部负责和开展的。对于具体的专业职能，比如技术、采购、物流、市场、生产、仓储、服务等方面，在运作效率和整合效能的整体平衡下，相关产业型中小集团企业往往会把那些具有相同性和共享性的职能放在集团总部进行集中负责和开展，而对于那些个性化和差异化都很强的专业职能放到各个单元具体负责开展，而集团总部负责激励、绩效管理和监督检查。

由于把所有经营单元的专业人员集中到总部很不现实，相关产业型中小集团企业集团总部的人员由于对各个经营单元的业务不能做到全面细致的了解，因此集团总部人员在对各个经营单元的指导、监督、管控方面与同一产业型中小集团企业就有很大的不同。除在发展规划和共享职能方面可以进行细致的监督指导外，其他职能方面只能进行宏观的监督指导，这种情况下对于独立经营单元主要负责人员的管理就变得更加重要了。

相关产业型中小集团企业整体运行以及集团总部管控的具体方式如图7-3所示。

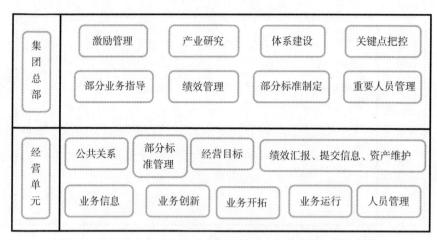

图7-3　相关产业型中小集团企业整体运行及集团总部管控方式

### 三、非相关产业型（包含混合型）中小型集团企业运营管理系统框架

非相关产业型（包含混合型）中小集团企业中各个独立经营单元的业务内容和业务方式是完全不同的，也没有什么关联性，这包括在技术、市场、生产、服务等主体工作方面都没有什么共享性和通用性。这种情况既可以是公司每个独立经营单元的业务都不同，也可以是公司的所有业务可以分为几种完全不同的业务大类，比如业务1和业务2相关联，业务3和业务4相关联，但业务1和业务2作为一个整体同业务3和业务4作为一个整体是完全无关联的。

由于非相关产业型（包含混合型）中小集团企业的各个独立经营单元间几乎没有什么相近性和关联性，因此从效率和经营效果的角度讲，集团总部进行过多的操控是不现实的。因为让同一批人同时在细节上经营众多完全不同的产业，在知识、经验和技能上都是难以实现的，所以放权经营是这类小型集团企业必然的选择。当然对于部分关联的业务，可以设立总体统筹和管控的职能部门或人员来进行管控，比如在总部设立相应的事业部。

在非相关产业型（包含混合型）中小集团企业中，集团总部和各经营单元之间的功能定位基本的模式就是放权式管理。当然，在企业的整体发展战略、企业的运营体系规划、企业的战略性资源管理和整体的战略性投资方面肯定都是要集团总部负责和开展的。但是，这里所指的整体发展战略的详细程度、企业运营体系的详细程度以及战略性资源的范畴都会变得比较狭隘了，而无法做到像关联产业型中小集团企业的那种深入程度。

对于非相关产业型（包含混合型）中小集团企业，一些公共的职能，比如财务、人力资源、物流管理的一部分（服务商选择）、重点物资采购、大型基础建设等，在运作效率和整合效能的整体平衡下，可以放在集团总部进行负责和开展，而其他那些个性化和差异化都很强的专业职能则会放到各个单元具体负责开展，而集团总部负责关键人才管理、激励、成本预算管控、法律风险管控、经营绩效管理和监督检查。在这样的情况下，集团总部在对各个独立经营单元进行监督指导时，往往对职能工作给出方向上的意见和建议，而真正具体有效的管控办法是经营绩效的管理、成本预算的管理、经营审计的管理和关键人才的管理。

非相关产业型（包含混合型）中小集团企业整体运行以及集团总部管控的具体方式如图7-4所示。

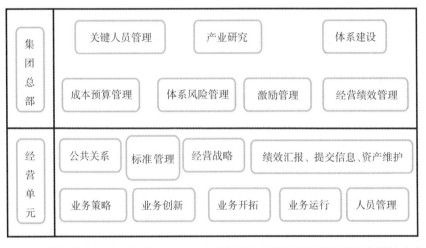

**图7-4 非相关产业型（包含混合型）中小集团企业整体运行及集团总部管控方式**

## 四、协同产业型中小集团企业运营管理系统框架

前面提到，协同产业型中小集团企业中各个独立经营单元的业务彼此之间是一种产业链或者供应链的关系，即其中的某个或某几个业务是另一个或另外几个业务的上游产品（服务）或配套产品（服务）。正是由于这种原因，使协同产业型中小集团企业的各个业务之间往往属于不同的产业的，并且其

业务内容和业务方式是差别很大的，在经营和业务作业方面也有很大的不同。协同产业型中小集团企业的各个经营单元，一方面要自行开拓市场、拓展业务；另一方面还要作为一个整体进行统筹的协调与配合，围绕最终产品和服务的经营生产情况来安排自己的生产经营情况。同时，还要涉及集团总部管控与各经营单元自主经营的权限问题。因此，协同产业型中小集团企业的运营管理相对更加复杂一些。在协同产业型中小集团企业中，集团总部和各经营单元之间的功能定位主要包含三个方面的内容：一是集团总部对独立经营单元的管控定位；二是各个独立经营单位的自主经营权限；三是集团总部以及各个独立经营单元在协同方面的操作方式。

在企业的整体发展战略、组织运营体系规划、关键职能管理方面肯定是要集团总部负责和开展的，比如计划、采购、物流、仓储。对于具体的专业职能，比如技术、市场、生产、服务等方面，由于各个独立经营单元之间的差别很大，所以在其各自对外独立经营的管控方法上会采取非相关产业型中小集团企业的方式进行。但是，由于协同的需要，总部会根据最终产品的需要，对各个独立经营单元提出相应的技术、工艺、生产、采购要求，以满足与最终产品和服务的匹配。协同产业型中小集团企业整体运行及集团总部管控具体方式如图 7-5 所示。

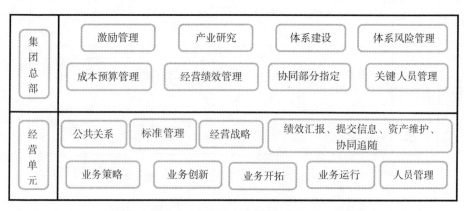

图7-5 协同产业型中小集团企业整体运行及集团总部管控方式

## 第三节　中小型集团企业功能系统最优

### 一、中小型集团企业功能系统最优的内涵

对于中小型集团企业来讲，其运营管理系统的最优将不再从具体业务作业的角度进行，而是从集团管控的角度来剖析企业运营管理系统在集团公司和各个独立经营单位之间的配置关系。

不同类别的中小型集团企业的运营管理模式是不同的，为了实现企业的价值最大化，从效率、统筹发展、管控和资源效能最大的角度，需要合理确定中小集团企业各项功能的定位与标准，并在集团公司和各独立经营单位之间优化配置。由于集团企业的最大特点是：无论是集团公司还是某个独立经营的单元，其经营活动都会影响到其他的经营单元，因此集团企业的协同性就很重要。

中小集团企业需要实现的主要功能包括企业资源合理配置及资源效能最大、各经营单元足够的责任心和经营发展动力、各业务单元正确的发展方向、专项措施的整体收益最大、各独立经营单元充分地接近市场和快速反应、整体运营成本最低、专项投入的整体收益最大、独立经营单元间的协同成效最大、集团意图的有效贯彻、未来发展的资源储备及组织体系的减熵赋能和优化变革等。

### 二、同一产业型中小集团企业的功能系统最优

同一产业型中小集团企业，从短期盈利和长期生存的角度讲，其功能系统主要包括以下 10 个方面的内容：

（1）由于各个独立经营单元业务模式的一致性，因此企业的主要资源应当掌握在集团公司，包括资金的调配、主要人才队伍的管理、客户的筛选、供应商的选择、品牌内涵的规划等，这样就能够保证企业资源效能的最大化。

（2）由于各经营单元的主要职责是进行生产、配送、现场客户服务、基层市场工作开展等具体方面的作业实施，因此要保证各经营单位在具体的作业工作上有足够的责任心和动力。

（3）同一产业型中小集团企业的各业务单元在发展方向上有两个方面：

一方面是不断深化、精益自身的运营管理；另一方面是当区域内独立经营单元足够多时，发展成为区域的统筹管理中心，行使部分的二级集团功能。当然，这要根据集团的总体战略确定各经营单元的发展。

（4）在专项职能的升级与精化上，通过个别经营单元局部开展、全体经营单元全面分享的方法，可以实现整个集团的整体收益最大。比如某项技术攻关，集团可以指定某个经营单元进行或者集团抽调人手进行，一旦成功后就可以由所有的经营单元共享。

（5）在市场导向的前提下，同一产业型中小集团企业的各独立经营单元要能够充分地接近市场并快速反应，这就要求集团公司要时刻掌握一线的信息和情况，同时在业务标准化的前提下充分为各经营单位合理授权。

（6）由于各个经营单元业务与工作的相似性，因此可以通过整合、共享的方式使集团的整体运营成本最低。比如采购工作就可以采取统一进行、分别配送的方式实现效果的最大化。

（7）由于各个经营单元业务与工作的相似性，因此在某些方面的专项投入，可以通过共用、共享的方式实现整体收益最大。比如品牌的建设、ERP系统的建设、新产品的开发等。

（8）众多的独立经营单元使同一产业型中小集团企业具有很强的规模效应和群体效应，可以实现各个独立经营单元间的协同成效最大。比如对供应商的影响、各个经营单元经验优势的汇总、整合与分享。

（9）由于同一产业型中小集团企业采取的是相对集中化的集团管理模式，因此集团公司的意图和要求比较容易被有效地贯彻下去。

（10）在进行企业未来发展的资源储备及成长的优化与变革方面，同一产业型中小集团企业的关键是扩张所需的人才培养、产业升级所需的技术储备和区域型管理中心的建立。

由于企业的各个功能有时是彼此矛盾和冲突的，在功能优先权的选择上，要遵循以下的原则：

（1）在实现各个独立经营单元的市场反应效率与集团公司的经营安全管控之间的综合整体效能上，主要是通过建立业务行动标准、业务操作下放、关键业务点监督的方式实现。

（2）为实现资源效益最大化，要在整合的集团效应与分散开展的经营单元效应之间权衡。这要看资源的种类以及资源使用的方式，比如现场促销资金的使用或者生产资源的调配，就应当由各个经营单元负责；而品牌广告资金或者专利技术的合作使用，就需要总部集团负责。

（3）为了在实现集团有效管控的同时又不影响各个经营单元的积极性，就要遵循责权利对等的原则下，在其责任范围内，给各个独立经营单元以充分的权利和业务操作空间。

### 三、相关产业型中小集团企业的功能系统最优

相关产业型中小集团企业，从经营互利以及长期生存的角度讲，其功能系统主要包括以下 10 个方面的内容：

（1）由于各个独立经营单元的业务模式既具有相关联的部分，又有差异性大、无关联的部分，如果企业的主要资源全部由集团公司配置的话，从时间效率和专业效果上讲可能都不会太理想。因此，对于那些涉及关联部分的资源可以在集团总部的统筹下进行运用和管理，如资金的调配、共享技术的管理等，而对于那些没有共同关联性的资源，就应当下放到各个独立经营单元去运作更好，比如中层经理人队伍等，这样就能够保证企业资源效能的最大化。

（2）由于业务的关联性以及集团对部分职能的统筹运作，导致各个经营单元并不是完整意义上的独立经营企业，比如说技术共享的话就会把技术放到集团总部管理，生产共享的话就会成立集团生产中心而使各个独立经营单元没有生产。这样的情况下，需要根据每个独立经营单位的功能定位和职责，进行放权、激励和绩效管理，确保其足够的积极性。

（3）相关产业型中小集团企业的各业务单元在发展方向上有三个方面：一是不断深化、精益自身的运营管理；二是当相关联独立经营单元足够多时，发展成为总的统筹经营管理中心，行使部分的二级集团功能；三是把被总部剥离出去的功能拿回来，发展成为一个完全意义上的独立经营体，形成集团的一个战略经营单位，在本业务范围内全力扩张发展。

（4）在一些具有关联性的专项工作上，通过由集团总部统一协调、统筹的开展，可以在本专业的范围内使所有相关联的经营单元受益。但是，对于不具备关联性的专项工作，如果由集团总部协调开展的话，则会极大地影响运行效率。

（5）在保证对市场的反应速度方面，相关产业型中小集团企业的各个独立经营单位要区分实际情况进行布局。如果相关的在市场部分，那么就有可能是市场工作集中到集团公司统一开展，市场工作就会作为一个独立的经营

单元存在。而如果在市场方面是不具有关联性的，那每个独立经营单元的市场工作就是自己管理和运行的，这个时候集团总部管理的关联部分职能就要很好地去和各个独立经营单元的市场工作有效配合，以保证各个独立经营单元对市场的敏感性和反应速度。

（6）在相关产业型中小集团企业中，各个独立经营单元具有关联性的工作，也可以通过整合、共享的方式使集团的整体运营成本最低。比如劳动派遣人员的管理工作，就可以采取统一组织、分别使用的方式实现效果的最大化。

（7）在相关产业型中小集团企业中，其各个独立经营单元具有关联性的投入，也可以通过共用、共享的方式实现整体收益最大。比如技术研发工作、市场开发工作等。但是，对于不具有关联性质的业务和工作，还是最好由各个独立经营单元自行开展。

（8）相关产业型中小集团企业的协同化效应会比较小一些，各个独立经营单元之间往往不太容易产生协同效应。但是，如果各个独立经营单元是面对同一个客户群体的话，那就有开发客户方面的协同性。

（9）由于相关产业型中小集团企业各个独立经营单元之间有很多不同的业务内容，因此集团总部会在这些方面有比较大的放权。那么在保证独立经营单元贯彻集团总部的意图方面，就要靠宏观方向把控、中观选用人、微观激励的方法和措施。

（10）在进行企业未来发展的资源储备及成长的优化与变革方面，相关产业型中小集团企业的关键是明星独立经营单元集团化扩张所需的人才培养、重要独立经营单元产业升级所需的技术储备，更重要的是为企业向大型多元化集团公司的发展进行人才培养和机制培育。

由于企业的各个功能有时是彼此矛盾和冲突的，因此在功能优先权的选择上，要遵循以下原则：

（1）对于相关产业型中小集团企业来讲，一个重要的矛盾就是，集团统筹管理的部分关联性工作，虽然会实现该项工作集团的整体最优，但是也可能会因无法满足需要而制约那些发展速度快的独立经营单元。这时就需要根据集团公司整体的发展战略定位，为了促进可快速发展的独立经营单元的成长，而把原来集团总部统筹管理的业务内容归还给相应的独立经营单元。

（2）对于相关产业型中小集团企业，在集团总部的有效管控和各个独立经营单元的积极主动性之间的关系上，除了在关联性职能方面要实施总部统筹管理外，在其他方面集团公司也是主要依靠宏观方向把控、中观选用人、微观激励的方法和措施。当然，有些关联性的职能由集团统筹管理的话，其产生的整合效能并不是很明显，反而影响了作业效率，这类相关性的职能就不适合由集团总部统筹管理，而要下放给各个独立经营单元。

（3）对于集团总部统筹管理的职能工作如何在效能、效率上满足各个经营单元的需要方面，重点在于建立集团与经营单元之间协调合作的流程与绩效管理机制，并做好工作的分工和人员的配置。

### 四、非相关产业型中小集团企业的功能系统最优

由于各个独立经营单元的产业是彼此无关的，也没有什么共享性，因此非相关产业型中小集团企业从短期盈利和长期生存的角度讲，其功能系统主要包括以下 8 个方面的内容：

（1）由于各个独立经营单元业务模式的非相关性，企业的主要资源中，除了资金、重大政府关系、高端人才管理、投资等应当掌握在集团总部管理外，其他方面的资源应当放到各个具体的独立经营单元运作，以避免极大地降低企业的经营效率和决策失误，保证企业经营的成功。

（2）由于各经营单元是彼此相互独立、体系完整的市场化经营单元，因此要通过授权的方式确保各个独立经营单元具有足够的积极性和主动性。

（3）非相关产业型中小集团企业的各独立经营单元在发展方向上基本就是在现有独立经营的基础上发展得更大、更优，甚至是在本产业范围内发展成为一个新的同一产业型或者相关产业型的集团企业。

（4）在各项具体的职能工作上，也就只能是各个独立经营单元自行开展。

（5）在充分放权的情况下，非相关产业型中小集团企业的各独立经营单元应当具有足够的市场反应速度和效率。

（6）非相关产业型中小集团企业的各独立经营单元从事着不同的产业和业务，其最大的整合效应就是各个独立经营单元之间能够彼此提供自己所在行业的经验和信息，彼此互相开阔视野和思维。

（7）在非相关产业型中小集团企业中，集团总部对于各独立经营单元的具体经营运作基本上无法进行具体详细的管控，只能将一些通用的管理职能比如财务、综合行政后勤等进行统筹管理。在经营上只能在战略的层面上予以指导和引导。

（8）在进行企业未来发展的资源储备及成长的优化与变革方面，非相关产业型中小集团企业的关键是根据企业的战略，为重点发展的产业和独立经营单元进行资金的储备、技术的储备和人才的储备。

由于企业的各个功能有时是彼此矛盾和冲突的，因此非相关产业型中小集团企业在功能优先权的选择上，要遵循以下原则：

（1）在各个独立经营单元的有效经营及运行效率与集团公司的经营安全管控之间，主要是通过建立选拔关键负责人、制定有效的人才激励措施、关键业务点监督、行业对比分析的方式实现。

（2）在将集团有限的资源分配到各个独立经营单元时，非相关产业型中小集团企业要依据企业的整体发展战略，结合各个独立经营单元的发展阶段以及所面临的发展机遇，要有重点、有倾向性地进行资源的分配与调配，而不能采取一贯平均主义分配资源的做法。

（3）在激发各个独立经营单元负责人的积极性和保持其职业化方面，要综合使用激励、监督、选人、绩效管理、考察等方面的措施，以实现最佳的效果。

## 五、协同产业型中小集团企业的功能系统最优

协同产业型中小集团企业的业务布局有其自身的特色，从短期盈利和长期生存的角度讲，其功能系统主要包括以下 8 个方面的内容：

（1）在协同产业型中小集团企业中，由于各个独立经营单元的业务模式是不同的，但是它们彼此之间又是上下游关系或者是配套服务的关系，因此企业的主要资源中，关系整个集团所有业务协调运作的资源应当掌握在集团总部，而关系到各个独立经营单位自行经营运营的资源应当由其自行掌握。

（2）协同产业型中小集团企业的各经营单元，一方面要主动发展业务，另一方面还要配合整个集团的协同工作，因此要同时兼顾两方面的业务开展。这就要保证各经营单元在实现自身的发展和完成集团总部的任务上都有足够的责任心和动力。

（3）协同产业型中小集团企业的各业务单元在发展方向上有两个方面，一方面是不断拓展和扩张自己的业务，以期在未来发展成为整个集团的核心业务之一；另一方面是随着集团主体业务的发展，不断扩大自己的规模和业务的范围。

（4）在各项职能的具体工作上，按照集团管控模式的分工，各独立经营

单元自行开展相应的工作。但是，如果涉及整个集团协同方面的专项工作，就需要在集团的整体协调下，各个独立经营单元分工开展相应的工作。

（5）如果非主体业务经营单元基本上都是为最终的主体产品企业进行配套和服务的，或者所有的业务单元都是作为一个产业链为客户提供产品和服务的，那么整体业务往往采取集团总部统管的方式，以实现整合资源综合利用，包括减少资金占用、提高资金使用率、关键技术人员与管理人员的效用发挥、关键市场资源的效能发挥、关键公共资源的效能发挥，并实现各个产业链产品、产量的协调匹配。

（6）协同产业型中小集团企业的各独立经营单元从事着不同的产业和业务，其最大的整合效应就是所有的独立经营单元作为一个整体向最终的客户提供产品和服务：一是在供应链上具有强大的保障；二是具有更多的发展机会并减小了风险；三是获得了更多供应链上的利润空间，当然最大的问题就是分散了企业的资源，也不能在每个业务上都形成强大的竞争力。

（7）在协同产业型中小集团企业中，集团总部对于各独立经营单元需要有较强的管控能力，特别是在集团的协同业务方面。而在各个独立经营单元的自行发展方面，在整体战略定位的布局下，基本上可以按照非相关产业型中小集团企业的模式进行。

（8）在进行企业未来发展的资源储备及成长的优化与变革方面，协同产业型中小集团企业的关键：不断优化各个经营单元的协同能力，提高各个经营单元同时满足自我发展和集团总部协同要求的能力，为新崛起的独立经营单元储备人才，为因"独立经营单元新崛起"而产生的集团体制变化进行变革。

由于企业的各个功能有时是彼此矛盾和冲突的，因此在功能优先权的选择上，协同产业型中小集团企业要遵循以下原则：

（1）对于协同产业型中小集团企业，集团总部对于各个独立经营单元协同业务的管控主要是通过供货计划的调度与调配方式进行的，而在具体的操作上都由各个独立经营单元自行开展。在对各个独立经营单元自我发展的管控上，其方式方法和非关联型中小集团企业的模式基本相同。

（2）在将集团有限的资源分配各个独立经营单元时，协同产业型中小集团企业要依据企业的整体发展战略，在主体产业业务和辅助产业业务之间进行合理的配置。一种方式是以主体产业业务的发展带动整体集团的发展；另一种方式是以主体产业业务保持平稳发展，而对有前景的辅助产业业务给予大力支持，以促进其快速发展成为主体的盈利业务。

（3）集团总部在对各个独立经营单元的要求上，要有效权衡其满足集团总部的协同要求与满足自身业务扩张和发展之间的关系。因为在有限的资源条件下，要同时满足这两个方面的功能要求是有一些困难的，特别是当集团总部为了保证主体业务的高效发展而强势要求其他独立经营单元配合时，就会影响其自身业务的扩张和发展，而对整个集团来讲就是限制了另一个产业业务的发展机遇。

## 第四节　中小型集团企业作业协作与动力系统最优

中小型集团企业作业协作系统和动力系统的最优是以其功能系统的最优为根本目标的。中小型集团企业作业协作系统和动力系统的主体框架与单一企业不同，其主要是以集团的整体运营管控为体系框架，而不是以具体业务的开展为体系框架的。即便是有些具体业务职能工作也归入小型集团企业的运营体系框架中，但也是以小型集团企业整体的运营管控为立足点和着眼点的。

中小型集团企业的作业协作系统，主要是指其集团的职能配置和各项职能业务工作在集团总部和各个独立经营单元之间的配置。比如在发展战略的制定与执行职能配置上，在物资采购的职能配置以及运作方法上，在市场与品牌管理工作的职能配置上，等等，其重点集中在各业务职能在集团总部和独立经营单元之间、各独立经营单元之间的运作布局上。

中小型集团企业的动力系统，主要是指根据运行系统的布局定位，各方面人员的工作状态，如何设定各方面人员的动力状态，以最终形成整个组织最佳的动力结构和动力模式，包括集团总部负责人、集团总部职能人员、各独立经营单位的负责人、各独立经营单位的关键岗位人员等。

作为中小型集团企业来讲，其作业协作系统和动力系统有其自己的特点。虽然不同类型的中小集团企业具体运行模式不同，但其运行系统和动力系统有相同的基本模式，如图7-6所示。

### 一、同一产业型中小集团企业作业协作与动力系统最优

同一产业型中小集团企业的作业协作系统，重点突出的一是集团总部在

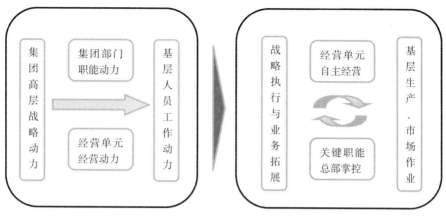

图 7-6　中小型集团企业作业协作系统和动力系统基本模式

资源和业务职能方面的整合效果，二是各个独立经营单位在具体执行业务职能方面的力度和强度。而其动力系统突出的一是总部在业务规划、制定作业标准、资源整合、具体协调整个集团业务运作方面的整体积极性和能力，二是各个独立经营单位在把具体的业务职能做好、做精、做大方面的整体积极性和能力。

1. 体系建设与战略发展投资运行

同一产业型中小集团企业的体系建设包括业务模式、营利模式、组织模式、运营管理模式等各个方面的内容。这方面的工作不可推卸的是由集团高层领导来负责的，集团相关的部门负责开展具体的职能工作，而各个独立经营单位负责提供相关的意见，并具体执行集团总部确定的具体方案和措施。在战略发展投资方面，整体的战略由集团高层领导负责，相关部门负责具体的职能工作，而且投资基本上由总部实施，各个独立经营单位负责提供相关的意见，并具体执行集团总部确定的战略方案和措施。但是如果根据发展的需要某个独立经营单元被定位成战略性发展单位，那么集团会在战略规划权限和自主投资权限方面给予下放一定的自主空间，而且会在职能和资源管理方面也给予其下放一定的自主空间。

2. 市场体系运行

在市场管理方面，同一产业型中小集团企业在品牌的内涵规划、外部形象的展示方式方面应当是由集团总部统一管理的，包括具体的形式和内容。在市场的开拓方式方面，集团总部会应当在渠道模式、价格基准、商务条款基准、客户等类划分等方面给出相应的要求，并且应当在市场行为管理和规范方面给出基本的框架和标准。而在市场开拓的具体操作上，由各个独立经营单元自行管理和执行，并且要根据各个地区市场的特点，在价格、行为规范、主推产品等方面给各个独立经营单元足够的空间。

对于重点的大客户，一般要采取集团总部进行直接接洽、根据需要进行订单分配的方式进行管理。

### 3. 生产体系运行

在生产体系方面，首先是产品线的整体规划，这要根据集团总部确定的产品供应体系的规划，确定各个独立经营单元需要生产的产品类别和品种。在此基础上，各个独立经营单元可以根据相关市场的需要拓展自己的产品线。

在生产计划方面，一般是集团总部要根据产品的市场供货需要统筹规划各个地区的产品生产品类和数量，各个独立经营单元根据总部订单和自行开发订单情况进行统筹安排进行生产。

在生产工艺方面，由总部出具基本的配方、技术设计和工艺，各个独立经营单元根据本区域内的生产环境、物料情况、人员情况进行相应的改进和优化，但是必须保证集团总部在产品设计方面的要求。

### 4. 采购体系运行

在同一产业型中小集团企业，由于采购的物资类别相同或者相近，因此其大型物资和原料物资的采购工作一般由集团总部负责，比如供应链规划、寻找供应商、商务谈判、确定合作条款等方面，以此发挥规模优势。在这个过程中各个独立经营单元既可以提供意见和要求，也可以推荐供应商。各个独立经营单元根据自身的需要向供应商下达要货订单，并由供应商发货到本单位，再由总部或自行进行结算。

而对于零星的物资，包括小型设备配件、工具、办公用品、生产辅料等物资，可以采取集团总部审批预算、集团总部进行成本考核、各个独立经营单元进行采购的方式。

### 5. 技术体系运行

由于小型集团企业在新技术开发方面不会有太大的投入，因此往往是以购买的方式获取新技术。在自行开展新技术开发和新产品开发时，一般采取在各个独立经营单元抽调人员组成攻关组、委托某个独立经营单元、集团总部自行开展（母公司）的方式进行。在新技术的使用上，对于独资子公司，一般采取投入使用、购买使用权、委托加工的方式进行；对于控股和参股子公司，一般采取购买使用权、委托加工、以技术增资的方式进行。

集团总部应当鼓励独立经营单元进行新技术和新产品的改进与开发。

各个独立经营单元应当一方面根据集团总部的安排开展新技术开发和新产品开发，另一方面要根据市场的需要改进和优化所生产的技术和产品，有条件的可以开展技术与产品的创新。

6. 仓储物流体系运行

在仓储物流方面，集团总部应当根据生产单元的布局以及客户区域的特点进行统一的仓储和物流规划，以期达到最低的仓储物流成本和最短的物流递送时间，包括仓储的地区位置、形式（集散形式）和大小，物流的形式（工具）等。而各个独立经营单元根据集团的整体规划进行相应的仓储与物流选择。

7. 财务资产体系运行

同一产业型中小集团企业一般采取一致化的财务资产管理模式。一是采取集团总部进行资金统一管理、以重要程度按需进行分配；二是采取统一的账目方式；三是各个独立经营单元的财务人员由总部统一管理；四是进行统一的税务筹划；五是建立集团总部为主的财务审批体系。

8. 人力资源体系运行

在人力资源管理方面，同一产业型中小集团企业一般采取统一的人力资源体系、重点人员统一管理、一般人员统一标准分别管理的模式。

在组织设置上，集团总部应当给出基本框架和格式，各个独立经营单元根据自身的特点进行优化和改进。

在人员的任用上，对于各个独立经营单元部门负责人乃至主管以上的人员，往往采取集团总部统一招聘、任用、考核、培养的方法。而对于一般人员，往往采取集团总部给出基本标准，各个独立经营单元权衡执行的方式。

在薪酬、绩效、人才标准、作业程序方面，集团总部应当给出统一的框架、模式和结构，各个独立经营单元根据所在地区的特点进行局部的调整和优化。

9. 企业文化体系运行

同一产业型中小集团企业的企业文化建设如同单一企业的企业文化建设一样，采取的是统一化的企业文化建设策略。在企业文化的策划、企业文化的内涵、企业文化的表达方式、企业文化的建设措施方面都会采取完全相同的模式和方法。唯独不同的是在企业文化的建设措施上，各个独立经营单元由于人员构成或者所在地区区域文化的差异而有所不同。比如年轻人多的经营单元和老年人多的经营单元在具体的企业文化建设措施上会有所差异。在新疆地区的经营单元和在广东地区的经营单元考虑到区域文化的不同，在企业文化建设的具体措施上也会有所不同。

10. 其他业务体系运行

在同一产业型中小集团企业中，其他方面的业务运行体系基本上都会采取集团总部集权化或者整体个集团一致化的运行方式，比如在法律事务管理、知识产权管理、担保管理、战略性业务合作管理、资金拆借管理、品牌使用管理、信息化体系建设管理等方面，都会如此。除非某个独立经营单元被集团定位成战略型扩张发展，集团总部才会将相应业务体系运行的权力予以一定程度的下放。

同一产业型中小集团企业运行体系最优的实现路径如图7-7所示。

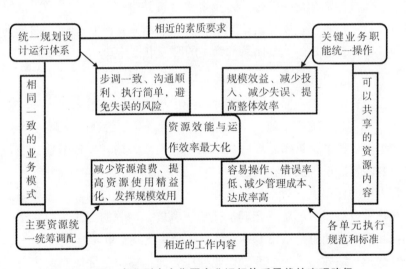

图7-7　同一产业型中小集团企业运行体系最优的实现路径

在这样的运行体系之下，集团高层管理人员在企业的经营与发展上具有很强的判断与决策能力，集团总部职能部门将会有很强大的职能管理能力，而各个独立经营单元的负责人更多的是带兵打仗的能力，独立经营单元的各部门更多的是一线业务操作能力。

同一产业型中小集团企业动力系统最优实现路径如图7-8所示。

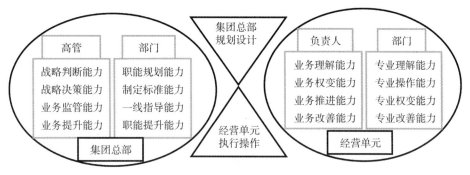

**图7-8** 同一产业型中小集团企业动力系统最优实现路径

## 二、相关产业型中小集团企业作业协作与动力系统最优

相关产业型中小集团企业的运行系统，价值最大的关键：一是集团总部在重点资源方面统筹调配的效能，二是在具有关联性的业务职能上整合运作的效果，三是集团总部给各个独立经营单位合理的放权，四是各个独立经营单元在相应的体制下经营发展的成效。而其动力系统突出的一是总部在战略规划、重点资源统筹运作、关联性职能的操作、督促监管整个集团业务运作方面的整体积极性和能力，二是各个独立经营单位推动本单元业务拓展，同时把具体的业务职能做好、做精、做大方面的整体积极性和能力。

1. 体系建设与战略发展投资运行

相关产业型中小集团企业的体系建设包括企业发展模式、业务组合模式、各独立经营单元的战略定位与权限空间等各个方面的内容。这方面的工作不可推卸的是由集团高层管理者来负责，集团相关的部门负责开展具体的研究规划和实施推动工作，而各个独立经营单位负责提供相关的意见，并具体执行集团总部确定的具体方案和措施。在战略发展投资方面，整体的战略与投资由集团高层管理者负责，集团总部相关部门负责具体的研究规划与实施管控工作。但是，由于各个业务不尽相同，各个独立经营单元应当提出本单元的具体发展战略和投资要求，由集团高层管理人员和职能部门进行论证分析，整体权衡之后在集团总体战略定位下确定各个独立经营单元的发展战略。另外，如果集团总部根据发展的需要将某个独立经营单元定位成战略性发展单位，那么集团总部会在战略规划权限和自主投资权限方面给予下放一定的自主空间，而且会在职能和资源管理方面也给予其下放一定的自主空间。

2. 市场体系运行

相关产业型中小集团企业在市场管理方面，如果各个独立经营单元在市场方面是相关的，那么集团总部在市场管理方面就会进行统筹管理。当然这决定于在市场管理方面关联的程度，在品牌内涵、客户对象、购买渠道、交易模式等各个市场因素中，集团总部应当在具有关联性的工作内容上进行统一管理，而且关联性越大的工作越是要统一管理。而对于不具有关联性的市场工作内容，要下放到各个独立经营单元进行自行开展，集团总部只是需要根据行业标杆、盈利要求、行业基本规范等方面予以适度的监督和监管。

对于具有战略性意义的独立经营单元，当需要推进其进行重点的市场突破时，集团总部可以根据需要调动资源和人员，深度介入其市场业务工作中，直至实现最终的开拓目标。

而对于重点的大客户，集团总部应当给予适度的关注和客户关系维护，并建立比较紧密的协同关系，但具体业务方面的维护仍然由独立经营单元负责。

3. 生产体系运行

在相关产业型中小集团企业的生产体系方面，具有关联性的方面是可以作为一个独立的运作单元的，从而为整个集团各个独立经营单元提供相同产品和配件的生产和供给，比如装备维修车间、机械企业的机加工车间等。在共享生产单元的作业过程中，由各个独立经营单元自己进行产品设计、工艺设计，并指导共享生产单元的生产过程。

而各个独立经营单元区别于其他经营单元的生产部分，就需要由各个独立经营单元自行管理。

4. 采购体系运行

在相关产业型中小集团企业的采购体系方面，对于那些相通共用的物资材料或者由同一客户供应的不同物资材料，往往都有集团总部统一进行采购，包括供应链规划、寻找供应商、商务谈判、确定合作等方面，以此发挥规模优势并有效控制采购成本，在这个过程中各个独立经营单元既可以提供意见和要求，也可以推荐供应商。各个独立经营单元根据自身的需要向供应商下达要货订单，并由供应商发货到本单位，再由总部进行结算。

对于不通用但重要的大型物资的采购，集团总部也要深度介入，指导、监督、协同各独立单元进行采购。

如果集团的规模比较小，各个独立经营单元的关联性比较大，而且是聚集式区域布局，一般情况下采购工作就应当由集团总部统一进行开展，甚至包括那些零星的小型物资。而如果集团规模较大，而且区域布局比较分散，则对于零星的物资，包括小型设备配件、工具、办公用品、生产辅料等物资，可以采取集团总部审批预算、集团总部进行成本考核，各个独立经营单元进行采购的方式进行。

5. 技术体系运行

在相关产业型中小集团企业的技术体系方面，对于关联共享的技术，一般由集团总部进行统一管理，这样可以实现"一技多用"的效果，一种形式是设立集团技术中心，另一种形式是集团总部设立技术管理部门，协调各个独立经营单元的技术人员。

而各个独立经营单元一方面配合参与集团总部关联通用技术的开发工作，另一方面也自行进行技术改进和非关联通用技术的自行研发工作。

对于具有战略意义的非关联共享技术的开发与获取，集团总部也应当深度介入和积极推动。

由于各个独立经营单元的产品是不同的，因此在产品开发方面仍然需要各个独立经营单元自行开展，集团总部根据战略性需要予以相应的介入和支持。

当然，对于关联通用技术的开发，集团总部也可以采取在各个独立经营单元抽调人员组成公关组、委托某个独立经营单元的方式进行。在新技术的使用上，对于独资子公司，一般采取投入使用、购买使用权、委托加工的方式进行；对于控股和参股子公司，一般采取购买使用权、委托加工、以技术增资的方式进行。

集团总部应当鼓励独立经营单元进行新技术和新产品的改进与开发。

6. 仓储物流体系运行

在仓储物流方面，相关产业型中小集团企业的集团总部应当根据各个独立经营单元的布局以及客户区域的特点进行统一的仓储和物流规划，以期达到最低的仓储物流成本和最短的物流递送时间。

对于采取聚集式区域布局的相关产业型中小集团企业，可以采取集团总部统一管理的仓储物流方式。即集团统一建设仓库，各个独立经营单元租用仓库并自行管理，同时集团总部确定物流作业方式，各个独立经营单元根据需要下达物流订单并结算。

对于采取分散式区域布局的相关产业型中小集团企业，可以采取集团总部统筹规划，各个独立经营单元自行实施的方式进行仓储物流的管理。

7. 财务资产体系运行

对于相关产业型中小集团企业，一般采取统一管控、分类记账核算的财务资产管理方式。一是采取集团总部进行资金统一管理、以重要程度按需进行分配；二是集团总部统一管理财务人员；三是各个独立经营单元根据自身业务的特点进行财务账目管理；四是进行统一的资产登记、调配管理；五是建立集团总部为主的财务审批体系；六是建立集团的审计管理体系。

8. 人力资源体系运行

在人力资源管理方面，相关产业型中小集团企业一般采取相对统一的人力资源体系、重点人员统一管理、一般人员统一框架和管理权限下放的模式。

在组织设置上，集团总部应当采取规模总量控制的管控方式，而由各个独立经营单元根据自身的特点进行组织的设置和设计。

在人员的任用上，对于各个独立经营单元部门负责人或者重要部门负责人及以上的人员，往往采取集团总部统一招聘、任用、考核、培养的方法。而对于一般人员，往往采取集团总部进行规模总量控制并给出基本的用人策略，由各个独立经营单元自行开展的方式。

在薪酬、绩效、人才标准、人力资源管理的作业程序方面，集团总部应当给出基本的框架、模式和原则要求，各个独立经营单元根据所在地区和行业的特点进行设计并报总部批准或备案。

对于采取聚集式区域布局且各独立经营单元相关性很大的中小集团企业，人力资源管理模式更加倾向于统一化的管理。

9. 企业文化体系运行

相关产业型中小集团企业的企业文化建设采取的是原则统一、各具特点的企业文化建设策略。总部只是在核心价值观、企业战略、企业愿景、企业精神、经营哲学、合作原则等方面给出统一的界定，而在具体的职能理念等方面由各个独立经营单元自行设计。

对于采取聚集式区域布局且各独立经营单元相关性很大的中小集团企业，

企业文化的管理模式更加倾向于统一化的管理。而对于采取分散式区域布局或者各独立经营单元相关性很小的中小集团企业，企业文化的管理模式更加倾向于个性化的管理。

10. 其他业务体系运行

在相关产业型中小集团企业中，一些重要方面的业务运行体系往往都会采取集团总部集权化或者整个集团一致化的运行管理方式，比如在知识产权管理、担保管理、资金拆借管理、战略性业务合作管理、品牌使用管理等方面都会如此。除非某个独立经营单元被集团定位成战略扩张型的发展，集团总部才会将相应业务体系运行的权力予以一定程度的下放。而对于像法律事务管理、信息化体系建设管理等方面的业务内容，则会采取集团总部指导，各个独立经营单元自行开展的方式进行。

相关产业型中小集团企业运行体系最优的实现路径如图 7-9 所示。

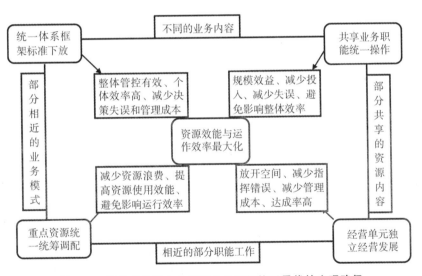

**图 7-9　相关产业型中小集团企业运行体系最优的实现路径**

在这样的运行体系之下，集团高层管理人员在整个集团的战略定位与发展方向上应当具有很强的判断与决策能力，集团总部职能部门应当具有高超的管控与监管能力。而各个独立经营单元的负责人应当在本行业内具有很强的经营发展与管理能力，独立经营单元的各部门应当在本行业内具有很强的相关职能工作管理作业能力。相关产业型中小集团企业动力系统最优实现路径如图 7-10 所示。

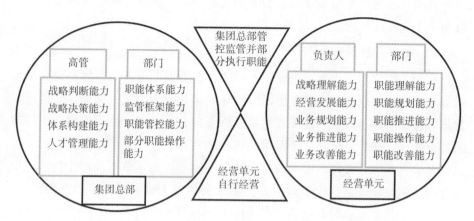

**图 7-10 相关产业型中小集团企业动力系统最优实现路径**

### 三、协同产业型中小集团企业作业协作与动力系统最优

协同产业型中小集团企业的运行系统，重点突出的一是集团总部在核心资源方面统筹调配的效能，二是集团总部在协同性业务职能方面整合运作的效果，三是各个独立经营该单元在放权型的体制下经营发展的成效，四是集团总部对集团总体战略的把控以及在此基础上对各个独立经营单元定位的把控。而其动力系统突出的一是总部在战略规划、核心资源统筹运作、协同性职能的管控与操作、督促监管整个集团业务运作方面的整体积极性和能力，二是各个独立经营单位推动本单元的经营拓展，同时把相关的业务职能做好、做精、做大方面的整体积极性和能力。

1. 体系建设与战略发展投资运行

协同产业型中小集团企业的体系建设包括了企业的发展战略以及在此之下各独立经营单元的战略定位、各独立经营单元彼此间产业协同的方式与方法、各独立经营单元的战略定位与权限匹配模式等方面的内容。这方面的工作不可推卸的是由集团高层管理者来主导，集团相关部门负责开展具体的研究规划和实施推动工作，而各独立经营单元一方面负责提供相关的意见，另一方面制定出自身的独立发展战略提交集团总部，并具体执行集团总部确定的具体方案和措施。在战略发展投资方面，整体的战略投资由集团高层管理者负责，集团总部相关部门负责具体的研究规划与实施及管控工作。但是，由于各业务完全不同，各独立经营单元应当提出本单元具体的发展战略和投资要求，由集团高层管理人员和职能部门进行论证分析后在集团总体战略定位下确定各独立经营单元的发展战略。如果集团总部根据整体发展战略，按照独享竞争优势、供应链战略保障的要求，将某个独立经营单元定位成集团内部配套型经营单元的话，那么该独立经营单元就只能为其他独立经营单元进行协同配套了。

### 2. 市场体系运行

在协同产业型中小集团企业的市场管理上，包括两个方面。

一方面是在主体产业市场的开发与管理模式下，各个协同的独立经营单元要把主体产业的独立经营单元作为自己的市场和客户，并根据其需要开展自己的经营活动，这种情况相对简单，而且集团总部会将主体产业市场和客户的管理紧紧抓在自己的手里，采取集团总部直接操作式的市场管理模式。

另一方面是各个独立经营单元自行开发的市场。由于在这方面各个独立经营单元彼此是没有关联性的，集团总部也就很难进行统一的统筹管理，而是应该放手让各个独立经营单元自行管理与开展市场工作。

当然，对于具有战略性意义的独立经营单元，当其需要进行重点的市场突破时，集团总部应该根据需要调动资源和人员，包括各个协同经营单元的相应配合，以帮助其实现最终的目标。

对于所有的重点客户和关键大客户，集团总部也应当给予适度的关注和客户关系维护，并建立比较紧密的协同关系，但在具体业务的维护方面仍然由独立经营单元负责。

### 3. 生产体系运行

在协同产业型中小集团企业的生产体系方面，在具体的生产作业实施上，各个独立经营单元往往是各自进行的，由各个独立经营单元自己进行产品设计、工艺设计、生产作业管理等。但是，由于其协同要求的需要，各个独立经营单元的生产计划安排和生产时间安排往往要听从集团总部或者主体产业经营单元的协调与指令，以确保各个独立经营单元将自己的生产作业计划协同到主体产业的生产需求上来。

同时，各个独立经营单元还要完成自行开发市场的客户订单生产，因此各个独立经营单元要合理安排好自己的生产任务和计划安排，以确保能够同时满足各个方面的产品供应需求。

### 4. 采购体系运行

对于协同产业型中小集团企业来讲，各个协同的独立经营单元共同构成了一个大的生产体系，而每个独立经营单元就是一个大的生产车间。并且由于配套企业的产品就是主体产业企业的上游原料，因此对于大宗生产物资的采购，一般会采取集团总部统一采购的方式，交给各个经营单元去生产。包括供应链规划、寻找供应商、商务谈判、确定合作方式等，都由集团总部统一进行，一方面发挥规模优势并有效控制采购成本，另一方面可以整体控制由各个独立经营单元构成的供应链节拍。

对于各个独立经营单元间不通用的但重要大型物资的采购，集团总部也要有一定程度的介入。

在零星小型物资的采购方面，包括小型设备配件、工具、办公用品、生产辅料等物资，如果集团的规模比较小，而且是聚集式区域布局，一般情况下采购工作就应当由集团总部统一组织开展，各个独立经营单元参与到其中相应的技术环节和谈判环节。如果集团规模较大，而且区域布局比较分散，则对于零星小型的物资，可以采取集团总部进行总成本考核，各个独立经营单元进行采购的方式。

### 5. 技术体系运行

在相关产业型中小集团企业的技术体系方面，各个独立经营单元的技术研发和产品开发在具体操作作业上是独立自行开展的。但是，由于协同与自行发展的需要，新技术的研发和新产品的开发也存在两种情况。

一种情况是各个配套性独立经营单元的新技术研发与新产品开发要围绕主体产业的需要开展。比如汽车整机厂在研发新产品的过程中，就需要车身、桁架、内饰、音响电气、安全等各个方面的独立经营单元要有相应的新技术和新产品的研发与保证。

另一种情况是各个独立经营单元出于自身发展的需要，在满足主体产业经营单元需要的同时，还要自行开展新技术的研发和新产品的开发，以保证满足更多市场和客户的需要。

所以，各个独立经营单元一方面配合参与集团总部有关协同技术和产品的开发工作，另一方面也自行进行技术改进和非协同技术的自行研发工作。

对于具有战略意义的非协同技术的开发与获取，集团总部也应当深度介入和积极推动。比如新型汽车轮胎技术和产品的开发及获取，汽车集团总部会将其作为扩大轮胎产业发展的机会。

当然，对于协同技术和产品的开发，集团总部也可以采取在各个独立经营单元抽调人员组成公关组、委托某个独立经营单元的方式进行。

集团总部应当鼓励独立经营单元进行新技术和新产品的改进与开发。

6. 仓储物流体系运行

在仓储物流方面，为了达到最低的仓储物流成本和最短的物流递送时间，协同产业型中小集团企业也应当根据各个独立经营单元的布局以及客户区域的特点进行统一的仓储和物流规划。

对于采取聚集式区域布局的协同产业型中小集团企业，可以采取集团统一建设仓库，各个独立经营单元租用仓库并自行管理的方式。对于物流管理，可以采取集团总部确定物流作业方式，各个独立经营单元根据需要下达物流订单并结算的管理方式。

对于采取分散式区域布局的协同产业型中小集团企业，仓储物流的管理一般应当采取集团总部统筹规划，各个独立经营单元自行实施的方式进行。

7. 财务资产体系运行

对于协同产业型中小集团企业，由于其业务核心是保证主体产业业务的需要，因此一般采取核心资源统一管控、各自开展财务核算的财务资产管理方式。一是采取集团总部进行资金统一管理，根据主体产业业务的需要以及各个独立经营单元的战略及经营需要综合权衡进行分配；二是集团总部统一管理财务人员。

但是，对于那些绝大部分以主体产业业务为主的协同产业型中小集团企业，其配套型独立经营单元基本上是完全为主体产业业务配套的，对外的市场比例很小。这种情况下往往采取集团集中统一管理的财务管理方式，各个独立经营单元基本上没有独立的财务权限，这样比较有利于资金资源的快速调配和高效利用。

8. 人力资源体系运行

在人力资源管理方面，由于协同产业型中小集团企业的各个独立经营单元是需要高度整合的，因此为了确保协同的有效实现，一般采取相对统一的人力资源体系、重点人员统一管理、一般人员统一框架和管理权限下放的模式。

在组织设置上，集团总部一般会根据协同的需要提出要求，而由各个独立经营单元在满足总部要求的前提下再根据自身的特点进行组织的设置和设计。

在人员的任用上，对于各个独立经营单元部门负责人或者重要部门负责人及以上的人员，往往采取集团总部统一招聘、任用、考核、培养的方法。而对于一般人员中的关键岗位，集团也会为了协同的需要而提出要求，并进行规模总量控制，各个独立经营单元根据集团总部的要求并结合自身的特点予以自行开展。

在薪酬方面，集团往往会将所有的独立经营单元作为一个整体进行规划和设计并统一实施。

在绩效、人才标准方面，为了协同的需要，集团总部应当给出基本的框架、模式和原则，并对关键节点给出具体的要求，各个独立经营单元根据所在地区和行业的特点进行设计并报总部批准或备案。

对于采取聚集式区域布局和单一独大（其他配套）式协同产业型中小集团企业，人力资源管理模式更加倾向于统一化的管理。

9. 企业文化体系运行

协同产业型中小集团企业的企业文化建设采取的是基本理念统一、根据特点又各具特色的企业文化建设策略。总部只是在核心价值观、企业战略、企业愿景、企业精神、经营哲学、合作原则、团队精神、作业理念、协同理念等方面给出统一的界定，而在具体的职能理念等方面由各个独立经营单元自行设计。

对于采取聚集式区域布局且配套型独立经营单元，但企业外部市场很小的协同产业型中小集团企业，企业文化的管理模式更加倾向于统一化的管理。而对于采取分散式区域布局或者配套型独立经营单元，但企业外部市场比较大的协同产业型中小集团企业，企业文化的管理模式更加倾向于个性化的管理。

10. 其他业务体系运行

为了保持协同性，在协同产业型中小集团企业中，一些重要的业务运行体系往往都会采取集团总部集权化或者整体集团一致化的运行管理方式，比如在知识产权管理、担保管理、资金拆借管理、战略性业务合作管理、品牌使用管理等方面都会如此。

但如果某个独立经营单元自行发展的空间很大，并且被集团定位成战略型发展机构，那么集团总部应当将相应业务体系运行的权力予以一定程度的下放。但采取聚集式区域布局协同产业型中小集团企业，像法律事务管理、信息化体系建设管理等方面的业务内容，一般应当采取整体个集团一致化的运行管理方式。

协同产业型中小集团企业运行体系最优的实现路径如图 7-11 所示。

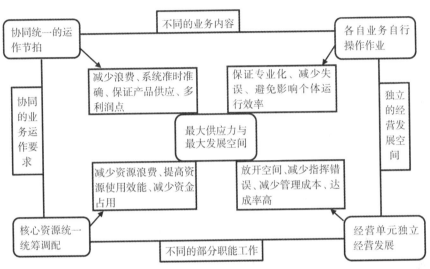

图 7-11　协同产业型中小集团企业运行体系最优的实现路径

在这样的运行体系之下，集团高层管理人员在整个集团的战略定位与发展方向上应当具有很强的判断与决策能力，并对整个集团的协同运作具有很强的控制能力，集团总部职能部门应当具有高超的协调与调配能力，而各个独立经营单元的负责人应当在本行业内具有很强的经营发展与管理能力，并对整个集团的协同有很强的配合能力，独立经营单元的各部门应当在本行业内具有很强的职能工作管理作业能力。协同产业型中小集团企业动力系统最优实现路径如图 7-12 所示。

### 四、非相关产业型中小集团企业作业协作与动力系统最优

非相关产业型中小集团企业的作业协作系统，重要的是要保证集团总部有效管控和独立经营单位自主经营的合理平衡。重点突出的一是集团总部在核心资源方面统筹调配的效能，二是制定有效、合理的集团管控方法（特别

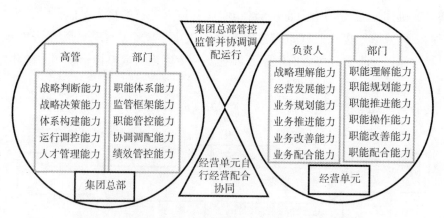

图7-12　协同产业型中小集团企业动力系统最优实现路径

是对于不懂的行业），三是集团总部给各个独立经营单位充分而合理的放权，四是各个独立经营该单元在充分的授权下要经营发展的成效。其动力系统价值最大的关键：一是总部在战略规划、核心资源统筹运作、管控性职能的操作、督促监管整个集团在绩效达成方面的整体积极性和能力，二是各个独立经营单位推动本单元的经营拓展，同时把具体的业务职能做好、做精、做大方面的整体积极性和能力。

1. 体系建设与战略发展投资运行

非相关产业型中小集团企业的体系建设包括企业发展战略、集团的管控模式、各独立经营单元的战略定位与权限空间等各个方面的内容。这方面的工作不可推卸的是由集团高层管理者来组织推动。集团总部的相关部门负责开展具体的研究规划和实施推动工作，而各个独立经营单元负责提出本经营单元的需要提交集团总部，并具体执行集团总部最终确定的方案和措施。

在战略发展投资方面，整体的战略与投资由集团高层管理者负责组织，集团总部相关部门负责相应的具体推进工作。但是，由于各个业务完全不同，各个独立经营单元应当提出本单元的具体发展战略和投资要求，由集团高层管理人员和职能部门权衡利弊并在集团总体战略定位下确定各个独立经营单元的发展战略，然后由各个经营单元自行实施。但是，如果集团总部根据发展的需要将某个独立经营单元定位成战略性发展单位的话，那么集团总部一方面会给予该经营单元更大的战略发展空间，另一方面会在战略规划和战略实施方面对该经营单元给予深度的关注和介入，以确保有效地实现战略目标。

## 2. 市场体系运行

在非相关产业型中小集团企业的市场管理方面，由于各个独立经营单元彼此是没有关联性和交集的，因此集团总部无法进行统一的统筹管理，而是要放手让各个独立经营单元自行管理与开展市场工作。

但对于具有战略性意义的独立经营单元，当需要对其进行重点的战略市场突破时，集团总部可以根据需要调动资源和人员，深度介入其市场业务工作中，直至实现最终的开拓目标。

而对于重点的大客户，集团总部也应当给予适度的关注和客户关系维护，并建立比较紧密的协同关系，但具体业务方面的维护仍然由独立经营单元负责。

## 3. 生产体系运行

在非相关产业型中小集团企业的生产体系方面，在比较重要的生产环节只能是每个独立经营单元自行开展。但是，如果多个独立经营单元在同一个园区开展生产的话，那些辅助性的工作比如电工、装卸工、机械维修工倒是可以共享和共用的。但是在生产工艺和生产操作方面必须是各自自行开展。

## 4. 采购体系运行

在非相关产业型中小集团企业的采购体系方面，对于那些相通共用的物资材料或者由同一客户供应的不同物资材料，往往都由可以集团总部统一进行采购，包括供应链规划、寻找供应商、商务谈判、确定合作等方面，以此发挥规模优势并有效控制采购成本。在这个过程中各个独立经营单元既可以提供意见和要求，也可以推荐供应商。各个独立经营单元根据自身的需要向供应商下达要货订单，并由供应商发货到本单位，再由总部进行结算。

对于不通用的但重要大型物资的采购，集团总部也要有一定程度的介入。

如果集团的规模比较小，而且是聚集式区域布局，一般情况下采购工作也应当由集团总部统一组织开展，各个独立经营单元参与到其中相应的技术环节和谈判环节。而如果集团规模较大，而且区域布局比较分散，则对于零星的物资，包括小型设备配件、工具、办公用品、生产辅料等物资，可以采取集团总部进行总成本考核，各个独立经营单元进行采购的方式进行。

## 5. 技术体系运行

在非相关产业型中小集团企业的技术体系方面，只能由各个独立经营单元进行开展了。但是，由于一些重大的技术投资是涉及较大的资金投入并直接关系到企业的战略发展的，因此集团总部在这种情况下还是要深度介入的。

6. 仓储物流体系运行

在仓储物流方面，非相关产业型中小集团企业的集团总部应当根据各个独立经营单元的布局以及客户区域的特点进行统一的仓储和物流规划，以期达到最低的仓储物流成本和最短的物流递送时间。

对于采取聚集式区域布局的非相关产业型中小集团企业，可以采取集团总部统一管理的仓储物流方式。即集团统一建设仓库，各个独立经营单元租用仓库并自行管理，同时集团总部确定物流作业方式，各个独立经营单元根据需要下达物流订单并结算。

对于采取分散式区域布局的非相关产业型中小集团企业，可以采取集团总部统筹规划，各个独立经营单元自行实施的方式进行仓储物流的管理。

7. 财务资产体系运行

对于非相关产业型中小集团企业，一般采取核心资源统一管控、各自开展财务核算的财务资产管理方式。一是采取集团总部进行资金统一管理、以重要程度按需进行分配；二是集团总部统一管理财务人员；三是各个独立经营单元根据自身业务的特点进行财务账目管理；四是进行统一的资产登记、调配管理；五是建立集团总部为主的重点环节财务审批体系；六是建立集团的审计管理体系。

8. 人力资源体系运行

在人力资源管理方面，非相关产业型中小集团企业一般采取重点人员统一管理、一般人员统一框架和管理权限下放的模式。

在组织设置上，集团总部应当采取成本总量控制的管控方式，而由各个独立经营单元根据自身的特点进行组织的设置和设计。

在人员的任用上，对于各个独立经营单元部门负责人，往往采取集团总部统一招聘、任用、考核、培养的方法。对于部门负责人一般采取独立经营单元实施、集团总部备案的方式进行管理。而对于一般人员，往往采取集团总部进行成本总量控制并给出科学的策略，由各个独立经营单元自行开展的方式。

在薪酬、绩效、人才标准、人力资源管理的作业程序方面，集团总部一般应当给出基本原则要求，各个独立经营单元根据所在地区和行业的特点进行设计并报总部备案。

9. 企业文化体系运行

相关产业型中小集团企业的企业文化建设采取的是核心原则统一、细节各具特点的企业文化建设策略。总部只是在核心价值观、企业战略、企业愿景等方面给出统一的界定，而在具体的发展理念和职能理念等方面由各个独立经营单元自行设计执行。

10. 其他业务体系运行

在非相关产业型中小集团企业中，一些重要方面的业务运行体系往往都会采取各独立经营单元提议、集团总部审核审批、独立经营单元执行的运行管理方式。比如在知识产权管理、担保管理、资金拆借管理、战略性业务合作管理、品牌使用管理等方面都会如此。但是如果某个独立经营单元被集团定位成战略型扩张发展，集团总部应当将相应业务体系运行的权力予以一定程度的下放。而对于像法律事务管理、信息化体系建设管理等方面的业务内容，则会采取集团总部指导，各个独立经营单元自行开展的方式进行。

非相关产业型中小集团企业运行体系最优的实现路径如图 7-13 所示。

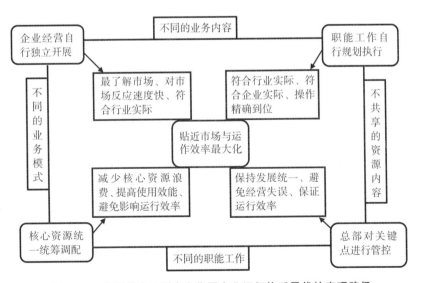

图 7-13　非相关产业型中小集团企业运行体系最优的实现路径

在这样的运行体系之下，集团高层管理人员在整个集团的战略定位与发展方向上一般无法具有很强的判断与决策能力，集团总部职能部门也无法具有高超的业务管控与监管能力，而各个独立经营单元的负责人却应当在本行业内具有很强的经营发展与管理能力，独立经营单元的各部门也应当在本行业内具有很强的职能工作管理能力。但集团总部需要有强大的人力资本管理能力。

非相关产业型中小集团企业动力系统最优实现路径如图7-14所示。

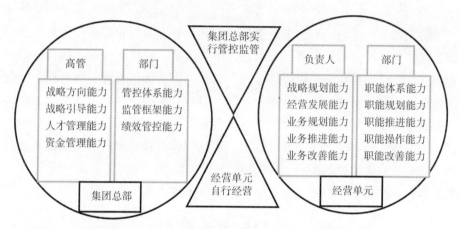

图7-14 非相关产业型中小集团企业动力系统最优实现路径

## 第五节 中小型集团企业管控系统最优

从集团公司的角度讲，虽然中小型集团企业会涉及多个产业，集团公司的负责人需要考虑多个独立经营单元的业务和事情，需要处理的事情也比较复杂，但是毕竟中小集团的集团规模比较小，而且往往是区域化经营的，因此和大型集团公司相比，其整体的运营与管理还是比较简单的。作为中小型集团企业集团的负责人来讲，企业的很多事情和信息大部分都能关注过来。但是如果想形成有效的运营管理，还是需要一个系统、完善的体系的。中小集团企业的作业协作系统最优、动力系统最优及功能系统最优都是由管控系统来实现的。

中小型集团企业的管控系统，虽然从结构上讲也包含了12个方面，即经营定位与职能策略、价值观体系、组织结构与人员配置、绩效与目标管理、职责与职权、业务流程与工作协调机制、作业规程、标准与行为规范、人员任用、利益分配、设备购置与作业布局安排、领导模式与工作管理。但是和单一型企业相比较起来，中小型集团企业在这 12 个方面的具体内容却有很大的不同。

与运营管理系统相对应，中小型集团的管控系统也包括两个方面：一方面是指集团总部和各个独立经营单位之间的运营与管理关系，另一方面是指各个独立经营单元自身内部的管理方式。当然后者也是集团总部关心的事情，但是考虑到经营的灵活性和与协同有效性的结合，就需要集团总部能够在管控方面给各个独立经营单元一定的自由空间。

在经营定位与职能策略、价值观体系的管控等方面，应当是由集团总部进行统一规划与组织协调的。这方面的内容集团总部操作得比较多。

在组织结构与人员配置、绩效与目标管理、职责与职权、业务流程与工作协调机制、人员任用、利益分配、领导模式与工作管理等方面，在集团总部和各个独立经营单元中是都会涉及的。在集团总部主要是从集团管控的角度进行规划和实施，在独立经营单元主要是依据集团总部的管控与授权布局实施相关的工作。这方面的内容根据不同类型的中小型集团企业，集团总部操作和独立经营单元操作的分量会有很大的不同。

而作业规程、标准与行为规范、设备购置与作业布局安排等方面，应当主要集中于独立经营单元内部具体的业务运作上。这方面的内容独立经营单元操作得比较多。

因此，中小型集团企业的管控系统的组成形式如图 7-15 所示。

对于中小型集团企业来讲，管控系统实现最优的关键与核心是要根据不同的类型确定集团总部与独立经营单元之间在各项业务工作上的合理权限与分工，并实现集团总部的合理管控。

一、中小集团企业管控系统最优的通用要素

1. 建立系统的关键岗位人员的定期述职及考察机制

中小集团企业要开年度经营总结、半年或者季度工作计划的管理，以协调集团各方面工作的同步开展。对于关键岗位的人员要定期开展工作述职管理。在述职过程中，要适当地选取一些下级人员和基层人员进行评议，以更全面、更系统地了解被述职人员的工作情况以及相关业务工作的开展情况。

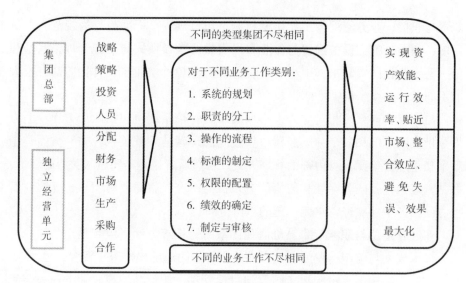

| 集团总部 | 战略策略投资人员 | 不同的类型集团不尽相同<br><br>对于不同业务工作类别：<br><br>1. 系统的规划<br><br>2. 职责的分工 | 实现资产效能、运行效率、贴近 |
| 独立经营单元 | 分配财务市场生产采购合作 | 3. 操作的流程<br>4. 标准的制定<br>5. 权限的配置<br>6. 绩效的确定<br>7. 制定与审核<br><br>不同的业务工作不尽相同 | 市场、整合效应、避免失误、效果最大化 |

图 7–15  中小型集团企业的管控系统的组成形式

2. 建立基层企业员工的合理化建议

合理化建议是企业管理中必不可少的管理方法之一。其对于了解基层工作情况，提供员工的参与度、构建企业的变革氛围、集思广益开拓思路都具有非常重要的作用。

3. 建立现代"互联网+"工作管理系统

中小型集团企业在开展整个集团业务的经营管理过程中，可以充分利用现代信息化技术进行信息的传递和工作的交流，包括生产作业现场状况视频指导、工艺改进设计及修改图片手机传输、采购物资生产现场使用指导的图片传输、现场会议的视频传输、网络查询技术图纸、工作开展计划手机查询、微信群的问题寻求帮助。更重要的是，可以通过建立企业内部的工作管理系统，把电脑、手机、iPad 等相关的通信设备连接起来，建设企业的工作资信管理系统，在输入工作启动程序后，就可以自动地提醒相关的独立经营单元以及各方面工作人员完成自己应当完成的工作。

二、同一产业型中小集团企业管控系统最优个性要素

鉴于同一产业型中小集团企业运行系统最优和动力系统最优的要求，其集团总部比较深入地接入到整体的业务运行体系中，因此其管控系统最优的

模式也是按照这个原则进行设计的。

1. 建立强势的集团总部

同一产业型中小集团企业一般应当建立一个强势、强能力的集团总部。一个强势、强能力的集团总部将在企业经营发展的各个主要环节都进行着掌控。这就要求同一产业型中小集团企业的集团总部在职能的设置上比较全面，同时部门的设置也涉及各个方面，包括财务、人力资源、生产、技术、市场、战略投资、采购、仓储物流、设备装备管理等。而且这些职能部门的工作内容和职责范畴都是比较细致，都是对集团整个相关职能工作的开展进行研究和制定政策，而不是泛泛地进行一些信息方面的整理。

2. 集团总部负责人任用专家型人才

同一产业型中小集团企业的强势、强能集团总部不仅仅表现在组织结构的设置以及职能和职责的定位上，还表现在用人的标准上。同一产业型中小集团企业的集团总部，各职能部门的工作人员都应当是该职能在本行业内的专家型人才，特别是应该具有实战经验的、对一线战场很了解的专家型人才。这样的人才安排与职能安排，对于同一产业型中小集团企业来讲，一方面可以提高企业经营运作的准确性，另一方面可以减少人才的浪费，实现企业投入产出的最大化。

对于同一产业型中小集团企业集团负责人，应当任用那些既了解本行业的经营，又具有开拓意识，可以看到本行业之外机遇的人才。

3. 建立集团总部人员与独立经营单元人员轮岗的形式

由于集团总部人员的工作成效直接影响到整个集团各独立经营单元，因此为了防止集团总部人员脱离经营实际而变得官僚化，同一产业型中小集团企业应当建立一种集团总部人员与独立经营单元人员之间的岗位轮换机制。其根本目的是防止集团总部人员由于长期脱离一线而变的学术化、官僚化和本本主义。由于产业的同一性，使这种人员轮换机制更加容易执行和开展。

4. 集团总部为独立经营单元设计相对详细的管理模式

在同一产业型中小集团企业这种组织安排与人员任用模式下，由于业务品类的单一性以及集团总部强大的专业能力，因此，在企业很多业务与职能方面，除了集团总部的管理方法之外，对于各独立经营单元内部的自身管理，集团总部都可以设计出相应的模式和方法框架，由各独立经营单元根据所在区域以及自身的实际情况，予以优化改善后使用和实施。

### 5. 建立集团总部推动独立经营单元执行的动力结构

在同一产业型中小集团企业的业务布局与人员任用模式下，在对整个集团经营发展的推动上就有其自身的特点。从发展的模式上看，同一产业型中小集团企业是作为一个整体发展的，各个独立经营单元没有独立发展的能力。集团总部作为推动整个集团发展的第一动力来源，各独立经营单元是在整个集团的发展推动下，完成自身职责和任务的。所以，集团总部是推动整个集团乃至各独立经营单元发展的主动力，各独立经营单元属于具体的作战行动单位。

### 6. 独立经营单元的负责人以执行力为第一要素

基于以上的定位，独立经营单元的负责人的第一要素就是灵活、完全、彻底地贯彻执行集团总部的经营定位和发展要求。所谓灵活，并不是说可以改变集团总部的定位和策略，而是根据区域特点和组织特色在具体的实施细节上进行优化和调整，以保证对集团总部定位和策略的完全彻底地贯彻。

### 7. 建立独立于集团战略执行层的战略与经营评估机制

在同一产业型中小集团企业中，要建立独立于集团战略执行总经理层的战略与经营评估机制。由于同一产业型中小集团企业的日常经营与管理职能大部分集中于集团总部，这使集团总部不太容易看到本行业之外的风险和机遇。因此，对于战略与经营计划的制订和改进，应该放在战略执行层之外。如果总经理团队是战略执行层，那么这个评估和改善机制可以放在董事会层面，但如果董事会也是战略执行层，那么这个评估与改善机制可以放在外部专家顾问和独立董事那里。

### 8. 采取一体化和分类化结合的绩效激励机制

在绩效薪酬激励方面，同一产业型中小集团企业应当采取一体化与分类化结合的绩效激励机制。所谓一体化就是整个集团的经营收益是对所有人进行绩效激励的基础，但是不同类别的人员又不完全一样。集团总部的人员以整个集团的经营收益为绩效激励基础，但是独立经营单元以自身的经营收益为绩效激励基础。当然，每类人员还要将各自的经营管理升级任务完成情况作为绩效激励的内容之一。但总体来讲，集团总部职能部门的作用要比独立经营单元大一些。

### 9. 加强对核心独立经营单元的管理，作为经营样板和人才输出基地

为了保障集团总部对经营管理的掌控以及为了更好探索经营管理之道，

同一产业型中小集团企业的集团总部应当加强对核心独立经营单元的管理，通过对核心独立经营单元的管理，归纳、整理出独立经营单元有效的运作与管理模式及方法，以便于进行推广复制，进而减少经营探索的成本和独立经营单元经营管理失败的概率。

10. 将开拓性人才任用在战略性独立经营单元，以扩大发展

同一产业型中小集团企业的集团总部也不可能掌控所有的事情，因此需要发挥个别具有开拓性人才的作用。对于开拓性人才，应该将其任用到战略性独立经营单元里，发挥其开拓性的才能，推动战略性独立经营单元的发展。所谓战略性独立经营单元，就是那些经营条件比较复杂，具有很大的经营不确定性和发展机遇的独立经营单元。这样的独立经营单元靠通用的方法不是很有用，需要更多地结合实际情况开展经营管理工作。

11. 建立统一的信息系统

同一产业型中小集团企业由于业务内容、产品品类和工作模式基本都是一样的，因此可以建立全集团统一的信息系统，包括财务系统、ERP 系统、移动终端系统、OA 系统、客户管理系统、网销系统、设备运行状况信息系统等。统一的信息系统可以更好地整合数据信息，为经营着决策提供依据。

### 三、相关产业型中小集团管控系统最优个性要素

相关产业型中小集团企业作业协作系统最优和动力系统最优的要求是关联的集中、不关联的独立开展。因此，其集团总部只是在部分职能上比较深入地介入其中，因此其管控系统最优的模式也是按照这个原则进行设计的。

1. 建立局部强势的集团总部

相关产业型中小集团企业一般应当在关联性职能上建立一个强势、强能力的集团总部，要达到能够进行具体业务操作的程度，比如在生产、技术、市场、采购、仓储物流、质量管理、设备装备管理、服务管理等其中的一项或者几项，即便一项职能中关联的只是其中的一个或几个方面，比如市场职能的品牌、渠道等，生产的某些部件等。当然，相关产业型中小集团企业的集团总部在战略投资、财务资产、人力资源、公共关系、法律管理、产业研究等方面都会设置相应的部门，但是这些部门的功能根据相关性的不同，其自身在相关职能工作的范畴上也不同。有些职能部门的职责范畴会更广、更细致，而有些职能部门的职责会适度地下放给各独立经营单元。

2. 集团总部负责人要任用专家型人才与战略管控型人才相结合

对于相关产业型中小集团企业，在关联性的业务职能上，其负责人要任用专家型人才，以专家型人才的专业性统筹管理好整个集团相关的业务和职能，指导并服务于整个集团及各独立经营单元。

对于非相关性的业务和职能，在集团总部要任用那些善于管控和战略性管理的人才，在各独立经营单元要任用那些在经营和管理上很专业的人才。这样既能保证集团管控的有效性，又能确保各独立经营单元的经营有效性。

当然，集团的管控并不是职能对职能的管控，而是通过战略评估、人事、财务、审计、述职、激励、绩效管理等这类的管控措施进行管控，并不是只能用市场的方法来实现对市场业务的管控。

对于相关产业型中小集团企业集团负责人，应当任用那些具有投资能力、战略整合能力、强大管控能力的人才。

3. 要建立逐步晋级的集团总部高层经营人才培养形式

在相关产业型中小集团企业，集团总部的高层人才要靠内部培养的方式进行选拔和获取。培养的方法就是对有潜质的人员让其在多个独立经营单元进行任职，使其深入领悟各个独立经营单元之间的内在联系。再让其在集团总部的职能部门进行任职，让其从集团的角度观察集团整体与各个独立经营单元之间的关系。这样既能使其形成将集团作为一个整体的战略思维，又能使其对更多的独立经营单元有深入的理解，达到集团高层经营人才的标准。

4. 集团总部采用运营规划的管控模式，业务作业规划要下放

在相关产业型中小集团企业这种组织安排与人员任用模式下，由于业务品类的差异性以及集团总部专业能力的不足，因此在企业很多业务与职能方面，除了关联的内容之外，对于各个独立经营单元内部的自身管理，集团总部都没有办法给出过于细致的措施和方法。因此集团总部：一是要把关联的业务工作内容做细做精；二是在集团总部对整体业务发展的管控方面做好文章；三是在各独立经营单元的自身业务上，应当由各独立经营单元根据所在区域以及自身的实际情况，予以制定和实施，集团总部只是审核是否违反集团的整体原则。

5. 建立集团总部战略推动、独立经营单元业务推动的动力结构

在相关产业型中小集团企业的业务布局与人员任用模式下，在对整个集团经营发展的推动上就有其自身特点。从发展的模式上看，相关产业型中小

集团企业虽然是作为一个整体发展的，但集团总部无法全面操作所有的业务开展，因此各独立经营单元必须具有自主独立发展的能力。因此，集团总部的动力模式是整体战略推动力和关联业务操作动力两个方面，而不是全部的业务操作动力。各独立经营单元必须负责本经营单元业务上具体的经营操作，是具体的业务经营操作动力。

6. 独立经营单元的负责人以经营力为第一要素

基于以上的定位，独立经营单元的负责人的第一要素就是，在集团整体战略定位下，以最大的力度和程度推动本经营单元业务的扩张和发展，而不是简单地执行集团总部的指令。这就要求独立经营单元的负责人必须要具有很强的经营能力和强烈的进取开拓意识，而不是简单地固守和维持。

7. 建立从属于集团董事会的战略与经营评估机制

在相关产业型中小集团企业中，要建立从属于集团董事会的战略与经营评估机制。由于无法过多地介入独立经营单元的日常工作，因此相关产业型中小集团企业董事会在整个集团的日常经营与管理职能中介入得不多，这使集团董事会会把时间和精力集中到企业的整体战略和经营上，因此也比较容易看到本行业之外的风险和机遇。因此，对于战略与经营规划的制定、评估和改进，应该放在董事会这个层面上。而集团总部的执行高层往往是关注整个集团的日常工作管理，其注意力也不在集团公司的整体战略发展上，所以战略与经营评估机制不能放在集团总部的执行高层上。

8. 采取以经营成效为主兼管控水平的绩效激励机制

在绩效薪酬激励方面，相关产业型中小集团企业应当采取以经营成效为主兼管控水平绩效的激励机制。对于独立经营单元应当采取以经营成效为主的绩效激励机制，经营成效的内容可以按照平衡计分卡的方式进行设计规划。同时也要把集团安排的任务纳入进去。对集团总部的人员以来讲，对集团的高层领导者应当采取以整个集团的经营成效为主的绩效激励方法，但对于集团总部的部门，应当采取以其职责和管控水平为主的绩效激励方法。总体上来讲，独立经营单元的作用要比集团总部职能部门大一些。

9. 加强对战略性独立经营单元的管理，以促新的产业集团形成

在相关产业型中小集团企业中，在某个时间阶段内，会有一个或几个比较重要的独立经营单元，他们的前景更好、在行业中的竞争力更强、经营收益也更大。对于这样的独立经营单元，集团总部要给予更多的关注和支持。

支持和关注的方法主要有资金的倾斜、更大权力的下放、集团高层负责人对其更深的介入等。对于战略性独立经营单元的关注和支持，是整个集团获得更大发展的一种重要策略。

10. 将开拓性人才任用在战略性独立经营单元上，以扩大发展

在相关产业型中小集团企业中，每个独立经营单元的战略位置应该是不一样的。集团应该把最具有经营能力和开拓精神的人才任用在战略性独立经营单元上，并在激励政策、管控方法等方面都给予一定的倾斜。通过这种方法，可以更快地带动战略性独立经营单元的发展，进而带动整个集团的业务状态进入一个更高的层次和空间。

11. 建立统、分结合的信息系统

相关产业型中小集团企业由于业务内容、产品品类和工作模式差距都比较大，而且其管控模式也是除了关联业务外其他都偏松散式的。因此，其信息系统的建立应当有集中、有分散结合的形式。在财务系统、人力资源基础信息系统、OA系统、网销系统、关键经营指标数据等方面可以采取集中的方式。而在ERP系统、移动终端系统客户管理系统、设备运行状况信息系统等方面可以有每个独立经营单元自己适用的方式。

## 四、协同产业型中小集团管控系统最优个性要素

协同产业型中小集团企业作业协作系统最优和动力系统最优的要求是集团总部在协同方面进行统一的统筹和协调，而各独立经营单元仍然自行经营发展。因此，其集团总部只是在协同的职能上进行统一的筹划和运作，因此其管控系统最优的模式也是按照这个原则进行设计的。

1. 建立管控型和统筹型相结合的集团总部

企业协同的方法有很多种，有的需要单独设立一个职能部门进行协调、有的需要用制度流程的方法进行协调、有的需要用内部市场链的方式进行协调。因此，协同产业型中小集团企业集团总部的职能就是要设置好实现集团整体协同的方式。比如可以设立一个生产管理部门，对各环节的生产作业进行协同；也可以设计好流程和制度，让各独立经营单元按照制度和流程的规范进行协同；当然也可以设计好内部交易规则，按照既定的交易规则实现各独立经营单元之间的协同。无论如何，这种协同机制的设立与运作一定是由集团总部负责开展的。各独立经营单元自身的经营发展，集团总部受专业的

限制无法干涉得过多，因此要建立起相应的管控体系，并给独立经营单元放权发展。当然，协同产业型中小集团企业的集团总部在公共关系、法律管理、战略投资、财务资产、人力资源、产业研究等方面都会设置相应的部门，但是这些部门的功能一般都倾向于管控型的职能部门，细致的、操作性的职责会适度地下放给各独立经营单元。

2. 集团总部负责人的布局要战略管控型人才与统筹协调型人才相结合

在协同产业型中小集团企业，为了保证更好地实现协同效应，需要任用统筹协调型人才来负责协同体系规划和建设，以统筹协调型人才的系统思维统筹管理好整个集团各方面业务和职能的协同，并不影响各独立经营单元的自身发展。

对于没有协同需要的业务和职能，为了既保证集团管控的有效性，又能确保各独立经营单元的经营有效性，在集团总部要任用那些善于管控和战略性管理的人才，而在各独立经营单元要任用那些在经营和管理上很专业的人才。

对于协同产业型中小集团企业的集团负责人，应当任用那些具有投资能力、战略整合能力、强大管控能力的人才。

3. 要建立逐步晋级的集团总部高层经营人才培养形式

在协同产业型中小集团企业，集团总部的高层人才应当依靠内部培养的方式进行选拔和获取。培养的方法就是对有潜质的人员让其在多个协同的独立经营单元进行任职，使其了解和掌握各个独立经营单元之间的内在协同联系以及各个独立经营单元的发展空间。再让其在集团总部的具有协同职能的部门或岗位进行任职，让其从集团的角度观察集团整体与各个独立经营单元之间的协同与共生关系。这样就能够使其形成一个整体、互动的战略思维，而且又能使其对更多的独立经营单元的业务发展有深入的理解，达到战略性经营人才的标准。

4. 集团总部主要负责规划管控模式和协同模式，业务作业规划要下放

在协同产业型中小集团企业这种组织安排与人员任用模式下，由于各独立经营单元业务的差异性以及集团总部专业能力的不足，因此对各独立经营单元经营管理上的业务职能工作，集团总部都不太容易给出过于具体的措施和方法。因此集团总部：一是要把需要协同的工作内容做细做好；二是要做好集团整体业务发展战略的推进和独立经营单元业务发展的管控；三是在各

独立经营单元的自身经营上，应当给予充分的放权，由其根据所在区域以及自身的实际情况，制定经营方案并组织实施，集团总部只是审核是否违反集团的整体战略原则。

5. 建立集团总部战略协同推动、独立经营单元具体业务推动的动力结构

在协同产业型中小集团企业的业务布局与人员任用模式下，在对整个集团经营发展的推动上，集团总部发挥的作用是进行整体的战略推动，特别是运用协同的手段和方法，以协同效应实现集团整体效能的最大化，进而达到竞争力最大化、效益最大化和发展机遇最大化。另外，集团总部还要通过管控的措施和方法，塑造各独立经营单元经营发展的动力。因此，集团总部的动力模式是整体战略协同推动力和管控激励推动力两个方面。各独立经营单元必须在本经营单元的业务上进行具体的经营操作，是具体的业务经营操作动力。

6. 独立经营单元负责人以经营力和协同力为第一要素

基于以上的定位，独立经营单元负责人的第一要素就是，在集团整体战略的协同下，一方面贯彻执行集团总部的协同要求以确保整体业务的发展；另一方面要以最大的力度和程度推动本经营单元业务的扩张和发展。这就要求独立经营单元的负责人既要能够理解集团整体协同的要求，并做好协同配合，还要具有很强的独立经营能力、强烈的进取开拓意识，而不是简单地固守和维持。

7. 建立独立于集团战略执行层的战略与经营评估机制

在协同产业型中小集团企业中，要建立独立于集团战略执行层的战略与经营评估机制。由于在协同性方面对整个集团的业务运作机制有很强的控制能力，而且这种战略运作模式和格局一旦形成就很容易形成固有的思维和看待企业经营的眼光，这使集团战略执行层在思维模式上容易陷入对既有战略协同模式的自满中，因此也比较难以看到本行业之外的风险和机遇。因此对于战略与经营的制定和改进，应该放在独立于集团战略执行层的层面上。对于中小型集团来讲，其战略执行层一般会包括董事会和总经理层人员，对于那些严格按照公司治理结构运行的中小型集团企业，其战略与经营评估机制也可以放在董事会层面。

8. 采取以综合经营成效为主兼管控水平的绩效激励机制

在绩效薪酬激励方面，协同产业型中小集团企业应当采取以综合经营成

效为主兼管控水平的绩效激励机制。也就是对于独立经营单元应当采取以综合经营成效为主的绩效激励机制，既完成集团层面的协同成效和自身的经营成效两个方面。其自身经营成效的内容可以按照平衡计分卡的方式进行设计规划，集团层面的协同成效主要是完成集团总部下达的协同任务。而对集团总部的人员来讲，对集团的高层领导者应当采取以整个集团经营成效为主的绩效激励方法，对于集团总部的职能部门，应当采取以协同管理成效和以职责管控水平为主的绩效激励方法。

9. 加强对战略性独立经营单元的管理，以促使形成新的产业集团

由于经济形态的调整、产业的变迁以及市场需求的变化，在某个特定时期内，协同产业型中小集团企业中会有一个或几个独立经营单元成为战略机遇性的业务。他们的前景更好、市场的需求更多、经营收益很更大。在这样的情况下，集团总部对于这样的独立经营单元要给予更多的关注和支持。通过抓住这样的发展机遇，推动所属独立经营单元的发展。在对现有协同业务影响不大的前提下，对战略性独立经营单元的关注和支持，可以使整个集团获得更大的发展空间。

10. 将开拓性人才任用在战略性独立经营单元，以扩大发展

在协同产业型中小集团企业中，每个独立经营单元的战略位置是不一样的。为了更快地带动战略性独立经营单元的发展，进而促使整个集团的业务状态进入更高的层次和空间，应该把最具有经营能力和开拓精神的人才任用在战略性独立经营单元上，并且在激励政策、管控放权等方面给予一定的倾斜。如果整个集团的协同业务就是最大的战略原则的话，那就要尽快将这样的人才培养成整个集团的战略性经营人才。

11. 建立统、分结合的信息系统

协同产业型中小集团企业虽然业务内容、产品品类和工作模式差距都比较大，而且其管控模式也是偏松散式的，但是在其业务协同的部分却是严格要求协调一致的。因此，其信息系统的建立应当采取集中、分散结合的形式。首先在需要 ERP 系统、设备运行状况信息系统等需要协同的业务方面，要建立统一共用的信息系统。另外，在财务系统、人力资源基础信息系统、OA系统、网销系统、关键经营指标数据等管控系统方面，可以采取集中的方式。而对于移动终端系统客户管理系统、客户信息管理系统等方面可以每个独立经营单元自己适用的方式。

### 五、非相关产业型中小集团管控系统最优个性要素

根据非相关产业型中小集团企业作业协作系统最优和动力系统最优的要求，其集团总部应当是一个战略推动和管控型的，对于独立经营单元不过多地介入，这就决定了其管控系统的最优模式。

1. 建立强大战略管控能力的集团总部

非相关产业型中小集团企业应当有一个具有强大战略管控能力的集团总部。这样的集团总部应当在产业发展方面具有强大的研究能力，在企业一般的经营规律方面具有很强的界定能力，同时还要有很强的综合利用管控方法进行战略管控的能力。这样的集团总部在产业战略研究、人才评价研究、财务管控研究、关键绩效点研究等方面应当具有很强的能力。这就需要建立相应的职能部门，或者聘请外部的机构和专家参与到相关工作中。

2. 集团总部负责人任用战略管控型人才

为了保证非相关产业型中小集团企业集团总部强大的战略管控功能，应当避免任用那些擅长于管理具体业务、热心于具体事项操作的人才，而是要任用那些擅长于进行战略思维，擅长于对企业经营进行有效定位、能够把握关键的管控点、对独立经营单元进行有效管控的人才。但对于集团总部的职能部门，应当任用专家类人才，使其能够在相关的职能专业上达到集团领导的管控意图。

3. 要建立逐步晋级的集团总部高层经营人才培养形式和外部人才引进机制

在非相关产业型中小集团企业，集团总部的高层人才应当依靠内部培养的方式进行选拔和获取，培养的方法就是对有潜质的人员让其在多个独立经营单元进行任职，使其了解和掌握各个独立经营单元的经营特点。再让其在集团总部相关部门进行任职，让其从集团的角度观察各独立经营单元的经营需要及职能管控重点，这样就能够使其对更多独立经营单元的业务发展有深入的理解，掌握更全面的不同业务管控方法，达到战略性经营人才的标准。

另外，由于不需要进行具体经营业务的管理工作，而是更多地进行战略管控，因此总部的战略管控型人才，在必要的情况下可以从外部进行引入。

4. 集团总部主要规划管控模式，业务经营与作业规划要下放

在非相关产业型中小集团企业这种组织安排与人员任用模式下，由于各

独立经营单元业务的差异性以及集团总部专业能力的不足,因此集团总部一是要做好集团整体业务发展和独立经营单元业务发展的推进与管控,二是在各独立经营单元的自身经营上,应当予以充分的放权,业务作业规划工作要下放给各个独立经营单元,由其根据所在区域以及自身的实际情况,制定经营方案并推进实施,集团总部只是审核是否违反集团的整体战略原则。

5. 建立集团总部战略推动、独立经营单元业务战略经营推动的动力结构

在非相关产业型中小集团企业的业务布局与人员任用模式下,在对整个集团经营发展的推动上,集团总部发挥的作用主要是进行整体的战略推动,主要是通过管控的措施和方法,塑造各独立经营单元经营发展的动力。因此,集团总部的动力模式是整体战略发展管控推动力,各独立经营单元必须在本经营单元的业务上进行具体的经营操作,所以是具体的业务经营操作动力。

6. 独立经营体的负责人以战略经营力为第一要素

基于以上的定位,独立经营单元的负责人的第一要素就是要以最大的力度和程度推动本经营单元业务的扩张和发展,这就要求独立经营单元的负责人既要能对本独立经营单元的业务有战略思维能力,又要具有很强的经营推进能力和强烈的进取开拓意识,更要有对本行业发展和经营的战略性认知。

7. 建立从属于集团战略执行层的战略与经营评估机制

在非相关产业型中小集团企业中,集团的战略执行层更多的是行使战略管控职能,几乎不参与各独立经营单元的具体业务。这样集团的战略执行层就不会受到具体业务的束缚和限制,而是能够看得更多、更长远,发现更多的风险和机会,在集团的整体战略性发展上具备了更好地审视与评估的判断条件。

8. 采取以管控水平和经营成效为主的绩效激励机制

在绩效薪酬激励方面,非相关产业型中小集团企业应当采取以管控水平和经营成效为主的绩效激励机制。对于独立经营单元应当采取以经营成效为主的绩效激励机制,这种经营成效可以按照平衡积分卡的方式进行规划设定。对集团总部的人员来讲,对集团高层领导者应当采取以整个集团的经营成效为主的绩效激励方法,对于集团总部部门,应当采取以职责和管控水平为主的绩效激励方法。

9. 加强对战略性独立经营单元的管理,以促使形成新的产业集团

由于经济形态的调整、产业的变迁以及行业的变化,在某个特定时期内,

非相关产业型中小集团企业中会有一个或几个独立经营单元成为战略机遇型的业务。在这样的情况下，集团总部对于这样的独立经营单元要给予更多的关注和支持。通过抓住这样的发展机遇，推动战略性独立经营单元的发展，进而使整个集团获得更大的发展空间。

10. 所有的独立经营单元都应当任用开拓性人才

在非相关产业型中小集团企业中，每个独立经营单元都是要自己独立经营发展的，每个独立经营单元的负责人必须是开拓性的战略经营人才。只有这样才能使集团总部充分放权的管控模式发挥更大的成效，才能使各独立经营单元的资源效用达到最大化。当然，这需要有效的人才选拔、激励、管控、使用方法相匹配。

11. 建立以分为主的信息系统

非相关产业型中小集团企业的业务内容、产品品类和工作模式差距都比较大，而且管控模式也是偏松散式的，因此其信息系统的建立应当以分散为主。集团总部主要在财务资金资产系统、人力资源基础信息系统、OA 计划审批系统、网销系统、关键经营指标数据等管控系统方面可以采取集中的方式。而在 ERP 系统、设备运行状况信息系统、移动终端系统客户管理系统、客户信息管理系统等方面每个独立经营单元可以采用自己适用的方式。

# 第六节　最优运营管理系统的设置与演变

中小型集团企业同样不能只是关注一时的现金和资金收入，而是要更加关注自己如何发展和成长。包括如何获取更大的市场份额，如何才能进入更高端的市场空间，如何才能更好地扩大产品线，如何才能进入相关的产业空间，如何才能实现企业投入产出的最大化，等等。这就要求中小型集团企业要在保证企业正常日常运营的前提下，构建起自己的企业成长机制。中小型集团企业的成长首先是以进行产业投资、扩大市场份额、扩大产品线为主；其次是不断优化自己的运行与管理，提高自己的资源质量和企业经营的系统能力，使企业变得更加精益和最优。

中小型集团企业可以通过提升和优化自身运营管理以下内容，一方面提升企业经营的质量，另一方面优化企业自身的资源，为更好地扩张奠定基础：

## 一、建立成长性的企业运营架构

（1）形成足够的变革能力。

（2）培养跨产业的战略性经营人才和投资管理人才。

（3）逐步完善优化公司治理结构。

（4）进一步优化完善管控放权机制，扩大放权。

（5）进一步升级集团领导者的战略性思维。

（6）强化对大型集团跨产业经营的理解。

（7）进一步构建职业化人才队伍。

（8）进一步完善优化制度化管理。

## 二、人力资源管理

（1）重点岗位人才的匹配测试与调整。

（2）特殊岗位人员与特殊人才的激励与任用。

（3）某些岗位人员工作方法的指导与帮带。

（4）重点岗位人才的 EAP 辅导。

（5）关键人才的外部猎头、内部挖掘与任用。

（6）部分岗位的竞争上岗以选拔优秀人才。

（7）因人岗匹配原因导致工作效能低。

（8）因局部激励不好原因导致工作效能低。

（9）害群之马人员的处置，提高员工士气。

（10）失职人员的协调与处置。

## 三、集团的组织运营效率与效能

（1）关键工作理念和要求的传播。

（2）高效工作方法和管理方法的推行。

（3）集团工作协调会议召开方法的优化。

（4）集团部门领导分工的优化设计。

（5）集团内局部组织结构优化设计。

（6）集团部门职能和绩效要求的局部调整。

（7）集团部分流程的优化与调整。

（8）集团局部信息流转的优化与调整。

（9）集团局部职能工作标准化的设计。

（10）集团工作汇报文件、工作协调文件、工作指示文件的优化设计。

（11）集团决策模式的优化。

（12）订单、生产、采购、发货的不协调产生的混乱问题。

（13）领导的想法无法贯彻的问题。

（14）部门间沟通不畅的问题。

（15）技术标准不一致出现的错误问题。

（16）信息表达不一致出现的错误问题。

（17）会议争吵不休，不解决问题的情况。

（18）多方招聘的人才思路不一致的问题。

（19）内部有"小山头"不配合的问题。

（20）沟通不畅导致的领导和下属有误解的问题。

（21）内部意见不一致导致的工作延误问题。

## 四、财务管理

（1）税务筹划。

（2）应收账款管理。

（3）资金的统筹与调度管理。

（4）融资成本优化管理。

（5）借款冲账不利问题。

（6）应付账款管理。

（7）闲余资金管理。

（8）随意报销的问题。

（9）货款丢失的问题。

（10）集团内设备资产的调度与有效利用问题。

## 五、业务板块组合与子公司协作管理

（1）产业板块的重新组合。

（2）产业局部职能与功能整合。

（3）各子公司间的关联结算。

（4）整个集团仓储的统筹最优规划管理。

（5）整个集团物流配送的统筹最优规划管理。

（6）子公司占用公共区域的分摊管理。

（7）生产资源的最优整合管理。

（8）技术研发资源的最优整合管理。

（9）公共关系资源的最优整合管理。

（10）战略合作资源的最优整合管理。

（11）整个集团的知识最优整合管理。

## 六、集团业务体系的布局

（1）整个集团供应链的最优整合设计。

（2）产品自产与 OEM 的最优整合规划。

（3）品牌经营与代工经营的最优整合规划。

（4）各产业发展权重的配比最优整合规划。

（5）业务采购与外包配比的最优整合规划。

## 七、采购管理

（1）过度采购问题。

（2）供应商的最优整合管理。

（3）集中采购的最优整合管理。

（4）集团内部物资市场价格监督体系的建立。

（5）采购的招投标管理。

（6）部分的采购回扣问题。

（7）供应商质量体系的管理。

## 八、市场建设管理

（1）品牌建设的最优整合管理。

（2）销售业务的最优整合管理。

（3）销售人员的职业气质问题。

（4）销售人员的销售语术问题。

（5）销售人员的激励问题。

（6）销售人员的销售技巧问题。

（7）市场开发的策略问题。

（8）销售人员的客户认知问题。

（9）销售中生产、销售、服务的配合问题。

（10）线上与线下营销的最佳匹配问题。

## 九、失控问题矫正

（1）财务失控导致的集团资金短缺。

（2）战略失控导致的发展方向无序。

（3）人才失控导致的不听指挥。

（4）成本失控导致的只亏无盈。

（5）监管失控导致的严重跑、冒、滴、漏。

（6）协调失控导致的各立山头、各自为政。

（7）财务失控导致的账目混乱。

（8）监管失控导致过多的违法乱纪。

（9）人才失控导致的集体"叛变"。

## 十、过度集权矫正

（1）过度集权导致的效率过慢。

（2）过度集权导致的决策失误。

（3）过度集权导致的积极性低落。

（4）过度集权导致的信息失真。

（5）过度集权导致的阿谀奉承。

（6）过度集权导致的优秀人才流失。

（7）过度集权导致的不负责任。

## 十一、子公司经营绩效管理

（1）子公司领导人的选拔。

（2）子公司领导人的绩效设计。

（3）子公司领导人的考核。

（4）子公司重点问题的处置。

（5）子公司领导人的工作汇报。

（6）子公司领导人的素质评估。

（7）子公司领导人的教练指导。

# 第八章

## 大型集团企业的运营管理系统最优

大型集团企业是指企业规模很大，同时经营多个行业的产品或服务，需要在经营、生产、市场、采购、技术、服务、研发、财务、人力资源等职能方面进行跨产业、跨行业、跨区域（地级市）、跨业态的管理和运营，在经营上会同时开展产品经营、资本经营、资源经营、政治力经营、价值经营。一般情况下，这类企业同时也需要满足年度营业额在100亿元以上，人员数量在5000人以上的条件。同时满足以上条件的企业是我们所指的大型集团企业。

大型集团企业在涉及的各个产业及行业的主体业务上都发展得很不错（有些为主体业务配套的除外），而且在行业中都具有一定的地位和影响力，具有很强的行业引领力与控制力。同时，大型集团企业又拥有雄厚的资金实力、品牌实力、技术实力、人才优势和社会影响力。大型集团企业有很多种类型，其中比较典型的类型有单一行业的跨国性集团（如青岛啤酒）、多元化经营性的企业（如TCL集团）、多业态投资性企业（如联想集团、GE）。

单一行业的跨国性集团公司是指主要业务只在一个行业里发展，但是区域范围是在全球发展。相关多元化经营性集团公司是指企业所经营的各类业务有相近和共享的方面（技术性质、市场性质和消费性质），而且发展的规模都比较大。多业态投资性集团公司主要是指企业所涉及的产业既包含很多不同性质的产业，也包含不同性质的业态模式（如制造业、服务业、电商业、金融业等），而且对所投资企业的经营性质也包含控股经营型、机遇参股型、资本运作型。

由于资源、条件的丰富性以及在本行业的影响力，大型集团企业的发展更多的是行业主导型的，其进一步发展的方式方法主要体现在以下三种形式：资源控制型、高端竞争型、新产业投资型。资源控制型是指企业的发展方向和定位主要是去控制影响本行业企业发展的核心资源。高端竞争型是指如何与本行业前四名的企业进行竞争，以最大限度地获取行业主导与垄断。新产业投资型主要是指企业新的产业投资更多的是以国家或者社会提倡或者正在兴起的行业和产业。

所以大型集团企业运营管理系统最优的意义就在于，如何对众多的业务、行业与产业进行有效的管控、激励和整合资源，并保持足够的效率和活力。

# 第一节　企业的本质、分类和特点

大型集团企业最大的特点就是规模大。而且基本都是跨行业、跨地区的，甚至是跨产业、跨业态、跨国界经营发展的。比如马来西亚的金狮集团，其产业不仅横跨啤酒、钢铁和百货业，而且其百货业遍布东亚和东南亚国家。再如中国石化集团公司，其产业围绕着石油能源开展，但是却在整个产业链条上都有布局，包括勘探、钻井、采油、炼化、化工安全、油田建设等，而且这些产业的发展也都走出了国门，进行了全球化的布局。

大型集团企业一般是由大型单一企业或者小型集团企业逐步发展而来的。

大型单一企业由于发展得好，就会有足够的资金和资源去扩大经营规模。出于抓住商业机会的需要或者利于快速发展的需要，大型单一企业的扩张方式一般会采用收购并购、合资、自行建设的几种方式，这样就逐渐慢慢地形成了多产业的大型集团企业。在这个过程中，大型单一企业要经历产业选择风险、高级人才供求风险、资金供应风险、商业诈骗风险、业务整合风险、管理体制升级风险等几个重要的扩张风险，才能实现成长为大型集团企业。

中小型集团企业已经具备了集团企业的基本框架。中小型集团企业在发展过程中，一是由于主体业务发展得好，同时带动了关联或协同业务的发展；二是其中一个业务发展得好，积累了资金和资源，反过来再推动其他业务的发展。慢慢地，多个业务都逐渐发展壮大起来，在资金与资源充足的情况下，再通过并购、合资、自行建设的方式，成长为大型集团企业。在这个过程中，中小型集团企业除了要经历产业选择风险、高级人才供求风险、资金供应风险、商业诈骗风险、业务整合风险、管理体制升级风险等几个重要的扩张风险外，还要面对资源过度分散、业务主次不清、管控体制不合理的风险。

由于大型集团企业的规模很大，因此其所属的独立经营单元数量也会变得比较多，在运行管理上也会变得比较复杂，而且其经营、运营、管理的性质也有其本质的特点。站在集团总部的角度，由于受到精力和专业的限制，已经很难在具体的经营和业务作业上对各个独立经营单元进行管理和介入了，必须有足够的放权让各个独立经营单元进行经营和发展。而集团总部的主要功能是经营管控、战略推动，具体的方法不是对各个独立经营单元的经营方式进行管理，而是通过并购、产业投资、资产业务组合、战略绩效管理等方式发挥自己的功能和职能。

由于规模大、独立经营单元多、产业跨度大、业态差异大，而且独立经营单元之间的独立性也更大了，因此在具体业务经营工作的管理、管控和战略推进上，大型集团企业的集团总部也无法直接对所有的独立经营单元开展管控、管理工作，往往需要设定下一级或者更下一级的管理、管控和经营的次级集团结构来协助集团总部开展相应的工作。

在具体的业务经营运作上，为了实现投入产出最高、资源效用最大化、产业链协同效用、价值资源增值最大的目的，大型集团企业也会根据各个业务的特点以及彼此之间的关联关系将业务进行相应的划分、组合、关联，形成合理的业务板块组合以及相应的经营管理模式，以此达到最佳的经营效果和战略目标。

大型集团企业一般都是从小到大逐步发展起来的，而且往往都是在每个发展环节都比较成功才能发展起来的，这其中就包括各个独立经营单元的业务作业与操作是比较规范和标准化的，因此大型集团企业各个具体的独立经营单元在业务的操作与作业上一般都是比较规范和制度化的。

由于资源丰富，并且在产业链中的地位高、影响力大，因此大型集团企业在经营运作上的方法和措施也都是大手笔的。

大型集团企业整体产业关系形态如图8-1所示（以轿车集团企业为例）。

对于大型集团企业来讲，也都会面临着现实中的两个问题：一是如何进一步地发展壮大；二是如何避免"大象不会跳舞"而被产业淘汰。而我们大型集团企业运营管理系统螺旋式最优的根本出发点也就包括了这两个方面的问题。我们一方面希望大型集团企业能够维护和巩固行业地位，获取短期经营效益的同时再发展壮大，同时也希望大型集团企业能够跟上时代的发展和经济环境的变迁，实现可持续发展。由于几个大型集团企业往往会在一个行

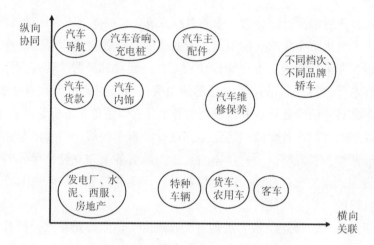

图 8-1　大型集团企业整体产业关系形态

业或者产业中形成均衡的垄断局面，按照物极必反的原理，其再进行扩大的难度会变得很大，反而是其自身在经营上的疏忽、在战略上的失策、在政治上的内斗更容易导致自身的失败，给其他的企业更多的机遇。

大型集团企业要想得到机会持续发展，甚至成为巨型的集团企业，往往有以下两种方式和途径。

一是抓住新的发展机遇进行再投资，其中包括行业的更新换代、新兴的区域市场、出现的新产业和新商业模式等。在经济和社会发展的过程中，往往会出现产品/服务模式和形态的变化，或者出现技术的升级换代。这种情况下，往往会出现新的发展机遇，通俗来讲就是弯道超车的机会。因为在这样的经济环境下，会有很多企业无法抓住这样的机会和机遇，进而就丧失了相应的发展空间。而那些有准备的大型集团企业，可以利用自身的资源优势和运营管理优势很好地抓住这样的发展机遇，获得足够的成长空间。

二是对经营不善但有潜力或协同效应的企业进行收购和并购。在大型集团企业所从事的产业、行业和业务中，也会有一些大中型单一企业和其他集团企业的存在。这些企业中会有一些经营不是特别好，甚至是经营不善亏损的企业，而大型集团企业就可以利用自己的资源优势和产业链优势对其进行整合盘活，以扩大自己的业务范围和业务空间。

当然，在社会形态、社会经济、产业形态进行调整变迁的时候，有些追随社会经济趋势的大型集团企业也会发展成超大型甚至是巨型企业，但也有些大型集团企业由于"大象不会跳舞"而衰败和衰落下去。

由于我们探讨企业运营管理系统最优的出发点要包括捕获成长机遇、获取当前最大收益和实现长寿命成长。因此，大型集团企业运营管理系统最优是一个实现当前企业经营效能与未来长期成长共存的结构。而后者更为重要。

由于大型集团企业彼此之间在产业模式和业务组合上都不相同，而且其战略经营模式都有其自身独特的特点和很大的差异，因此我们将按照不同类别的大型集团企业进行相应的运营管理系统最优的分析和构建。

一、分类的原则和方法

我们的目的是分析和构建不同类别大型集团企业的最优运营管理系统，并且我们是以集团总部和下属各个业务单元之间的管控关系为对象的，而不是以具体的经营业务单元为对象，因此我们分类的原则就是要能体现出各个类别大型集团企业在集团管控上本质性的差别。

依据前面的阐述，大型集团企业最大的特点就是规模大，每个独立经营单元基本上都会在行业里有比较大的市场份额和影响力。另外，就是大型集团公司会跨行业的经营，甚至会跨产业的进行经营。这样的话，就会出现以下需要解决的问题：一是集团总部如何管理所属众多的独立经营单元，才能不失控又能保证经营效果；二是如何布局和组合处在各个行业或产业的业务，以实现最好的经营效果，实现资源的最大产出；三是如何处理好各个独立经营单元的发展和集团整体的发展定位，以实现最佳的经营发展。

对于同类规模的大型集团企业，由于产业结构、行业结构和业务内容的不同，为实现上述目标而导致其运营管理的本质差别体现在企业的三个维度上：一是管控的组织模式上；二是集团总部和下属单位的权责关系上；三是其众多产业业务内容的组合方式上。对于不同产业结构、行业结构和业务内容的大型集团企业，为了实现上述目标，在这三个维度的模式和内容是不一样的。我们从管控的组织模式、集团总部和下属单位的权责关系、众多产业业务内容的组合方式三个方面，以"统计学中的聚类分析，按照以上三个方面的差异化程度评分"的方法，将大型集团企业的运营管理系统模式分为同一行业多业务相关型、多产业多行业协同型、跨产业非相关型、整体混合型四大类。

二、同一行业多业务相关大型集团企业

同一行业多业务相关大型集团企业是指该集团企业的所有业务都是在同

一行业中的，由于各个业务都在同一行业，因此其各个业务之间多多少少都会有一定的相关性。当然，这也包含了那些只从事一种业务的大型集团企业，但是仅仅从事一种业务的大型集团企业很少。

这里所说的相关，是指在一个或几个职能方面可以共用、共享或者借鉴分享，都称为相关。比如品牌相关、技术相关、市场相关、生产相关、信息相关、公共关系相关等。如家电行业的电视、冰箱、洗衣机、空调、微波炉、热水器等业务在品牌、技术、生产、市场等方面都是相关的，只是相关的程度不同而已。

同样为酒类行业，白酒、啤酒、葡萄酒在品牌、技术、生产方面其实是没什么关联的，但是在市场渠道方面有一定的相关性。但是从饮料行业的角度看，啤酒和矿泉水等类的饮品在品牌、市场等方面却有很大的相关性。而在石油行业中，汽油、柴油、沥青、润滑油、塑料等都是从石油里提炼的，除了这一点，汽油、柴油和其他几类均没什么关联性。

### 三、多产业、多行业协同大型集团企业

多产业、多行业协同大型集团企业是指该集团企业的业务虽然是跨行业甚至是跨产业的，但是这些业务之间却有很大协同性，其各个业务之间互为支撑、互为服务、互为供应链的上下游。这样的情况下，集团总部就需要统筹规划各个业务之间的业务关系与协作关系，以确保最大的经营成效。

如汽车行业中，汽车的整车、各零部件、音响、安全系统、银行贷款、汽车内饰、汽车卫星导航、汽车维修服务等就是一些跨行业、跨产业的协同业务。而轿车、客车、卡车、特种车、农用车等就是不同行业内相关业务。

又如石油行业中的勘探、钻井、化工安全、采油、油田建设、石油炼化、炼化装备等就形成了一个协同的业务链。

### 四、跨产业无关联大型集团企业

跨产业无关联大型集团企业是指那些经营的业务彼此之间不仅是跨产业的，而且是没有什么关联的，也没有什么协同关系的。每个业务之间除了集团在资金等核心资源上互相借力之外，整体上来讲各个独立经营单元基本上各自经营，没有任何交叉的。

比如同时经营农业有机食品、家居家具、钢铁冶炼、服装设计等行业的大型集团企业，这几个业务之间只能是各自经营，除了资金外，彼此之间很

难有交集。

再有，同时经营啤酒、钢铁、百货的大型集团企业，彼此之间也是很难有什么交集的。

当然，从事投资业务的大型集团企业，在投资时可以选择任何行业，但那属于资本运作的范畴，实际上从事的是资本经营行业，除了给实业提供资金外，也没有什么关联之处，但可以称得上是协同。

### 五、整体混合大型集团企业

整体混合大型集团企业，是指该集团企业的业务很多，彼此之间同时具有上述所有的三种情况，既有彼此相关的，也有彼此协同的，更有彼此无关联的。这种情况比较复杂。因为可能有多个相关的、多个协同的，而这些相关或协同的业务板块彼此间却是无关联的。

比如同时从事家电行业的多个业务、汽车行业的多个协同业务，还有酒业、商场百货、互联网、O2O等业务，还有设备融资租赁、贷款担保、小额贷款等业务，这样的大型集团企业就是整体混合大型集团企业。

## 第二节 运营管理系统的框架

前面曾经提到，大型集团企业的运营管理系统主要定位在两个方面：一是如何管理管控庞大的业务，包括管理管控的层级以及各层级之间的权责关系定位；二是如何组合整合众多不同类别的业务，包括在众多业务之间建立协作关系、共享关系等。其目的仍然是保持发展的可控性、动力性、自主性。以下就是各类大型集团企业的基本运行管理框架。

### 一、同一行业多业务相关大型集团企业运营管理系统框架

同一行业多业务相关大型集团企业，指的是这类大型集团企业的业务都是处在同一个行业的，但同时开展着不同的业务。比如在家电行业，同时经营着电视、空调、洗衣机、热水器、冰箱冰柜等；在重工行业，同时经营着挖掘机、压路机、装载机、铺路机、起重机；在服装行业，同时经营着男装、女装、儿童装、工装等。另外，这类集团企业的经营区域范围也很广，成为跨国性的企业集团。再者，为了更好地市场推广，不同的业务既可能使用相

同的品牌，也可能使用不同的品牌，或者在同一品牌之下再使用子品牌。同一行业多业务相关大型集团企业也包含了只从事一种业务的大型集团企业，包括单纯的发电集团、煤炭集团、餐饮集团等。

这类集团企业的业务运营管理要考虑到业务自身的经营特点、规模的大小、不同区域文化的影响、不同业务市场的消费模式影响、经营便利性的需要等因素。首先要考虑的是不同区域文化的影响，比如伊斯兰教文化、基督教文化、佛教文化等，不同的区域文化必须要有相应的经营之道与之对应，称为文化大区；其次是要考虑业务的自身特点，由于业务都属于同一个行业，因此在作业关联和资源共享方面就有很大的可行性；再次是不同市场的消费模式，消费特点不同，就需要采取不同的市场推广方式，比如儿童服装和工装之间的市场消费差异就很大，挖掘机、压路机和起重机的消费模式就是基本相同的但各地区的适用环境不同；最后是规模大小和经营的便利性，也就是独立经营单元的规模不能大到影响经营效率。在全球化时代，集团总部要进行一些核心职能的管理，比如技术发展、全球供应链管理、各区域产品的协调配置、核心人员调配、共享资源的管理等，同时作为投资者，更多的是进行投资业务的发展选择、投资业务的具体实施、投资业务的经营入轨、投资业务的经营监督和调控。文化大区型经营集团负责该文化大区内的总体经营协调及部分授权的投资管理。根据具体业务运营的管理规模效率需要，再设立地理区域集团。地理区域集团负责协调本地理区域内的经营管控与协调。而地理区域集团内的各个具体经营单元负责具体的经营业务开展。

为了从集团层面对相关性职能进行管理，同一行业多业务相关大型集团企业会根据需要在不同层面的集团公司设立相应的职能管理与运作集团，比如重工相关大型集团企业将磨具的生产与供应业务作为一个统一的集团进行管理，而服装业相关大型集团企业将同一文化区域的工装作为一个集团进行统一的管理，而不再划分地理区域集团。

同一行业多业务相关大型集团企业运营管理系统框架如图8-2所示。

虽然从整体上看同一行业多业务相关大型集团企业的运营管理框架分为这四个层面，但是也不是所有的同一行业多业务相关大型集团企业都会采取这一框架，不同行业、不同大小的同一行业多业务相关大型集团企业其运营管理框架会根据具体的情况有所差异和不同。

| 集团总部 | 战略管理、产业布局投资管理、全球核心技术管理、全球供应链管理、运营体系布局管理、高级人才管理、全球品牌管理、全球核心相关职能业务集团管控运作、关联业务管理 |
|---|---|
| 文化大区集团 | 区域业务经营统筹管理、授权的区域业务投资管理、区域内应用技术管理、区域内供应链执行、区域运营体系布局管理、所属下级单位高级人才管理、区域品牌运作、区域适用相关职能业务运作管理 |
| 地理区域集团 | 地区业务运行监管、授权的地区投资管理、地区内技术推广管理、地区内供应链执行、下属单位运营体系运行监管、所属下级单位高级人才授权管理、地区品牌执行、地区适用相关职能业务运作管理 |
| 各个经营单元 | 具体业务的开展，包括市场的推广、生产的开展、依据总部要求的技术开发与使用、适用相关职能业务运作管理 |

**图 8-2　同一行业多业务相关大型集团企业运营管理系统框架**

## 二、多产业、多行业协同大型集团企业运营管理系统框架

多产业、多行业协同大型集团企业，指的是这类大型集团企业的业务都处在不同的行业，彼此之间的业务性质具有很大的差别，但是这些不同行业之间的业务彼此之间是互为支撑协同的，处在产业链或供应链的不同环节。比如煤炭采掘、远洋运输、煤化工、煤矿机械等属于不同的行业，但是这些行业彼此构成了协同关系，形成了一个产业链；在肉畜养殖行业，种苗孵育、饲料生产、牲畜医药、成品养殖、肉产品加工和零售均属于不同的行业，但是它们彼此构成了一个协同的产业链；同样在服装行业，面料纺织、面料印染、服装设计、服装生产经销、染料经营等也是不同的行业，但也是构成了一个协同的产业链。另外，这类集团企业一般也是跨国界、跨地区经营的，成为跨国性的企业集团。当然，由于各个业务所在的行业差距比较大，其经营模式会有很大的不同，一般也不会使用相同的品牌进行市场推广。而且由于行业差距大，因此在具体的经营生产技术和行业的发展规律上也完全不相同。

多产业、多行业协同大型集团企业的每个业务都有可能发展成为一个大型集团，特别是某些行业的业务可能发展成为同一行业多业务相关大型集团企业。当然，某些业务也可能作为其他主体业务的一个内部配套服务业务。

这类集团企业的业务运营管理，首先要考虑到各个行业业务的自行发展空

第八章　大型集团企业的运营管理系统最优

间，要让每个业务在整体战略布局下有更大的发展空间；其次是要根据战略布局界定好各个业务之间的协同关系；再次是综合协同和发展的需要，进行各个业务在规模、业务内容和地理区域上的布局；最后是根据环境变化进行产业链价值规划与优化设置。在这样的定位下，集团总部要进行一些核心职能和协同关系的管理，比如核心与主体行业业务的管理、协同业务价值链管理、战略定位管理、行业业务核心人员调配、协同关系的管理等。同时作为投资者，更多的是进行各行业业务投资的选定与审核、投资业务实施监管等。

各个行业的业务集团按照同一行业多业务相关大型集团企业的模式管理本行业业务的发展，而其下属的各个独立经营单元开展具体的业务经营管理。

根据需要，可能需要在某个地理区域内设置各个行业业务间的协同运作，因此需要设置下属的各地理区域内的多产业、多行业协同集团企业，而其下属的各个独立经营单元开展具体的业务经营管理。

为了从集团层面加强对各行业业务及相关性职能的管理，多产业、多行业协同集团企业会根据需要在集团总部设立相应的职能管理部门与事业部，比如设立饲料事业部、零售事业部分别管理相应业务的发展。设立内部市场管理本部进行各业务集团间协同关系的管理，设立运营本部负责整体业务的布局规划与实施等。

多产业、多行业协同大型集团企业运营管理系统框架如图 8-3 所示。

| 集团总部 | 战略管理、产业布局投资管理、全球业务协同管理、全球价值链管理、各行业业务经营推动管理、高级人才管理、全球业务协同关系管理、业务协同系统布局管理 | | |
|---|---|---|---|
| 行业业务集团 | 行业业务经营统筹管理、授权的行业业务投资管理、行业内核心技术管理、行业内供应链管理、行业运营体系布局管理、所属下级单位高级人才管理、行业品牌运作、行业相关职能业务运作管理 | 区域协同集团 | 地区业务运行监管、授权的地区投资管理、地区内业务协同管理、地区内业务协同关系执行、地区内业务协同系统布局管理、下属单位运营体系运行监管 |
| 各个经营单元 | 具体业务的开展，包括市场的推广、生产的开展、依据总部要求的技术开发与使用、适用相关职能业务运作管理 | | |

图 8-3　多产业、多行业协同大型集团企业运营管理系统框架

虽然从整体上看多产业、多行业协同大型集团企业的运营管理框架分为这三个层面四个部分，但是也不是所有的多产业、多行业协同大型集团企业都会采取这一框架，不同行业组成、不同大小的多产业、多行业协同大型集团企业其运营管理框架会根据具体的情况有所差异和不同。

### 三、跨行业无关联大型集团企业运营管理系统框架

跨产业无关联大型集团企业，指的是这类大型集团企业的业务都处在不同的行业，不仅各个行业业务之间的性质具有很大的差别，而且这些不同行业之间的业务彼此之间是没有任何关联的，既没有协同性也没有相关性，彼此之间都是独立进行经营和发展。比如，同时经营着煤矿采掘业务、服装生产销售业务、大型超市、五星级酒店的经营等，这些行业业务是没什么关联的；同时经营着钢铁冶炼、大型百货、啤酒生产经营、城市供暖等业务，也是属于不同行业并且没有什么关联性的；同时在电脑IT，路政施工、服装生产经销、食品生产经营、房地产等行业进行经营的集团企业，其业务板块也是处在不同行业且没有什么关联的。另外，这类集团企业一般也是跨国界、跨地区经营的，成为跨国性的企业集团。由于各个业务所在的行业差距比较大，其经营模式会有很大的不同，一般也不会使用相同的品牌进行市场推广。而且由于行业差距大，因此在具体的经营生产技术和行业的发展规律上也完全不相同。

跨产业无关联大型集团企业的每个业务都是独立开展业务经营的，而且每个业务板块都有可能发展成为一个大型集团，这些二级大型集团既可能是同行业不同业务关联性集团，也可能是跨行业的协同业务集团。当然，也许会有二级集团发展成为新的跨产业无关联大型集团企业，但是由于效能普遍偏低，发生这种情况的可能性比较小。

这类集团企业的业务运营管理首先是要考虑到各个行业业务的发展安全性，即不能使其发展脱离于集团总部的基本掌控；其次是要让各个业务的发展有足够的空间和动力，避免停滞不前；再次是要合理地判断各个行业业务的战略趋势，及时进行行业业务调整，避免陷入自身劣势状态；最后是对各个行业业务集团的投资扩张要有相应的管控。在这样的定位下，集团总部主要要进行一些战略性职能的管理，比如战略性核心行业业务的管理、各产业的战略趋势把控、各产业的发展定位管理、行业业务核心人员调配、各行业业务集团战略职能的适时与适度介入等。同时作为投资者，更多的是进行各

行业业务投资的选定与审核、投资业务实施监管等。

而各个行业的业务集团主要按照同一行业多业务相关大型集团企业或者多产业、多行业协同大型集团企业的模式管理本行业业务的发展，而其下属的各个独立经营单元开展具体的业务经营管理。各个行业的业务集团作为一个跨国界、跨区域的经营机构，会根据需要再设定下属的区域性集团、协同性集团或者集团直管的业务单元。

为了实现上述的运营管理定位，跨产业无关联大型集团企业会在集团总部设立相应的战略职能管理部门，比如战略研究部门负责各个业务集团的战略研究、产业研究部门负责对各个行业发展趋势的研究、经济研究部门负责各区域经济发展趋势的研究、投资管理部门负责投资业务的实施等。当然有的跨产业无关联大型集团企业为了加强集团总部的控制，会把各个行业业务集团总部以事业部形式设立在总集团总部，以此进行对各个行业业务集团的运营管理，比如设立煤炭采掘事业部、五星级酒店事业部、超市事业部和服装事业部分别管理相应业务的发展。

跨产业无关联大型集团企业运营管理系统框架如图 8-4 所示。

| 集团总部 | 产业战略管理、全球产业布局投资管理、经济研究管理、各行业业务经营推动管理、高级人才管理、各行业业务价值管理、各业务集团的运作管理 | | |
|---|---|---|---|
| 相关业务集团 | 战略执行管理、产业布局投资执行、全球核心技术管理、全球供应链管理、运营体系布局管理、高级人才管理、全球品牌管理、全球核心相关职能业务集团管控运作、关联业务管理 | 协同业务集团 | 战略执行管理、产业布局投资执行、全球业务协同执行、全球价值链执行、各行业业务经营推动管理、高级人才管理、全球业务协同关系管理、业务协同系统布局管理 |
| 各个经营单元 | 具体业务的开展，包括市场的推广、生产的开展、依据总部要求的技术开发与使用、适用相关职能业务运作管理 | | |

**图 8-4 跨产业无关联大型集团企业运营管理系统框架**

从整体上看，跨产业无关联大型集团企业的运营管理框架分为三个层面四个部分，但是由于每个跨产业无关联大型集团企业所涉及的行业业务不同，而不同的行业业务集团组合又会导致不同的整体运营管理框架。比如，下属集团企业可能全是同一行业多业务相关大型集团企业，也可能全是多产业、多行业协同大型集团企业，也可能是两者的混合体。

### 四、整体混合大型集团企业运营管理系统框架

整体混合大型集团企业，指的是这类大型集团企业的业务同时具备了上述三种业务关系中的两种或者两种以上，也就是这类大型集团的业务之间同时具有跨产业无关联、多产业多行业协同、同一行业多业务相关中的两种或者三种关系。比如在家电行业同时经营着电视、空调、洗衣机、热水器、冰箱冰柜的集团企业，还经营着医药业务、互联网医药销售业务等；在重工行业同时经营着挖掘机、压路机、装载机、铺路机、起重机的集团企业，还经营着煤炭采掘业务、煤矿机械业务、煤炭运输业务、钢铁冶炼业务等；在服装行业同时经营着男装、女装、儿童装、工装的同时，还经营纺织印染业务、百货零售业务、啤酒业务等。这类集团企业的业务经营是最为复杂的，其不仅会成为跨国性的企业集团，而且会有多个跨国性的企业集团。

对于这类集团企业的业务运营管理，首先要按照关联性和协同性组建成相应的业务经营集团，而各个彼此无关联的业务集团按照跨产业无关联大型集团企业的关系进行各自独立的业务经营。在全球化时代，集团总部要进行一些关键业务职能的管理。首先是根据各个业务集团的重要性来确定集团总部是否要具体负责某个业务集团经营管理。如果集团总部具体负责某个同一行业多业务相关大型集团的业务经营与管理，那么集团总部在具备相应管理职能的同时，再设置跨产业无关联大型集团企业的相关职能，以实现对整个集团业务的管理。如果集团总部具体负责某个多产业、多行业协同大型集团的业务经营与管理，那么集团总部也需要在具备相应管理职能的同时，再设置跨产业无关联大型集团企业的相关职能，以实现对整个集团业务的经营和管理。如果集团总部不负责具体业务集团的经营和管理，那么集团总部就需要按照跨产业无关联大型集团企业集团总部的方式进行运作。

当然整体混合大型集团企业也可能会根据战略的需要对某些战略性职能进行管理，比如核心技术发展、全球供应链管理、各业务协同关系的管理、核心人员调配、共享资源的管理、行业趋势研究、经济趋势研究、战略管理研究、产业布局投资管理、协同业务价值链管理、运营体系布局管理等，同

时作为投资者，更多的是进行投资业务的发展选择、投资业务的实施监督、投资业务的经营监督和调控。文化大区型经营集团负责该文化大区内的总体经营协调及部分授权的投资管理。

而整体混合大型集团企业下属的各种类别的业务集团，在集团总部的授权下根据相关的方式进行经营管理。

为了从集团层面加强对集团整体的业务及相关性职能的管理，整体混合大型集团企业会根据需要在集团总部设立相应的职能管理部门与事业部，比如设立家电事业部、重工事业部、啤酒事业部分别管理相应业务的发展。而设立内部市场管理本部进行各业务集团间协同关系的管理，设立运营本部负责整体业务的布局规划与实施、设计家电技术中心负责家电核心基础技术的研发、重工技术中心负责重工行业的核心基础技术研发等。

而对于所有的其他跨产业无关联业务，成立相应的事业部或集团公司按照跨产业无关联大型集团企业的模式进行管理。

整体混合大型集团企业运营管理系统框架如图 8-5 所示。

| 集团总部 | 集团总部负责经营管理同一行业相关业务，采用：同一行业多业务相关大型集团+跨产业无关联大型集团企业职能组合 | | 集团总部负责经营管理多产业等行业协同业务，采用：多产业等行业协同业务大型集团+跨产业无关联大型集团企业职能组合 | | 集团总部不负责经营管理某类业务，采用：跨产业无关联大型集团企业职能 |
|---|---|---|---|---|---|
| 相关业务集团 | 战略执行管理、产业布局投资执行、全球核心技术管理、全球供应链管理、运营体系布局管理、高级人才管理、全球品牌管理、全球核心相关职能业务集团管控运作、关联业务管理 | 协同业务集团 | 战略执行管理、产业布局投资执行、全球业务协同执行、全球价值链执行、各行业业务经营推动管理、高级人才管理、全球业务协同关系管理、业务协同系统布局管理 | 无关业务集团 | 战略执行管理、全球产业布局投资执行、经济研究管理、各行业业务经营推动管理、高级人才管理、各行业业务价值管理、各业务集团的运作管理 |
| 各个经营单元 | 具体业务的开展，包括市场的推广、生产的开展、依据总部要求的技术开发与使用、适用相关职能业务运作管理 | | | | |

图 8-5 整体混合大型集团企业运营管理系统框架

虽然从整体上看整体混合大型集团企业的运营管理框架分为三个层面七个部分，但是也不是所有的整体混合大型集团企业都会一成不变地采取这一框架，包含不同行业、不同大小业务的整体混合大型集团企业运营管理框架会根据具体的情况有所差异和不同。

## 第三节　功能系统最优

### 一、大型集团企业功能系统最优的内涵

对于各类大型集团企业来讲，其功能系统要素主要包含整体盈利水平、整体的再发展储备、整体的资源效能、顺应时事和与时俱进、整体业务发展的可控、整体业务价值链结构、全球的高品质扩张、价值资源的增长等。由于大型集团企业的庞杂性，以上的功能系统内容具体分解到运行指标就是独立经营单元产品化能力、整体技术创新能力、下属经营单元的经营活力、企业的改善变革能力、企业的战略投资选择、整体业务的组合经营与匹配管理方式、整体资源的调配效能、运营系统体系的构建模式、战略性经营管理人才的管理效果、关键管控点的把控效果、资源获取能力、独立经营单元的收放能力、整体业务价值链关联方式、国际化管理能力等。而大型集团企业功能系统的最优首先就是整体盈利水平、整体的再发展储备、整体的资源效能、顺应时事和与时俱进、整体业务发展的可控、整体业务价值链结构、全球的高品质扩张彼此之间形成整体最优的状态。功能系统要素的最优体现在运行指标的系统最优上。其中资源获取能力和国际化管理能力对任何大型集团企业的要求都是一样的，前者要求大型集团企业能力在全球范围内获得发展所需要的资源包括融资、人才资源、合作者资源、政府资源等。而后者要求大型集团企业要能够懂得各个文化区域内的民族特点和文化特点，法律法规、财税政策、民族性格心理等的内容，并以此开展与之相适应的经营与管理。

大型集团企业的整体盈利水平一般指的是 5 年左右的短期盈利水平。整体的发展再储备包括已有行业的发展成长储备，也包括新行业的发展成长储备，包括技术、人才、资金等。整体的资源效能就是整个集团资源的有效利用。顺应时事和与时俱进指的是大型集团企业要跟上形势和时代的变化。整体业务发展的可控指的是业务的发展要符合高层领导者的要求。整体业务价值链结构指的是如何构建各业务间的关系才能实现集团的最大价值。全球的高品质扩张指的是高品质的成长性。而运行指标是实现功能系统要素的具体

内容。

　　大型集团企业功能系统的最优的最终目的是长久的整体盈利水平最大，但由于大跨度时限内环境的多变性和大型集团企业自身的多变性，这样的定位往往使运营管理系统最优的建设工作无法下手。因此我们把大型集团企业功能系统的最优定位在一定的经营管理阶段时间内最优，在这段经营管理时间内各个主要的功能系统要素达到最优，这个实现以 10 年为基准，多少相差不超过 2 年。

　　大型集团企业功能系统各个要素之间在最优上有一定的关联关系，比如整体盈利水平和全球的高品质扩张在一定时间阶段内往往不能兼顾，整体盈利水平和整体的再发展储备也不能在一定时间阶段内兼顾。但大型集团企业功能各个要素在最优的关系上也是一种最优选择关系。

　　大型集团企业功能系统各要素之间的最优关系如表 8-1 所示。

表 8-1　大型集团企业功能系统各要素之间的最优关系

| | 整体的再发展储备 | 整体的资源效能 | 顺应时事和与时俱进 | 整体业务发展的可控 | 整体业务价值链结构 | 全球的高品质扩张 |
|---|---|---|---|---|---|---|
| 整体盈利水平 | 短期相悖<br>长期一致 | 短期一致<br>长期一致 | 调整期相悖<br>整体上一致 | 短期相悖<br>长期一致 | 短期一致<br>长期一致 | 短期相悖<br>长期一致 |
| 整体的再发展储备 | | 短期相悖<br>长期一致 | 一体的两面 | 协同关系 | 短期相悖<br>长期一致 | 协同关系 |
| 整体的资源效能 | | | 调整期相悖<br>整体上一致 | 协同关系 | 一体的两面 | 一体的两面 |
| 顺应时事和与时俱进 | | | | 协同关系 | 短期相悖<br>长期一致 | 协同关系 |
| 整体业务发展的可控 | | | | | 一体的两面 | 协同关系 |
| 整体业务价值链结构 | | | | | | 协同关系 |

## 二、同一行业多业务相关大型集团企业的功能系统最优

　　对于同一行业多业务相关大型集团企业来讲，其功能系统最优的要求以及优先顺序主要体现在以下几方面：

1. 整体业务的组合经营与匹配管理方式

一是对于主要的关联性职能和一致性职能，要通过集中运作管理，以其专业化水平实现整体效率的最优；二是对于与关联职能相关的资源，要通过资源的统筹集中使用实现资源效能的最优；三是将无关联的业务职能下放给各个层级的经营单元，实现运作效率的最优；四是要避免管控规模过大导致的效率极大降低。

2. 运营管理系统的模式与关键管控点的把控效果

由于业务之间的关联性和相似性很大，因此首先要保证整体业务的经营在市场方面具有同一性，比如品牌内涵的差异不大，技术性能要求差异也不大，这样就能保证决策正确率和运营准确率的最优。在此基础上，总部对关联的业务职能进行直接管理，通过较深入的关联业务职能介入进行把控，实现专业化效率和准确性效能的最优。而同一行业性的大型集团企业基本是全面介入型把控。

3. 整体业务价值链关联方式

同一行业多业务相关大型集团企业各个业务之间的价值链协同关系不明显，但是由于在一些业务职能上具有关联性，因此各个独立经营单元之间可以进行一定的关联交易或者资源交换，比如代工 OEM 生产等。因此，同一行业多业务相关大型集团企业更应当注重业务之间的关联价值（比如共享品牌或技术），以实现价值创造的投入产出最优。

4. 整体技术创新能力

在同一行业多业务相关大型集团企业里，一方面应当根据竞争需要和客户市场的需求进行技术改造，另一方面应当根据产业形势和行业趋势进行新技术的创新，以实现再发展的技术储备。而且新技术的创新应当具有通用性，以保证更多的关联业务可以使用相关的技术创新成果，以实现关联价值最优。

5. 整体资源的调配效能

因为具有很强的资源通用性，所以同一行业多业务相关大型集团企业的资源调配应当在所有的业务之间进行，并且在资源的调配上投入较多的精力，以实现资源效用的最优。

6. 下属经营单元的经营活力

由于采取较深入的业务介入进行把控，同一行业多业务相关大型集团企业在不同区域文化范围内下属经营单元需要较大的经营活力，以确保与市场符合性的最优。但是在不同的地理区域范围内和各个具体的独立经营单元范围内，其很多方面要按照总部既定规范进行操作，因此经营的灵活空间不是很大。这样能确保市场符合性效能和规范性效率的最优结合。

### 7. 企业的改善变革能力

由于各个业务之间较强的关联性，同一行业多业务相关大型集团企业应当在整个集团系统内保持较强的改善变革氛围和能力，而不能仅仅在某些局部业务范围内保持较强的改善变革氛围和能力，同时要把小步快跑的改善与大刀阔斧的改革有效结合起来，这样能确保企业顺应时事和与时俱进同企业稳定经营的最优结合。

### 8. 企业的战略投资选择

同一行业多业务相关大型集团企业首先要保证在所涉足行业内具有很强的战略投资管理能力，但同时要培育对不相关的行业的战略投资管理能力，前者可以确保企业的战略经营成效的最优，并与后者结合，实现企业战略发展成效的最优。

### 9. 独立经营单元产品化能力、独立经营单元的收放能力

由于各业务之间存在关联性，同一行业多业务相关大型集团企业的各个独立经营单元之间彼此有共用的职能但是在经营上却是独立的，因此要有很强的独立经营单元产品化能力，而且要随时能够对独立经营单元进行买卖和交易。这样就能确保企业实现盈利水平最优、价值链最优和高品质的扩张。

### 10. 战略性经营管理人才的管理效果

同一行业多业务相关大型集团企业的战略性经营管理人才包括集团总部各方面负责人、各文化大区集团负责人、地理区域集团负责人、关联业务职能单元的高层负责人以及上述单位部分中层负责人，还包括直管的独立经营单元负责人和部分中层负责人。集团总部各方面负责人的管理应当以业务战略规划设计为主，各文化大区集团高层负责人和部分中层负责人管理的效果应当以偏战略执行力为主。地理区域集团高层负责人和部分中层负责人管理的效果应当以偏经营执行力为主。独立经营单元的高层负责人和部分中层负责人管理的效果应当以偏业务执行力为主。

### 三、多产业、多行业协同大型集团企业的功能系统最优

对于多产业、多行业协同大型集团企业来讲，其功能系统最优的要求以及优先顺序主要体现在以下几方面：

1. 整体业务的组合经营与匹配管理方式

一是对于需要协同的方面，要进行统一的规划、管理和协同，以保证各业务协同的价值创造效果最优；二是要保证各个独立经营单元足够的独立经营能力，以实现各个业务发展的最优；三是对于各个业务集团的独立经营单元，可以采取同一行业多业务相关大型集团企业的业务管理模式，实现运作效率的最优；四是在区域业务协同组合和关联业务组合方面做好优化，以实现协同效应与关联效应的最优。

2. 整体业务价值链关联方式

多产业、多行业协同大型集团企业各个业务之间的价值链协同关系非常明显，在企业经营的过程中，可以根据具体的经济环境和行业状况，在各个协同的业务之间进行价值结构的规划，以实现整体价值的最优。各个协同业务之间进行价值规划的方法包括资源的调配、内部交易方式的调整、管理管控关系的变更（将辅助性业务交给主体性业务管理）等。

3. 下属经营单元的经营活力

对于多产业、多行业协同大型集团企业来讲，各个下属的经营单元发展得越好，对于整体的协同作用就越大。因此，下属独立经营单元就需要很强的经营活力，各自做好自身的经营发展，以实现局部效能和整体效能的最优。

4. 运营管理系统的模式与关键管控点的把控效果

由于业务之间的协同性要求以及过大的差异化，多产业、多行业协同大型集团企业各个业务的运营系统基本上应当是在重要的职能目标上进行统一协调，而具体的工作各自开展。比如生产作业的升级改造，各个业务之间要按照统一的要求开展，但是具体的工作由各个业务集团各自进行。在此基础上，总部并不对具体的业务职能进行直接管理，只是通过各个业务职能的工作开展目标和节拍步骤进行协调，而各个业务集团自行开展工作，以实现专业化效率和整体化效能的最优。

5. 整体资源的调配效能

对于多产业、多行业协同大型集团企业来讲，其各个不同业务之间是协

同的但却不是关联的。但是由于规模的巨大，每个业务集团内部各个独立经营单元的业务内容却是关联的，在这样的范围内可以按照同一行业多业务相关大型集团企业的方式进行资源调配，以实现资源效能的最优。而在以协同为主的区域集团内部，除了高级人才、资金、公共关系等资源外，其他资源还是要由独立经营单元进行调配，以实现资源效能的最优。

### 6. 整体技术创新能力

在多产业、多行业协同大型集团企业里，技术创新包括两个方面：一是各个业务集团或者独立经营单元自行开展的技术创新，目的是为自身的发展需要做技术储备；二是根据整体协同的需要，在总部统一布局下各自进行的技术创新，这是为整体业务的发展需要进行技术储备。两者的结合实现了未来发展的技术最优。

### 7. 企业的改善变革能力

在多产业、多行业协同大型集团企业里，关键是在各个业务集团或独立经营单元建立改善变革的氛围和能力，这样一方面为自身发展目的顺应时事和与时俱进奠定基础，另一方面在整体协同需要时，这种改善变革的氛围和能力也能够满足总部统一布局顺应时事和与时俱进的需要。当然，建立在各个业务集团或独立经营单元基础上的改善变革能力也包含了小步快跑的改善和大刀阔斧的变革两个方面，这样能确保企业顺应时事和与时俱进同企业稳定经营的最优结合。

### 8. 企业的战略投资选择

多产业、多行业协同大型集团企业在首先要保证在所涉足行业内具有很强的战略投资管理能力，以保证业务协同体系的不断发展壮大和优化，但同时要培育对不相关行业业务的战略投资管理能力。前者可以确保企业战略经营成效的最优，并与后者结合，实现企业战略发展成效的最优。

### 9. 独立经营单元产品化能力、独立经营单元的收放能力

由于各业务之间存在协同性，多产业、多行业协同大型集团企业各个业务集团或独立经营单元之间彼此是互相依靠的，任何不适当的独立经营单元的并购与出售交易都可能破坏既有的协同效能。因此，独立经营单元的产品化和交易化的弹性空间就会比较小。这样就能确保企业实现整体价值链最优、盈利水平最优。但是，如果某个相同业务的独立经营单元比较多，情况会好一些。

10. 战略性经营管理人才的管理效果

多产业、多行业协同大型集团企业的战略性经营管理人才包括集团总部各方面负责人、各区域协同集团负责人、各同一业务集团负责人、协同管理职能单元的高层负责人以及上述单位的部分中层负责人，还包括直管的独立经营单元负责人和部分中层负责人。集团总部各方面负责人的管理应当以协同职能的战略规划设计和执行操作为主；各区域协同集团负责人和部分中层负责人管理的效果应当以偏产业战略经营为主；各同一业务集团负责人和部分中层负责人管理的效果应当以偏业务战略经营为主；独立经营单元的高层负责人和部分中层负责人管理的效果应当以偏业务、产业战略执行力为主。

## 四、跨产业无关联大型集团企业的功能系统最优

对于跨产业无关联大型集团企业来讲，其功能系统最优的要求以及优先顺序主要体现在以下几个方面：

### 1. 整体业务的组合经营与匹配管理方式

跨产业无关联大型集团企业的业务组合经营与匹配管理方式有自己的特点。首先各个产业业务之间是没有任何关联性和协同性的；其次各个产业业务内部可能形成多产业、多行业协同关系和同一行业多业务相关关系；再次是总部可能关注某个或某几个战略性的产业业务，并对其进行产业化经营（如联想的电脑业务）；最后是对其他的产业业务进行资本化运作管理。这样就实现了主辅结合、多种经营方式结合的最优经营模式，实现最优的抗风险和盈利水平的结合。

### 2. 下属经营单元的经营活力

对于跨产业无关联大型集团企业来讲，下属经营单元的经营活力无疑是最重要的。由于涉及的业务多而广泛，总部无法对众多差距巨大的业务经营进行直接管理，因此保持各个下属经营单元的经营活力至关重要，以确保经营成效的最优。

### 3. 企业的战略投资选择

跨产业无关联大型集团企业经营定位主要就是战略资本投资和产业化经营，很多这类的企业名字都带有"投资控股集团"的字样，因此其对战略投资选择方面是以资本运作的角度来看待的。需要具备跨产业、跨行业的投资选择与管理能力，以确保投资收益的最优。

4. 独立经营单元产品化能力、独立经营单元的收放能力

由于经营定位是战略资本投资和产业化经营，因此跨产业无关联大型集团企业在独立经营单元产品化、独立经营单元的交易方面要有很强的弹性空间。就是要随时能够对所属的独立经营单元进行买卖和交易，而不能受限于各种因素无法进行即时的买卖和交易。这样就能确保企业实现盈利水平最优、经营成效最优和资本化收益最优。

5. 战略性经营管理人才的管理效果

由于经营定位在于战略资本投资和产业化经营，而且要求在产业投资运作管理和所属独立经营单元买卖交易运作管理具有很强大的能力，因此跨产业无关联大型集团企业的战略性经营管理人才主要包括总部的战略投资与资本运作的职能人才、各个业务集团的负责人、各个业务集团有关的战略投资与资本运作的职能人才，战略投资与资本运作的职能人才实现产业投资管理与资本运作的最优，各个业务集团的负责人实现所属业务经营运作效能的最优。

6. 整体技术创新能力

由于经营定位是战略资本投资和产业化经营，因此跨产业无关联大型集团企业在技术创新方面主要关注于战略持久经营的产业化经营行业和业务。而对于非战略化的行业和业务则关注的不会太多。而且在具体的管理上，在总部提出发展要求之后，各个业务单元自行开展技术创新工作。但总部也会直接以投资的方式介入到那些涉及产业变革和社会经济形态变革的技术创新。这样就保证了投入产出的最优和适时适应环境的最优。

7. 企业的改善变革能力

由于跨产业无关联大型集团企业涉及不同的行业与产业，相应的趋势变化也不相同，因此需要在各个业务集团内部自行建设改善变革能力，而不能统一步骤和步调，这样能确保企业顺应时事和与时俱进同企业稳定经营的最优结合。

8. 运营系统体系的模式与关键管控点的把控效果

跨产业无关联大型集团企业运行系统的模式就是各个有业务集团自行独立运作，各个多产业、多行业协同关系或同一行业多业务相关关系的业务集团内部按照相应的模式进行运作。总部主要从高级人才、经营绩效、战略定

位的角度进行把控，以实现经营效果和盈利能力的最优。

9. 整体业务价值链关联方式

除了资金的共享之外，跨产业无关联大型集团企业各个业务之间无法形成价值链关系，因此也不必构建业务价值链最优。

10. 整体资源的调配效能

除了资金的共享之外，跨产业无关联大型集团企业各个业务之间没有更多的共享资源，应当由各个业务集团自行管理调配本集团范围内的资源，以实现资源效用的最优。

## 五、整体混合大型集团企业的功能系统最优

整体混合大型集团企业最大的特点就是其所涉及的行业业务包含多种上述业务关系，既有同行业多业务关联的，也有多产业多行业协同的，还包括跨产业无关联的。其中，首先是跨产业无关联的业务关系，就按照跨产业无关联大型集团企业的运营管理方法运营，在此基础上的同行业、多业务关联和多产业、多行业协同分别按照相应的运营管理方法运营。还有一种情况，就是各个产业之间同时具备同行业多业务关联和多产业多行业协同关系的，比如重工机械集团，同时经营起重机、挖掘机、压路机、装载机、推土机甚至是军用工程车辆和坦克，还有底盘、液压传动、车用漆、发动机、磨具、钢板、轮胎、履带、电器电气等业务。其功能系统最优的要求以及优先顺序主要体现在以下几方面：

1. 整体业务的组合经营与匹配管理方式

一是对于具有最大范畴关联性且独立性很强的职能和资源，要通过集中运作管理，以其专业化水平实现整体效率的最优，比如整车的品牌和生产组装技术；二是对于具有最大范畴协同性且与独立性很强的职能和资源，要通过集中运作管理，以其专业化水平实现整体效率的最优，比如磨具的生产、钢板的生产和轮胎的生产；三是将关联和协同范畴小的业务职能整合进相关的业务集团中管理，实现管理效率的最优，比如液压传动的经营生产要整合到液压挖掘机、起重机和装载机中；四是要避免管控规模过大导致的效率极大降低。

2. 整体业务价值链关联方式

在协同方向上，整体混合大型集团企业局部业务之间的价值链协同关系

比较明显，而且由于关联业务的存在，使协同价值链具有很强的放大效应。因此在企业经营的过程中，可以根据具体的经济环境和行业状况，进行整体价值结构的规划，以实现整体业务价值创造的最优。进行整体业务价值链规划的内容主要包括资源的调配、内部交易方式的调整、管理管控关系的变更（将辅助性业务交给主体性业务管理）等，以实现整体业务价值创造的投入产出最优。在进行业务价值链规划时，要考虑对各个业务关联效能和单独效能的综合影响。

3. 整体资源的调配效能

在整体混合大型集团企业，由于局部业务的关联性，因此具有很强的资源通用性，进而所属的同一行业、多业务相关子集团的资源调配应当在所有的业务之间进行，并且在资源的调配上投入较多的精力，以实现资源专业整合效用的最优。但是同时考虑协同效能的需要，需要把个别业务的资源从关联业务资源中独立出来纳入协同业务当中，以实现资源协同匹配效率的最优。

4. 企业的战略投资选择

整体混合大型集团企业需要很强的战略投资能力，以保证自身的业务系统保持在最佳的组合状态。由于自行建设的时间和周期都太长，如果没有足够的战略投资能力，那么整体混合大型集团企业这种复杂的业务组合会变成累赘，而无法实现企业整体业务匹配结构的最优。

5. 独立经营单元产品化能力、独立经营单元的交易化能力

由于需要很强的战略投资能力以保持整体业务匹配结构的最优，因此整体混合大型集团企业在独立经营单元的产品化、交易化方面要有很强的能力，也就是要随时能够对所属的经营单元进行买卖和交易，而不能受限于各种因素无法进行即时的买卖和交易。由于众多的关联业务使各个协同业务总有协同的对象，因此独立经营单元产品化的对象更多的是关联性业务，这样就能确保企业实现盈利水平最优和价值链最优。

6. 运营系统体系的模式与关键管控点的把控效果

由于业务之间同时具备关联性和协同性，因此在运营系统体系模式按照规全球基础核心关联职能统一管理、区域关联业务集团管理、区域协同业务集团管理、全球基础核心协同职能统一管理、区域核心协同职能统一管理、区域核心关联职能统一管理、下属独立经营单元等的方式建立，以此实现关联—协同效能的最优。而关键点的把控则依据各类经营单元在业务关联或业

务协同性质定位的前提之下，采用相应的管理管控方法。

### 7. 下属经营单元的经营活力

在整体混合大型集团企业，由于关联效应和协同效应的需要，在全球基础核心关联职能单元、全球基础核心协同职能单元、区域关联业务集团、区域协同业务集团的层面上需要很强的经营活力，而在区域核心协同职能单元、区域核心关联职能单元层面需要本区域职权范围内的经营活力，在下属独立经营单元只需要业务执行的经营活力。

### 8. 战略性经营管理人才的管理效果

整体混合大型集团企业的战略性经营管理人才包括集团总部各职能负责人，全球基础核心关联职能单元、全球基础核心协同职能单元的负责人，区域关联业务集团、区域协同业务集团的负责人，区域核心协同职能单元、区域核心关联职能单元部分关键负责人，下属独立经营单元部分负责人。集团总部各职能负责人的管理以职能体系的规划设计为主；全球基础核心关联职能单元、全球基础核心协同职能单元负责人的管理以战略经营力和战略执行力为主；区域关联业务集团、区域协同业务集团负责人的管理以战略执行力和业务经营力为主；区域核心协同职能单元、区域核心关联职能单元部分负责人的管理以业务执行力和业务经营力为主；下属独立经营单元部分负责人的管理以业务执行力和业务经营力为主。

### 9. 整体技术创新能力

在整体混合大型集团企业，整体技术创新的开展首先应当在总部的统一规划下，配合关联业务和协同业务的需要进行。其中，关联业务的基础技术创新由总部统一开展，协同业务的基础技术创新由总部协调、各个单元自行开展。而对于既关联又协同的基础技术创新，应当由总部同组织开展，比如重工企业的液压技术的创新等，以实现技术储备价值的最优。

### 10. 企业的改善变革能力

由于各个业务之间存在较强的关联性和协同性，因此整体混合大型集团企业应当在整个集团系统内保持较强的改善变革氛围和能力，而不能仅仅在某些局部业务范围内保持较强的改善变革氛围和能力。而且改善变革的方式要包括小步快跑的改善与大刀阔斧的改革，并以前者日常多做、后者集中实施的方式将两者有效地结合起来，这样能确保企业顺应时事和与时俱进同企业稳定经营的最优结合。

# 第四节　运行系统和动力系统最优

由于有了前述的内容，在本节我们把大型集团企业运行系统和动力系统的范畴界定在从全球集团总部到下属子集团、孙集团的三级业务层次上，这其中包括了全球集团总部直属管理的独立业务经营单元。而子集团和孙集团直属管理的独立经营单元不包括在内。

大型集团企业的功能系统是由其运行系统和动力系统的共同运作来具体实现的，反过来大型集团企业运行系统和动力系统的最优也是以功能系统的最优为根本出发点的。大型集团企业基本的特点是规模大、业务多、经营管理关系复杂，其运行系统和动力系统也很复杂。为了简单明了地阐述清楚大型集团企业运行系统和动力系统最优的原则、模式和框架，我们将依据功能系统最优的要求，在区域战略运行、业务战略运行、品牌市场运行、技术开发运行、生产作业运行、战略投资运行、资本运作运行、仓储物流运行、物资采购运行等方面进行相关的说明与阐述。

大型集团企业的动力系统，主要是指集团总部、子集团、孙集团的中高层负责人这个人员群体的工作动力状况分布，包括相关人员的工作状态、工作技能、职能方向的分布与配置等。我们主要从以上各类人员的职能关注点、专业职能技能、自主性与服从性的关系三个方面进行阐述。

大型集团企业运行系统和动力系统的基本模式如图 8-6 所示。

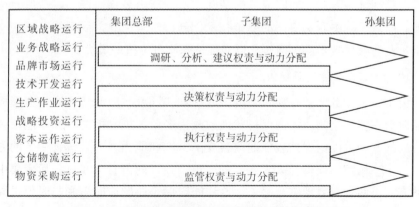

图 8-6　大型集团企业运行系统和动力系统的基本模式

## 一、同一行业多业务相关大型集团企业运行系统和动力系统最优

为了实现功能系统的最优，包括资源共享的效能最优、关联业务职能统一开展的专业效率最优、产品服务符合文化市场结合最优等，同一行业多业务相关大型集团企业的业务运作往往会按照总部集团（或控股资本集团）、文化大区集团（如大中华区、东盟区、美欧区、南美区等）、地理大区集团（如大陆、港台澳、印度尼西亚、西欧等）的方式进行业务运行与管理的单元划分，然后再按照具体的经营区域（如大陆东北公司和西北公司、西欧英国公司和德国公司等）划分出各个独立的经营单元。而对于共享的资源和关联的业务职能，作为一个整体自行管理，不再划分到下一级的业务运行与管理单元中。

同一行业多业务相关大型集团企业业务组织模式如图 8-7 所示。

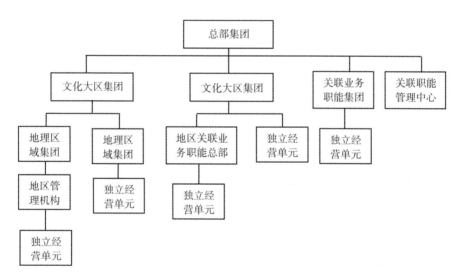

**图 8-7　同一行业多业务相关大型集团企业业务组织模式**

### 1. 区域战略运行

区域战略主要是指在全球化业务发展的过程中，如何确定业务进入地区和区域，并在确定业务进入地区和区域的前提下，进行相应的实施开展。在同一行业多业务相关大型集团企业里，区域战略的确定肯定是由集团总部确定的，比如丰田汽车要不要进入非洲地区这一决策，是要由集团总部做决定的。在具体的实施上，可以针对该区域新组建一个机构，也可以委托相关的

文化大区集团执行。但是，如果需要决定的区域战略属于某个文化大区内部的业务，那就由既有的大区文化集团自行决定和开展，以此保证业务在整体区域战略布局上的最优。

2. 业务战略运行

业务战略运行主要是指新业务的发展，包括现有行业内新业务的发展以及新行业的进入。新业务战略的确定肯定是由集团总部决定的，比如家电行业的同一行业多业务相关大型集团企业，在原有的冰箱、空调、洗衣机、热水器等业务的前提下，要进入电视机、空气净化器行业的话，就需要集团总部进行统一的决策。在具体的执行上，可以由集团总部设立相应的事业部统筹开展工作，也可以委托某一文化大区集团或者地理区域集团试点性地先行开展业务，以此保证全球业务市场开拓与资源有效共享的最优。

3. 品牌市场运行

同一行业多业务相关大型集团企业一般在所有的产品上使用统一的品牌，当然在不同的区域和国度会采用不同语言的品牌表述。在这一前提之下，为了区分不同等级市场的需要，会有和不同等级市场相对应的品牌，比如通用汽车名下有众多的汽车品牌对应不同的市场群体。而三一重工的产品和海尔的家电产品都使用同一品牌，但是在不同的国家表述会不一样，或者对于不同等级的市场采取子品牌的方法。对于品牌的内涵集团总部会有统一的要求，各个区域公司在统一的品牌内涵之下，会采用与本区域文化相适应的传播方式，以此保证品牌资源投入效能的最优。

在具体的市场开发上，在集团总部统一战略和策略基调的前提下，由各个文化大区集团和地理区域集团制定相应的政策，由各个独立经营单元具体落实。而集团总部、各个文化大区集团和地理区域集团都会设有专门的品牌管理部门，开展相应层次的品牌管理工作。集团总部会设有战略部门，制定各个区域和业务的发展战略和策略，各个文化大区集团和地理区域集团根据相应的发展战略和策略制定相应的市场政策，指导各个独立经营单元的市场开发工作，以此保证品牌资源效能最优以及和贴近市场最优的结合。

4. 技术管理运行

同一行业多业务相关大型集团企业的技术管理工作一般分为以下四个方面：一是集团总部负责全球通用以及行业通用的基础技术研发管理，比如家电行业的 CPU 开发、汽车行业的发动机研发、服装行业的款式开发等；二是文化大区集团负责本文化大区域内的应用技术开发；三是地理区域集团负责本区域内的产品设计和开发；四是具体的独立经营单位负责工艺革新和缺陷的改善，以此保证技术资源投入效能最优以及和贴近市场最优的结合。

5. 生产作业运行

在同一行业多业务相关大型集团企业的生产作业工作上，集团总部只需负责各文化大区的产能协调和调度，并不负责过于具体的工作。文化大区集团负责本文化大区域内的产能协调和调度，并根据集团总部的区域战略规划对整体的产能结构布局进行规划设计；地理区域集团负责本区域内的产能协调和调度；具体的独立经营单位负责生产工作，以此保证生产资源利用效能最优、现场灵活作业的最优以及和贴近市场最优的结合。

6. 资本运作运行

资本运作主要是指将下属企业作为产品经营，通过资本市场对企业产品进行交易运作以获取相关的效益，或者通过证券交易、期货交易的方式获取相关的效益。同一行业多业务相关大型集团企业的资本运作一般是由集团总部统一管理的，集团总部会根据需要在相应的地区或者证券市场设立经营运作机构（如投资公司等），但是其更多地要受总部资本运作部门的管理，以此保证资金资源效能最优、区域及行业灵活操作最优以及专业化效率最优。

7. 物资采购运行

由于所需物资的雷同与相近，因此同一行业多业务相关大型集团企业往往会统一建立全球供应链系统，其中包括的物资供应、生产基地、仓储物流等。在物资采购方面，对于主要的核心部件（技术含量高、供应者少、以全球作为采购视野空间的物资），总部集团会统一确定供货关系，比如CPU、沥青、发动机等；对于那些次核心部件（供应者多、有一定技术含量、以地区作为采购视野空间的物资），由文化大区集团或者地理区域集团确定供货关系；那些社区型购买的物资（办公用品、维修工具等），一般由独立经营单元自行开展，以此保证采购物资性价比最优以及管理执行效率最优的结合。

8. 仓储物流运行

同样由于物资的雷同与相近，同一行业多业务相关大型集团企业的仓储物流分为两大部分：一部分是国际间的国际物流，比如从中国运到美国或者德国，这个层次的物流仓储一般由集团总部确定合作关系；另一部分是地理区域的物流仓储，比如从山东运到浙江，这个层次的物流仓储一般由地理区域集团确定合作关系，以此保证整体效能最优、成本控制最优和管理效能最优。

9. 业务服务运行

业务服务是指产品或服务的销售后期服务，包括收费的或者免费的。同一行业多业务相关大型集团企业的业务服务运行一般由集团总部确定相关的战略定位，文化大区集团制定基本的政策，由地理区域集团组织独立的机构执行开展，以此保证业务效能最优和管理资源节约的最优。

在以上的基本最优企业运行体系之下，每个同一行业多业务相关大型集团企业的具体运行体系会有很多自有特色。其中，单一业务大型集团企业的运行体系会更加趋向于总部集中管理，比如大型啤酒集团的供应链体系，集团总部会进行全球的统一规划，由各个区域集团具体执行。

在这样的运行体系之下，同一行业多业务相关大型集团企业总部具备全球发展战略管理能力、全球资本运作管理能力、共用业务职能运作作业能力、共享资源统筹管理能力以及基本政策制定能力等方面的能力。而文化大区集团在集团总部的政策下，需要具备在本文化大区内落实发展战略的能力、共用业务职能运作作业能力、共享资源统筹管理能力、关键政策制定能力等方面的能力。而地理区域集团主要是监督、协调本地理区域内的各个独立经营单元执行上级集团制定的政策，并协调管理本地理区域内的各个独立经营单元在作业层面实施好上级集团制定的政策。

同一行业多业务相关大型集团企业主要职能动力系统的能力布局结构如表 8-2 所示。

表 8-2　同一行业多业务相关大型集团企业主要职能动力系统的能力布局

| | 发展管理 | 资本运作 | 投资管理 | 技术管理 | 采购管理 | 品牌管理 | 生产管理 |
|---|---|---|---|---|---|---|---|
| 集团总部 | 研究、定位、决策 | 作业执行管理 | 定位、决策、执行 | 战略定位与核心执行 | 体系规划、重点执行 | 统一规划、全球定位 | 全球产能统筹 |
| 文化大区集团 | 结合区域实际推进总部战略 | 根据总部授权开展 | 建议、执行总部决策 | 地区通用技术研究执行 | 结合区域实际推进总部规划 | 地区通用品牌内涵传播 | 区域产能统筹 |
| 地理区域集团 | 执行上级集团的发展决策 | 配合、支持 | 配合、支持 | 区域通用产品设计研发 | 执行上级集团的规划 | 区域通用品牌内涵传播 | 作业运作监督管理 |

## 二、多产业、多行业协同大型集团企业运行系统和动力系统最优

多产业、多行业协同大型集团企业功能系统的最优包括不同行业业务间协同的效能最优、集团主体核心业务经营效果和龙头效果的最优、全球性协同最优与区域性协同最优的合理组合最优等，其业务运作往往会按照总部集团（或控股资本集团）、全球协同业务集团（如全球的棉花种植、纺织、印染、成衣经营集团等）、总部直管的区域业务协同集团（如大中华区的饲料、孵化、养殖、屠宰集团等）、全球专业业务集团（如全球的CPU业务集团）、核心主体业务集团的方式进行第一级业务运行与管理的单元划分，然后再按照地区业务协同集团、地区专业业务集团（如北美区的重工液压传动业务等）、总部直管专业独立经营单元的方式进行第二级业务运行与管理的单元划分，最后再按具体的经营区域（如大陆东北公司和西北公司、西欧英国公司和德国公司等）划分出各个独立的经营单元。只设立区域协同集团的多产业、多行业协同大型集团企业，总部往往要设立总部全球协同管理中心，来协调全球的业务协同关系。

多产业、多行业协同大型集团企业业务组织的具体方式如图8-8所示。

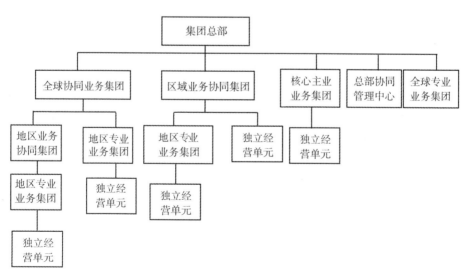

**图8-8　多产业、多行业协同大型集团企业业务组织方式**

### 1. 业务战略运行

多产业、多行业协同大型集团企业的业务战略主要是指在协同体系之下，企业新业务的发展，包括现有协同业务的比例与协同关系调整以及是否引进新的协同业务。对于全球化的新业务战略的确定肯定是由集团总部决定的，比如服装纺织行业，在原有的全球种植、纺织、印染、成衣等协同业务的前提下，要进入印染染料业务、纺织机械生产的话，就需要集团总部进行统一的决策。在具体的执行上，由集团总部设立相应的机构统筹负责开展相应的工作。如果是区域协同集团架构，则由各个区域集团进行相应的业务组件工作。但是，如果只是适合在某一区域协同集团进入相关的行业业务的话，那就由区域协通集团提出，集团总部同意后由区域协同集团实施执行。以此保证协同业务整体效能的最优。

### 2. 区域战略运行

多产业、多行业协同大型集团企业的区域战略主要是指在全球化业务发展的过程中，为了实现更好的协同效应，如何确定协同业务进入的地区和区域，比如按照产业链分工和转移规律将纺织印染业务从中国转向印度等。或者根据业务的发展，在什么区域组建形成一个新的协同业务集团，这些决策肯定是由集团总部确定的，同时由集团总部组织实施。但如果是区域协同集团需要调整协同业务区域的话，就可以由区域协同集团自行决定并实施执行。以此保证协同业务整体效能的最优以及和区域地方市场有效结合的最优。

### 3. 品牌市场运行

多产业、多行业协同大型集团企业在各个不相关的业务群上往往会使用不同的品牌体现各个业务不同的内涵，进而以此对应不同的客户群体。而且由于协同业务之间的客户群体有很大的差别并且购买方式也不同，导致各个业务在对品牌的需求上也不一样。比如，棉花种植基本不需要品牌的建设，而成衣服装又特别需要品牌的建设。所以品牌管理方面由各个业务自行管理，集团总部负责协同的协调，以此保证品牌宣传与传播效能的最优。

在具体的市场开发上，除了满足集团总部协同协调之外，也是由各个业务单元自行开展。以此保证市场开发工作专业效率的最优。比如养殖行业的饲料环节，除了满足自身协同的饲养业务的需要之外，更要积极开拓其他的市场。

### 4. 技术管理运行

由于处在不同的行业和产业，因此多产业、多行业协同大型集团企业各个行业的技术几乎没有什么同质性的。其技术管理工作一般分为四个层面：一是集团总部根据协同的需要提出对各个业务的技术要求，比如服装纺织行业集团对面料开发、服装款式开发、印染技术开发提出要求等；二是根据集团总部的要求，各个业务单元进行具体的技术开发；三是各个区域协同为了开拓新市场自行组织进行开展的技术研发；四是各个层级的专业业务集团和独立经营单元承担具体的开发工作。以此保证技术协同效能的最优以及和技术开发专业效率最优的结合。

### 5. 生产作业运行

在多产业、多行业协同大型集团企业的生产作业工作上，集团总部只需负责全球范围内各协同业务产能的协同与匹配，并不负责过于具体的工作。区域协同集团负责本协同区域内各协同业务的产能协同与匹配，并根据集团总部的产能协同匹配要求对整体的产能结构布局进行调度。而各个具体的专业业务集团根据市场的开发情况确定自己的产能建设和生产作业的组织与开展。具体的独立经营单位负责具体生产工作。以此保证整体协同效用最优、生产资源利用效能最优、现场灵活作业的最优以及贴近市场最优的结合。

### 6. 资本运作运行

多产业、多行业协同大型集团企业的资本运作主要指将下属企业作为产品经营，包括协同业务内的经营单元和协同外的经营单元。通过资本市场对企业产品进行交易运作以获取相关的效益，还包括通过证券交易、期货交易的方式获取相关的效益。

对于区域协同集团、全球协同的专业集团或专业经营单元的资本运作由集团总部确定并实施。在区域协同集团内部的专业集团或专业经营单元的资本运作，属于集团总部的战略运作的，由集团总部决策，区域协同集团执行；属于区域协同集团自行调整的，由区域协同集团确定并实施。而对于证券、期货的资本运作一般是由集团总部统一管理的，集团总部会根据需要在相应的地区或者证券市场设立经营运作机构（比如投资公司等）。以此保证资金资源效能最优、专业化效率最优以及整体协同的最优。

### 7. 物资采购运行

由于所需物资的差异比较大，多产业、多行业协同大型集团企业除了统一建立内部全球协同供应链系统外，各个经营单元还可以根据业务的开展情况建立自己的供应链系统，当然更多情况下是把外部供应链系统和内部供应链系统整合在一起建设的。对于全球化协同的业务集团的供应链系统（比如饲料基本配方的供应），往往是由集团总部进行建设的。多产业、多行业协同大型集团企业的供应链系统一般是按照地理区域协同集团的范围进行统一构建的。在地理区域协同集团范围内，建立采购管理中心，负责重要物资供应商的选择、采购成本的监控、采购运作体系的建立监督等，而具体的采购工作由各个独立经营单元负责。而那些社区型购买的物资（办公用品、维修工具等），一般由独立经营单元自行开展。以此保证采购体系效能比最优以及管理执行效率最优的结合。

8. 仓储物流运行

在一定的地理区域协同集团范围内，比如从山东运到浙江，多产业、多行业协同大型集团企业的仓储物流一般由区域协同集团总部确定统一的物流模式与合作模式，各个独立经营单元自行选取使用。而一般的城际间短距离的仓储物流由各个经营单元自行确定。但跨地理协同区域的物流仓储，比如从中国运到美国或者德国，一般由上一级的集团总部确定物流模式与合作模式，由各个地理区域协同集团自行选择，这个层次的物流仓储一般由集团总部确定合作关系。以此保证整体效能最优、成本控制最优和管理效能最优。

9. 业务服务运行

多产业、多行业协同大型集团企业的业务服务的运行一般由区域协同集团或者全球协同专业集团确定相关的战略定位并制定基本的政策，由各个独立经营单元组织执行开展。以此保证业务效能最优和管理资源节约最优。

在以上的基本最优企业运行体系之下，每个多产业、多行业协同大型集团企业都会根据自身的经营战略需求确定有效的运行系统，并且会根据企业的不断发展调整优化运行系统。比如全球协同的专业集团目的是保证专业效率的最优，但是如果为了提高协同执行效率的最优，就会把该集团的各个经营单元划分成各个地理区域协同集团的下属单位进行协同管理。

在这样的运行体系之下，多产业、多行业协同大型集团企业集团总部具备全球发展战略管理能力、全球资本运作管理能力、全球业务协同的布局管理能力、全球共享资源统筹管理能力以及基本政策制定能力等。区域协同集团在集团总部的政策下，需要具备在本协同区域内落实发展战略的能力、本区域内业务协同的布局管理能力、本区域内共享资源统筹管理能力、关键政策制定能力等。各专业业务集团主要是监督、协调本专业集团内的各个独立经营单元执行上级集团制定的政策、专业品牌的统筹管理、专业技术的统筹管理、专业资源的统筹管理等。

多产业、多行业协同大型集团企业主要职能动力系统能力布局结构如表8-3所示。

表8-3  多产业、多行业协同大型集团企业主要职能动力系统能力布局

| | 发展管理 | 资本运作 | 投资管理 | 技术管理 | 采购管理 | 品牌管理 | 生产管理 |
|---|---|---|---|---|---|---|---|
| 集团总部 | 研究、定位、决策 | 作业执行管理 | 定位、决策、执行 | 全球协同业务技术管理 | 全球战略与策略规划 | 无 | 全球协同统筹 |
| 区域协同集团 | 执行总部战略、区域自行决策实施 | 配合、支持 | 执行总部要求、区域自行开展 | 区域协同业务技术管理 | 区域策略规划、区域采购管理平台 | 无 | 区域协同统筹 |
| 专业业务集团 | 执行总部决策、专业自行决策实施 | 配合、支持 | 执行总部要求、专业自行开展 | 专业技术的研发与管理 | 统一规划、统一运作管理 | 自行定位、传播、管理 | 统一规划布局、监督指导 |

### 三、跨产业无关联大型集团企业运行系统和动力系统最优

跨产业无关联大型集团企业的总部本质上更是一个资本管理机构，而不是一个业务管理机构。这类大型集团企业直接所属业务之间没有什么关联性，都是彼此独立的。当然，有些业务之间可以形成关联业务集团的模式，有些业务之间可以形成协同业务集团的形式。也有些经营单元是以个体的形式单独存在的，以便可以随时进行买卖和交易。

跨产业无关联大型集团企业的总部在资本运作、经济分析管理、产业管理、战略管理等方面具有很强大的能力，并以此支撑企业的运行管理。对于以业务经营为主的跨产业无关联大型集团企业，其总部会设置相应的事业部来管理各个不同的业务集团和业务单元，这些事业部其实就承担了相关的业务管理职能。

跨产业无关联大型集团企业一般会设置集团总部、协同业务集团、关联业务集团、独立业务单元（如投资公司）、专业业务事业部（如成衣事业部

管理各个独立经营的成衣企业）等相关的经营单元。

跨产业无关联大型集团企业业务组织的具体方式如图8-9所示。

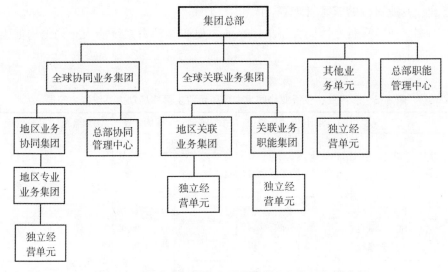

**图8-9　跨产业无关联大型集团企业业务组织模式**

跨产业无关联大型集团企业的集团总部主要实施资本运作、产业经济分析、战略布局、业务经营状态评估、核心资源管理等职能，下属的业务经营单元负责具体的业务经营管理。

下属的协同业务集团按照多产业、多行业协同大型集团企业的模式运行，下属的关联业务集团按照同一行业多业务相关大型集团企业的模式运行，相关的事业部代表集团总部按照相应的业务单元模式（同一业务、同一行业相关业务、协同业务、投资管理等）管理相应的独立经营单元。

跨产业无关联大型集团企业主要职能动力系统能力布局结构如表8-4所示。

表8-4　跨产业无关联大型集团企业主要职能动力系统能力布局结构

| | 发展管理 | 资本运作 | 投资管理 | 技术管理 | 采购管理 | 品牌管理 | 生产管理 |
|---|---|---|---|---|---|---|---|
| 集团总部 | 研究、定位、决策、执行 | 作业执行管理 | 定位、决策、执行 | 无 | 无 | 无 | 无 |

螺旋式升级——企业成长落地系统

·358·

| | 发展管理 | 资本运作 | 投资管理 | 技术管理 | 采购管理 | 品牌管理 | 生产管理 |
|---|---|---|---|---|---|---|---|
| 直属业务集团 | 建议、执行总部决策 | 建议、执行总部决策 | 建议、执行总部决策 | 按照相应业务组织模式运行 | 按照相应业务组织模式运行 | 按照相应业务组织模式运行 | 按照相应业务组织模式运行 |
| 总部事业部 | 建议、执行总部决策 | 建议、执行总部决策 | 建议、执行总部决策 | 按照相应业务组织模式运行 | 按照相应业务组织模式运行 | 按照相应业务组织模式运行 | 按照相应业务组织模式运行 |

## 四、整体混合大型集团企业运行系统和动力系统最优

整体混合大型集团企业的业务组织结构比较复杂，而其中最关键的是集团企业的各种业务之间同时存在关联和协同的关系。

整体混合大型集团企业要同时兼顾发挥好业务协同效应和业务关联效应的作用，以期达到最优的运行效能和效果。为达到此目的，首先，要把没有关联性的协同业务组成相应的协同业务集团单元（比如煤矿机械、煤炭采掘、煤制油化工、煤矿安全系统、煤矿建筑、焦炭炼制等），统筹协调协同业务之间彼此的运作关系。其次，对于同一行业中的关联业务组成关联业务集团单元（比如煤矿建筑、房地产建筑、工程安装、路桥施工或者煤矿安全、油库安全、加油站安全、燃气安全、供热安全等），以此整合关联业务的统一运作。最后，要根据执行效能、协同效能和关联效能的最优对比，决定关联业务组合的范围是在全球进行关联业务组合还是在协同区域内进行关联业务组合（比如建筑类适合建立区域性的关联集团以达到协同与关联效能的最优结合，而安全系统业务适合建立全球性的关联集团以达到专业化效能的最优；煤矿机械中的高科技精密设备应当建立全球性的关联集团以达到专业化效能最优，一般的设备适合建立区域性关联集团以达到协同与关联效能最优结合，而最普通的机械设备只是做个地方协同集团中的独立经营体就可以了）。通过这种根据不同业务的特点，系统化地配置协同业务单元与关联业务单元，以此达到最优的协同效能。

整体混合大型集团企业业务组织的具体方式如图8-10所示。

### 1. 体系战略运行

整体混合大型集团企业的体系战略主要是指为了实现业务的发展以及整

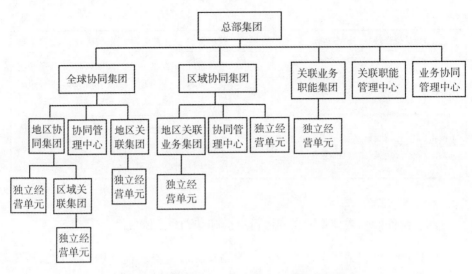

**图 8-10　整体混合大型集团企业业务组织方式**

体效能的最优，如何确定业务体系的组成和结构，以及相关业务在地区和区域上的配置与布局。这些包括进入哪些新的业务内容，以保证协同业务整体效能的最优；也包括进入哪些关联业务，以保证关联业务整体效能的最优。体系战略的运行不仅要考虑规模效能的产出，而且要考虑管理效能的保证，在自建、采购、外包、合资入股等多种方式上进行权衡，以保证自身效能的最优。

全球的体系战略运行由集团总部负责研究和决策，并自行实施。如果是下属集团内部的事情，可以委托下属集团操作执行。下属集团内部的体系战略运行要在集团总部整体的布局下开展局部的优化调整，这可以由下属集团自行研究、决策与实施开展。以实现整体最优与局部最优的有效结合。

2. 区域布局战略运行

整体混合大型集团企业的区域布局战略主要是指各类协同业务与关联业务的管理区域划分与布局，以实现整体效能的最优。包括是设立全球的关联集团和其他业务进行协同，还是设立区域的关联集团成为区域协同集团的一个业务部分；是设立一个全球性的协同集团还是设立众多区域性的协同集团；区域性关联业务集团是接受总部关联集团的管理还是接受总部协同集团的管理；等等。全球性质的区域布局战略的运行应当由集团总部进行研究、决策和实施。而地区性的区域布局战略的运行应当由上一级的经营管理单元进行研究、决策和实施。以实现整体最优与局部最优的有效结合。

3. 品牌市场运行

整体混合大型集团企业的品牌运行模式确定的优先顺序应当在业务协同效能、资源关联效能、技术专业效能之后。对于那些以关联业务集团模式运行的业务集团，其品牌的管理就按照同一行业多业务关联大型集团企业的品牌管理模式进行；对于那些以协同业务集团模式运行的业务集团，其品牌的运行就按照多产业、多行业业务协同大型集团的品牌管理模式进行，以此保证品牌资源投入效能的最优和品牌专业化效率最优的有效结合。

在具体的市场开发上，对于那些以关联业务集团模式运行的业务集团，其市场开发的运行就按照同一行业多业务关联大型集团企业的市场管理模式进行管理。对于那些以协同业务集团模式运行的业务集团，其市场开发的运行就按照多产业、多行业业务协同大型集团的市场开发运行模式进行。以此保证市场开发工作专业效能最优以及和贴近市场最优的结合。

在这样的模式下，集团总部只负责集团总部统一名称形象的管理与维护，而下属的各个业务品牌由各个业务集团自行开展负责。

4. 技术管理运行

整体混合大型集团企业的技术管理工作一般分为三个层面：第一个层面是集团总部，一要负责全球通用以及行业通用的关联类业务基础技术目标管理，比如煤制油行业的新技术开发、生产安全技术的开发等；二要负责各个协同业务在技术开发与革新方面的协同要求，比如煤矿采掘技术、煤矿建设施工技术要同步革新等。第二个层面是各个关联业务集团和协同业务集团，分别按照相应大型集团企业的方法管理所负责范围内的技术工作。第三个层面是各个关联业务集团和协同业务集团所属的各个具体独立经营单位负责相关的技术研发与改进。以此保证技术资源投入系统效能最优、贴近市场最优以及专业效率最优的结合。

5. 生产作业运行

整体混合大型集团企业的生产作业工作，集团总部基本上不会负责什么具体的工作，甚至是协调协同类的工作都不会介入，而是由所属的各个业务集团按照相应的模式自行管理。对于那些以关联业务集团模式运行的业务集团，其生产作业的运行就按照同一行业多业务关联大型集团企业的生产作业运行模式进行。对于那些以协同业务集团模式运行的业务集团，其生产作业的运行就按照多产业、多行业业务协同大型集团的生产作业运行模式进行。以此保证生产资源利用效能最优、现场灵活作业的最优以及贴近市场最优的结合。

6. 资本运作运行

整体混合大型集团企业资本运作，一方面是指将下属企业作为产品经营，通过资本市场对企业产品进行交易，以此种方式可以更快地优化协同业务集团或者关联业务集团的结构，同时优化所属独立经营单元的品质。另一方面可以通过证券交易、期货交易的方式获取相关的效益。在通过证券或金融资本运作方面，整体混合大型集团企业一般是由集团总部统一管理的，集团总部会根据需要在相应的地区或者证券市场设立经营运作机构（比如投资公司等)，但是其更多地要受总部资本运作部门的管理。但是在通过企业产品的交易实现协同业务集团或者关联业务集团的优化方面，在集团总部的整体定位下，各个业务集团是利用权限自行开展的。这样就可以保证资本策略调配效能的最优、区域灵活性和行业专业性最优以及管理效率的最优。

7. 物资采购运行

由于业务组合的庞杂性，整体混合大型集团企业的集团总部对于具体的业务采购工作一般是不涉及的，而是由各个业务集团按照相适应的模式自行开展。对于那些以关联业务集团模式运行的业务集团，其物资采购工作的运行就按照同一行业多业务关联大型集团企业的物资采购运行模式进行管理。对于那些以协同业务集团模式运行的业务集团，其物资采购工作的运行就按照多产业、多行业业务协同大型集团的物资采购运行模式进行。以此保证采购物资性价比最优以及管理执行效率最优的结合。

8. 仓储物流运行

同样由于业务组合的庞杂性，整体混合大型集团企业的集团总部对于具体的业务仓储物流工作的运行一般是不涉及的，而是由各个业务集团按照相适应的模式自行开展。对于那些以关联业务集团模式运行的业务集团，其仓储物流工作的运行就按照同一行业多业务关联大型集团企业的仓储物流运行模式进行管理。对于那些以协同业务集团模式运行的业务集团，其仓储物流工作的运行就按照多产业、多行业业务协同大型集团的仓储物流运行模式进行。以此保证仓储物流整体效能最优、成本控制的最优和管理效能的最优。

9. 业务服务运行

整体混合大型集团企业的集团总部对于业务服务的涉足会更少，而是由各个业务集团按照相适应的模式自行开展。对于那些以关联业务集团模式运行的业务集团，其业务服务工作的运行就按照同一行业多业务关联大型集团企业的业务服务运行模式进行管理。对于那些以协同业务集团模式运行的业务集团，其业务服务工作的运行就按照多产业、多行业业务协同大型集团的业务服务运行模式进行。以此保证业务效能最优和管理资源节约的最优。

在以上基本最优企业运行体系之下，每个整体混合大型集团企业都会根据自身战略需要和业务特点构建最优的业务组织运行体系。高科技企业会倾向于建立全球化的业务协同体系，这样就需要全球化层面关联业务体系。而科技含量低的企业往往倾向于建立区域化的业务协同体系，这就需要区域化的关联业务体系。

在这样的运行体系之下，整体混合大型集团企业集团总部主要需要具备资本运作能力、产业经济分析能力、业务格局体系的战略布局能力、业务经营状态评估能力、核心资源管理能力等。下属的业务集团则需要具备相应业务集团经营模式的运行管理能力，包括协同业务集团和关联业务集团的经营运行管理能力。地区性的协同业务集团和关联业务集团主要应当具备统筹、监督、协调本业务集团范围内的各个独立经营单元开展具体经营工作的能力，并协调管理本业务集团范围内的各个独立经营单元在作业层面实施好上级集团制定的政策。

整体混合大型集团企业主要职能动力系统能力布局结构如表8-5所示。

表8-5　整体混合大型集团企业主要职能动力系统能力布局

|  | 发展管理 | 资本运作 | 投资管理 | 技术管理 | 采购管理 | 品牌管理 | 生产管理 |
|---|---|---|---|---|---|---|---|
| 集团总部 | 研究、定位、决策 | 证券类作业执行 | 定位、决策、执行 | 核心技术目标管理 | 无 | 无 | 无 |
| 全球业务集团 | 推进总部战略、规划实施区域战略 | 配合、支持 | 执行总部决策、负责范围内执行 | 核心技术统筹研发管理 | 体系统筹管理、关键具体执行 | 体系统筹管理、关键具体执行 | 区域产能统筹 |
| 区域业务集团 | 执行上级集团的发展决策 | 无 | 配合、支持 | 应用技术管理 | 执行上级规划、重要的具体执行 | 区域内的传播执行 | 作业运作监督管理 |

# 第五节  大型集团企业管控系统最优

对于大型集团企业的管控系统最优，我们是站在集团总部的角度来考虑的，而不是站在下属某个业务集团或者经营单元的角度考虑的。这主要是因为只有集团总部才有不受限制的管控权力，也只有集团总部才能规划、布局、设置整个集团的管控模式和体系，而下属的业务集团或者经营单元都必然要在上级集团的整体管控体制下确定自己的管控模式。

由于大型集团企业的规模非常大，业务的内容和组织的结构也非常复杂，因此其管控的方式和方法都有其自己的特点。大型集团企业往往都是从小的企业逐步发展起来的，而且都是经历千锤百炼和风风雨雨发展过来的。按照我们螺旋式最优的理论，企业发展的过程中，每一次企业生态进化的过程都必然伴随着企业运营管理系统的规范、成熟、完善和蜕变升级的过程，因此一个小企业如果能发展成为一个大型集团企业的话，那么其最基层的独立业务经营单元和下属基层的业务集团在运营管理上一定已经达到了规范、系统、精细甚至是精益的标准。所以大型集团企业在这方面的管控需求是不强烈的。大型集团企业由于太大，因此足够的、大范围、深层次的授权是必需的，而大型集团企业最关心的问题是授权后的业务集团负责人能不能尽职尽守、会不会胡作非为、是否有能力经营好所管理的业务。

当然，大型集团企业管控系统最优的目标也是实现运行系统、动力系统的最优以致实现功能系统的最优，进而最终实现整个集团的经营运作按照集团总部最终决策者的希望和意图进行。但是相对于整个集团的业务来讲，集团总部决策者能具体关注到的事情实在是太有限了，那他们怎么在这么大的范围内实现管控的有效与最优呢？如果我们把社会的有序与混沌特点、人性的自由追求与能力约束特点、人们道德的存在和自我成就的心理等因素考虑进来，就能够找到大型集团企业在实施管控系统最优的基本原理。

大型集团企业的管控系统，虽然从理论上讲也包含了 12 个方面，即经营定位与职能策略、价值观体系、组织结构与人员配置、业务流程与工作协调机制、作业规程、标准与行为规范、绩效与目标管理、职责与职权、人员任用、利益分配、设备购置与作业布局安排、领导模式与工作管理。但是由于大型集团企业的自身特点，这些方面的侧重点和具体体现形式有其自身的特点：第一，大型集团企业在具体的业务运行规范和标准上是不会操心的，更不会投入什么精力的，因为发展到大型集团的企业，这方面已经不会成为问题了；第二，各级负责人特别是各个业务集团的负责人成为管控要素中的重中之重；第三，必须要有明确的战略定位和职责权限，使各个业务集团在发展上不至于为所欲为，也不至于任意蛮干；第四，集团总部要对核心的战略资源进行有效的管控；第五，其他的主要方面还包括检查审计、激励绩效、法律与职业声誉等方法。

因此，大型集团企业的管控系统的主要组成要素形式如图 8-11 所示。

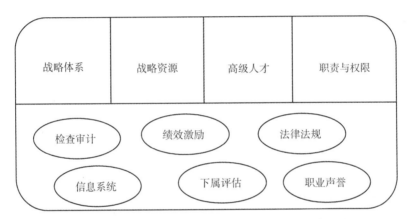

**图 8-11　大型集团企业的管控系统的主要组成要素形式**

在以上通用的管控系统组成要素下，每个类别的大型集团企业会有一些自身特色的管控系统要素。即便是通用的管控系统要素，其在不同类别的大型集团企业的具体表现也不相同。

### 一、大型集团企业管控系统最优的通用要素

1. 第一要素——财务审计与业务检查

就是通过一级对一级或者对隔级进行财务审计和业务规范定期检查的方式，了解下级经营单元战略执行情况、业务运行情况和遵守法规的情况。通过这种审计和检查及时发现下属经营单元在经营管理中存在的问题，并督促纠正。审计监察的实施单位可以委托第三方专业机构，也可以是内部的管控部门，具体的形式包括财务审计、经营审计、项目审计、述职质询、信息比

对等。

2. 第二要素——基层员工对高层的评估与评价以及基层员工意见征集

就是通过基层员工的评价，一方面了解相应集团负责人的工作状态，另一方面也是为了防止相应集团负责人对信息进行垄断，而使集团总部无法掌握准确的经营信息。而通过"基层员工意见征集"，可以了解一些重要的经营信息和经营细节，以便对相应集团的经营管理状况有一些直观上的了解和把握。

3. 第三要素——法律环境与职业环境

就是通过法律的威慑力和职业信誉的影响力，避免各个业务集团负责人产生不良的经营行为和管理行为。

## 二、同一行业多业务相关大型集团企业管控系统最优个性要素

同一行业多业务相关大型集团企业的各个业务之间具有很大的关联性，在品牌、技术、供应商和市场方面都有很多可以共享和共用的，因此其各业务在经营上的相通性和整体性很强，所以同一行业多业务相关大型集团企业的集团总部在管控方面可以介入更基层的经营单位和更具体的经营运作管理。

1. 第一要素——战略与策略

和小规模企业集团领导者的时事指挥不同，大型集团企业领导者是无法进行时事指挥式的管理的，而且对各下属的文化大区集团放权又是很大的，用战略对各文化大区集团的经营开展进行引导与规划是必由之路。除整体的战略之外，同一行业多业务相关大型集团企业的集团总部还可以对各文化大区集团甚至是地理区域集团的具体经营策略给出自己的建议和要求，由相应的文化大区集团和地理区域集团具体执行，这包括产品接入的类别、各个地区的市场渗透顺序等。

2. 第二要素——模式复制

同一行业多业务相关大型集团企业所从事的业务类别相对比较单一，并且在发展的过程中对于独立经营单元和地区性业务集团的运营管理积累了很丰富的经验，所以同一行业多业务相关大型集团企业在成长、发展、扩张的过程中最好的一个办法就是复制——按照原来成功的模式复制到新的发展地区市场中。当然，在复制的过程中也不是完全地照搬照抄，而是将可以通用的内容进行完全复制，将有地方特色的内容进行改造、改进后使用。

3. 第三要素——高级人员

同一行业多业务相关大型集团企业高级人才管理主要包括文化大区集团和地理区域集团的各方面负责人。这些高级人员要从总部派出，并且需要在集团所从事业务的专业能力、管理素质方面要有很高的要求。同时，对于被派驻地区的文化要有一定的理解程度并予以认同。另外，这类高级人才的族亲认同也很重要，对于集团总部所在地区和领导人的族性要有认同和亲近感。在领导能力上，这类人员要懂得如何与本地人进行搭配，以实现所负责企业主体意识和地方业务执行的现实需要有效地结合起来。

4. 第四要素——绩效与收入

集团总部首先要为文化大区集团或者地理区域集团设定相应的绩效目标——当然这种目标是在集团总部仔细分析后得出的。在绩效目标的基础上，要对整合文化大区集团或者地理区域集团设定相应的收入奖励方式，其中特别是对于其负责人要设计有效的绩效奖惩方式。对于派驻到外地的总部人员，要给予足够的待遇和福利，同时还要适当的有一些特权，以显示他们与本地低层级人员的不同，这样就可以强化这些人员的主体认同感和对总部负责的意识。

5. 第五要素——职责权限

就是要明确文化大区集团和地理区域集团负责人所具有的职责权限，包括投资权、资金调动权、人事管理权、业务调整变动权、财务支出权等。并且确定这些权限在业务流程中的环节以及汇报审批的流转方式等。

6. 第六要素——掌控核心资源

由于是关联性的业务集团，就会有一些除资金之外的核心资源是对各个业务都通用、共用的，集团总部要掌控这些资源的支配权。比如品牌的对外合作、技术专利的对外合作、关键生产工艺的对外合作等。这些核心的资源在某种程度上形成了企业的竞争优势，不能随意地外露或者外泄。

7. 第七要素——统一的信息化系统

由于互联网的迅速发展，在信息获取、整理、传输方面变得更加简便、容易、可行，并且由于个人客户端、物联网、全息技术的实现，信息传输的内容也更加的丰富化，因此同一行业多业务相关大型集团企业可以建立全球的统一信息系统，可以让集团总部的高层随时的去查看各种所需要的信息，特别是基层经营单元的业务开展信息。

8. 第八要素——统一管理核心的共享职能

关联业务必然会有较多的共享职能，对于具有全球一致性和共享性的职能，集团总部要进行统一的管理，以保证其在全球的整合效应，比如品牌的建设、核心技术的开发、核心制造工艺的编制、核心部件的生产等。

9. 第九要素——价值观体系和氛围

就是通过塑造具有自身特色的企业价值观体系和工作氛围体系，可以有效地将本地员工的感知和心绪引导过来，强化本地员工的认可度与忠诚感。同时可以塑造本地员工一种更好的工作状态，使其成为企业的传播者。

### 三、多产业、多行业协同大型集团企业管控系统最优

多产业、多行业协同大型集团企业的各个业务之间具有很大的协同性，但是在业务性质和经营模式上却完全不相同，而且往往是有一个或几个主体发展的业务和众多的辅助性业务。集团总部在管控的过程中，首先是保证各个业务按照集团的总体战略进行发展和开展业务；其次是保证各个业务之间能够很好地进行协同；最后是促进各个业务的良好发展和经营。所以多产业、多行业协同大型集团企业的集团总部在管控方面可以抓住重点业务并全面兼顾，对主体业务可以深度介入，对辅助性行业介入关键点。

1. 第一要素——战略与策略

这种战略包括各业务之间的协同布局是全球化的还是区域化的？各协同业务集团内部协同的业务内容都包括哪些？在所有的协同业务中各个业务的战略定位是什么？集团对主体业务的管理体系是什么等？除整体的战略之外，多产业、多行业协同大型集团企业的集团总部还可以对主体的业务内容进行深入的战略介入和经营管理执行，在这样的情况下，集团总部会设立相关的事业部或者职能部门，对主体业务的经营管理策略给予决策、组织开展甚至是执行。

2. 第二要素——多业务模式的协同方式

多产业、多行业协同大型集团企业所从事的业务类别相对多样复杂，而且彼此是协同的，限于经历、资源等因素，这些业务当中往往会产生主次之分，至少在某一阶段会这样。为了有效地利用资源实现最大的经营效果，多产业、多行业协同大型集团企业应当采用多种多样的形式构建自己的协同业

务体系，这其中包括投资复制已有的成熟业务，以参股的方式建立一体化的协同业务体系，或者采取战略联合的方式建立紧密的业务合作伙伴等。

3. 第三要素——抓住重点业务，掌控核心资源，并设立统一的协同目标

主体业务在多产业、多行业协同大型集团企业的某个经营阶段中处于主体的龙头地位，是集团的市场主体和盈利主体，其他的业务往往依靠主体业务生存或者对集团整体的发展影响不大。集团总部需要亲自经营管理主体业务，掌握主体业务的核心资源，对于其他的业务采取放权式管理。但是在确定整体的目标时，要以主体业务为主，设立统一的协同目标。

4. 第四要素——高级人员

多产业、多行业协同大型集团企业高级人才的管理主要包括业务协同集团和地理区域集团的各方面负责人。这些高级人员要从总部派出，并且需要在集团所建立的业务协同体系中具有很强的统筹能力、协同能力以及规划能力等。而负责主体业务的高层人员需要具备很强的专业能力、管理能力等。这类高级人才的族亲认同也很重要，对于集团总部所在地区和领导人的族性要有认同和亲近感。在领导能力上，这类人员需要能够和当地人员有效地融合，以实现所负责企业主体意识和地方业务执行的现实需要有效地结合起来。

5. 第五要素——绩效与收入

集团总部首先要为业务协同集团或全球协同的专业业务集团设定相应的绩效目标——当然这种目标是在集团总部仔细分析后得出的，之后再建议或指定业务协同集团或全球协同的专业业务集团为所属地理区域集团设定相应的绩效目标。在绩效目标的基础上，要对整个业务协同集团或者地理区域集团设定相应的收入奖励方式，其中特别是对于其负责人要设计有效的绩效奖惩方式。对于派驻到外地的总部人员，要给予足够的待遇、福利和一些特权，以显示他们与本地低层级人员的不同，这样就可以强化这些人员的主体认同感和对总部负责的意识。

6. 第六要素——职责权限

就是要明确全球业务协同集团、全球协同的专业业务集团和地理区域集团负责人所具有的职责权限，包括战略规划权、业务投资权、资金调动权、人事管理权、业务协同结构调整变动权、区域专业经营单元设立权、财务支出权等。并且确定这些权限在业务流程中的环节以及汇报审批的流转方式等。

7. 第七要素——互联互通的信息化系统

虽然多产业、多行业协同大型集团企业的各个业务之间在经营和管理上差异很大，但由于互联网的迅速发展，在信息获取、整理、传输方面变得更加简便、容易、可行。因此，多产业、多行业协同大型集团企业可以建立全球的互联互通信息化系统，就是在建立各个经营单元自有业务模式信息系统的基础上，让上一级管理集团乃至集团总部的高层随时的去查看各种所需要的信息，以随时掌握各个层面的经营状况。

8. 第八要素——明确业务间的协同模式

多产业、多行业协同大型集团企业各个业务之间的最大特点就是协同，而这种协同是靠发生业务关系实现的。由于每个业务同时又是完全市场化的，除了与本集团的业务协同之外，还会与其他的企业发生经济关系。为了避免产生不必要的内耗与冲突，集团总部需要明确各业务间的协同模式以及关联交易的方式，这样就可以高效率地实现业务协同，同时避免出现不合理的关联交易。

9. 第九要素——建立纵横结合的管理模式

对于各个业务单元，一方面要由协同集团进行协同方面的协调和管理，以保证整个协同业务成效的最大化。另一方面在总部也要设立相应的事业部或者战略性的业务管理部门，对主要的业务经营运作进行相应的专业化管理，以保证相关业务健康良性的发展。

### 四、跨产业无关联大型集团企业管控系统最优

跨产业无关联大型集团企业最大的特点就是各个业务集团之间没有什么关系，拥有多个独立的业务经营集团。这些独立的业务经营集团可能是关联业务集团、协同业务集团或者混杂的业务集团。因此，跨产业无关联大型集团企业集团总部在进行管控时，首先要避免对各独立业务集团进行不专业的管理，其次要避免对各独立业务集团的失控，再次是保证各独立业务集团按照自己的规律开展经营，最后是尽力发挥协同与整合共享的效用。

1. 第一要素——强大的经济产业研究

跨产业无关联大型集团企业管控的第一要素就是强大的经济产业研究。由于集团总部不对具体的业务集团进行相应的职能管理，但是又不得不对各个业务集团的经营方向和战略进行决策，同时还要不断地考虑何时、以什么

样的方式进入新的产业或者行业，因此跨产业无关联大型集团企业的集团总部必须具备很强的产业经济研究职能，以便能够对各个业务集团的经营发展进行相应的评价、指导和决策。

2. 第二要素——战略管理能力

跨产业无关联大型集团企业管控的第二要素就是战略管理能力。这种战略主要是指对各个业务集团的发展方向定位和发展策略的制定。其中包括了对于关联业务集团的关联模式、协同业务集团的协同模式等。同时还包括了需要新进入的行业、需要逐步退出的行业等。这种战略管理能力可以使跨产业无关联大型集团企业的集团总部可以很好地把握集团业务的发展方向。

3. 第三要素——强大资本运作体系

跨产业无关联大型集团企业管控的第二要素就是强大资本运作体系。在跨产业无关联大型集团企业的业务结构中，除了一些固定的业务集团外，其他的业务都是非固定经营的，而是以资本运作投资的方式进行经营的。即便是固定经营的业务集团中，其下属的经营单元也并不是长期固定的，而是会根据经营的需要随时更换的，因此跨产业无关联大型集团企业的集团总部要具有很强的资本运作能力，以保证对业务发展方向的掌控。

4. 第四要素——强大的企业产品交易职能

跨产业无关联大型集团企业管控的第四要素就是强大的企业产品交易职能。同样由于跨产业无关联大型集团企业需要根据经营战略的需要会经常性地进行企业产品的交易，为了保证经营运作的稳定性，这就需要对被交易的企业产品有很好的了解和掌握。跨产业无关联大型集团企业的集团总部应当随时掌握相关行业中一定数量的可以进行交易的企业产品，同时也要掌握自己所有企业中各个经营单元的可交易状态，以保证顺利地实现企业产品交易。

5. 第五要素——强大的事业部机制

跨产业无关联大型集团企业管控的第五要素就是强大的事业部机制。由于集团总部无法对各个不同的业务集团进行具体经营业务上的管理和指导，因此跨产业无关联大型集团企业的集团总部就通过设立事业部的形式来具体管理、管控相应的业务集团。集团总部的事业部具备了管理相关业务集团的各项专业业务职能，并和集团总部其他职能部门共同构成了集团总部的整体管控职能。

### 6. 第六要素——高级人员

跨产业无关联大型集团企业管控的第六要素就是高级人员的管理。主要包括总部事业部、各个业务集团、各个区域业务集团的各方面负责人。这些高级人员要由总部任命，应当具备相应的专业能力，比如业务协同集团的负责人要具备很强的统筹能力、协同能力以及规划能力等，而关联业务集团的高层人员需要具备很强的专业能力、管理能力等。这类高级人才可以是各地的人才，但一般是总部派出或者在业务当地的人员中选拔，关键的是这类人才要能够理解所在业务区域的社会环境，并能够和当地人员有效地融合起来。

### 7. 第七要素——绩效与收入

跨产业无关联大型集团企业管控的第七要素就是绩效与收入。集团总部首先要为各个事业部以及各个业务集团设定相应的绩效目标——当然这种目标是在集团总部仔细分析后得出的，之后再建议或指定事业部和业务集团为所属地理区域集团设定相应的绩效目标。在绩效目标的基础上，要对总部事业部、业务集团和地理区域集团设定相应的收入奖励方式。其中，特别是对于其负责人要设计有效的绩效奖惩方式。为了显示与本地低层级人员的不同，对于派驻到外地的总部人员，要给予足够的待遇、福利和一些特权，这样就可以强化这些人员的主体认同感和对总部负责的意识。

### 8. 第八要素——职责权限

跨产业无关联大型集团企业管控的第八要素就是职责权限，就是要明确集团总部、集团总部事业部，各个业务集团和地理区域集团负责人所具有的职责权限，包括经营策略规划权、业务投资执行权、业务经营的资金调动权、人事管理权、所属范围内业务整合结构调整变动权、区域专业经营单元设立权、财务支出权等。并且确定这些权限在业务流程中的环节以及汇报审批的流转方式等。

### 9. 第九要素——互联互通的信息化系统

跨产业无关联大型集团企业管控的第九要素就是互联互通的信息化系统。虽然跨产业无关联大型集团企业的各个业务之间彼此是独立的、没有关系的，信息也是很难整合在一起的，但由于互联网的迅速发展，在信息获取、整理、传输方面变得更加简便、容易、可行。因此，跨产业无关联大型集团企业可以建立全球互联互通的信息化系统。就是在建立各个业务集团自有的关联业务集团统一信息系统和协同业务集团互联互通信息系统的基础上，让集团总部的高层随时去查看各种所需的信息，让集团总部事业部高层可以随时去查看本业务集团各种所需的信息，以随时掌握各个层面的经营状况。

五、整体混合大型集团企业管控系统最优

整体混合大型集团企业的最核心特点就是其众多的业务之间同时具备了关联与协同的关系，就是其众多的业务中，有的彼此之间是关联关系，有的彼此间是协同关系，当然有的业务与其他业务有关联关系的同时与另一些业务有协同的关系，这就使整体混合大型集团企业在业务的内容布局和组织布局上会变得更加复杂一些，需要进行很好的筹划和规划。整体混合大型集团企业的集团总部在进行管控时，一是要确保业务体系的内容布局和组织布局达到最优，二是要保证业务的整体运作符合集团总部的战略要求，三是各个业务集团要能够自主的扩张发展，四是实现整体效能的最优。

1. 第一要素——战略与策略

这种战略包括如何选择业务内容并入业务协同集团或者业务关联集团当中去，如何组织各个业务之间的协同和关联关系，各个业务之间的协同布局是全球化的还是区域化的，在所有的协同业务中，各个业务的战略定位是什么，各个业务之间的关联布局是全球化的还是区域化的，在所有的关联业务中各个业务的战略定位是什么。除整体的战略之外，整体混合大型集团企业的集团总部还可以至少对关联业务的内容进行深入的战略介入和经营管理执行，并对协同业务的运作模式进行深入的介入。在这样的情况下，集团总部会设立相关的事业部或者职能部门，对相关业务的经营管理策略给予决策、组织开展甚至是执行。

2. 第二要素——强势的组织模式研究职能

整体混合大型集团企业业务关系的复杂性使构建合理的业务组织模式成为其业务管理的重中之重，而且随着经济环境的变化以及经营情况的变化还要不断地进行调整和优化。为了实现最优的业务整合效能，集团总部需要有强势的组织模式研究职能开展业务组织模式的研究，以便集团总部高层能够更好、更深入地在业务组织方面进行决策和实施。

3. 第三要素——强势的关联业务事业部或集团机制

在整体混合大型集团企业中，有些业务是进行全球关联经营管理的，就需要设立相应的关联业务集团负责全球关联业务的经营管理。而区域化关联的业务，除了纳入相应的协同业务集团进行统一的管理，但是对于重要的关联业务，仍然需要在集团总部设立相应的事业部对全球的各个相关的区域关联业务单元进行经营管理上的指导和管理，这样就对区域关联业务经营单元形成了业务管理和专业管理结合的机制。

4. 第四要素——强大资本运作体系和业务整合职能

由于整体混合大型集团企业的业务庞杂，其中既有核心业务，也有重要业务，更不排除有一些辅助性业务。在综合效能的考虑下，需要在不同的环境下纳入或者剔除不同的关联或者协同的业务内容，而且会根据需要采取不同的模式（投资、参股、战略伙伴等）纳入或剔除相应的业务内容。因此，整体混合大型集团企业的集团总部一方面要具有很强的资本运作职能，另一方面要有很强的业务整合职能，以保证对业务布局结构的掌控。

5. 第五要素——抓住重点关联业务和主体业务，掌控核心重要资源，并设立统一的协同目标

就是集团总部对于重要的关联业务和处于龙头地位的主体协同业务要进行深度的介入，并以事业部、产业经济研究职能的形式对相关业务的经营管理进行把控。同时，对于影响重大的关联业务的职能、资源以及主体协同业务的资源与职能，集团总部需要亲自予以开展执行。当然，为了适合业务协同运作，在确定整体的目标时，要以主体业务为主，设立统一的协同目标，并开放各个业务的自行发展目标。

6. 第六要素——高级人员

整体混合大型集团企业管控高级人才的管理主要包括集团事业部、全球协同集团、全球关联集团、区域协同集团和区域关联集团的各方面负责人。这些高级人员中，集团事业部、全球协同集团、全球关联集团的负责人要从总部派出，区域协同集团和区域关联集团的负责人可以在业务所在地选拔。并且业务协同集团的负责人要有很强的统筹能力、协同能力以及规划能力等。而负责主体业务以及关联业务集团的负责人需要具备很强的专业能力、管理能力等。全球协同集团、全球关联集团的负责人的族亲认同很重要，对于集团总部所在地区和领导人的族性要有认同和亲近感。区域协同集团和区域关联集团的负责人要能够做到全球性视野和地方性适应性相结合。

7. 第七要素——绩效与收入

集团总部首先要为集团事业部、全球协同集团、全球关联集团设定相应

的绩效目标——当然这种目标是在集团总部仔细分析后得出的，之后再建议或指定集团事业部、全球协同集团、全球关联集团为所属地理区域集团（协同或关联）设定相应的绩效目标。在绩效目标的基础上，要对集团事业部、全球协同集团、全球关联集团、区域协同集团和区域关联集团设定相应的收入奖励方式，其中特别是对于其负责人要设计有效的绩效奖惩方式。对于派驻到外地的总部人员，要给予足够的待遇和福利及一些特权，以显示他们与本地低层级人员的不同。

8. 第八要素——职责权限

就是要明确集团事业部、全球协同集团、全球关联集团、区域协同集团和区域关联集团负责人所具有的职责权限，包括业务组织体系布局权、战略规划权、业务投资权、资本运作权、资金调动权、人事管理权、业务协同结构调整变动权、区域关联业务布局权、区域专业经营单元设立权、财务支出权等。并且确定这些权限在业务流程中的环节以及汇报审批的流转方式等。

9. 第九要素——全息化的信息系统

就是在发达的互联网环境下，业务协同集团按照多产业、多行业协同大型集团企业的模式建立相应的信息系统，业务关联集团按照同一行业多业务关联大型集团的模式建立相应的信息系统，而集团总部可以对各个方面的经营管理信息均可以进行相应的了解和查询。

## 第六节　最优运营管理系统的设置与演变

大型集团企业虽然在行业和产业链中占据了主导地位，甚至会形成垄断性的行业地位，但是大型集团企业的衰败也是屡见不鲜。这主要归于以下原因：一是业务内容和产业模式落后于社会时代的发展而被淘汰；二是业务迟迟不能升级而被淘汰；三是过度的、不健康的成长扩张；四是内部管理模式和业务组织模式的失误；五是官僚主义严重导致的效率低下、成本高居、行动缓慢等问题；六是无法躲避经济危机的影响。

因此，作为大型集团企业，并不是身在高位就高枕无忧了，而是仍然需要构建成长型的企业运营架构，主要包括以下内容：

## 一、产业转换升级

（1）遵循社会发展，寻求新的经济领域。

（2）遵循社会发展，寻求新的商业模式。

（3）遵循社会发展，寻求新的产业空间。

（4）遵循社会发展，寻求新的技术趋势。

## 二、业务内容调整

（1）储备未来的产业资源。

（2）进入新的产业空间。

（3）进入新的业态空间。

（4）淘汰不符合社会趋势的业务，加入符合社会趋势的业务。

（5）淘汰成效不好的经营单元，加入新的优质的经营单元。

（6）持续优化协同的模式。

（7）持续优化关联的模式。

## 三、市场层级升级

（1）扩大市场空间和客户群体范围。

（2）跟上新市场和新客户群体的发展。

（3）向高层次的市场空间发展。

## 四、下属经营单元优化

（1）优化管理水平。

（2）提高经营水平。

（3）提高创新能力。

（4）摒除经营弊端。

## 五、管理僵化的改善

（1）起用新时代领导人。

（2）建立革新性业务小组。

（3）建立适时启动独裁性变革机制。

（4）建立强大的资本运作模式

# 后　记

　　终于完成了《螺旋式升级——企业成长落地系统》书稿的撰写，搁笔而思感觉有些欣慰和自得，但更有些惶恐和不安。

　　企业运营管理系统螺旋式升级涉及的范围广泛且庞杂，从小微企业一直到大型集团企业甚至是超大型集团企业都涵盖到了，而且对每种形态的企业都进行了类别上的分类。对于这么大的范围，想要在一本书中把各方面的事情都说清楚那是几乎不可能的。最担心的就是，这些粗浅和概要性的说明和描述能不能把问题说清楚，能不能让读者从中得到一些启迪和共鸣。即便如此，我仍然情不自禁、乐此不疲地去做这方面的工作。我希望能够系统、清晰地把各类企业的成长过程尽量详细地说明和描述出来，虽然限于时间和篇幅无法写得非常具体和细致，但至少可以让读者从中厘清相关的思路和思维的模式。

　　在本书每一部分内容的撰写过程中，我们都觉得要有那么多的内容需要去细化和具体化，但是在仔细思考之后却发现如果按照我们所希望的细化和具体化方式写下去，那么每一章甚至一些节都可以写成一部几十万字的著作，这是没有意义也没有必要的。因此就只好忍痛割爱，放弃了全面细化和具体化的奢望，主要针对当前在企业经营管理论述方面的空白点，从企业成长过程的角度阐述企业运营管理系统的最优，这当中自然就包含了企业成长过程中运营管理系统的演变模式。

　　在完成书稿的撰写之后，我们发现其内容的布局方式很好地从企业生态、组织战略、运营策略、管理变革的角度阐述了企业的成长过程，其表达的思想和传播的知识将为战略级的企业家提供一个很好的战略思维和企业成长策略的参考和借鉴。为此我们感到了一些满足和欣慰。

　　但是本书对"互联网+"的相关内容涉及较少，这难免成为本书的一大不足和缺憾。好在组织布局、权力分配、所有权关系等这些商业经济中的核心要素在可以预见的未来仍然无法消失，"互联网+"的出现也不会改变这些要素的基本原则，因此本书的价值和意义并不会因为这一不足和缺憾而减少，使我们的惶恐和不安也减少了很多。

　　真心希望本书能为读者带来巨大的价值和收获。